Rüdiger Hinsch/Ulrich Pfingsten

Gruppentraining sozialer Kompetenzen (GSK)

Materialien
für die
klinische Praxis

Herausgegeben von
Martin Hautzinger und Franz Petermann

Rüdiger Hinsch/Ulrich Pfingsten

Gruppentraining sozialer Kompetenzen (GSK)

Grundlagen, Durchführung, Materialien

BELTZ
PsychologieVerlagsUnion

Anschrift der Autoren:
Dr. Rüdiger Hinsch
Nibelungenstr. 18
14109 Berlin
e-mail: rhinsch@usa.net

Dr. Ulrich Pfingsten
Fakultät für Psychologie und Sportwissenschaft
der Universität Bielefeld
Abteilung für Psychologie
Postfach 10 01 31
33501 Bielefeld
e-mail: ulrich.pfingsten@uni-bielefeld.de

Im Internet vertreten unter:
http://www.psychologie.uni-bielefeld.de/~upfingsten/gsk/
(Diskussionsbeiträge und Erfahrungsberichte zum GSK erwünscht)

Lektorat: Karin Ohms

Herausgeber der Reihe "Materialien für die klinische Praxis"
Prof. Dr. Martin Hautzinger
Universität Tübingen
Psychologisches Institut
Abteilung für Klinische und Physiologische Psychologie
Reutlinger Str. 12
72072 Tübingen

Prof. Dr. Franz Petermann
Zentrum für Rehabilitationsforschung
Universität Bremen
Grazer Str. 6
28359 Bremen

1. Auflage 1983, Urban & Schwarzenberg, München
2., überarbeitete Auflage 1991, Psychologie Verlags Union, Weinheim
3., überarbeitete Auflage 1998, Psychologie Verlags Union, Weinheim

Satz: Reproduktionsfähige Vorlagen der Autoren
Umschlaggestaltung: Dieter Vollendorf, München
Druck und Bindung: Druckhaus Thomas Müntzer, Bad Langensalza
Printed in Germany
Gedruckt auf säurefreiem Papier

ISBN 3-621-27385-9

Inhalt

Vorwort

In der Einzeltherapie und -beratung haben wir die Erfahrung gemacht, daß Klienten oft über sehr ähnliche Probleme im Bereich ihres sozialen Verhaltens berichten: Sie haben Schwierigkeiten damit, ihre eigenen Forderungen, Gefühle und Bedürfnisse in die Beziehungen zu ihren Mitmenschen erfolgreich oder für sich selbst befriedigend einzubringen. Eine Verbesserung ihrer Kompetenz im Umgang mit anderen Menschen erweist sich bei diesen Personen als zentrale Aufgabe der Therapie, die häufig aber nur unzureichend oder nur auf unökonomische Weise in einer Einzeltherapie lösbar ist. Deshalb scheint es uns in solchen Fällen sinnvoll zu sein, individuelle Interventionsmaßnahmen durch ein geeignetes gruppentherapeutisches Verfahren zu ersetzen oder doch zumindest zu ergänzen.

Auf der Suche nach einem derartigen Verfahren sichteten wir die Selbstsicherheitstrainings und einschlägigen Trainingsprogramme, die damals (zu Beginn der 80er Jahre) im deutschsprachigen Raum vorlagen. Dabei erhielten wir überaus wichtige Anregungen für die eigene Arbeit, merkten jedoch auch bald, daß keines dieser Programme voll unseren Vorstellungen entsprach: Sie waren entweder sehr aufwendig, nicht als Gruppentraining konzipiert, oder es lagen keine empirischen Belege ihrer Effektivität vor.

Wir entschlossen uns daher, ein neues Trainingsprogramm zu entwickeln, das folgende Bedingungen erfüllen sollte:

- Es sollte - auch aus ökonomischen Gründen - ein weitgehend standardisiertes Gruppenverfahren sein.
- Es sollte - als intensives, aber zeitökonomisches Basisverfahren - flexible Komponenten beinhalten, die je nach Problematik der Klientel ausgedehnt oder verändert werden können.
- Es sollte einem multimodalen Ansatz im Sinne von Lazarus entsprechen und
- Elemente zur Modifikation kognitiver Prozesse beinhalten, weil diese - zahlreichen Forschungsergebnissen zufolge - besonders wichtige Determinanten sozialer Kompetenzprobleme darstellen.
- Das Training sollte nicht nur motorische Verhaltensfertigkeiten, sondern in erster Linie Bewältigungstechniken vermitteln, um einen Transfer der Trainingseffekte zu erleichtern.
- Eine Vermischung von selbstsicheren und aggressiven Verhaltensweisen sollte vermieden werden.
- Die Ablösung von einem reinen Durchsetzungstraining in Richtung eines Trainings allgemeinerer sozialer Kompetenzen sollte nicht nur vom Begriff her, sondern auch auf der inhaltlichen und strukturellen Ebene vollzogen werden.
- Die Trainingskonzeption sollte theoretische und empirische Erkenntnisse aus der einschlägigen Forschung berücksichtigen.

Auf der Basis dieser Zielsetzungen entwickelten wir zunächst eine globale Trainingskonzeption. Nach Maßgabe dieser Ziele wurden dann aus zahlreichen empirischen Untersuchungen und aus anderen Programmpaketen einzelne Trainingskomponenten ausgewählt und für unsere Ziele aufbereitet. Die erste Version des Programms wurde bei einigen Studentengruppen eingesetzt und korrigiert. Als Resultat entstand das „Gruppentraining Sozialer Kompetenzen" (GSK), das in seiner jetzigen Form ausgiebig und an zahlreichen weiteren (insbesondere auch nichtstudentischen) Gruppen erprobt wurde. Diese praktische Arbeit wurde durch Erfolgskontrollen ergänzt.

Das rege Interesse von Kolleginnen und Kollegen aus verschiedenen pädagogischen, medizinischen und psychologischen Tätigkeitsbereichen hat uns schließlich dazu veranlaßt, unsere Erfahrungen mit dem GSK zu Papier zu bringen. Dabei waren wir uns von Anfang an darüber einig, daß ein Buch entstehen sollte, *das den Anwender mit allen theoretischen und praktischen Informationen versorgen sollte, die für eine eigenständige und hinreichend qualifizierte Durchführung des Trainings notwendig sind.*

Das entstandene Buch ist dennoch keine „Rezeptologie". Man kann nicht alle Eventualitäten, nicht alle Klientenreaktionen antizipieren und für jede dieser Möglichkeiten konkrete Trainerreaktionen vorschlagen. Niemand wird allein durch das Studium dieses Textes zum professionellen GSK-Trainer werden. Dazu bedarf es zusätzlich der praktischen Erfahrung in der Anwendung des Programms. Wir sind allerdings der Überzeugung, daß Praxiserfahrungen für die weitere Arbeit eines Trainers erst dann einen wirklichen Gewinn bedeuten, wenn eine „Codierung", also eine Einordnung in abstraktere, theoretisch fundierte Konzepte vorgenommen wird. Aus diesem Grund stellen wir dem Leser in den ersten Kapiteln dieses Buches theoretische Strukturen zur Verfügung, die eine Einordnung und Verarbeitung eigener Trainingserfahrungen erleichtern sollen. Diese Strukturen sind zugleich eine wichtige Voraussetzung dafür, das GSK-Standardprogramm bei Bedarf flexibler handhaben zu können, ohne einem konzeptlosen „Herumprobieren" zu erliegen.

Das vorliegende Buch beinhaltet vier Teile:

1. Im *Teil A* wird - wie erwähnt - grundlegendes Wissen vermittelt, das bei Personen mit sozialen Kompetenzproblemen für die therapeutische Arbeit all-

gemein von Bedeutung ist. Dabei wird auf Formen, Entstehung und Modifikation sozial inkompetenten Verhaltens eingegangen.

2. Im *Teil B* findet sich eine Darstellung der theoretischen und empirischen Grundlagen des GSK. Zunächst werden die Ziele und Vorgehensweisen des Trainings skizziert. Es folgt ein Kapitel über empirische Befunde, die zur Aufnahme bestimmter Interventionstechniken in das Trainingsprogramm geführt haben. Berichte über die Effektivität des GSK-Gesamtprogramms beschließen diesen Teil.
3. Im *Teil C* des Buches konzentrieren wir uns ganz auf die praktische Durchführung des GSK. Dieser Teil enthält in Form eines Trainingsmanuals alle Angaben, die zur Durchführung der (sieben) Sitzungen des GSK in seiner Grundversion notwendig sind. Hier finden sich auch die Arbeitspapiere für Klienten, die in kopierfähigen Vorlagen wiedergegeben sind und sich außerdem auf der beiliegenden *Diskette* befinden (als Dateien im Winword 6/7 Format). Praktische Hinweise, wie Trainer den Erfolg ihrer Tätigkeit kontrollieren können, werden in einem gesonderten Abschnitt behandelt.
4. *Teil D* enthält eine Reihe von weiterführenden Hinweisen zum GSK. Abgesehen von einem Abschnitt zur Frage der Indikation geht es vor allem um die Anpassung des Programms an spezielle Klientengruppen und Aufgabenstellungen. Das praktische Vorgehen dabei wird an Beispielen ausführlich erläutert. Hinweise zur Anpassung des GSK an spezifische Klientengruppen und dazugehörige Arbeitspapiere finden sich im übrigen auch im Internet auf unserer Homepage, die wir gern zu einem Forum ausgestalten möchten, auf dem GSK-Trainer ihre Erfahrungen austauschen können, und wir möchten an dieser Stelle alle Trainer auffordern, uns ihre Erfahrungen und modifizierten Arbeitspapiere zur Verfügung zu stellen, um sie auf der Homepage publizieren zu können:
http://www.psychologie.uni-bielefeld.de/~upfingsten/gsk/

Die allgemeine Konzeption des Buches, die schon der ersten Auflage zugrunde lag, wurde auch bei der vorliegenden *dritten* Auflage im wesentlichen beibehalten. Allerdings haben wir uns in den Teilen A und B der Mühe einer Überarbeitung unterzogen, um der regen Forschungstätigkeit auf dem Gebiet „Soziale Kompetenz" in den vergangenen Jahren durch Aktualisierungen gerecht zu werden. Auch der Teil C (praktische Durchführung) wurde überarbeitet und alle Materialien neu gestaltet. Teil D (Indikation und spezielle Anwendungsmöglichkeiten) wurde ebenfalls aktualisiert. Hier würden wir uns wünschen, noch mehr Feedback von GSK-Trainern zu bekommen, um diesen Teil bei zukünftigen Auflagen erweitern zu können

Mittlerweile liegt auch eine weitere Publikation zum Trainingskonzept vor (Hinsch & Wittmann, 1997), die sich allerdings in erster Linie nicht an Trainer, sondern an Nicht-Fachleute wendet, die selbst ihre soziale Kompetenz verbessern möchten. Hier wurde versucht, das, was in einer Trainingsgruppe im Dialog abläuft, in einen fortlaufenden Text mit Übungsteilen umsetzen, was sich nicht einfach gestaltete, da ein Buch zwangsläufig immer eine Einwegkommunikation ist. Wir glauben aber, daß das Ergebnis recht gut gelungen ist und insbesondere dann von Nutzen sein dürfte, wenn man Klienten/Trainingsteilnehmern etwas in die Hand geben möchte, mit dem sie allein weiterarbeiten können.

Mindestens die Hälfte der Personen, die mit Sozialen Kompetenztrainings zu tun haben, sind Klient*innen*, sind Therapeut*innen*, Trainer*innen*, Forscher*innen* usw., also weiblichen Geschlechts. Diese Tatsache wird im vorliegenden Text gelegentlich durch entsprechende Formulierungen in Erinnerung gerufen. Für eine systematische „geschlechtsausgeglichene" Umformulierung des gesamten Textes sahen wir allerdings bisher keine über einen längeren Text hin wirklich praktikablen und leser(innen)freundlichen sprachlichen Möglichkeiten.

Das Gruppentraining Sozialer Kompetenzen wurde in Zusammenarbeit mit unseren Kollegen Mathilde Bauer und Manfred Weigelt entwickelt und erprobt. Dr. Sylvia Martinsen und Hanns Steinhorst haben in der Anfangsphase des Projekts wichtige Beiträge geleistet. Organisation und inhaltliche Betreuung der vorliegenden Neuauflage lagen in der Verantwortung der beiden Erstautoren.

Berlin/Bielefeld, Januar 1998

Rüdiger Hinsch
Ulrich Pfingsten

Teil A: Formen, Entstehung und Therapie sozialer Kompetenzprobleme

Der folgende Teil des Buches vermittelt grundlegende Informationen für die Arbeit mit sozial inkompetenten Klientinnen und Klienten. Sie sollen zu einem besseren Verständnis der Schwierigkeiten dieser Personen beitragen, es dem Leser zugleich aber auch ermöglichen, eigene Vorstellungen von den Möglichkeiten (und Grenzen) sozialer Kompetenztrainings bei der Prävention, Therapie und Rehabilitation psychischer Störungen zu entwickeln.

Im *ersten Kapitel* wird im Rahmen eines Prozeßmodells erläutert, wie sich kompetentes/inkompetentes Verhalten in sozialen Alltagssituationen entwickelt, und inwiefern sich diese Prozeßabläufe im einzelnen problematisch gestalten können.

Im *zweiten Kapitel* wird skizziert, durch welche ätiologischen Faktoren in der Sozialisation von Klienten ungünstiges Sozialverhalten entstehen kann.

Im *dritten Kapitel* wird ein Überblick über die wichtigsten Ansätze zur Therapie sozial inkompetenten Verhaltens gegeben; außerdem wird über die Aufgabengebiete informiert, in denen soziale Kompetenztrainings eingesetzt werden.

Soziale Kompetenzen und Kompetenzprobleme

(Ulrich Pfingsten)

Einige Beispiele aus der klinischen Praxis (nach Pfingsten, 1998):

Herr Sch. (25) ist seit knapp drei Jahren verheiratet. Seine Frau leidet unter der Isolation, in die sie beide zunehmend hineingeraten. Herr Sch. geht Festen, Konzertbesuchen und andere Ereignissen aus dem Weg. Er hat Angst, zum Gespräch mit Personen gezwungen zu sein, die er nicht oder wenig kennt. Besuche von Bekannten sind ihm unangenehm, weil er meint, daß er zu langweilig sei und nichts Interessantes zum Gespräch beisteuern könne. Herr Sch. macht sich Vorwürfe, daß seine Frau wegen seines Verhaltens unglücklich ist. Aber er meint, er könne nicht anders und weiß nicht, wie er etwas ändern kann.

Frau K. (32), eine Klientin mit emotional instabilen Persönlichkeitsmerkmalen, befürchtet nach mehreren mißglückten Partnerschaften, daß auch ihre momentane Beziehung nach knapp acht Monaten scheitert, obwohl sie ihren Freund sehr gerne mag. Sie ist verzweifelt, weil dies ihre letzte Chance sei und läßt für den Fall einer Trennung Suizidabsichten erkennen. Die Klientin reagiert mehrmals im Monat auf Äußerungen des Freundes unvermittelt mit dramatischen Szenen, vor allem wenn sie sich in irgendeiner Weise kritisiert fühlt. Sie spricht mit ihrem Freund nicht über diese Zwischenfälle und ihre Ängste, „weil es ja doch keinen Sinn hat".

Herr R. (54), Abteilungsleiter in einem großen Kaufhaus, hat seit etwa eineinhalb Jahren panikartige Angstzustände. Nur zögernd läßt er erkennen, daß er beruflich „ziemlich beansprucht" ist. Dem Klienten fällt es außerordentlich schwer, Wünsche und Ansprüche von Vorgesetzten, Untergebenen, Lieferanten und Kunden abzulehnen. Weil sich diese Ansprüche oft widersprechen, entstehen immer wieder Konflikte, die er durch massiven zusätzlichen Arbeitseinsatz zu lösen versucht. Das gelingt aber nur selten und gibt ihm das Gefühl, den beruflichen Anforderungen nicht mehr gewachsen zu sein.

Frau W. (35) ist seit fast einem Jahr wegen Schizophrenie in stationärer, inzwischen teilstationärer Behandlung. Sie soll aufgrund günstiger Gesamtumstände wieder in die elterliche Familie entlassen werden. Die Klientin ist sich unsicher, wie sie wieder Kontakt zu alten Freunden und Bekannten in ihrer Heimatstadt aufnehmen kann. Sie weiß nicht, wie sie sich verhalten soll, wenn sie auf ihre Krankheit und die lange Abwesenheit angesprochen wird. Außerdem hat die Klientin Angst vor bestimmten Konflikten mit dem Vater, die zur Zeit zwar beigelegt sind, möglicherweise aber doch wieder auftreten können.

Herr S. (34), wegen Depressionen in Behandlung, lebt im Haushalt seiner alleinstehenden Mutter. Er meint, daß er nichts erreicht habe und zu nichts tauge. Seine Arbeit als Programmierer hat ihn früher „über vieles hinweggetröstet", macht ihm inzwischen aber auch keinen Spaß mehr. Der Klient läßt sich in seiner Lebensführung bis in Kleinigkeiten von seiner Mutter bestimmen. Er verzichtet auf viele außerhäuslichen Aktivitäten, „um sie nicht unnötig zu kränken". Er hat seit seinem 17. Lebensjahr keine Freundin mehr gehabt, ist daran zwar sehr interessiert, weiß aber nicht, „wie er es anstellen soll".

Frau N. (66), verwitwet, drei erwachsene Kinder außer Haus, leidet seit Jahren an zahlreichen körperlichen Beschwerden, für die bisher keine ernsthaften organischen Ursachen gefunden wurden. Die Klientin hat außer Telefongesprächen mit ihren Kindern kaum Kontakte. Besuche bei diesen sind selten geworden, weil es vor allem wegen der Erziehung der Enkel immer wieder zu Spannungen kommt. Bei Gesprächen mit Nachbarn oder Bekannten fühlt sie sich angespannt und unwohl, richtet sich das Verlassen ihrer Wohnung inzwischen so ein, daß sie solchen Kontakten ganz aus dem Wege gehen kann.

Zum Begriff der Sozialen Kompetenzen

Der Begriff „Soziale Kompetenz" bezieht sich in wesentlichen Punkten auf Sachverhalte, die in der älteren psychologischen Literatur unter Stichwörtern wie Selbstsicherheit, Durchsetzungsvermögen, Kontaktfähigkeit usw. diskutiert wurden. Dennoch verbirgt sich hinter diesem Wort mehr als eine modische Neubenennung alter Themen. Es soll vor allem die Verbindung zu kompetenztheoretischen Modellvorstellungen deutlich gemacht werden, die inzwischen eine eigene Tradition in vielen Bereichen der Psychologie haben.

- In der *Persönlichkeitspsychologie* z. B. postulierte Mischel (1973), daß Personen statt durch Eigenschaften im herkömmlichen Sinne zutreffender durch ihre Fähigkeiten charakterisiert werden können, sich in bestimmten Arten von Situationen geschickt und erfolgreich zu verhalten. Die diagnostische Nutzanwendung eines derartigen Ansatzes hatten zuvor schon Goldfried & D'Zurilla (1969) diskutiert.
- In der *Sozialpsychologie* stimmten Argyle und seine Mitarbeiter ihre Theorienbildung ganz auf ein Modell sozialer Fertigkeiten ab, das sie inzwischen

durch ein eindrucksvolles Forschungsprogramm ausgebaut und empirisch untermauert haben (vgl. Hollin & Trower, 1986).

- Beträchtliches Interesse am Konzept der sozialen Kompetenzen hat sich in neuerer Zeit in der *Arbeits-, Betriebs- und Organisationspsychologie* entwickelt (z. B. Fontana, 1990; Kastner, 1996).
- Im *klinischen Bereich* wiesen Zigler & Phillips schon früh (z. B. 1962) auf die wichtige Tatsache hin, daß die soziale Anpassung eines Patienten vor Beginn einer psychischen Störung einen guten Prädiktor für deren weiteren Verlauf sowie für die Therapie- und Rehabilitationschancen darstellt. Dementsprechend wird inzwischen in Klassifikationssystemen wie dem DSM-IV (Sass et al., 1996) die prämorbide soziale Anpassung als ein zentraler Aspekt der psychopathologischen Diagnose betrachtet.
- In der *Gemeindepsychologie* werden kompetenztheoretische Überlegungen stark betont (vgl. Gesten & Jason, 1987). Sommer (1977) stellte die Vermittlung von Kompetenzen als Ziel jeglicher primärer Prävention dar. Aus diesen Zusammenhängen heraus ist verständlich, daß soziale Kompetenzen auch in der Entwicklungspsychologie ein wichtiges Konzept darstellen (z. B. Spence, 1988).
- Im Bereich von *Psychosomatik und Verhaltensmedizin* wird angenommen, daß der Erhalt (oder die Wiedererlangung) körperlicher oder psychischer Gesundheit an das Vorhandensein bestimmter konstruktiver Fähigkeiten und Ressourcen bei der betreffenden Person gebunden ist. Soziale Beziehungen, und damit natürlich auch die persönlichen Fähigkeiten, solche herzustellen und angemessen auszugestalten, könnten dabei eine entscheidende Rolle spielen (vgl. Eisler, 1984).

Diese Beispiele deuten darauf hin, daß mit Hilfe des Kompetenzkonzeptes wichtige Erkenntnisse aus verschiedenen Bereichen der Psychologie in sinnvoller Weise aufeinander bezogen werden können, insbesondere solche, die mit klinisch-psychologischen Aufgabenstellungen zusammenhängen. Es ist deshalb nicht verwunderlich, daß sich auf dieser Grundlage mit den sogenannten *Kompetenztrainings* inzwischen auch ein ganz eigener Interventionsansatz entwickelt hat, wie z. B. das Handbuch von O'Donohue und Krasner (1995a) zeigt. Diese Trainings[1] beziehen sich auf verschiedene Verhaltensbereiche, aber den Trainings zur Förderung *sozialer* Kompetenzen kommt besondere Bedeutung zu, weil Menschen zur Befriedigung ihrer Bedürfnisse und zur Erreichung ihrer Ziele immer wieder auf soziale Interaktionen angewiesen sind (Pfingsten, 1996a).

Arbeitsdefinition

Der wesentliche Grundgedanke des Begriffs „Soziale Kompetenz" besteht darin, daß Individuen in mehr oder minder starkem Maße über Fertigkeiten verfügen, akzeptable Kompromisse zwischen sozialer Anpassung einerseits und individuellen Bedürfnissen andererseits zu finden und zu verwirklichen. Dieser Grundgedanke leuchtet auf den ersten Blick sicher ein, aber die zahlreichen Versuche, ihn für die verhaltenstherapeutische Praxis in eine präzisere Definition sozialer Kompetenzen umzusetzen, führen zu erheblichen Widersprüchen und Unklarheiten (Pfingsten, 1984a).

Um dennoch einen ersten Eindruck davon zu geben, welche konkreten Verhaltensweisen gemeint sind, wenn man von sozialen Kompetenzen spricht, soll hier eine Aufzählung von Elaine Gambrill wiedergegeben werden:

- Neinsagen
- Versuchungen zurückweisen
- Auf Kritik reagieren
- Änderungen bei störendem Verhalten verlangen
- Widerspruch äußern
- Unterbrechungen im Gespräch unterbinden
- Sich entschuldigen
- Schwächen eingestehen
- Unerwünschte Kontakte beenden
- Komplimente akzeptieren
- Auf Kontaktangebote reagieren
- Gespräche beginnen
- Gespräche aufrechterhalten
- Gespräche beenden
- Erwünschte Kontakte arrangieren
- Um Gefallen bitten
- Komplimente machen
- Gefühle offen zeigen

Abbildung 1: Beispiele sozial kompetenter Verhaltensweisen (nach Gambrill 1995a, S. 91ff.)

Sozial inkompetentes Verhalten liegt jeweils vor, wenn jemand eines dieser Verhaltensmuster in entsprechenden Situationen nicht oder nur unvollkommen verwirklichen kann. Manche Personen verhalten sich dabei vor allem *vermeidend-unsicher*, andere eher *zudringlich-aggressiv* - beide Reaktionsmuster werden von uns im vorliegenden Buch als sozial inkompetent betrachtet.

Die Anschaulichkeit und Praxisnähe rein aufzählender Definitionen ist zugleich ihr größter Nachteil: Verschiedene Autoren kommen nämlich aufgrund ihrer klinischen Erfahrungen und Überzeugungen zum Teil zu recht unterschiedlichen Auflistungen. Das hat zur Folge, daß in entsprechenden Trainingsprogram-

[1] Die Begriffe Training/Trainer/Trainerin und Therapie/Therapeut/Therapeutin werden im vorliegenden Buch synonym verwendet.

men häufig etwas anderes unter sozialen Kompetenzen verstanden wird, und daß sich dadurch Indikationsstellung, Therapieziele und -methoden mitunter stark unterscheiden.

Um eine allzu willkürliche Festlegung sozial kompetenten/inkompetenten Verhaltens zu verhindern, halten wir deshalb trotz aller Bedenken eine allgemeinere Definition für nötig. In Anlehnung an Döpfner, Schlüter & Rey (1981) definieren wir soziale Kompetenzen *als die Verfügbarkeit und Anwendung von kognitiven, emotionalen und motorischen Verhaltensweisen, die in bestimmten sozialen Situationen zu einem langfristig günstigen Verhältnis von positiven und negativen Konsequenzen für den Handelnden führen.*

Diese Eingrenzung, die hier nur kurz genannt und auf S. 55ff näher erläutert wird, ist als Arbeitsdefinition zu verstehen. Sie dient als Grundlage unserer theoretischen Überlegungen und unseres therapeutischen Vorgehens. Eine Lösung der theoretischen Streitigkeiten um den Kompetenzbegriff wird durch diesen Definitionsversuch weder angestrebt noch geleistet.

Beziehung zu anderen Begriffen

Im Hinblick auf die Probleme, die bei Menschen bezüglich ihrer sozialen Kompetenzen auftreten können, gibt es leider mehrere verschiedene Begriffe, die jeweils eine unterschiedlich akzentuierte Teilmenge sozialer Kompetenzprobleme beschreiben, und deren Beziehung zueinander nicht immer ganz klar ist.

Die ICD-10-Diagnose *Soziale Phobie* (F40.1) bezieht sich darauf, daß Klienten in ihrem Alltagsleben erheblich beeinträchtigt sind, weil sie bestimmte Situationen fürchten, in denen sie im Zentrum der Aufmerksamkeit stehen und sich peinlich oder erniedrigend verhalten könnten. Häufig handelt es sich um Essen oder Sprechen in der Öffentlichkeit, Hinzukommen oder Teilnahme an kleinen Gruppen, wie z. B. bei Parties, Konferenzen oder in Klassenräumen (Dilling et al., 1993). Die Diagnose wird bei starken, überwiegend vegetativen Angstsymptomen *in* der Situation gegeben, aber auch, wenn die Situationen gänzlich gemieden werden.

Manchmal wird eine spezifische, eng begrenzte Phobie von einer breiter generalisierten unterschieden (vgl. Juster, Brown & Heimberg, 1996). Damit nähert sich diese der zweiten einschlägigen ICD-10-Diagnose an, der *Ängstlichen (vermeidenden) Persönlichkeitsstörung* (F60.6). Allerdings soll es sich hierbei anders als bei der sozialen Phobie eher um einen tief verankerten Persönlichkeitszug handeln, um eine überdauernde Normvariante der Persönlichkeit. Sie ist durch breit generalisierte und gravierende soziale Ängste klinischer Ausprägung gekennzeichnet. Überschneidungen mit der Diagnose „Soziale Phobie" sind eher die Regel als die Ausnahme.

Die Begriffe *Soziale Ängste*, *soziale Ängstlichkeit* oder *soziale Unsicherheit* werden inzwischen häufig für schwächer ausgeprägte sozialphobische Reaktionstendenzen verwendet. Sie sind als subklinisch zu bezeichnen und werden also nicht unbedingt als behandlungsbedürftig angesehen (siehe aber S. 147ff). Ungünstig an diesem Sprachgebrauch ist allerdings, daß dadurch übersehen werden kann, daß sich soziale Ängste oft auch auf ganz andere Arten von Alltagssituationen beziehen, als das in dem relativ eng angelegten Konzept der sozialen Phobie angenommen wird.

Prüfungsängste betreffen die Befürchtung, daß zu erbringende eigene Leistungen für die Erreichung eines bestimmten Zieles als nicht ausreichend bewertet werden. Nicht selten gehen die Bewertungsängste jedoch über die rein sachliche Leistungsbewertung hinaus - in diesen Fällen und bei einem entsprechenden Ausprägungsgrad macht es Sinn, die Prüfungsangst als eine Art sozialer Phobie zu bezeichnen (Heckelman & Schneier, 1995). Es ist deshalb auch nicht erstaunlich, daß bei prüfungsängstlichen Klienten ähnliche Interventionen wirksam sind wie bei der Behandlung sozialer Kompetenzprobleme (Hinsch & Christ, 1982).

Schüchternheit ist ein weiteres Phänomen, das schwer von den anderen Begriffen abzugrenzen ist. Weil es keine klaren Kriterien für das Vorliegen von Schüchternheit gibt, geht man oft von der subjektiven Einschätzung der untersuchten Personen aus, ob sie sich als schüchtern ansehen. Dabei bezeichnen sich viele Sozialphobiker, aber auch sehr viele „normale" Menschen als schüchtern (Turner, Beidel & Townsley, 1990). Asendorpf (1989) benutzt in diesem Zusammenhang auch den Ausdruck „Soziale Gehemmtheit".

Der Ansatz sozialer Kompetenztrainings, den auch wir im vorliegenden Buche vertreten, ist nicht auf die Therapie einzelner dieser Störungen beschränkt. So ist z. B. das GSK zur Behandlung von sozialen Phobien geeignet, aber es gibt eine Fülle anderer Anwendungsmöglichkeiten. Das liegt daran, daß soziale Kompetenzprobleme (nicht unbedingt soziale Phobien) bei vielen psychischen Störungen eine wichtige Rolle spielen (siehe Eingangsbeispiele, sowie S. 49ff, 147ff und 152ff). Aus diesem Grunde wird im folgenden statt der eben erwähnten Begriffe oft der Oberbegriff *Soziale Kompetenzprobleme* verwendet. Darunter werden alle möglichen Störungen oder Probleme subsumiert, die es einer Person erschweren können, in bestimmten sozialen Situationen ein langfristig günstiges Verhältnis von positiven und negativen Konsequenzen zu erzielen.

Kompetenz und Paradigmawechsel

Mit der Einführung des Kompetenzkonzepts verbindet sich zum Teil auch die Hoffnung, den oft geforderten Paradigmawechsel vom medizinischen zum sozialwissenschaftlichen Krankheitsmodell in der klinischen Praxis wirksam voranzubringen (vgl. Burow, 1987).

Kompetenzen sind lern- und trainierbare Verhaltensfertigkeiten, die als Analyseeinheiten erheblich realitätsnäher sind als die S-R-Ketten der klassischen Verhaltenstherapie. Trotzdem wird aber auch im Kompetenzkonzept psychische Beeinträchtigung auf dem Kontinuum mehr oder minder hinreichender Lernerfahrungen begriffen und diagnostiziert.

Während im medizinischen Modell Menschen eher von der Negativseite, von der Aufzählung ihrer Defekte her beschrieben werden, fragt man im kompetenztheoretischen Ansatz gerade auch nach konstruktiven Verhaltensanteilen, die sich für eine Förderung besonders anbieten. Ein derartiges Konzept bietet viele Vorteile für die Planung und Umsetzung von psychosozialen Interventionsmaßnahmen, die sich als Alternative zu rein kurativ/therapeutischen Versorgungsmodellen verstehen (siehe S. 152ff; vgl. auch O'Donohue & Krasner, 1995b; Reschke, 1995). In diesem Sinne beanspruchen Kompetenztrainings als Interventionsverfahren auch erheblich mehr zu sein als nur eine Behandlungsmethode für Patienten mit der Diagnose „Soziale Phobie" oder „Ängstliche (vermeidende) Persönlichkeitsstörung".

Soziale Kompetenz - eine Eigenschaft?

Verhaltensgewohnheiten aus dem Umkreis des sozialen Kompetenzbegriffs wie Durchsetzungsfähigkeit (Assertiveness), Selbstsicherheit, Kontaktfähigkeit usw. werden von manchen - insbesondere älteren - Autoren als allgemeine und überdauernde Persönlichkeitseigenschaften betrachtet, die verhältnismäßig situationsunabhängig sind. Salter (1949) nimmt z. B. an, daß sich bei einem Kind durch entsprechende Erfahrungen eine Art „gehemmter Persönlichkeit" entwickelt. Diese Hemmung soll im Erwachsenenalter ziemlich stabil bleiben und auf eine Vielzahl sozialer Verhaltensweisen und Situationen generalisieren. Für Cattell (1965) ist Durchsetzungsvermögen ein Trait, der auf eine vererbliche Grundlage zurückgeht. Auch Wolpe (1973) geht noch von einem relativ breit generalisierten Assertiveness-Konzept aus.

Diese Auffassungen finden eine gewisse Entsprechung in der Alltagspsychologie, in der sich Persönlichkeitszuschreibungen oft auf soziale Fähigkeiten beziehen. So wird gesagt, eine Person sei von Natur aus schüchtern, eine Person verfüge über großes/geringes Selbstbewußtsein, oder es fehle jemandem an Durchsetzungsvermögen usw.

Inzwischen wurde die Bedeutung von Traitkonzepten in der Psychologie stark relativiert, und es ist zu prüfen, inwieweit eine solche Relativierung auch für den Bereich sozialer Kompetenz/Inkompetenz notwendig ist. Bei Vorliegen einer generellen Persönlichkeitseigenschaft „Soziale Kompetenz" müßten z. B. Faktorenanalysen entsprechender Fragebögen über alle Items hinweg einen starken allgemeinen Faktor ergeben. Das ist jedoch nicht der Fall.

Im deutschsprachigen Raum liegen die Ergebnisse einer Faktorenanalyse von Ullrich und Mitarbeitern (1978) zu einer früheren Version ihres Unsicherheitsfragebogens vor. Die Autoren weisen einen generellen Faktor nach, den sie als „Allgemeine Unsicherheit" interpretieren. Dieser Faktor erklärt jedoch nur 12 Prozent der Varianz, was kaum als Nachweis einer breit generalisierten Persönlichkeitseigenschaft gelten kann. Insgesamt erklärten sieben Faktoren nicht mehr als 40 Prozent der Gesamtvarianz. Skatsche, Brandau und Ruch (1982) konnten bei einem eigenen Fragebogen mit fünf Faktoren nur etwa 20 Prozent der Gesamtvarianz aufklären.

Gegen eine starke Traitkomponente sprechen aber auch Untersuchungen, in denen die Situationsabhängigkeit sozial kompetenten Verhaltens deutlich wird: Bei denselben Versuchspersonen zeigten sich z. B. in Rollenspielen beträchtliche Unterschiede in Ausmaß und Form sozial kompetenten Verhaltens, je nachdem, ob die Interaktionspartner männlich oder weiblich, wie vertraut sie mit den Versuchspersonen waren usw. (z. B. Eisler et al., 1975).

In einer eigenen, etwas anders gearteten Studie legten wir 62 Personen Situationsschilderungen vor, bei denen anzugeben war, inwieweit sich die Probanden jeweils eine vorgegebene kompetente Reaktion zutrauten. Es handelte sich um insgesamt 30 Situationen, von denen je zehn den Aufgabentypen „Recht durchsetzen", „Kompetentes Verhalten in Beziehungen" und „Um Sympathie werben" (siehe Abschnitt „Drei Typen sozialer Situationen", S. 56ff) entsprachen. 28 Probanden gaben in mindestens einem Bereich klare Kompetenzdefizite an, aber nur neun Personen fühlten sich in allen drei Situationstypen deutlich beeinträchtigt. Auch auf der Gegenseite waren nur acht Probanden zu finden, die glaubten, in allen drei Situationsarten kompetent reagieren zu können.

Es spricht also einiges dafür, daß sozial kompetentes/inkompetentes Verhalten bei den meisten Menschen nicht als generelles und situationsunabhängiges Persönlichkeitsmerkmal anzusehen ist.

Das hat für uns zwei Konsequenzen, wovon eine inhaltlicher, die andere eher begrifflicher Natur ist:

- Trainer sollten davon ausgehen, daß sich die sozialen Probleme der meisten Klienten auf bestimmte Arten von Situationen beschränken (klinisch deshalb aber nicht etwa weniger gravierend sind). Das schließt nicht aus, daß manche Klienten oder Klientengruppen durch sehr breit gestreute Kompetenzdefizite auffallen.
- Wir halten es für notwendig, nicht von *der* sozialen Kompetenz einer Person, sondern - in der Mehrzahl - von *sozialen Kompetenzen* zu sprechen. (Wenn trotzdem im Text der Einfachheit halber gelegentlich von „kompetenten" oder „inkompetenten Personen" die Rede ist, dann möge man sich diese Formulierung jeweils - ohne eigenschaftstheoretische Implikationen - auf die Verhaltensbereiche bezogen denken, um die es in dem betreffenden Zusammenhang geht.)

Ein Prozeßmodell des Verhaltens in sozialen Situationen

Voraussetzung für die nähere Beschäftigung mit den sozialen Kompetenzproblemen von Klienten ist eine Vorstellung darüber, wie unsicheres, aggressives oder eben kompetentes Verhalten in sozialen Situationen zustande kommt. Welche äußeren und inneren Prozesse laufen beim Verhalten in sozialen Situationen ab? Wie kommt es, daß sich manche Menschen mit ihnen erfolgreich auseinandersetzen und andere nicht? Welche kognitiven, emotionalen und motorischen Vorgänge müssen bei Klienten verändert werden, damit sie mit Problemen im sozialen Umgang besser fertig werden?

Einfache Antworten auf solche Fragen sind kaum möglich, wenn man der Vielfalt der Probleme von Klienten in der Praxis auch nur einigermaßen gerecht werden will. Entsprechend umfangreich und komplex sind denn auch die eigenen Beobachtungen und wissenschaftlichen Erkenntnisse, die zur Klärung dieser Fragen im folgenden zu berichten sind. Allerdings hoffen wir, den Leserinnen und Lesern mit dem von uns entwickelten Prozeßmodell eine Orientierungshilfe auf diesem schwierigen Terrain zu geben.

Zum *Stand der Forschung* sei angemerkt: Soziale Kompetenztrainings (bzw. ihre Vorgänger) gehören zu den ältesten Methoden der Verhaltenstherapie. Dennoch gibt es bezüglich der Entstehung, Diagnose und Therapie sozialer Kompetenzprobleme bei näherem Hinsehen immer noch zahlreiche Forschungsdefizite (vgl. auch Pfingsten, 1984b). So fehlen auch bei vielen Punkten der folgenden Darstellung gesicherte Erkenntnisse, und wir sind auf Spekulationen oder Einzelbeobachtungen aus unserer Trainingspraxis angewiesen.

Prozeßmodell

Die Basis unserer Darlegungen ist ein Prozeßmodell, das den Ablauf und die Generierung sozialen Verhaltens in vereinfachter Form nachbilden soll. Es dient zugleich in einer weiter vereinfachten Version als Grundlage unseres Trainings (siehe S. 92).

Vorläufer des Modells ist ein ähnliches Konzept von Argyle und Kendon (1967). Weitere Aspekte entstammen der Sozialen Lerntheorie von Albert Bandura, dem Streßkonzept von Richard S. Lazarus und kognitiv-verhaltenstherapeutischen Ansätzen. Es ist anzumerken, daß von anderen Autoren ähnliche Modellvorstellungen entwickelt wurden (z. B. Beck & Clark, 1997; Borgart, 1985; Corrigan, Schade & Liberman, 1992; Döpfner, 1989; Franke, 1991; Mattick, Page & Lampe, 1995), wobei einige Autoren die für sozialphobische Klienten relevanten Teilprozesse besonders herausarbeiten (Clark & Wells, 1995; Rapee & Heimberg, 1997; Stangier & Heidenreich, 1997).

Den Ausgangspunkt des Modells (Abbildung 2, S. 16) stellt eine konkrete Alltagssituation dar, in der sich jemand befindet. Sie wird von der betreffenden Person in bestimmter Weise wahrgenommen sowie kognitiv und emotional weiterverarbeitet. Die Verarbeitungsvorgänge führen zur Hervorbringung von beobachtbaren („motorischen") Verhaltensweisen, die oft in Form umfassender Verhaltensmuster organisiert sind. Das motorische Verhalten bewirkt Veränderungen in der Umwelt und führt erneut eine soziale Situation herbei, die objektiv beschreibbar ist, vor allem aber wieder durch Wahrnehmungsprozesse beim Individuum wirksam wird. Diese neue soziale Situation wird dann als Konsequenzerfahrung kognitiv und emotional weiterverarbeitet.

Dieser Prozeßablauf soll nun zunächst etwas näher veranschaulicht werden, bevor ab S. 17 ausführlich besprochen wird, an welchen Stellen des Vorgangs Schwierigkeiten und Defizite auftreten können.

Situation

Soziales Verhalten wird meist durch eine weitgehend objektiv bestimmbare Situation in Gang gesetzt: In einem Restaurant liefert mir der Kellner eine Speise, die ich nicht bestellt habe, und die ich zurückgehen lassen möchte. Eine solche Situation ist charakterisiert durch:

- *soziale Aspekte* (z. B. Anzahl, Alter, Geschlecht, Verhalten, Rollenverteilung der beteiligten Personen, situationsspezifische Regeln und Konventionen, kultureller und gesellschaftlicher Hintergrund),
- *raumzeitliche Gegebenheiten* (z. B. Tageszeit, Größe und Ausstattung des Raumes) und
- *persönliche Bedingungen* (z. B. eigene Ziele, Intentionen, Interessen, Stimmungen und Bedürfnisse).

Zum Auslöser für soziales Verhalten werden Situationen durch ihren *Anforderungs- oder Aufgabencharakter.* Die spezifischen Aufgabenmerkmale ergeben sich dabei durch das Zusammentreffen von persönlichen Intentionen/Bedürfnissen auf der einen Seite und von sozialen bzw. raumzeitlichen Bedingungen auf der anderen Seite.

Auf das eingangs genannte Beispiel bezogen ergibt sich aus der Situation die Aufgabe „Reklamation durchführen". Mit den sozialen und raumzeitlichen Bedingungen variieren dann die Anforderungen, die an mich gestellt sind: bei einem alten, mürrischen Kellner in einer überfüllten Bierschwemme werden andere (und wahrscheinlich höhere) Anforderungen an mein Verhalten gestellt als bei einer freundlichen, jungen Kellnerin in einem mäßig besetzten, gediegenen Speiselokal. Ebenso unterscheiden sich die Anforderungen je nachdem, ob ich das Lokal allein besuche, mit guten Freunden zusammen bin, oder ob ich das erste Mal mit jemandem ausgehe, vor dem ich mich nicht blamieren will.

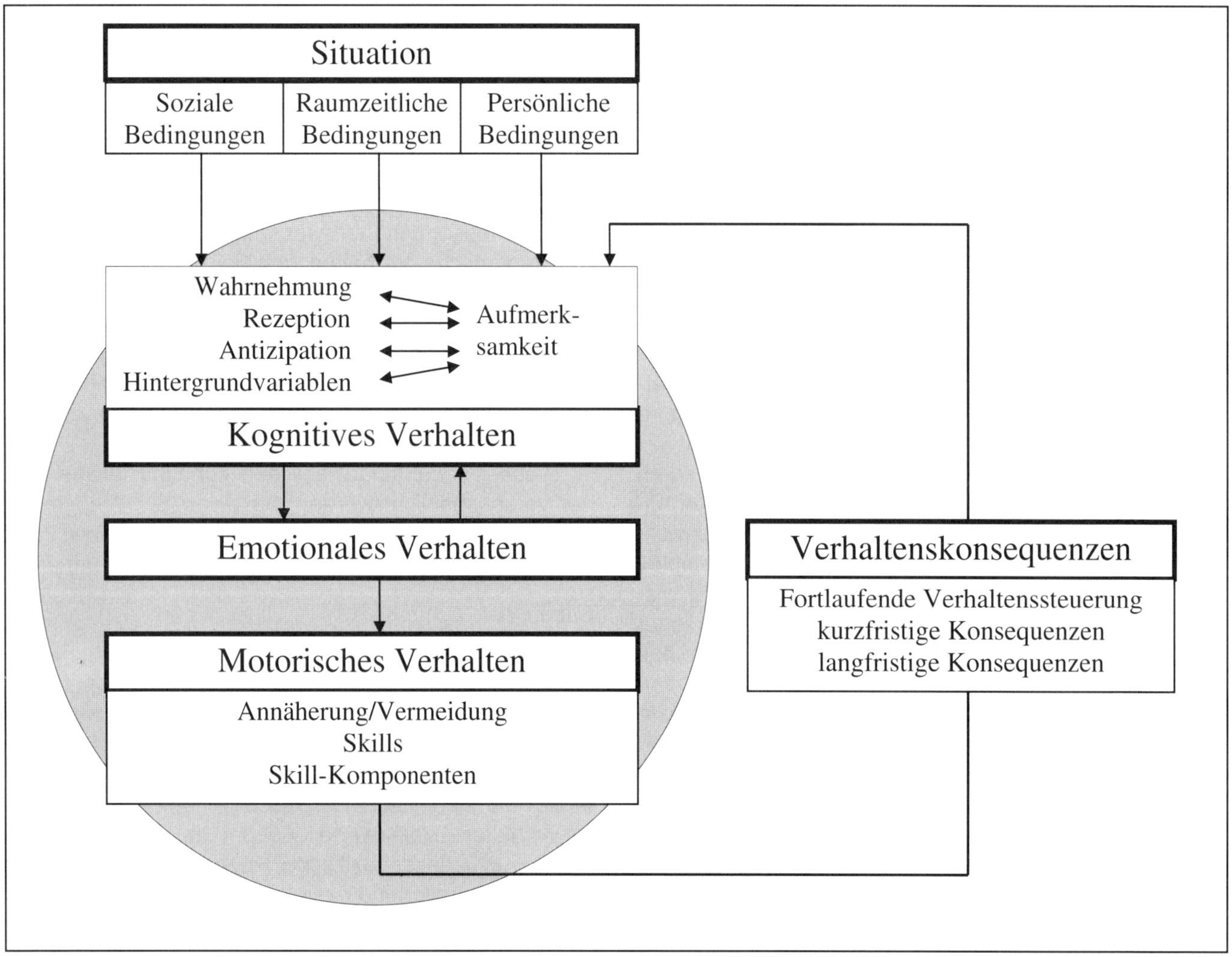

Abbildung 2: Prozeßmodell sozial kompetenten/inkompetenten Verhaltens

Kognitives Verhalten

Genauer besehen ergibt sich der Aufgabencharakter einer Situation erst aus der Wahrnehmung und kognitiven Verarbeitung durch die betreffende Person. Wenn ich z. B. sehr unaufmerksam bin und gar nicht bemerke, daß mir ein falsches Essen geliefert wurde, kristallisiert sich aus der Situation überhaupt keine Aufgabe heraus. Auch das Anforderungsmerkmal „mürrischer" vs. „freundlicher" Kellner resultiert natürlich aus Prozessen der Aufmerksamkeitssteuerung und der sozialen Wahrnehmung.

Die Situationswahrnehmung leitet meist eine weitergehende kognitive Verarbeitung und Analyse der sich stellenden Aufgabe ein. Ziel dieses Prozesses ist es, die Bedingungen der Situation so weit zu erkennen, daß eine (meist implizite) Entscheidung über das zur Bewältigung notwendige Verhalten möglich wird. Die Aufgabenanalyse kann sich auf folgende Punkte beziehen: Wie ist es zu der betreffenden Situation gekommen? Von wem hängt eine Lösung ab? Wie kann ich reagieren? Mit welchen Konsequenzen ist zu rechnen?

Solche Situationsanalysen erfolgen in enger Verknüpfung mit früheren Erfahrungen. Außerdem wird der Verarbeitungsprozeß beim wiederholten Vorkommen ähnlicher Aufgaben vereinfacht und automatisiert. So mag sich die Analyse bestimmter Situationen als Resümee aus früheren Erfahrungen auf knappe Selbstverbalisationen verkürzen. Der kurze innere Seufzer „Oje!" mag dann soviel bedeuten wie: „Das ist so eine Situation, mit der ich noch nie klargekommen bin!"

Emotionales Verhalten

Die kognitive Verarbeitung von Situationen bewirkt die Entstehung entsprechender Affekte und Emotionen. Der Gedanke „Mit diesem Kellner werde ich niemals fertig!" läßt beispielsweise fast zwangsläufig ein Gefühl der Mutlosigkeit aufkommen. Das kognitive Resümee „Das ist nur die Schuld des Kellners!" resultiert statt dessen eher in einem wütenden Affekt, während die Feststellung „Ich habe ein Recht auf das Essen, das ich bestellt habe!“ zu Mut und Entschlossenheit führt.

Emotionale Vorgänge haben in dem vorgeschlagenen Modell mindestens noch zwei weitere Funktionen:

- Gefühle und Stimmungen können als „persönliche Bedingungen“ wesentliche Bestimmungsmerkmale der sozialen Ausgangssituation darstellen. Die Schwierigkeit der Aufgabe „Reklamation durchführen“ richtet sich z. B. danach, mit welcher Stimmung ich das Lokal besuche, oder welche Gefühle ich der begleitenden Person gegenüber habe. „Aus einer niedergedrückten Stimmung heraus eine Reklamation durchführen“ stellt eine andere (wahrscheinlich schwierigere) Aufgabe dar als „In bester Laune eine Reklamation durchführen“.
- Kognitionen bestimmen zwar die Qualität der entstehenden Emotionen und Affekte. Diese können ihrerseits jedoch auch wieder auf die Kognitionen zurückwirken: Ich sehe das mürrische Gesicht des Kellners und denke: „Gegen den komme ich nicht an!“ Bei dem Gedanken an die Reklamation nimmt meine Aufregung zu. Die Wahrnehmung dieser Aufregung wiederum wird auf der kognitiven Ebene zu einer Art Beweis dafür, wie berechtigt meine Zweifel an einer erfolgreichen Lösung der Aufgabe sind. Die zirkuläre Wechselwirkung ist für die Entstehung sozialer Ängste bezeichnend. Dabei wird der Prozeß bei vielen Klienten noch dadurch verstärkt, daß sie in solchen Situationen ihre Aufmerksamkeit gewohnheitsmäßig sehr stark auf sich selbst und ihre Gefühle richten (erhöhte Selbstaufmerksamkeit).

Motorisches Verhalten

Die kognitive und emotionale Verarbeitung von Situationen mündet in ein bestimmtes beobachtbares Verhalten, das wir (in Ermangelung eines besseren Ausdrucks) „motorisches“ Verhalten nennen. Dieses Verhalten kann jeweils als mehr oder minder sozial kompetent bezeichnet werden. Bei näherer Betrachtung lassen sich drei Verhaltensaspekte unterscheiden:

- *Vermeidungsverhalten*: Sozial kompetentes Verhalten setzt voraus, daß ich eine Aufgabe überhaupt in Angriff nehme und ihre Lösung nicht gänzlich vermeide.
- Als *Soziale Fertigkeit (Skill)* wird eine Kombination von Verhaltensweisen bezeichnet, die zur Bewältigung bestimmter Aufgaben notwendig sind. Wichtig ist, daß diese Reaktionen „geschickt“ (skillful) organisiert und aufeinander abgestimmt sind. So genügt es wahrscheinlich nicht, jenem Kellner die lapidare Mitteilung zu machen: „Ich hatte eigentlich ein anderes Essen bestellt“, um sich durchzusetzen. Sowohl die Anrede des Kellners als auch die Formulierung der Reklamation müssen zusammen mit Lautstärke, Intonation, Körperhaltung usw. so organisiert sein, daß eine optimale Erfolgsaussicht entsteht.
- Wie soeben erwähnt, lassen sich Skills als Organisation einzelner *Skill-Komponenten* betrachten. Als nonverbale Verhaltensbestandteile finden sich hier: Gesichtsausdruck, Gestik, Blickkontakt, Körperhaltung, Distanzverwendung, Körperkontakt, Intonation, Kleidung usw. Verbale Bestandteile sind z. B.: Effektive Verwendung von Aufforderungen und Befehlen, Vorschriften, Fragen, Kommentaren, faktischen Informationen, Redewendungen und Formeln, „Ich“/„Man“-Verwendung sowie der Ausdruck eigener Gefühle, Einstellungen und Bedürfnisse.

Verhaltenskonsequenzen

Durch den Wahrnehmungsprozeß werden objektive Reize von einem Menschen aufgenommen. Durch motorisches Verhalten wiederum werden objektive Reize an die soziale Umwelt abgegeben. Letzteres löst bestimmte Effekte aus, die auf das Individuum zurückwirken. Diese Rückkoppelung erfolgt in drei Formen:

- Die Reaktionen der sozialen Umwelt bedingen eine *kontinuierliche Steuerung* während eines Verhaltens: Der Kellner scheint mich nicht zu verstehen, also spreche ich lauter.
- Ein vollendetes Verhalten hat *kurzfristige Effekte*: Der Kellner nimmt das Essen zurück.
- Eine Verhaltensweise hat *langfristige Effekte*: Der Kellner bedient mich in Zukunft besonders aufmerksam (oder besonders unfreundlich).

Zu beachten ist allerdings: Verhaltenseffekte werden bei der betreffenden Person immer erst wirksam, indem sie kognitiv und emotional verarbeitet werden, d. h. in welchem Ausmaß sie z. B. Selbstlob (oder Selbsttadel) veranlassen, und wie sie schließlich als Erfahrungen gespeichert werden.

Bedingungen sozial inkompetenten Verhaltens

Nach der Definition auf Seite 13 sind Verhaltensweisen als problematisch zu bezeichnen, wenn sie auf die Dauer zu einem Überwiegen negativer Konsequenzen führen. Wie kommt es nun dazu, daß sich Menschen ineffektiv verhalten oder doch zumindest so, daß sie langfristig eher mit nachteiligen Folgen rechnen müssen?

In der einschlägigen Forschung dominierte in der Vergangenheit der Widerstreit von Autoren, die jeweils *einen einzigen* der oben erwähnten Faktoren des Prozeßmodells für das Zustandekommen sozial inkompetenten Verhaltens verantwortlich machen wollten:

Manche Autoren glaubten z. B., daß unsicheres Verhalten vor allem auf dysfunktionale Emotionen zurückzuführen ist, vor allem auf Angst. Andere Forscher hielten demgegenüber motorische Verhaltensdefizite für entscheidend. Schließlich werden in neueren Theorien kognitive Fehlsteuerungen für sozial inkompetentes Verhalten verantwortlich gemacht. Die Ausführungen ab S. 44 werden verdeutlichen, daß diese verschiedenen theoretischen Standpunkte sehr unterschiedliche Auswirkungen auf das therapeutische Vorgehen haben.

Die kontroverse Diskussion um solche monokausale Erklärungsansätze soll hier nicht fortgeführt werden. Statt dessen werden wir hier einen eklektischen Standpunkt einnehmen. Gerade die folgenden Abschnitte werden deutlich machen, daß *sozial inkompetentes Verhalten durch ungünstige Prozeßverläufe auf jeder Ebene der Verhaltensgenerierung entstehen kann.* Das ist unseres Erachtens sowohl in theoretischer Hinsicht eine sinnvolle Grundannahme als auch vor allem in der Praxis, wenn es um das Verständnis und die Problemanalyse einzelner Klienten oder Klientengruppen geht.

In fünf größeren Abschnitten soll nun dargestellt werden, inwiefern die beschriebenen Teilprozesse zu sozialen Kompetenzproblemen führen können: Situationale Überforderung, ungünstige kognitive Verarbeitung sozialer Situationen, ungünstige emotionale Prozesse, motorische Verhaltensdefizite und ungünstige Verhaltenskonsequenzen.

Situationale Überforderung

Kompetenzen einer Person auf einem bestimmten Gebiet können als defizitär betrachtet werden, wenn sie nicht ausreichen, um den sozialen Alltag zufriedenstellend zu bewältigen. Es kann nun jedoch in manchen Fällen sinnvoll sein, diesen Sachverhalt nicht als Kompetenzmangel, sondern als „objektive“ Überforderung zu interpretieren. Diese beiden Sichtweisen desselben Sachverhalts lassen sich sehr schön an der sog. Kamelmetapher verdeutlichen: Ein schwer beladenes Kamel in einer Karawane bricht zusammen. Liegt das daran, daß das Kamel zu schwach oder daran, daß die Last zu schwer ist?

Goldfried und D'Zurilla (1969) fanden bei Studienanfängern in den USA mindestens 600 verschiedene soziale Situationen, von denen 181 im Alltag der Studenten eine hohe Auftretenswahrscheinlichkeit hatten. Barker und Wright (1954) ermittelten über 800 Standardsituationen, mit denen die Bürger einer US-Kleinstadt in ihrem alltäglichen Lebensvollzug konfrontiert werden können. Angesichts dieser Flut von sozialen Aufgaben ist es eigentlich erstaunlicher, daß die meisten Menschen sie einigermaßen bewältigen, als daß manche Personen glauben, mit bestimmten Situationen nicht klarkommen zu können.

Mit dem Begriff *Situationale Überforderung* meinen wir allerdings nicht die starke soziale Beanspruchung, die man aus derartigen Untersuchungen für jeden von uns ableiten könnte (vgl. Stein, Walker & Forde, 1994). Durch eine solche Argumentation ließe sich ja nicht erklären, wieso die meisten Menschen damit zurechtkommen und einige nicht. Nicht alle Individuen einer Gesellschaft sind jedoch denselben psychosozialen Ansprüchen der Umwelt ausgesetzt. Jede Person hat sozusagen ihr eigenes Situationsmenü, in dem manche Arten von Situationen im Vergleich zur Durchschnittsbevölkerung häufiger, andere vielleicht besonders selten vorkommen.

Die Aufgabe „Fremde Personen überzeugen müssen“ tritt z. B. bei vielen Personen eher selten auf, während ein Handelsvertreter tagtäglich damit konfrontiert wird. Eine durchschnittliche Sozialkompetenz in diesem Bereich mag infolgedessen für viele Menschen völlig ausreichend sein, kann aber für den genannten Vertreter zu Schwierigkeiten führen.

Sicherlich kann man solche Fälle auch so beschreiben, daß den betreffenden Personen die notwendigen Kompetenzen fehlen. Damit wird aber unter Umständen eine falsche Therapiestrategie nahegelegt: Man würde sich um eine Verbesserung sozialer Fertigkeiten bemühen, wo es in erster Linie darum gehen müßte, die Fähigkeiten und Möglichkeiten der betroffenen Person zur Umorganisierung ihres Situationsmenüs zu aktivieren.

Blechman (1981) prägte hier den Begriff eines *environmental redesign*, das sie bei vielen ihrer weiblichen Klientinnen angesichts extremer psychosozialer Überforderungen für notwendig hält. Eine solche Maßnahme ist allerdings oft schwer realisierbar. Vor allem aber stößt sie auf den Widerstand der Betroffenen, die nicht ihre Lebensumstände ändern wollen, sondern von der Therapie eine Förderung der eigenen Fähigkeit erwarten, mit den (objektiv kaum zu bewältigenden) Aufgaben besser fertig zu werden.

Es besteht in diesem Zusammenhang sowohl für Therapeuten als auch für Klienten die Gefahr, die Möglichkeiten von sozialen Kompetenztrainings zu überschätzen. Zum einen kann das ganz allgemein dazu beitragen, überhöhte Anspruchshaltungen der Gesellschaft an bestimmte Personengruppen zu stabilisieren. Zum anderen kann es in der Praxis geschehen, daß Klientinnen oder Klienten in der Überzeugung bestätigt werden, sie selbst seien durch ihre Unfähigkeit in einem Ausmaß für die eigene Situation oder die ihrer Mitmenschen verantwortlich, welches der Realität nicht entspricht. Das mag auf die Dauer Schuldgefühle, Stimmungsverschlechterungen und Depressionen nach sich ziehen.

Bei der Arbeit mit dem GSK haben wir solche destruktiven Effekte bisher allerdings kaum festgestellt.

Wahrscheinlich entwickeln Klientinnen und Klienten durch ein solches Training oft überhaupt erst realistische Einschätzungen ihres Situationsmenüs, was eine wichtige Voraussetzung für seine Änderung darstellt. Tatsächlich wissen wir aus informellen Kontakten, daß manche Teilnehmer nach Abschluß des Trainings von sich aus mehr oder minder gravierende Schritte zum Abbau situationaler Überforderungen unternommen haben, z. B. den Rückzug aus besonders problematischen Beziehungen, Umverteilung familiärer Aufgaben, konsequenteres Realisieren von Freizeitanteilen, Setzen von Prioritäten usw.

Dennoch sollten Kompetenztrainer für das angesprochene Problem sensibel sein und ihre Klienten vor Beginn der Intervention darüber aufklären, welche Art von Veränderungen sie von einer Teilnahme erwarten können und welche nicht.

Ungünstige kognitive Verarbeitung

Soziale Kompetenztrainings wie das GSK wurden hauptsächlich für Personen entwickelt, die in ihrem Alltag einem normalen Situationsmenü gegenüberstehen. Ihre sozialen Beanspruchungen weichen also nicht wesentlich vom Situationsmenü der meisten Menschen in unserer Gesellschaft ab. Wenden wir uns der Frage zu, wodurch die sozialen Verhaltensprobleme solcher Klienten entstehen können.

Viele Schwierigkeiten hängen damit zusammen, daß Personen alltägliche Situationen in einer Weise wahrnehmen und kognitiv verarbeiten, die eine effektive Problembewältigung erschwert oder verhindert (vgl. Frank, 1986). Jemand, der z. B. jede kritische Äußerung seines Lebenspartners als Aggression wahrnimmt, erzeugt gleichsam selbst für sich ein Situationsmenü, dem er sich möglicherweise nicht gewachsen fühlt. Eine solche Wahrnehmungsgewohnheit erschwert außerdem kompetente Reaktionen wie etwa die sachliche Darlegung der eigenen Sichtweise und fördert inkompetente Verhaltensweisen, z. B. „Gegen"-Aggressionen.

Ganz allgemein kann angemessenes Sozialverhalten durch folgende kognitive Fehlsteuerungen erschwert werden: Ungünstige Wahrnehmung der sozialen Situation und der beteiligten Partner, ungünstige Annahmen über das Zustandekommen derartiger Situationen (Rezeption) und ungünstige Einschätzung der eigenen Erfolgschancen (Antizipation). Darüber hinaus gibt es noch weitere kognitive Dysfunktionen, die zu inkompetentem Verhalten führen können.

Wahrnehmung

Daß Personen ihre soziale Umwelt verschieden wahrnehmen und interpretieren, ist aus der Forschung zur sozialen Wahrnehmung gut belegt. Die empirischen Befunde zu systematischen Wahrnehmungsverzerrungen bei sozial inkompetenten Personen sind allerdings immer noch spärlich und nicht sehr eindeutig.

Bei Eisler et al. (1978) wurde ein per Video dargebotener Interaktionspartner von sozial unsicheren Versuchspersonen nur in einer von neun Eigenschaften als negativer eingeschätzt: Er wurde als weniger fair wahrgenommen. Halford und Foddy (1982) fanden bei sozial ängstlichen und nicht-ängstlichen Versuchspersonen keinen Unterschied in der wahrgenommenen Freundlichkeit einer Rollenspielpartnerin (vgl. auch Lundh & Öst, 1996).

Die Ergebnisse solcher Studien stehen im Widerspruch zu eigenen Beobachtungen und zu anderen Befunden, z. B. von Röder und Margraf (1995), daß unsichere Personen soziale Interaktionspartner verzerrt wahrnehmen, v. a. als abweisend oder bedrohlich. Möglicherweise ist dieser Widerspruch damit zu erklären, daß sozial unsichere Personen *nicht grundsätzlich* zu einer verzerrten Wahrnehmung ihrer Mitmenschen neigen, sondern erst in dem Moment, in dem sie mit den für sie wirklich kritischen Sozialsituationen konfrontiert werden. Erst durch diese Konfrontation, die real oder in der Vorstellung stattfinden mag, könnten die spezifischen Schemata aktiviert werden, in deren Licht das soziale Geschehen dann wahrgenommen und interpretiert wird (vgl. u. a. Beck & Emery, 1985; Carver & Scheier, 1984; Clark & Wells, 1995; Corrigan, Schade & Liberman, 1992).

Verglichen mit anderen Personen schränken sich die Wahrnehmungsschemata bei inkompetent-unsicheren Klienten mit der Zeit stark ein und vergröbern sich. Soziale Alltagssituationen werden dadurch immer stärker und ausschließlich im Lichte der eigenen Bedrohung gesehen und erlebt: Wie schlimm ist diese Situation? Inwieweit ist sie berechenbar? Weiß ich, wie ich mich zu verhalten habe? Bin ich ihr überhaupt gewachsen? Dementsprechend konzentriert sich auch die Aufmerksamkeitssteuerung in sozialen Interaktionen zunehmend auf diese eine Dimension *Anspannung/Besorgnis*. Kompetente Personen achten dagegen außerdem mindestens noch auf zwei weitere und motivierendere Aspekte: inwieweit die betreffenden Interaktionen *interessant/langweilig* sind, und inwieweit sie *Lust/Unlust* auslösen (vgl. Forgas, 1983; Robins, 1987). Es gibt empirische Belege dafür, daß die einseitige Konzentration auf bedrohliche Situationsmomente die Bewältigung der eigentlich anstehenden Aufgaben erschwert (z. B. Asmundson & Stein, 1994).

Wahrnehmungsgenauigkeit

Ganz allgemein kann man annehmen, daß effektives Sozialverhalten eine relativ genaue Wahrnehmung von sozialen Situationen und Mitmenschen voraussetzt. Inwieweit weisen Menschen mit sozialen Kompetenzproblemen auch Defizite in der Zuverlässigkeit ihrer Personenwahrnehmung auf?

Einige Untersuchungen zeigen, daß Personen, die die Gefühle ihrer Mitmenschen zutreffend wahrnehmen, auch ihre eigenen Gefühle gut zum Ausdruck bringen können. Andere Autoren fanden gegenteilige Ergebnisse: Die Wahrnehmungsgenauigkeit war gerade bei sozial Passiven, Kontaktarmen oder „Neurotikern" höher. Cunningham (1977) berichtet über diese Befunde und erklärt sie damit, daß solche Personen durch eine höhere soziale Verwundbarkeit stärker motiviert sind, auf das Verhalten und die Gefühlsäußerungen ihrer Mitmenschen zu achten.

Trotz ihrer Widersprüchlichkeit sind beide Hypothesen über die Wahrnehmungsgenauigkeit von inkompetent-unsicheren Personen plausibel. Wahrscheinlich wurde das Problem in solchen Untersuchungen bisher zu global angegangen, als daß sich konsistente Ergebnisse hätten zeigen können.

Zum einen ist damit zu rechnen, daß auch soziale Wahrnehmungsfähigkeiten situationsgebunden sind. Beispielsweise mag jemand die Gefühlsregungen seines Ehepartners recht sensibel erkennen, ohne über dasselbe Einfühlungsvermögen gegenüber Fremden, Nachbarn oder Amtspersonen zu verfügen und umgekehrt (vgl. Morrison & Bellack, 1981).

Zum anderen ist naheliegend, daß sozial kompetentes Verhalten ein *Minimum* an Wahrnehmungsgenauigkeit voraussetzt, ohne daß deshalb die sozial kompetentesten Personen zugleich auch ein Maximum an Einfühlungsvermögen besitzen müßten (vgl. Firth et al., 1986). Ganz im Gegenteil: Die starke Beschäftigung mit den Empfindungen des Partners kann in manchen Fällen eher zu einer Hemmung kompetenten Verhaltens führen. Das gilt besonders in Situationen, wo man sein eigenes Recht durchzusetzen bestrebt ist: Wenn ich mich zu stark in den mürrischen Kellner und seine Stimmung hineinversetze, dann werde ich möglicherweise zu schnell auf die angemessene Durchsetzung meiner Reklamation verzichten.

In unserem Zusammenhang ist also nicht eine möglichst ausgeprägte allgemeine Wahrnehmungsfähigkeit von Bedeutung. Statt dessen ist es erforderlich, daß Situationen mit ihren sozialen, raumzeitlichen und persönlichen Bedingungen *hinreichend* präzise wahrgenommen werden, damit situationsadäquate Bewältigungsversuche möglich werden.

Was die Praxis in Kompetenztrainings angeht, sollte man jedenfalls unbedingt auf Wahrnehmungseinschränkungen und -verzerrungen von Klienten achten. In vielen Fällen können sie direkt therapeutisch angegangen werden. So läßt sich bei Rollenspielen anhand von Videoaufzeichnungen sehr konkret besprechen, worauf Klienten in der Situation geachtet, wie sie die Situation wahrgenommen und insbesondere den Rollenspielpartner gesehen haben. Diese Äußerungen können dann gut durch Äußerungen des Rollenspielpartners ergänzt werden, wie sie sich tatsächlich gefühlt haben. Auf diese Weise treten bezeichnende Differenzen zutage, die oft zu erkennbaren Korrekturen von Klienteneinstellungen führen. Allerdings dürfte ein soziales Wahrnehmungstraining alleine (wie z. B. in bestimmten Sensitivity-Gruppen) unseres Erachtens nur selten gleichsam „automatisch" auch zur Zunahme sozial kompetenter Verhaltensweisen führen.

Diskriminationsfertigkeiten

Wesentlicher Bestandteil sozialer Situationen sind *Regeln,* wie man sich zu verhalten hat und wie nicht (Wilson & Gallois, 1993). Beim ersten Rendezvous sollte man das Gespräch nicht mit einem detaillierten Bericht über die eigenen Verdauungsstörungen eröffnen - ein Verhalten, das bei einem Arztbesuch angezeigt sein mag. Die Kenntnis von Regeln, die in einer Gesellschaft bestehen und das Wissen, welche Regeln in welchen Situationen anzuwenden sind, sind eine sehr aufwendige und komplizierte Leistung des Individuums. Grobe Kompetenzdefizite, wie sie etwa im Rahmen von Psychosen feststellbar sind, beruhen oft auf der Unkenntnis, Mißachtung oder dem Vorliegen „falscher", d.h. dysfunktionaler Regeln beim Handelnden (Fiedler, 1979).

Jemand kann über ein umfangreiches Verhaltensrepertoire verfügen und sich doch darüber im unklaren sein, unter welchen Umständen welches Verhalten einzusetzen ist. Beim Verhalten in Rendezvoussituationen z. B. zeigten Fischetti, Curran und Wessberg (1977), daß sich sozial kompetente Studenten nicht in der Anzahl, sondern im Timing ihrer Äußerungen gegenüber einer Partnerin unterschieden. Inkompetente Probanden reagierten eher zufällig auf die Partnerin, während die Kompetenten systematisch an bestimmten Punkten der Unterhaltung „einhakten". Außerdem werden in solchen Situationen wohl manche Mißerfolge programmiert, weil sozial ungeschickte Männer weniger deutlich unterscheiden können, ob eine weibliche Partnerin überhaupt an einem Gesprächsbeginn interessiert ist, ob sie Spaß an der Unterhaltung hat und das Gespräch fortsetzen möchte (Twentyman et al., 1981). Ähnliche Diskriminationsdefizite waren auch bei weiblichen Akteuren mit Kontaktschwierigkeiten nachweisbar (Peterson et al., 1981).

Zur Erklärung solcher Defizite kann man wohl davon ausgehen, daß die Diskriminationsfähigkeit nicht nur aus einem passiven Aufnehmen sozialer Informationen besteht, sondern auch aktives Explorationsverhalten voraussetzt. Möglicherweise beherrschen manche Personen weniger Verhaltensstrategien, um z. B. aktiv die Gesprächsbereitschaft potentieller Gesprächspartner zu testen oder in einem Streit die Kompromißbereitschaft eines Partners zu erkunden. Andere haben allerdings auch Angst davor, solche Strategien einzusetzen (Clark & Wells, 1995).

Die beschriebenen Befunde stimmen mit Äußerungen von Klienten überein, sie wüßten oft im Gespräch mit anderen nicht, wann sie etwas sagen sollten, oder zu welchem Zeitpunkt in einer Diskussion es günstig sei, die eigenen Argumente einzusetzen. Andere Klienten haben Angst davor, auf der Straße, bei Partys usw., Bekannte zu treffen, und bei näherer Analyse stößt man statt auf tiefschürfende Ursachen auf die simple Unkenntnis von Interaktionsregeln, und sei es auch nur, daß sich eine Klientin im unklaren darüber ist, welche Personen man in welcher Form und in welcher Entfernung zu begrüßen pflegt.

Wichtig ist in diesem Zusammenhang auch der Umgang mit Gesprächspausen, der in Kompetenztrainings gezielt geübt werden sollte. Viele Menschen verstehen oft schon kurze Pausen als Aufforderung, eine Unterhaltung um jeden Preis fortzusetzen. So entsteht eine übertriebene Suche nach Gesprächsstoff, die als unangenehm und als Überforderung der eigenen Möglichkeiten empfunden wird. Außerdem werden interessante Gesprächsthemen auf diese Weise viel zu schnell „verpulvert", und es bleibt dann für die weitere Interaktion keine Substanz mehr übrig - bei der Gestaltung von Unterhaltungen eine sehr häufig anzutreffende Ungeschicklichkeit.

Selbstwahrnehmung

Wahrnehmungsdefizite können nicht nur hinsichtlich der beteiligten Interaktionspartner auftreten. Wir nehmen uns immer auch selbst wahr, und diese Selbstwahrnehmungen beeinflussen unser Verhalten. So könnte etwa der Unterschied zwischen schüchternen und weniger schüchternen Menschen vor allem dadurch bedingt sein, daß sich Schüchterne selbst eine überdauernde Persönlichkeitseigenschaft „Schüchternheit" zuschreiben. Es liegt nahe, daß jemand, der sich selbst so charakterisiert, weniger aktive Anstrengungen zur Kontaktaufnahme unternimmt und letzten Endes länger einsam bleibt (Snodgrass, 1987). Gelingt es, solche Selbstzuschreibungen therapeutisch zu verändern, fördert das auch das Auftreten sozial kompetenter Verhaltensweisen (Haemmerlie & Montgomery, 1986).

Rezeption

Eine Sozialsituation bewirkt über die unmittelbare Wahrnehmung hinaus auch Vermutungen darüber, wie es zu der betreffenden Situation gekommen ist. Sie beziehen sich auf die Motive, Ziele und Interessen der beteiligten Personen, auf das Zustandekommen der äußeren Umstände sowie den Anteil der verschiedenen Faktoren an der Verursachung der Situation. Bekanntes Beispiel: Wenn ein Redner feststellt, daß mehrere Leute bei seinem Vortrag den Saal verlassen, kann er sich das mit der schlechten Qualität seiner Rede erklären. Er kann aber auch annehmen, daß diese Leute nichts von der Sache verstehen, oder daß sie andere wichtige Dinge zu erledigen haben. Es ist klar, daß Inhalte und Realitätsangemessenheit solcher spontaner Situationsanalysen die Effektivität des weiteren Verhaltens wesentlich beeinflussen können.

> Viele Menschen manövrieren sich in große Schwierigkeiten und manchmal hoffnungslos überlastende Lebenssituationen hinein, weil sie nie „Nein" sagen können. Bei diesen Schwierigkeiten spielt eine große Rolle, für wie berechtigt man die Ansprüche hält, die die Mitmenschen an einen herantragen: Inkompetent-unsichere Personen halten solche Wünsche insgesamt für deutlich legitimer (ungünstige Rezeption), was natürlich zurückweisende Reaktionen beträchtlich erschwert (Chiauzzi & Heimberg, 1986).

Die verhaltenssteuernde Rolle ungünstiger Situationsanalysen wird auch an einem anderen wichtigen Effekt deutlich, den Curtis und Miller (1986) empirisch belegten: Die (auch unzutreffende) Überzeugung, vom Interaktionspartner nicht gemocht zu werden, führt zu einer selbsterfüllenden Prophezeiung, indem man sich nämlich so verhält, daß man dann wirklich weniger gemocht wird.

Eine besonders wichtige Rolle spielt der Rezeptionsprozeß bei der Entstehung inkompetent-aggressiver Reaktionen. Tendiert jemand dazu, bei familiären Streitigkeiten eine eigene Schuldbeteiligung auch vor sich selbst immer wieder zu leugnen und nur andere für entstandene Probleme verantwortlich zu machen, so wird ein kompromißlos-aggressives Bewältigungsverhalten beträchtlich gefördert.

In einer eigenen Pilotstudie fanden wir, daß sich aggressive Personen selbst weniger Verantwortung für die Entstehung frustrierender sozialer Situationen zuschrieben. Gelassene, selbstbewußte Personen dagegen interpretierten in die Reizsituationen weniger Fremdverschulden und weniger schädigende Absichten auf seiten des Partners hinein.

Auch in anderen Untersuchungen wurde die Bedeutung einer (häufig unangemessenen) Zuschreibung schädigender Absichten für das Zustandekommen aggressiven Verhaltens belegt; das gilt sowohl für Kinder als auch für Erwachsene. Bei Dodge und Frame (1982) zeigten sozial isolierte und abgelehnte Kindergartenkinder die Tendenz, (sogar prosoziale) Intentionen Gleichaltriger als feindselig zu interpretieren und sich dementsprechend aggressiv zu verhalten. Ein solcher Effekt trat bemerkenswerterweise jedoch nur auf, wenn diese Kinder selbst an der Interaktion beteiligt waren. Bei der Beobachtung fremder Interaktionen konnten sie die Absichten der handelnden Personen sehr wohl zutreffend erkennen.

Rolle der Aufmerksamkeit

Wie kommt es zur verzerrten oder einseitigen Interpretation sozialer Situationen? Ähnlich wie bei der Wahrnehmung (siehe S. 19f) ist auch hier nach dem heutigen Forschungsstand anzunehmen, daß die Rezeptionsprobleme aggressiver oder unsicherer Personen normalerweise wohl nicht auf *allgemeine* kognitive Defizite zurückzuführen sind. Wichtiger sind wahrscheinlich der Handlungsdruck in konkreten Interaktionssituationen und die emotionale Beteiligung dabei. Sie könnten bei inkompetenten Personen zu einer ungünstigen *Steuerung der Aufmerksamkeitsressourcen* auf die bedrohlichen Situationsaspekte und vor allem auf die damit verbundenen eigenen Gefühle führen. *Die Klienten sind dann gewissermaßen so mit sich selbst beschäftigt, daß kaum noch Aufmerksamkeit für eine genauere Wahrnehmung und Analyse der übrigen Situationsaspekte frei ist. Die Erfassung dieser Situationsaspekte ist jedoch notwendig, um die eigenen sozialen Fertigkeiten optimal einsetzen zu können* (vgl. Clark & Wells, 1995; Rapee & Heimberg, 1997).

Wenn die Betroffenen zumindest einigermaßen situationsangemessen reagieren wollen, ist für sie ein erheblicher zusätzlicher Energieaufwand notwendig, damit sie die Gesamtheit der Situation ausreichend „im Blick haben". Dieser Vorgang könnte der Grund dafür sein, daß Klienten immer wieder darüber klagen, daß auch die Teilnahme an vermeintlich angenehmen sozialen Aktivitäten wie z. B. Festen für sie mit großen Anstrengungen und Mühen verbunden sei.

Eine erhöhte *Selbstaufmerksamkeit* zeigt sich daran, mit welchen Fragen sich Klienten in sozialen Interaktionen vor allem beschäftigen:

Selbstfokus - Werde ich versagen? Was soll ich als nächstes sagen oder tun? Was für einen Eindruck mache ich auf die andere Person? Wie aufgeregt bin ich? Werde ich rot, zittere ich, schwitze ich? usw.
Externaler Fokus - Wie sieht die andere Person aus, wie ist sie gekleidet? Wie ist die Umgebung (z. B. Raum, Temperatur)? Wie mag sich die andere Person fühlen? Was denke ich über die andere Person? Was sagt oder tut die andere Person?
(nach Woody, Chambless & Glass, 1997, S. 128f)

Wahrnehmungs- und Verhaltensbeeinträchtigungen durch erhöhte Selbstaufmerksamkeit sind inzwischen bei vielen Angststörungen, speziell aber auch bei sozial ängstlichen und unsicheren Personen empirisch gut belegt (z. B. Alden & Cappe, 1986; Makris & Heimberg, 1995; Stopa & Clark, 1993; Woody et al., 1997).

Diese Erkenntnisse haben für das Vorgehen in sozialen Kompetenztrainings eine wichtige Konsequenz: Der beschriebene Prozeß der Aufmerksamkeitseinschränkung sollte gezielt beeinflußt werden. *Dabei sollten die Klienten dazu angeleitet werden, ihre Aufmerksamkeit von sich selbst weg stärker auf äußere Situationsmerkmale zu richten.* Diese Aufgabe kann vor allem bei der Vorbereitung und Besprechung von Rollenspielen oder Konfrontationsübungen gut realisiert werden. Woody et al. (1997) zeigten, (a) daß sich auf diese Weise die Selbstaufmerksamkeit wirksam reduzieren läßt, und (b) daß diese Veränderung für die Abnahme sozialer Ängste und den Therapieerfolg wohl von zentraler Bedeutung war. Auch die Wirksamkeit des im GSK verwendeten Videofeedback dürfte zum Teil durch das damit verbundene Training einer veränderten Aufmerksamkeitssteuerung zustande kommen (vgl. Clark & Wells, 1995).

Abgesehen davon, sollte die Bedeutung der Rezeptionsphase für die Generierung sozial kompetenten Verhaltens jedenfalls nicht übersehen werden. Das gilt vor allem, wenn Kompetenztrainings bei aggressiven oder delinquenten Klienten eingesetzt werden. Erfassung und Modifikation von Absichts- und Schuldzuschreibungen stellen in diesen Fällen wichtige therapeutische Maßnahmen dar. Sie sollten sich allerdings auf eine möglichst frühe Phase der Situationsverarbeitung beziehen, weil einmal erfolgte Zuschreibungen schädigender Absichten gegen nachträgliche Einflüsse bemerkenswert widerstandsfähig sind (Zumkley, 1981).

Antizipation

Menschen verhalten sich oft deswegen nicht kompetent, weil sie negative Konsequenzen für ein solches Verhalten antizipieren. Eigene Rechte entschieden durchzusetzen, wird beispielsweise von vielen Klienten als wenig vornehm, unbescheiden, unsympathisch oder unanständig angesehen. Entsprechend sind die Phantasien der Klienten darüber, wie Mitmenschen auf ein solches Verhalten reagieren (Borgart, 1985), zumal sie diese oft für besonders kritisch halten (Leary, Kowalski & Campbell, 1988). So wird in vielen Fällen lieber auf die Durchsetzung eines legitimen Rechtes verzichtet, als sich dem Risiko unangenehmer Konsequenzen auszusetzen.

In ähnlicher Weise wird oft angenommen, daß man seine eigenen Gefühle und Bedürfnisse nicht direkt aussprechen sollte, weil die Mitmenschen das als wichtigtuerisch, egoistisch, peinlich oder als Zeichen von Charakterschwäche auslegen könnten. Sich zu fremden Leuten in einer Gastwirtschaft an den Tisch zu setzen oder in einem öffentlichen Verkehrsmittel mit einem Fremden ein Gespräch zu beginnen, sind Verhaltensweisen, die viele unserer Klienten durchaus realisieren könnten, wenn sie nicht davon überzeugt wären, daß sie ihrem Gegenüber als schwatzhaft oder aufdringlich erscheinen würden. In manchen Fällen wird auf derartige Verhaltensweisen auch verzichtet, weil man glaubt, andere in Verlegenheit zu bringen.

In einem entscheidungstheoretischen Ansatz gingen Fiedler und Beach (1978) davon aus, daß eine Person die Realisierung kompetenten Verhaltens mehr oder minder unbewußt von zwei Faktoren abhängig macht:

- der (geschätzten) *Wahrscheinlichkeit*, mit dem Verhalten bestimmte Konsequenzen herbeizuführen, und
- der *Bewertung* dieser Konsequenzen.

In der empirischen Studie dieser Autoren hing die Wahl kompetenter Verhaltensalternativen tatsächlich eng mit den Schätzungen der Erfolgswahrscheinlichkeiten zusammen. Auch in anderen Studien konnte dieser Zusammenhang bestätigt werden (z. B. Röder & Margraf, 1995; Foa, Franklin, Perry & Herbert, 1996).

Daß kompetentes Verhalten unter bestimmten Umständen auch negative Konsequenzen haben kann, ist in mancher Hinsicht nicht einmal völlig unrealistisch, wie noch zu zeigen sein wird. Dennoch wird von Klienten die Wahrscheinlichkeit negativer Folgen von selbstsicherem Durchsetzungsverhalten oft erheblich überschätzt. Dazu kommt es durch bestimmte Sozialisationseinflüsse (siehe S. 36ff). Sehr wichtig ist aber auch, daß Klienten negative Folgen für kompetentes Durchsetzungsverhalten antizipieren, weil sie es mit *aggressivem* Verhalten verwechseln.

Häufig nehmen Teilnehmerinnen (oder Teilnehmer) des GSK die Aufforderung „Gefühle äußern" überaus skeptisch auf. Ein typischer Einwand ist dann: „Das habe ich bei meinem Mann schon so oft probiert, aber es ist nichts dabei herausgekommen!" Läßt man sich eine solche Situation aber genau schildern, dann stellt sich fast immer heraus, daß direkte Gefühlsäußerungen (kompetentes Verhalten) kaum realisiert wurden. Statt dessen werden die Gespräche mit Vorwürfen, Unterstellungen und dem Verweis auf Verhaltensnormen begonnen und fortgeführt - allesamt Merkmale aggressiven Verhaltens (siehe Trainingsmanual). Die auf diese Weise provozierten Gegenreaktionen bewirken dann in der Tat einen wenig effektiven Verlauf des Gesprächs, was jedoch völlig zu Unrecht der - kompetenten - Verhaltensklasse „Gefühle äußern" angelastet wird.

In der erwähnten Untersuchung von Fiedler und Beach ergab sich entgegen ihrer eigenen Vorhersage *kein* Unterschied darin, wie sozial inkompetente und kompetente Versuchspersonen die verschiedenen möglichen Verhaltenskonsequenzen *bewerteten*. Dieses Ergebnis ist etwas überraschend, denn unseren Erfahrungen nach schätzen inkompetent-unsichere Personen nicht nur ihre Erfolgschancen bei selbstsicherem Verhalten geringer ein, sondern sie halten eventuelle negative Folgen oft auch für gravierender und unangenehmer als andere Personen, d.h., sie tendieren dazu, solche Konsequenzen zu „katastrophisieren". Diese Beobachtung wird denn auch durch neuere Untersuchungen bestätigt (vgl. Clark & Wells, 1995; Röder & Margraf, 1995).

Bei vielen Klienten sind es vor allem die negativen Beurteilungen durch andere (auch fremde) Menschen, die sie als negative Konsequenzen ihres Verhaltens antizipieren. Befunde mit der deutschsprachigen Version der „Fear of Negative Evaluation-Scale (FNE)" bestätigen dies (vgl. Vormbrock & Neuser, 1983). Einige typische negative Befürchtungen, die bei Klienten in diesem Zusammenhang eine Rolle spielen, sind in Abbildung 3 dargestellt

Etwas allgemeiner kann man mit Schlenker & Leary (1982) annehmen, daß der zentrale und gemeinsame Nenner bei vielen dieser antizipierten Konsequenzen im Grunde die Befürchtung ist, *bei Interaktionspartnern nicht den Eindruck erwecken und aufrechterhalten zu können, den man möchte* (vgl. zusammenfassend Leary & Kowalski, 1995). Tatsächlich ist es für viele Alltagssituationen ja typisch, daß sich Menschen über den konkreten Handlungsanlaß hinaus immer auch als Persönlichkeiten in einer bestimmten Weise präsentieren wollen. Dabei ist bei verschiedenen Gelegenheiten und Personen durchaus auch mit unterschiedlichen Zielen zu rechnen, z. B.: „Der/die soll nicht denken, daß ich dumm bin!", „Der/die soll mich anziehend finden!", „Der/die soll merken, daß ich mir nicht alles gefallen lasse!" usw. Es ist nicht verwunderlich, daß sich dementsprechend auch die gefürchteten Konsequenzen von Klient zu Klient ganz erheblich unterscheiden. Als Therapeut kann man diese Befürchtungen oft eigentlich nur richtig verstehen, wenn man herausfindet, wie sich der Klient in der betreffenden Situation selbst darstellen will.

- Andere bewerten mich.
- Andere bilden sich eine ungünstige Meinung oder ein schlechtes Bild von mir.
- Andere halten mich für albern oder lächerlich.
- Andere haben etwas an mir auszusetzen oder zu kritisieren.
- Andere finden mich unsympathisch oder unattraktiv.
- Sie finden etwas Abstoßendes oder Unangenehmes an mir.
- Sie denken etwas über mich, was ich nicht kontrollieren kann.
- Ich tue oder sage etwas Falsches.
- Ich mache auf andere einen schlechten Eindruck.
- Andere bekommen einen Eindruck, den ich nie wieder rückgängig machen kann.
- Andere halten mich für unbedeutend, langweilig oder wertlos.

Abbildung 3: Häufige Befürchtungen sozial unsicherer Klienten

Die übertriebene Furcht vor negativen Einschätzungen anderer läßt sich durch soziale Kompetenztrainings reduzieren. Es spricht sogar einiges dafür, daß dem eine ganz wesentliche Bedeutung für einen dauerhaften Therapieerfolg zukommt (Foa et al., 1996; Mattick & Peters, 1988). Man muß sich diesen Sachverhalt so erklären, daß die Bereitschaft von Klienten, sozial kompetente Verhaltensmuster aus der Therapie in den Alltag zu übernehmen, nur dann zunimmt, wenn negative Konsequenzen für unwahrscheinlicher bzw. für weniger tragisch gehalten werden als bisher. Allerdings ist zu beachten, daß sich solche Umbewertungen von Konsequenzen bei den Klienten durch die Therapie nicht „automatisch" ergeben. Vielmehr sind sie vom Therapeuten explizit zu thematisieren und zu bearbeiten (Hersen & Bellack, 1977, S. 517f.).

Erfolgserwartungen für inkompetentes Verhalten:

Wie ein Mensch auf eine bestimmte Situation reagiert, ist häufig nur vor dem Hintergrund der Verhaltensalternativen zu verstehen, die dieser für sich in der betreffenden Situation sieht. Auffällig ist, daß sich inkompetent-unsichere, vor allem aber aggressive Personen oft vorschnell auf bestimmte Handlungsstrategien festlegen und in konkreten Situationen nur wenig Phantasie entwickeln, was denkbare Handlungsalternativen angeht. Allerdings sind die Probleme beim Finden solcher Alternativen wohl nicht auf ein allgemeines kognitives Defizit inkompetenter Klienten zurückzuführen (z. B. Borgart, 1985).

Statt dessen kommt folgender Sachverhalt ins Spiel, der von unerfahrenen Kompetenztrainern schnell übersehen wird: Klienten verhalten sich oft deshalb inkompetent, weil sie positive Konsequenzen dafür erwarten. Passives, hilfloses oder selbstunsicheres Verhalten kann vor diesem Hintergrund manchmal durchaus als aktiver Bewältigungsversuch verstanden werden. Eine spezielle Rolle spielt dabei sogenanntes *Sicherheitsverhalten*, an das sich Klienten klammern, weil sie - meist zu Unrecht - meinen, auf diese Weise die Situation besser bewältigen zu können (z. B. Leute nicht direkt anschauen, um nicht nervös zu werden; vgl. auch Wells et al., 1995). Auch aggressives Verhalten wird immer wieder für eine besonders effektive Methode gehalten, mit wenig Aufwand ein Maximum an Effekt zu erzielen.

Angesichts solcher Überlegungen sollte man z. B. als Trainer im GSK auf bemerkenswert differenzierte Argumente von Klientinnen und Klienten gefaßt sein, weswegen sie unsichere oder aggressive Verhaltensweisen für günstig halten und vorgeschlagene kompetente Alternativreaktionen ablehnen. In solchen Fällen ist es therapeutisch wenig zweckmäßig, die Teilnehmer zu einer Verhaltensstrategie zu überreden, von deren Effektivität sie nicht überzeugt sind. Statt dessen sollte man die Verhaltensvorschläge der Teilnehmer auf konkrete Rollenspielsituationen beziehen und sie in ihren kurz- und vor allem langfristigen Auswirkungen ausprobieren und sorgfältig durchsprechen.

Kognitive Hintergrundvariablen

Die bisher beschriebene kognitive Verarbeitung konkreter Alltagssituationen vollzieht sich bei der handelnden Person vor dem Hintergrund übergreifender kognitiver Faktoren und wird durch diese unter Umständen entscheidend beeinflußt. Auf einige dieser Variablen soll im folgenden etwas näher eingegangen werden.

Kompetenzvertrauen

Jemand kann davon überzeugt sein, daß ein entschiedenes Auftreten in einer Situation zu den gewünschten Konsequenzen führt und sich dennoch hierzu nicht in der Lage fühlen. Positive Erfolgsantizipationen für kompetentes Verhalten besagen noch nicht automatisch, daß sich ein Mensch dieses Verhalten auch tatsächlich zutraut. Es bietet sich hier an, die Selbstwirksamkeitstheorie von Albert Bandura auf den Bereich sozialer Kompetenzen zu übertragen (vgl. Mielke, 1984). Unter Kompetenzvertrauen verstehen wir dabei die mehr oder minder generalisierte Erwartung eines Individuums, mit einer bestimmten Art von Situationen in der gewünschten Weise fertig zu werden.

> Die mitunter indirekte Wirkung erhöhten Kompetenzvertrauens läßt sich an einem Beispiel von Watzlawick und seinen Mitarbeitern verdeutlichen. Sie berichten über eine intelligente Abteilungsleiterin, die von ihrem Chef - offenbar aus Neid auf ihre selbständige und überlegene Arbeitsweise - immer wieder in Gegenwart Dritter heruntergemacht wurde. Die Situation wurde so unerträglich, daß ihr ein weiteres Verbleiben in ihrem Job unmöglich erschien. Die Therapeuten rieten ihr, den Chef im Anschluß an die nächste derartige Situation beiseite zu nehmen und ihm mit sichtlicher Verlegenheit zu „gestehen“, daß es sie sexuell sehr errege, wenn er sie vor anderen so behandle, wie er es eben getan habe. Die Klientin war zuerst über diesen Vorschlag entsetzt, begann sich aber doch dafür zu erwärmen und konnte es kaum erwarten, ihn bei nächster Gelegenheit in die Tat umzusetzen. „Als sie aber zu ihrer nächsten Sitzung kam, konnte sie nur berichten, daß sich keine Gelegenheit dazu ergeben hatte, da das Verhalten ihres Chefs sich buchstäblich über Nacht geändert hatte, und er seitdem höflich und sehr verträglich war.“ (Watzlawick et al., 1974, S. 157)

Dieser anekdotische Bericht läßt sich so interpretieren, daß die Klientin durch den Therapeutenvorschlag eine Möglichkeit sah, der bisher aussichtslos erscheinenden Problemsituation zu begegnen. Durch diese Steigerung des Kompetenzvertrauens nahmen ihre Bewältigungsversuche zu, was wiederum Rückwirkungen auf das Verhalten des Chefs hatte. Der Therapeutenvorschlag wirkte also nicht direkt auf ein ganz spezielles Zielverhalten der Klientin, sondern auf eine generelle Erwartung, mit der problematischen Situation fertig zu werden.

Außer von den - schon besprochenen - Konsequenzerwartungen in einer bestimmten Situation hängt es vor allem vom Kompetenzvertrauen ab, ob eine bestimmte Art von Aufgaben überhaupt in Angriff genommen, und mit welcher Anstrengung und Beharrlichkeit ein Bewältigungsversuch realisiert wird.

> Bei der Übertragung des Selbstwirksamkeitskonzepts auf das Problem sozialer Kompetenzen fanden wir in einer eigenen Pilotstudie an 43 Personen, daß mangelndes Kompetenzvertrauen in verschiedenen sozialen Situationen eng mit dem Unsicherheits-Wert

im Fragebogen von Ullrich de Muynck und Ullrich (1977a) zusammenhing (r = .77). Außerdem wies das Kompetenzvertrauen der Versuchspersonen einen signifikanten (allerdings viel geringeren) Zusammenhang mit der Wahrscheinlichkeit auf, daß sie sich (nach unabhängigen Einschätzungen von Bekannten) auch tatsächlich sozial kompetent verhalten würden (r = .36, p < .05).

Bei weiteren, überwiegend an Studenten durchgeführten Untersuchungen ergaben sich erwartungsgemäße Zusammenhänge zwischen sozialem Kompetenzvertrauen und der Beliebtheit bei Studienkollegen, stärkerem Wohlgefühl in sozialen Situationen, geringerer sozialer Angst, geringerer Beeinträchtigung durch negative Selbstverbalisationen, günstigeren Konsequenzantizipationen und schließlich einem geringeren Ausmaß an depressiver Stimmung.

Insgesamt halten wir die Annahme für berechtigt, daß sich soziale Kompetenzprobleme besonders gut im Rahmen des Selbstwirksamkeitskonzepts beschreiben und analysieren lassen. Der Theorieansatz könnte zudem die Phänomene präziser greifbar machen, die in der Alltagssprache mit Begriffen wie „Selbstbewußtsein“ oder „Selbstvertrauen“ umschrieben werden. Dasselbe gilt für die Wirkungsanalyse von Phantasien und Vorstellungsbildern, die Arnold Lazarus (1993) unter anderem auch zur Förderung sozial kompetenter Verhaltensweisen empfiehlt.

Wovon hängt das *Ausmaß* des Kompetenzvertrauens in bestimmten Situationen ab? Bandura nennt hier verschiedene Informationsquellen:

- eigene Erfahrungen in ähnlichen Situationen,
- Beobachtungen von Mitmenschen,
- verbale Überzeugungsversuche anderer Personen (wie z. B. Therapeuten) und
- Wahrnehmung der eigenen Aufregung in entsprechenden Situationen.

Vor allem der erste und vierte Punkt dürften für das geringere Kompetenzvertrauen vieler sozial unsicherer Personen verantwortlich sein.

Hinsichtlich der *eigenen Erfahrungen* ist zum einen auf die Möglichkeit zu verweisen, daß dieser Personenkreis objektiv vielleicht wirklich häufiger soziale Mißerfolge erfährt als andere Menschen. Viel wichtiger und empirisch viel eindeutiger nachgewiesen ist jedoch der Sachverhalt, daß unsichere Klienten subjektiv immer wieder *meinen*, in Interaktionen versagt zu haben, ohne daß außenstehende Beobachter das bestätigen können (Rapee & Heimberg, 1997; vgl. auch S. 33ff).

Bezüglich der *Aufregung* neigen sozial unsichere Klienten vor allem durch erhöhte Selbstaufmerksamkeit stark zur Eskalation (siehe S. 27ff), was nach Banduras Theorie das Kompetenzvertrauen ebenfalls erheblich beeinträchtigen dürfte.

Die verschiedenen Interventionen im GSK setzen bei allen vier von Bandura genannten Informationsquellen an, um das Kompetenzvertrauen der Teilnehmer zu fördern. Dementsprechend ergab sich in Erfolgskontrollen, daß bei den Klienten durch die Trainingsteilnahme bedeutsame Steigerungen des Kompetenzvertrauens erzielt werden. Es ist anzunehmen, daß *viele der im GSK durchgeführten Interventionsmaßnahmen über ihre spezifische Wirkung hinaus synergetische Effekte haben, die zu einer kontinuierlichen Erhöhung des sozialen Kompetenzvertrauens führen.* Auf diese Weise dürfte über das Training konkreter Fertigkeiten hinaus bei vielen Klienten eine Generalisierung der Trainingserfolge auf andersartige Alltagssituationen erreicht werden - eine Wirkung, die in reinen Skill-Trainings nur selten auftritt, aber im Falle des GSK für die bemerkenswerte Dauerhaftigkeit einmal erreichter Veränderungen (siehe S. 79ff) verantwortlich sein könnte.

Irrationale Überzeugungen

Schon Schwartz und Gottman (1976) hatten Hinweise dafür gefunden, daß sozial inkompetente Personen situationsangemessene Verhaltensweisen kennen und wahrscheinlich in vielen Fällen durchführen könnten, wenn sie nicht durch ungünstige Selbstverbalisationen in der Realität daran gehindert würden. Tatsächlich findet man in der Praxis bei sozial unsicheren Klienten häufig Überzeugungen, die als wenig funktional anzusehen sind, so z. B.:

- Ich darf keine Zeichen von Schwäche zeigen.
- Niemand darf merken, daß ich Angst habe.
- Ich muß intelligent und geistreich wirken.
- Wenn ich Fehler mache (oder Gefühle zeige), werden mich andere ablehnen.
- Ich muß von jedem gemocht/anerkannt werden.
- Wenn andere mich wirklich durchschauen, werden sie mich nicht mehr mögen.
- Wenn ich anderen widerspreche, werden sie mich ablehnen oder denken, ich sei dumm.
- Wenn jemand mich nicht mag oder nicht respektiert, muß das an mir liegen (z. B. weil ich wertlos, dumm, unattraktiv oder langweilig bin). (Nach Clark & Wells, 1995, S. 75f).

Verschiedene Autoren haben eine Verbindung zwischen sozialen Inkompetenzen und dem Konzept der irrationalen Überzeugungen von Ellis (1993) gesucht (vgl. Trower & Dryden, 1991).

Alden und Safran (1978) bildeten aus einer Gruppe von 30 Klienten zwei Extremgruppen mit starker bzw. schwacher Neigung zu irrationalen Überzeugungen. Besonders deutlich unterschieden sich diese Gruppen in puncto „Perfektionismus“ („Ich glaube, ich sollte bei allem, was ich anfange, kompetent sein.“) und in puncto „Übertriebene Partnerzentrierung“ („Ich rege mich mehr über die Probleme anderer Leute auf als ich sollte.“). Analog zu Schwartz und Gottman fanden die Autoren keinen Unterschied zwischen den Gruppen hinsichtlich ihres *Wissens* über kompetente

Verhaltensweisen in schwierigen sozialen Situationen. Ging es jedoch darum, selbstsichere Verhaltensweisen in Rollenspielen selbst zu verwirklichen, dann verhielten sich unsichere Probanden mit irrationalen Überzeugungen signifikant weniger kompetent und erlebten stärkere Angst als die Vergleichspersonen.

Auch andere Untersuchungen bestätigen, daß soziale Inkompetenzen oft mit dem Glauben an irrationale Überzeugungen gekoppelt sind, obwohl die verwendeten Meßinstrumente nicht immer ganz unproblematisch sind (Heimberg, 1994).

Kognitive Hilflosigkeit

Mit verzerrten oder ungünstigen Kognitionsinhalten, wie wir sie bisher vorwiegend diskutiert haben, läßt sich vor allem erklären, warum bestimmte Personen ein kompetentes Durchsetzungsverhalten gänzlich vermeiden: beispielsweise könnte jemand eine unangenehme Aussprache mit dem Ehepartner durchführen wollen, diese jedoch nach mehr oder weniger bewußter Überlegung für wenig erfolgversprechend halten und sie deswegen einfach unterlassen. So klar spielt sich die Angelegenheit aber selten ab. Statt dessen finden wir eher eine grüblerische Variante inkompetent-unsicheren Verhaltens: Situationen lösen lange und belastende Phasen des „Hin-und Her-Überlegens“ aus - ein Phänomen, das durch eindeutig negative Wahrnehmungen und Erwartungen gerade nicht zu erklären ist.

Wir sprechen in diesem Zusammenhang in Anlehnung an das Konzept von Seligman (1995) von kognitiver Hilflosigkeit und nehmen an, daß die oft widersprüchlichen, zögernden und unklaren Verhaltensweisen sozial inkompetenter Menschen mit der Unfähigkeit zusammenhängen, sich zu einer eindeutigen kognitiven Verarbeitung sozialer Situationen „durchzuringen“.

Kognitive Hilflosigkeit kann sich auf alle Phasen der Situationsverarbeitung beziehen: So mag jemand darüber grübeln, ob ein Interaktionspartner wirklich so böse geschaut hat, wie es den ersten Eindruck machte (Wahrnehmung). Jemand mag hin und her schwanken, ob er selbst oder eher der Interaktionspartner für ein entstandenes Problem verantwortlich ist, ob der andere mit Absicht oder unabsichtlich gehandelt hat usw. (Rezeption). Es können auch immer wieder gegenteilige Spekulationen über die eigenen Erfolgschancen angestellt werden (Antizipation). Darüber hinaus ist es möglich, daß widersprüchliche Interpretationen der eigenen Stimmungslage, der eigenen Motive und Bedürfnisse erzeugt werden.

Es gibt einige interessante Untersuchungsergebnisse, die sich mit einer „hilflosen“ Informationsverarbeitung bei sozial unsicheren Personen gut in Einklang bringen lassen. Bei Klienten ist durch Nachfragen immer wieder festzustellen, daß sie ihr Verhalten innerlich besonders ungünstig kommentieren und zu negativen Selbstverbalisationen neigen. Schwartz (1986) hat sieben empirische Untersuchungen näher analysiert, die sich mit diesem Problem beschäftigen. Bemerkenswerterweise gab es in diesen Studien bei kompetenten Personen immer wieder eine Asymmetrie von positiven und negativen Selbstverbalisationen, und zwar etwa im Verhältnis 1,7 : 1. Bei inkompetenten Personen dagegen wurde eine Tendenz zur Symmetrie, das heißt ein 1 : 1 - Verhältnis konstruktiver und destruktiver Kognitionen nachgewiesen (vgl. auch Borgart, 1985; Frank, 1986).

Zwei Aspekte dieser Gesetzmäßigkeit sind bemerkenswert:

- Auch kompetente Personen produzieren nicht ständig „positives Denken“, mehr als ein Drittel ihrer Selbstverbalisationen besteht immerhin aus negativen und eher destruktiven Gedanken. Diese haben jedoch durch das Überwiegen positiver Kognitionen keine ungünstigen Auswirkungen auf eine effektive Verhaltenssteuerung.
- Möglicherweise besteht das Problem unsicherer Personen nicht so sehr in der absoluten Häufigkeit negativer Kognitionen; sie unterscheidet sich ja absolut gesehen gar nicht so fundamental von derjenigen kompetenter Personen. Von größerer Bedeutung könnte die spezifische *Gleichverteilung positiver und negativer Gedanken* sein, die verständlicherweise für ein effektives Handeln wenig hilfreich ist. Das schließt nicht aus, daß auch das klare Überwiegen negativer Kognitionen zu sozialen Kompetenzproblemen führen kann (Bruch, Heimberg & Hope, 1991; vgl. auch Merluzzi & Glass, 1996).

Kompetenztrainer sollten deshalb bei ihren Klienten nicht nur auf verzerrte oder ungünstige Inhalte von Selbstverbalisationen achten. Vielmehr sind auch Tendenzen zu endlosen inneren Dialogen und Situationsanalysen zu bearbeiten, wenn sie deutlich werden. Auf ihre Funktion als Vermeidungsverhalten kann aufmerksam gemacht, Alternativen können erarbeitet, und es können Anleitungen für metakommunikative Selbstverbalisationen gegeben werden (z. B. „Das ist jetzt der Punkt, wo ich wieder anfange, endlos zu grübeln statt zu handeln.“).

Im übrigen haben wir in diesem Zusammenhang die Erfahrung gemacht, daß ein etwas paradoxes Vorgehen von Nutzen ist. Wir betonen den Klienten gegenüber, daß es nicht das Ziel sei, das Grübeln zu bekämpfen und möglichst schnell abzustellen. Denn eine innere Diskussion über eine solche Zielsetzung kann von vielen Klienten wieder gut in das übliche Grübelmuster eingebaut werden. Statt dessen fordern wir die betreffenden Teilnehmer auf, die Tatsache des Grübelns durch einen entsprechenden Satz eindeutig festzustellen, ohne den Vorgang damit unbedingt abbrechen zu wollen. Berichte von Klienten bestätigen, daß Häufigkeit und Dauer unangenehmer Grübelphasen manchmal allein durch eine derartige Selbstbeobachtung deutlich herabgesetzt werden.

Soziale Inkompetenz - Verlust an Illusionen?

Die bisher besprochenen empirischen Untersuchungen und eigenen Erfahrungen können als Beleg dafür gelten, daß sozial inkompetente Personen in mancher Hinsicht zu einer ungünstigen kognitiven Verarbeitung von sozialen Situationen neigen: Sie scheinen zumindest in gewissem Maße ihre Mitmenschen als bedrohlicher und weniger fair wahrzunehmen, erwarten deutlich weniger positive Konsequenzen für selbstsicheres Verhalten und schätzen ihre Erfolgschancen insgesamt geringer ein als kompetente Personen.

Mit derartigen Befunden ist noch nichts darüber gesagt, wie realitätsangemessen die produzierten Kognitionen sind. Bisher wurde mehr oder minder explizit angenommen, daß kompetentes Verhalten auf einer realitätsgerechten kognitiven Verarbeitung von sozialen Situationen beruht, und daß demgegenüber die realen Verhältnisse von sozial inkompetenten Personen verzerrt wahrgenommen und verarbeitet werden. Nach einigen bemerkenswerten Befunden besonders aus dem Umkreis der Depressionsforschung kann man diese Auffassung jedoch zumindest teilweise in Zweifel ziehen.

In einer Untersuchung zu den sozialen Kompetenzen von Depressiven sind Lewinsohn et al. (1980) der Frage nachgegangen, inwieweit depressive Klienten ihre eigenen sozialen Fertigkeiten in einer Rollenspielsituation verzerrt wahrnehmen. Die Versuchspersonen schätzten ihr eigenes Verhalten auf zahlreichen Beschreibungsskalen ein, und diese Einschätzungen wurden mit Ratings unabhängiger Experten verglichen. Es stellte sich in Übereinstimmung mit früheren Untersuchungen heraus, daß Depressive sich objektiv weniger kompetent verhielten. Erstaunlich war jedoch, daß die Depressiven ihr eigenes Verhalten realistischer wahrnahmen als nicht-depressive und kompetentere Versuchspersonen, die ihr Verhalten deutlich überschätzten.

Interessanterweise bestand dann auch der Effekt eines von den Autoren durchgeführten Verhaltenstrainings darin, daß *sich bei den vormalig depressiven Klienten durch das Training die Diskrepanz zwischen Selbst- und Fremdeinschätzung im Sinne einer Überschätzung des eigenen Verhaltens vergrößerte.*

Nachdem derartige Ergebnisse in einer Reihe von Studien bestätigt wurden (Alloy & Abramson, 1988), bleibt festzuhalten: Der Zusammenhang zwischen sozialer Kompetenz und kognitiven Verarbeitungsprozessen muß nicht zwangsläufig so formuliert werden, daß sozial inkompetentes Verhalten immer mit einer negativ verzerrten und unrealistischen Welt- und Eigensicht verbunden ist. Vielmehr kann im Gegenteil *ein Defizit in der Fähigkeit bestehen, in bestimmten Situationen optimistisch überhöhte Selbstwahrnehmungen, Erwartungen und Hoffnungen zu entwickeln* (vgl. aber Colvin, Block & Funder, 1995).

In diesem Zusammenhang sollte nicht übersehen werden, daß in der Praxis ohnehin der Optimismus von Therapeuten eine entscheidende unspezifische Behandlungsvariable und eine wichtige Voraussetzung für einen erfolgreichen Therapieverlauf darstellen dürfte. Auch in der Arbeit mit dem GSK haben wir den Eindruck gewonnen, daß ein gutes Stück Suggestion und Ausstrahlung der Trainer für positive Veränderungen bei den Klienten sehr wichtig sind. Dabei ist es sinnvoll, klarzumachen, daß sich effektives Verhalten nicht einfach aus dem rationalen Abwägen von Erfolgschancen ergibt. Wir verweisen in diesem Zusammenhang gelegentlich auf das Beispiel eines Chirurgen, dem es gerade im Falle einer relativ aussichtslosen Operation wenig nützt, unablässig an seine objektiven (d.h. schlechten) Erfolgsaussichten zu denken. Statt dessen wird er, im Interesse seines Patienten und um seine Möglichkeiten voll auszuschöpfen, Mut entwickeln und besonders engagiert zu Werke zu gehen.

Beiläufig soll erwähnt werden, daß wir aus den oben geschilderten Überlegungen heraus bei sozialen Inkompetenzen weniger von kognitiven Verzerrungen als von *ungünstigen* oder dysfunktionalen Kognitionen sprechen. Daß bestimmte Arten von Kognitionen, auch wenn sie realistisch sind, dennoch für die Generierung sozial kompetenten Verhaltens ungünstig sein können, kann dabei nach wie vor als sinnvolle Grundannahme gelten.

Ungünstige emotionale Verarbeitung

Physiologische und emotionale Prozesse wurden in früheren Theorien als zentrale Determinanten selbstsicheren bzw. unsicheren Verhaltens angesehen: Vor allem Aufregung und Angst spielten z. B. im Ansatz von Wolpe eine wichtige Rolle bei der Hemmung selbstsicherer Verhaltensweisen (siehe S. 44f).

So plausibel diese Annahme klingen mag - empirische Befunde sprechen dafür, daß zumindest der objektiven, d. h. der physiologisch meßbaren Erregung keine so eindeutige ursächliche Rolle zukommen dürfte, wie es in diesen Theorien angenommen wird.

Zwar zeigten einige Untersuchungen, daß z. B. kontaktschwache Studenten während eines Rollenspiels auf einen weiblichen Partner mit einem stärkeren Anstieg der Pulsrate reagierten als kompetente Studenten. Außerdem fand sich eine signifikante Abnahme der Pulsfrequenz, wenn die Versuchspersonen die kritische Situation vermieden (Twentyman & McFall, 1975). Typischer für die Befundlage ist jedoch das Ergebnis, daß unsicheres Sozialverhalten nur bei manchen Klienten mit dem Ausmaß physiologischer Erregung gekoppelt ist, so z. B. bei Sozialphobikern des spezifischen, eng begrenzten Reaktionstypus (siehe S. 11ff; Tancer, Lewis & Stein, 1995).

Deutlicher sind die Zusammenhänge zwischen sozialen Kompetenzproblemen und der *subjektiven*, d. h. von den Klienten selbst wahrgenommenen Aufregung (McNeil, Ries & Turk, 1995). Aber auch diese sind nicht so durchgängig, daß man bei allen sozial unsicheren Klienten mit ausgeprägten Angstgefühlen rechnen müßte.

Selbstwahrnehmung von Emotionen

Wie die Rückkoppelungspfeile in Abbildung 2, S. 16 andeuten sollen, gibt es wichtige Interaktionen zwischen Gefühlen und Kognitionen. Dabei spielen Prozesse der Selbstwahrnehmung eine wesentliche Rolle. Zum einen gehen wir in Anlehnung an die bekannte Emotionstheorie von Schachter und Singer davon aus, daß das Erleben emotionaler Erregung zumindest in einem gewissen Maß formbar ist. Diese Erregung kann z. B. in bestimmten Situationen von manchen Menschen gewohnheitsmäßig eher als neugierige Spannung, von anderen als Ärger und von wieder anderen als Angst wahrgenommen werden.

Kommt es dabei in einer Situation (sei sie real oder auch nur vorgestellt) zum Erleben von Angst, wird das von der betreffenden Person nicht nur als unangenehm empfunden. Vor allem verstärkt sich der Eindruck, den Situationsanforderungen tatsächlich nicht gewachsen zu sein. Das wiederum intensiviert das Angstgefühl usw. Es ist verständlich, daß dadurch Flucht- und Vermeidungstendenzen wesentlich gefördert werden. Zusätzlich wird dieser Teufelskreis einer sich hochschaukelnden Interaktion von angstbezogenen Gedanken und Gefühlen durch die erhöhte Bereitschaft sozialängstlicher Klienten zur *Selbstaufmerksamkeit* gefördert (Clark & Wells, 1995; Rapee & Heimberg, 1997; siehe auch S. 21f).

Als Hinweis auf die Bedeutung derartiger Eskalationsprozesse kann auch der Sachverhalt gesehen werden, daß sie sich bei bis zu 50 Prozent der Sozialphobiker zu regelrechten Panikattacken steigern (vgl. Stangier & Heidenreich, 1997). Arntz, Rauner und van den Hout (1995) konnten zeigen, daß sich ängstliche Personen bei der Einschätzung der Bedrohlichkeit von Situationen statt an objektiven Situationsmerkmalen stärker als andere an ihren eigenen Angstgefühlen orientierten („If I feel anxious, there must be danger"). Außerdem scheinen sie bei sich physiologische Veränderungen wie z. B. den Herzschlag in sozialen Situationen genauer zu registrieren als „normale" Vergleichspersonen (Clark & Wells, 1995).

Ein anderes, für viele inkompetent-unsichere Klienten zentrales Problem besteht weniger in den Ängsten selbst, sondern in der Befürchtung, *die Interaktionspartner würden ihnen ihre Angst anmerken.* Diese Befürchtung bezieht sich vor allem auf sichtbare Angstsymptome wie Erröten, Zittern, Schwitzen oder Stottern. Auch hier kommt es zu einer unseligen Eskalationsschleife, weil die Betroffenen versuchen, diese Symptome durch Prozesse von Selbstbeobachtung und willentliche Selbststeuerung unter Kontrolle zu bringen. Das führt jedoch typischerweise eher zur Verschlimmerung als zur Besserung der sichtbaren Angstzeichen. Clark und Wells (1995) nehmen an, daß auch diese Problematik mit erhöhter Selbstaufmerksamkeit zusammenhängt: Weil sich die eigene Wahrnehmung in entsprechenden Situationen stark auf die eigenen Angstgefühle und die damit verbundenen physiologischen Korrelate einschränkt, erliegen die Personen dem verständlichen Irrtum, auch andere müßten diese Vorgänge bemerken. Möglicherweise spielen hier aber auch traumatisierende Erfahrungen eine Rolle (siehe S. 38f).

Man sollte solche Ängste in der Therapie ernst nehmen. Dabei müssen manche unserer Klienten anhand der videographierten Rollenspiele mühsam davon überzeugt werden, daß sie nach außen hin keineswegs so unsicher und ängstlich wirken, wie sie vermuten. Wir nehmen uns für diesen Nachweis viel Zeit, lassen uns Kriterien für das angeblich ängstliche Auftreten nennen (Haltung, nervöse Gestik usw.) und weisen durch mehrmaliges Zeigen und Besprechen der Videoaufnahme nach, daß diese Kriterien auf das eigene Verhalten nicht in dem vermuteten Ausmaß zutreffen. Dieses Verfahren ist natürlich nur dann sinnvoll, wenn das Problem tatsächlich in einer deutlichen Verkennung des eigenen Auftretens liegt. Auf diese Weise lernen viele Klienten, daß *sie nicht so ängstlich sind, wie sie glauben.* Das klingt nach Suggestion, ist aber genau das Gegenteil, weil ganz konkret und sachlich deutlich gemacht wird, daß das Urteil über die eigene Ängstlichkeit auf einer unzutreffenden Grundlage basiert.

Bei all diesen Vorgängen ist zu berücksichtigen, daß die Rolle kognitiver Vermittlungsprozesse bei der Emotionsentstehung stark reduziert sein kann (Beck & Clark, 1997). Dann mögen bereits minimale Wahrnehmungsreaktionen ausreichen, um starke und verhaltensbestimmende Emotionen auszulösen. Soziale Angstreaktionen z. B. sind bei manchen unserer Klienten so automatisiert, daß ihre kognitive Vermittlung nicht mehr bewußt und auch für den geübten Therapeuten nicht sofort erkennbar ist. Erst eine intensivere Analyse fördert dann die kritischen Selbstverbalisationen zutage, durch die die betreffenden Ängste hervorgerufen werden. Allerdings wird in der Forschung inzwischen auch die Möglichkeit diskutiert, daß es subkortikale Wege zur Verarbeitung angstrelevanter Informationen geben könnte (vgl. Öhman, 1993; Goleman, 1997).

Es gibt noch eine ganz andersartige Problematik von Klienten, für die die Selbstwahrnehmung von Emotionen von großer Bedeutung ist: Die kompetente Bewältigung mancher Alltagssituationen ist eng damit verknüpft, daß die handelnden Personen ihre Gefühle und Bedürfnisse möglichst authentisch zum Ausdruck bringen. Das gilt z. B. im Umgang zwischen (Ehe-)

Partnern, guten Freunden oder Eltern und Kindern (vgl. Newman, 1991). Die Probleme vieler GSK-Klienten in solchen Situationen resultieren daraus, daß sie ihre Gefühle gar nicht oder mißverständlich zum Ausdruck bringen. Bei einigen (meist männlichen) Personen gehen die Defizite jedoch so weit, daß diese *sich selbst über ihre Gefühle völlig im unklaren sind und sie infolgedessen dann auch nicht zum Ausdruck bringen können.*

Die Fähigkeit zur Selbstwahrnehmung von Gefühlen und deren therapeutische Förderung wird auch in der Verhaltenstherapie an Bedeutung gewinnen, wenn man Emotionen nicht mehr nur als mehr oder weniger überflüssige Begleiterscheinungen menschlichen Verhaltens ansieht oder ihnen gar nur verhaltensstörende Qualitäten zuschreibt, wie das lange Zeit üblich war (vgl. auch Ingram & Scott, 1990). Gefühle mögen in ihrem Inhalt stark durch kognitive Prozesse determiniert werden (wie wir annehmen) - dann entfalten sie jedoch eine beträchtliche Eigenständigkeit. Sie leisten dabei u. E. ganz spezifische Beiträge zur Verhaltensregulation, etwa wenn es darum geht, Verhalten in Gang zu setzen, zu intensivieren oder aufrechtzuerhalten.

Im GSK erfolgt die Förderung der emotionalen Selbstwahrnehmung vor allem bei der Bearbeitung von Rollenspielen vom Typ „Beziehungen" (siehe S. 106). Auch werden einige einfache, aber wirkungsvolle Übungen zur emotionalen Selbstwahrnehmung und zum Gefühlsausdruck durchgeführt. Außerdem besteht für Therapeuten bei allen Rollenspielen die Option, zu einem stärkeren und authentischen Ausdruck von Gefühlen anzuleiten. Diese Maßnahmen können bei Bedarf und bei bestimmten, z. B. psychosomatischen Klienten weiter ausgedehnt werden, wenn bei ihnen einschlägige Defizite (vgl. v. Rad, 1983) von Bedeutung sind.

Stimmungen

Im von uns vorgeschlagenen Prozeßmodell gelten Stimmungen vor allem als Einflußfaktoren der persönlichen Situation, in der sich ein Individuum befindet. Sozial inkompetentes Verhalten kommt bei manchen Personen dadurch zustande, daß sie z. B. wichtige Gespräche mit engen Bezugspersonen gerade dann beginnen, wenn die eigene Stimmungslage eher ungünstig dafür ist. Auf diese Weise kann berechtigte Kritik schnell zur Aggression werden, obwohl die Klienten bei einem günstigeren Situationsmanagement durchaus zu einer kompetenteren Auseinandersetzung imstande wären.

Stimmungen werden häufig aber auch aktiv herbeigeführt und können so zum Bestandteil von Vermeidungsstrategien werden. Untersuchungen aus der Emotionspsychologie zeigen, daß sie relativ einfach zu beeinflussen sind: Wenn Versuchspersonen etwa mit entsprechenden Instruktionen eine Reihe von deprimierenden Selbstaussagen lesen („Ich habe wirklich niemanden, den ich meinen Freund nennen kann!" o.ä.), kommt es häufig schon zu deutlichen Stimmungsveränderungen (z. B. Williams, 1980). Solche Befunde machen deutlich, daß Selbstverbalisationen einen großen Einfluß auf Stimmungen und Gefühle ausüben. Sie sprechen aber auch dafür, daß Menschen durch mehr oder weniger bewußte kognitive Aktivitäten vergleichsweise einfach Stimmungen erzeugen und verändern können. Diese Tatsache wird erfahrungsgemäß von vielen Klienten dazu benutzt, um sozialen Alltagsanforderungen aus dem Weg zu gehen, weil man „heute eben nicht in Stimmung ist". Stimmungen gelten dabei vor sich selbst und vor anderen als besonders wirksame Entschuldigung, möglicherweise weil sie in der Alltagspsychologie eher als körperlich gesteuerte Phänomene betrachtet werden, für deren Zustandekommen man nicht verantwortlich ist.

Ungünstiges motorisches Verhalten

Die bisher beschriebene innere Verarbeitung sozialer Alltagssituationen resultiert letztendlich in konkreten „motorischen" Verhaltensweisen, die dann als mehr oder minder kompetent bezeichnet werden können: Jemand führt in einer Gaststätte mit mittlerer Lautstärke und sachlicher Begründung eine Reklamation durch, verzichtet darauf oder wirft dem Kellner mit lauter Stimme seine Unaufmerksamkeit vor. Zur näheren Betrachtung solcher Verhaltensweisen lassen sich mindestens *drei Arten von Defiziten* unterscheiden: Vermeidung, Skills/Verhaltensgewohnheiten sowie einzelne Skill-Komponenten.

Vermeidung

Sozial kompetentes Verhalten setzt voraus, daß eine Aufgabe überhaupt in Angriff genommen wird. Diese Tatsache wird leicht vergessen, obwohl umfassende Vermeidungsversuche eine besonders gravierende Form von sozialer Inkompetenz darstellen. In diesem Fall wird ja auf die Verwirklichung bestimmter Rechte und Bedürfnisse in bestimmten Lebensbereichen von vornherein verzichtet. So mag ein junger Mann über Jahre alle intimeren Kontaktversuche zu Frauen vermeiden. Neben der fehlenden Befriedigung seiner erotischen Bedürfnisse kann das langfristig zur tiefgreifenden Unzufriedenheit mit sich und einer Beeinträchtigung des Selbstwertgefühls führen. Darüber hinaus geht das Ausmaß an sozialen Fertigkeiten durch fehlende Übung zurück, wodurch eine Problembewältigung weiter erschwert wird.

Mit Vermeidung ist hier also gemeint, daß sich jemand in bestimmte soziale Situationen gar nicht erst hineinbegibt. Das ist vom unsicheren Verhalten *in* einer Situation zu unterscheiden, das allerdings auch oft als eine Art von Vermeidungsverhalten betrachtet werden kann (Schweigen, niedergeschlagener Blick, leise Stimme usw.).

In der Literatur wird berichtet, daß extrem unsichere Klienten von Kompetenztrainings weniger zu profitieren scheinen als vergleichsweise wenig beeinträchtigte Klienten (Grawe, 1980; Pfingsten & Hinsch, 1982a). Das könnte damit zusammenhängen, daß schwerer gestörte Klienten diejenigen sind, die soziale Situationen in bestimmten Lebensbereichen gänzlich zu vermeiden versuchen. Diese Problematik wird von herkömmlichen Trainings aber nur am Rande angegangen. In Rollenspielen z. B. wird meist das Ziel verfolgt, vorhandene soziale Verhaltensweisen in bestimmten Situationen zu verbessern. Die Bereitschaft von Klienten, sich schwierigen Alltagssituationen überhaupt zu stellen, wird so nur indirekt gefördert.

Leider ist bisher noch weitgehend unklar, warum und unter welchen Bedingungen inkompetent-unsicheres Verhalten bei manchen Personen in ein völliges Vermeiden von Situationen „umschlägt". Tatsächliche motorische Verhaltensdefizite spielen dabei wahrscheinlich eine untergeordnete Rolle. Entscheidender könnten sein:

- starke konditionierte Angstreaktionen aufgrund früherer Erfahrungen,
- mißglückte oder schwierig aufrechtzuerhaltende Selbstpräsentationen,
- übertriebene Ansprüche an das eigene Verhalten oder
- die besonderen Anstrengungen, mit denen die Bewältigung vieler sozialer Interaktionen für unsichere Personen verbunden ist (siehe auch S. 21f und S. 36ff).

Eine Konsequenz dieser Überlegungen könnte darin bestehen, für Klienten mit ausgeprägten Vermeidungstendenzen besondere Trainingskomponenten zu entwickeln, die die Schwelle überwinden helfen, sich in als schwierig empfundene Situationen hineinzubegeben. Im GSK versuchen wir das allgemeine Kompetenzvertrauen solcher Teilnehmer zu stärken und sie dadurch zu ermutigen, Situationen in ihrem Alltag wieder aktiv anzugehen.

Skills

Eine effektive Bewältigung von Situationen setzt die Realisierung bestimmter Verhaltensfertigkeiten (Skills) voraus. Wie weiter oben schon erwähnt, versteht man darunter die aufeinander abgestimmte, gut organisierte und situationsgerechte Kombination von einzelnen Verhaltensweisen.

Typisch am Skill-Begriff ist das mittlere Ausmaß an Situationsspezifität. Einerseits nimmt man an, daß die genannte Verhaltenskombination nicht nur für die Aufgabe „Reklamation durchführen" effektiv ist, sondern auch für Aufgaben wie „Von einem Beamten korrekte Behandlung verlangen", „Vom Nachbarn die Beendigung einer Ruhestörung verlangen" usw. Im GSK nennen wir diesen Skill: Kompetentes Verhalten vom Typ „Recht durchsetzen" (siehe S. 56ff und S. 100).
Andererseits wird ein solcher Skill in anderen Alltagssituationen nicht gefordert, oder er ist sogar ausgesprochen unpassend und ineffektiv. So wird es zu eher ungünstigen Reaktionen führen, wenn man von seinem Ehepartner die Mithilfe im Haushalt in derselben Art und Weise verlangt, wie man bei einer Behörde sein Recht durchsetzt. In dieser Situation ist eine andere Kombination von Verhaltensweisen erforderlich, die wiederum nur in einem bestimmten Anwendungsbereich effektiv ist.

Bei der Bestimmung der grundlegenden Fertigkeiten, die zur Bewältigung des sozialen Alltags erforderlich sind, gibt es nicht immer ganz einheitliche Vorstellungen. Großen Einfluß hatte ein Vorschlag von Arnold Lazarus (1973), vier solcher Fähigkeiten zu unterscheiden: Nein sagen können, Wünsche/Forderungen stellen, Sozialkontakte beginnen und beenden, positive/negative Gefühle offen ausdrücken.

Erst neuerdings bemüht man sich darum, eine empirisch gerechtfertigte Klassifikation von sozialen Fertigkeiten zu erstellen. Eine gründliche Übersicht über derartige Versuche zur Einteilung von sozialen Fertigkeiten und ihrer Messung geben Spitzberg und Cupach (1989).

Im GSK-Konzept werden - anders als bei Lazarus - nur *drei grundlegende Skills* unterschieden, die unseres Erachtens im sozialen Alltag von zentraler Bedeutung sind:

- die Fertigkeit, ein (mehr oder minder formales) Recht durchzusetzen;
- selbstsicheres Verhalten in Beziehungen;
- die Fertigkeit, um Sympathie zu werben.

Diese Skills werden auf Seite 56ff näher erläutert.

Skill-Komponenten

Skills stellen eine situationsadäquate Kombination von einzelnen verbalen und nichtverbalen Verhaltenskomponenten dar. Dabei ergibt sich natürlich die Frage: In welcher Art von Situationen ist welche Kombination von einzelnen Verhaltensweisen effektiv? Für eine solche Topographie sozial kompetenten Verhaltens gibt es vor allem im Bereich „Recht durchsetzen" eine Reihe von empirischen Studien, deren bewährteste Annahmen bei der Konstruktion des GSK berücksichtigt wurden.

Eisler et al. (1973) untersuchten sozial kompetente und inkompetente männliche Psychiatriepatienten; die Einschätzung erfolgte mit einem Unsicherheitsfragebogen. Dann wurden beide Gruppen einem Rollenspiel-Test unterzogen, in dem 14 verschiedenartige Situationen vorgegeben wurden. Die Beurteilung durch geschulte Beobachter ergab, daß sich die sozial inkompetenten Personen in folgenden Verhaltensaspekten von den anderen unterschieden: Ihre *Reaktionszeiten* waren länger. Sie sprachen *leiser, weniger akzentuiert* und *gaben kürzere Antworten.* Außerdem *gaben sie schneller nach* und *verzichteten darauf, vom Gesprächspartner die Aufgabe*

störender Verhaltensweisen zu verlangen. In anderen Studien zeigten sich auch Unterschiede bei *Gestik, Dauer des Blickkontaktes, Häufigkeit von Lächeln* sowie *Sprachflüssigkeit* (vgl. z. B. Millbrook & Farrell, 1986).
Die Übertragbarkeit dieser Ergebnisse auf deutsche Verhältnisse ergibt sich aus ähnlichen Befunden z. B. von Ullrich de Muynck, Ullrich und Forster (1978) oder Fydrich et al. (1996). Rose und Tryon (1979) demonstrierten, daß inkompetent-aggressive Verhaltensweisen in vielen der beschriebenen Merkmale genau die gegenteiligen Charakteristika aufweisen.

Bei kompetentem Verhalten in persönlichen Beziehungen bzw. in Situationen, in denen man um Sympathie werben möchte, kommen zu einigen der schon erwähnten u.a. noch folgende Skill-Komponenten hinzu, deren positive Effekte zumindest ansatzweise als empirisch gesichert gelten können: *Selbsteinbringung* (Self disclosure; Holling, 1983), *Verstärken des Interaktionspartners* und Komplimente (z. B. Alden & Cappe, 1986), sog. *Ich-Mitteilungen, Äußern von Verständnis* und *Empathie* (Pfingsten, 1984a).

Zur Bedeutung von Skill-Defiziten

Angesichts der komplizierten Organisation sozialer Verhaltensweisen liegt die Annahme nahe, daß einige der erforderlichen Reaktionselemente von sozial inkompetenten Personen in der Vergangenheit falsch oder unzureichend gelernt wurden und deshalb in einer gegebenen Situation nicht in optimaler Form realisiert werden können.

Inzwischen zeigen jedoch eine Reihe von Untersuchungen, daß bei Personen mit sozialen Verhaltensschwierigkeiten häufig gar keine bemerkenswerten Skill-Defizite bestehen (vgl. Rapee, 1995). In diesen Fällen kann man vermuten, daß vor allem die in den vorangehenden Abschnitten besprochenen kognitiv-emotionalen Fehlsteuerungen dafür verantwortlich zu machen sind, wenn Menschen soziale Situationen meiden oder ihr - an sich verfügbares - kompetentes Verhaltensrepertoire nicht angemessen nutzen.

Alden und Cappe (1981) z. B. forderten sozial unsichere und sichere Studenten auf, sich bei bestimmten Rollenspielen „so selbstsicher wie möglich" zu verhalten. Dabei stellte sich heraus, daß bei einer solchen Instruktion *keine* bedeutsamen Unterschiede im Verhalten der beiden Gruppen festzustellen waren. Differenzen gab es aber in der Selbsteinschätzung ihres Verhaltens, ihrem selbstwahrgenommenen Angstniveau sowie ihrem Glauben an irrationale Überzeugungen sensu Ellis.

Diese und ähnliche Untersuchungen beziehen sich allerdings häufig auf sozial unsichere Studenten oder andere weniger beeinträchtigte Personen. Deshalb ist nicht auszuschließen, daß Skill-Defizite bei bestimmten Personengruppen wie etwa Psychiatriepatienten doch eine wichtige Rolle spielen (vgl. Haley, 1985).

Insbesondere im Rahmen von Rollenspielen ist in Kompetenztrainings genügend Raum gegeben, eventuell bestehende Verhaltensdefizite von Klienten wirksam zu bearbeiten. Bezüglich der kognitiven oder emotionalen Hemmungsmechanismen sind im GSK eine Reihe von Interventionsmaßnahmen eingeplant, die im Trainingsmanual in Teil C näher beschrieben werden. Die Tatsache, daß gerade diese „gemischte" Trainingskonzeption auf die meisten Teilnehmern sehr motivierend wirkt, spricht dafür, daß Skill-Defizite und Hemmungsprozesse bei vielen Klienten und Klientengruppen mehr oder weniger eng miteinander verbunden sind.

Ungünstige Verhaltenskonsequenzen

Sozial inkompetentes Verhalten kann durch ungünstige Konsequenzereignisse entstehen und aufrecht erhalten werden. Dabei sind mindestens drei Aspekte zu beachten: die objektiven Verhaltenskonsequenzen, deren innere Verarbeitung sowie Prozesse der Selbstbestrafung bzw. Selbstverstärkung. Während es auf S. 22f um antizipierte, also gewissermaßen im Vorhinein phantasierte Konsequenzereignisse ging, steht im folgenden das reale Konsequenzgeschehen beim Ablauf sozialer Interaktionen im Mittelpunkt der Betrachtung.

Objektive Konsequenzen

Soziales Verhalten in einer konkreten Situation bewirkt beim Gesprächspartner ein *fortlaufendes Feedback.* Durch minimale Gesten, Blickzuwendung, „Mmh"s und „Aha"s, Kopfnicken usw. signalisiert dieser Aufmerksamkeit, Zustimmung oder Ablehnung. Wie sich schon in Alltagsgesprächen leicht und eindrucksvoll demonstrieren läßt, führt ein Aussetzen des fortlaufenden Feedbacks bei fast allen Menschen zu einem typischen inkompetent-unsicheren Verhaltensmuster, nämlich zu einer Verlangsamung der Sprechgeschwindigkeit, zur Abnahme der Sprechfrequenz, Zunahme von Pausen usw.

Nicht immer ist mit fortlaufenden Aufmerksamkeitssignalen von Mitmenschen zu rechnen. So muß eine Person, zu der ich das erste Mal Kontakt aufnehme, zunächst einmal ihre Reserve aufgeben, und sie mag dementsprechend sparsam mit Gesten der Zustimmung umgehen. In solchen Situationen ist es wichtig, nicht zu abhängig vom Feedback des Partners zu sein. Statt dessen muß man entstehende „Durststrecken" mit geeigneten Selbstermutigungen und anderen Selbstinstruktionen überwinden. Das fällt manchen Klienten schwer, und sie ziehen sich beim Fehlen von Aufmerksamkeitssignalen anderer zurück, halten sich selbst für uninteressante Menschen und verzichten auf weitere Kontaktversuche.

Der Wegfall des kontinuierlichen Feedbacks ist für manche Situationen besonders typisch (z. B. Verhalten unter Fremden in der Öffentlichkeit, Rede vor größerem Auditorium). Genau dieser Sachverhalt könnte für viele Klienten ihr zentrales Problem darstellen könnte. Es ist gut denkbar, daß sie den Wegfall des kontinuierlichen Feedbacks kompensieren, indem sie sich bei der Einschätzung der Situation statt dessen an ihre eigenen Gefühle halten - mit den Folgen, die für eine solche erhöhte Selbstaufmerksamkeit weiter oben bereits diskutiert wurden (vgl. auch Stangier & Heidenreich, 1997).

Was die *kurz- und langfristigen Konsequenzen* angeht, so gäbe es wahrscheinlich kaum Menschen, die unter inkompetentem Verhalten leiden würden, wenn kompetentes Durchsetzungsverhalten immer und in jeder Hinsicht erfolgreich wäre. Genau genommen muß man es jedoch manchmal eher als eine Art Ideologie von Kompetenztrainern bezeichnen, daß selbstsichere Verhaltensweisen immer positive Folgen nach sich ziehen. Was ist über die objektiven Konsequenzen kompetenten, unsicheren und aggressiven Verhaltens bekannt?

Erstaunlich eindeutig sind die Ergebnisse über die Effekte von kompetentem im Vergleich zu *inkompetent-aggressivem Verhalten*. Bei Hull und Schroeder (1979) z. B. führten Aggressionen zwar im selben Ausmaß zum Einlenken der Interaktionspartner wie selbstsicheres Verhalten. Zugleich traten aber eine Reihe negativer Gefühle bei den aggressiv bedrängten Personen auf, was bei kompetent geäußerten Forderungen weit weniger der Fall war. Eine gewisse Durchsetzungswirkung aggressiver Äußerungen, dabei aber Sympathieverluste, Ärgergefühle und Gegenaggressionen bei den Interaktionspartnern - dieser Befund ist charakteristisch für eine Reihe von weiteren Studien (Pfingsten, 1984a).

Die Befundlage *hinsichtlich inkompetent-unsicheren Verhaltens* ist weniger eindeutig. Bei Hull und Schroeder führte das passive Verhalten eines Akteurs zwar nicht dazu, seine unmittelbaren Interessen beim Interaktionspartner durchzusetzen, bewirkte bei diesem aber immerhin einige Sympathieeffekte. Auch in anderen Studien waren selbstsichere Verhaltensweisen nicht immer und in jeder Hinsicht effektiver als passiv-unsichere Lösungsversuche. Hinzu kommt, daß die Verstärkungsbedingungen für soziales Durchsetzungsverhalten bei manchen Personenkreisen und gesellschaftlichen Gruppen besonders ungünstig sind.

> Beispielsweise zeigt sich in einigen (nicht allen) Studien, daß kompetentes Verhalten von weiblichen Personen häufig ungünstiger beurteilt wird, Frauen unter Umständen also mit negativeren Konsequenzen rechnen müssen als Männer (vgl. Pfingsten, 1984a). In einer Untersuchung wurde z. B. festgestellt, daß sehr selbstsichere Frauen als weniger intelligent und liebenswert eingeschätzt wurden. Außerdem wird dasselbe kompetente Verhalten bei ihnen häufig eher als aggressiv eingeschätzt als bei Männern. Daß es sich dabei nicht um „chauvinistische“ Beurteilungsfehler männlicher Beurteiler handelt, erweist sich daran, daß diesen Tendenzen in den genannten Studien auch weibliche Beurteiler folgten.

Alles in allem ist damit zu rechnen, daß sozial inkompetente Verhaltensweisen durch objektiv bestehende Konsequenzen und Kontingenzverhältnisse verstärkt und aufrechterhalten werden können. Auf S. 22f haben wir schon darauf hingewiesen, daß Klienten selbst dementsprechend manchmal Argumente dafür bringen, wieso sie in bestimmten Situationen Verhaltensweisen ablehnen und unsichere oder aggressive Reaktionen für besonders effektiv halten. Dabei bleiben allerdings die langfristigen Konsequenzen oft unberücksichtigt.

> Ein Vater z. B., der Probleme mit seinem 16jährigen Sohn hat, meint, daß er nur „mit der Faust auf den Tisch zu hauen brauche“, und „alles klappt wie am Schnürchen“. Gerade die unmittelbaren Erfolge aggressiven Verhaltens können durch ihre „Durchschlagskraft“ eine besondere Wirksamkeit vortäuschen. Darüber werden die psychischen Auswirkungen auf den Interaktionspartner (z. B. Angst, Entfremdung oder Wut) und die langfristigen Folgen für die Beziehung häufig übersehen (Pfingsten, 1984a, S. 225 ff). Wenn solche Probleme irgendwann offensichtlich werden, erscheinen sie den Klienten unbegreiflich, weil der Bezug zwischen den späten Konsequenzen und dem vermeintlich effektiven Stil der Durchsetzung nicht hergestellt wird.

In ähnlicher Weise lassen sich insbesondere Frauen immer wieder zu hilflosen, nachgiebigen Reaktionen verleiten, weil ihnen das Sympathie und Zuneigung einbringt. Auf die Dauer beginnen sie jedoch an den Spätfolgen dieses Vorgangs zu leiden, weil sie sich zunehmend überfordert, unselbständig, abhängig oder unfähig fühlen. Auch in diesen Fällen werden die Bezüge zwischen den kurzfristig positiven Effekten bestimmter Verhaltensgewohnheiten und ihren langfristigen Folgen nicht immer richtig erkannt. Kompetenztrainings können hier wichtige Klärungen herbeiführen.

Verarbeitung von Konsequenzen

Häufig sind nicht die objektiven Konsequenzen selbst, sondern die subjektiven Konsequenzannahmen von Klienten für die Wahl inkompetenter Verhaltensalternativen verantwortlich zu machen. Diese Antizipationen, die schon besprochen wurden, dürften meist aus der kognitiven oder emotionalen Verarbeitung von Konsequenzerfahrungen in früheren, vergleichbaren Situationen entstanden sein. Hier stellt sich die Frage: Gibt es bei sozial inkompetenten Klienten Besonderheiten bei einem solchen *postevent processing* (Clark & Wells, 1995) von Konsequenzen ?

Verhaltenskonsequenzen sind im sozialen Alltag naturgemäß sehr komplex, so daß ein breiter Spielraum für subjektive Interpretationen gegeben ist. Dadurch kommen hier, wie der Rückkopplungspfeil in Abbildung 2, S. 16 andeutet, viele der inneren Verarbeitungsprozesse wieder ins Spiel, die wir in allgemeinerem Zusammenhang weiter oben schon erörtert haben.

Attribution von Erfolg und Mißerfolg

Das Selbstvertrauen und die Bereitschaft zu sozial kompetenter Durchsetzung wird durch positive Erfahrungen nur gestärkt, wenn diese als Ergebnis des eigenen Verhaltens und nicht z. B. als Zufall oder Glück angesehen werden. Außerdem kann ein positives Selbstbild „geschont" werden, wenn soziale Mißerfolge nicht mit der eigenen Unfähigkeit, sondern durch fehlende Anstrengung oder die Schwierigkeit der betreffenden Aufgabe erklärt werden.

Inkompetent-unsichere Personen neigen oft zu einer geradezu fatalen *Umkehrung dieser konstruktiven Erfolgs/Mißerfolgsverarbeitung*: Sie schreiben Erfolge deutlich weniger der eigenen Fähigkeit und Anstrengung zu, sind aber andererseits in extremer Weise dazu bereit, Mißerfolge mit der eigenen Unfähigkeit zu begründen (vgl. Juster, Brown & Heimberg, 1996). Derartige Attributionsgewohnheiten können verheerende Auswirkungen haben, weil sich daraus fast zwangsläufig eine Abnahme aktiver Durchsetzungsbemühungen, eine Zunahme von Vermeidungsreaktionen und ein ständig negativer werdendes Selbstbild entwickeln. Möglicherweise spielen diese Gewohnheiten auch eine wichtige Vermittlerrolle dabei, ob sich aus sozialen Kompetenzproblemen eine tiefergreifende depressive Symptomatik entwickelt - ein Phänomen, das in der klinischen Praxis immer wieder festzustellen ist (vgl. Wittchen, 1996).

Für die Durchführung von Kompetenztrainings ergibt sich aus diesen Erkenntnissen: Eine externe Verstärkung kompetenter Verhaltensweisen (z. B. Lob durch Trainer oder andere Teilnehmer) reicht nicht aus, um solche destruktiven Attributionsspiralen aufzulösen. Derartige „Erfolge" werden nämlich von den betreffenden Klienten kaum wirklich akzeptiert und wiederum eher mit den Kommentaren „Zufall" oder „war ja auch leicht" disqualifiziert. Außerdem fühlen sich sozial ängstliche Personen durch das Lob eines Interaktionspartners in besonders hohem Maße für zukünftige Interaktionen unter Erfolgsdruck (Wallace & Alden, 1995). Das kann übrigens die Beobachtung aus der Trainingspraxis erklären, daß Klienten manchmal paradoxerweise gerade nach einer sehr erfolgreichen Sitzung fehlen oder ihre „Hausaufgaben" nicht durchführen.

Aus diesen Gründen sollten Klienten durch geeignete Selbstverstärkungstechniken und andere Maßnahmen lernen, Erfolge als solche wahrzunehmen und dem eigenen Verhalten bzw. der eigenen Person zuzuschreiben. Eine schrittweise Internalisierung der Erfolgsattributionen wird dabei vor allem dadurch erreicht, daß die Klienten für ihre Bemühungen zunehmend positive Konsequenzen erfahren (Alden, 1987).

Selbstbestrafung und Selbstverstärkung

Es ist in unseren Trainingsgruppen immer wieder erstaunlich, wie stark Klienten zu einer kritischen Kommentierung ihres eigenen Verhalten neigen. Trainer müssen dann oft korrigierend eingreifen, weil sonst nach dem Dulden einiger selbstkritischer Äußerungen eine wahre Flut von selbstherabsetzenden und destruktiven Bemerkungen entstehen kann.

Der amerikanische Psychologe Richard G. Heimberg berichtete über eine Klientin, die in einer Therapiesitzung im Rollenspiel eine Kellnerin auf einer Cocktailparty spielte. Sie machte ihre Aufgabe gut, außer daß sie ein wenig von einem servierten Getränk verschüttete. Bei der Nachbesprechung mit dem Therapeuten schien sie mit ihrem Verhalten in der Situation ganz zufrieden zu sein. Am Abend jedoch unternahm sie einen Selbstmordversuch, nachdem sie alleine näher über ihr Rollenspielverhalten nachgedacht hatte (zit. nach Clark & Wells, 1995, S. 75).

Ein überkritischer Umgang mit sich selbst wird auch durch viele empirische Untersuchungen bestätigt. Sozial unsichere Personen können die Angemessenheit des Verhaltens anderer zutreffend einschätzen, unterschätzen jedoch die Qualität ihres eigenen Verhaltens (vgl. Rapee & Heimberg, 1997). Bei der weiter oben schon erwähnten Studie von Alden und Cappe (1981) hielten unsichere Probanden ihr eigenes Verhalten für unsicher und ineffektiv, obwohl neutrale Beobachter keinen Unterschied zum Verhalten kompetenter Versuchspersonen feststellen konnten.

Unsichere Klienten beurteilen auch ganz normales Sozialverhalten bei sich selbst ungünstig und nehmen es zum Anlaß für negative Bewertungen, die aus lerntheoretischer Sicht als regelrechte Selbstbestrafungen wirken. Eine entsprechende Häufung derartiger Selbstbestrafungen findet dabei nicht nur *nach*, sondern auch schon *während* sozialer Interaktionen statt, wie Stopa und Clark (1993) herausfanden. Sie belegten zudem, daß dieser fortlaufende Prozeß der Selbstentmutigung zumindest bei Sozialphobikern weniger durch tatsächliche Reaktionen der Interaktionspartner gesteuert wird, sondern eher wie ein festes internes Programm abläuft, das durch bestimmte soziale Situationen automatisch ausgelöst wird. Insgesamt ist es angesichts dieser nachgewiesenen häufigen Selbstbestrafungen wenig erstaunlich, daß den Betroffenen ein aktives und konsequentes Durchsetzungsverhalten sehr schwer fällt.

Einige empirische Studien legen den Schluß nahe, daß die Bereitschaft selbstunsicherer Personen zur Selbstkritik aus einem übertriebenen Anspruchsniveau sich selbst gegenüber resultiert. Dabei machen Alden, Bieling und Wallace (1994) deutlich, daß sich ein entsprechender Perfektionismus vor allem auf die Häufigkeit von entmutigenden Selbstbewertungen *während* der Interaktionen auswirkt. Im GSK können durch den Einsatz der Videofeedback-Technik gerade solche kontinuierlichen negativen Bewertungsprozesse sehr wirksam aufgearbeitet werden (siehe Trainingsmanual). Allerdings kann es vom Therapeuten bei manchen Klienten einige Geduld erfordern, bis diese zaghaft beginnen, positive Bewertungen ihres Verhaltens vorzunehmen.

Nicht nur die Neigung zu Selbstbestrafungen kann kompetentes Verhalten erschweren, sondern auch gewissermaßen das Gegenteil, nämlich ein Zuwenig an *Selbstverstärkung*: Wenn ein junger Mann Kontakte zu Frauen aufnehmen will, so muß er damit rechnen, daß dazu mehrere Versuche erforderlich sind. Macht er sein Verhalten nur von den Reaktionen der betreffenden Interaktionspartnerinnen abhängig, so wird er mit jedem „Korb" unsicherer und deprimierter, obwohl sein Kontaktverhalten an sich durchaus angemessen sein mag.

Erfolgslücken spielen im sozialen Alltag erwachsener Personen eine fundamentale Rolle, denn in manchen Situationen gibt es - wie bereits erwähnt – grundsätzlich kaum Feedback von anderen Personen. Außerdem ist das Feedback in sozialen Situationen – anders als z. B. in Leistungssituationen - typischerweise oft sehr indirekt und uneindeutig. Solche Probleme können vor allem durch angemessene Selbstverstärkungsgewohnheiten wirksam überbrückt werden. Diese Möglichkeit nutzen viele Klientinnen und Klienten jedoch nicht - möglicherweise, weil sie besonders sensibel auf Sozialisationspraktiken reagiert haben, in denen Selbstverstärkung als unbescheiden dargestellt und infolgedessen eher bestraft wurde (siehe S. 42).

Die Bedeutung angemessener Selbstverstärkung geht aus der wichtigen Untersuchung von Rehm und Marston (1968) hervor. In einer Therapieanalogie wurde bei sozial ängstlichen Studenten selbstverstärkendes Verhalten operant konditioniert. Die Klienten wurden verstärkt, wenn sie sich z. B. vornahmen, ein Mädchen telefonisch um ein Rendezvous zu bitten. Das Erreichen einer Verabredung wurde demgegenüber nicht belohnt. Die Klienten lernten also, sich für Verhaltensziele zu verstärken, deren Erreichung in ihrer eigenen Hand lag und nicht von den Reaktionen der Gesprächspartnerin abhing. Erwartungsgemäß führte diese Art von Selbstverstärkungstraining zu kompetenterem Verhalten der Klienten in ihrem Alltag.

Sozial kompetentes Verhalten impliziert oft ein größeres Risiko negativer Konsequenzen als unsicheres Verhalten (Rich & Schroeder, 1976). Dieses Risiko wird eher von jemandem in Kauf genommen, der Selbstlob oder Selbstermutigung von seinem eigenen Verhalten und nicht von den Reaktionen anderer abhängig macht. Demgegenüber ist zu vermuten, daß jemand dem Risiko eines Mißerfolgs ohne angemessene Selbstverstärkungstechniken so hilflos gegenüber steht, daß er lieber „auf Nummer Sicher" geht und das Risiko vermeidet.

Um Mißverständnissen vorzubeugen, ist im Zusammenhang mit Prozessen der Selbstverstärkung an die Asymmetrie-Regel zu erinnern (siehe S. 24ff): Kompetentes Verhalten setzt nicht voraus, daß jemand ausschließlich selbstverstärkende und keinerlei selbstkritische Gedanken produziert. Typischer ist, daß beide Arten von Konsequenzen vorkommen, aber in einem Verhältnis stehen, in dem positive Selbstkonsequenzen deutlich überwiegen.

Gedächtnis

Für die konkreten Erfolgs-/Mißerfolgserwartungen in einer aktuellen sozialen Situation ist letzten Endes entscheidend, wie frühere Konsequenzen im Gedächtnis gespeichert wurden, und wie sie abgerufen werden. Die selektive Wirkung dieser Prozesse ist bekannt, und auch hier sind Verzerrungen von Konsequenzerfahrungen möglich. Außerdem ist anzunehmen, daß z. B. negative Stimmungen und Gefühle die Erinnerung an korrespondierende Erfahrungen aus der Vergangenheit fördern, so daß mit einer entsprechenden Beeinflussung von Kompetenz- und Konsequenzerwartungen zu rechnen ist, wenn sich Menschen unsicher, ängstlich, niedergeschlagen oder ärgerlich fühlen.

Allerdings ist die empirische Forschung in diesen Punkten nicht sehr eindeutig (vgl. auch Neidhardt & Florin, 1997). Zwar belegen einige Studien, daß sich sozial ängstliche Personen (a) aufgrund ihrer ungünstigen Aufmerksamkeitssteuerung insgesamt weniger an objektive Details vorangehender Sozialsituationen erinnern können, daß sie aber (b) negative Konsequenzen ihres Verhaltens besser behalten als nichtängstliche Versuchspersonen. In einigen anderen Untersuchungen konnten jedoch eindeutig *keine* selektiven Gedächtniseffekte nachgewiesen werden (z. B. Cloitre et al., 1992, 1995; Rapee et al., 1994). So wird in Zukunft näher zu klären sein, wovon es abhängt, ob die beschriebenen, immerhin doch recht plausiblen selektiven Gedächtniseffekte auftreten oder nicht.

Zusammenfassend läßt sich sagen, daß objektive Konsequenzen, ihre subjektive Verarbeitung und die sich anschließenden selbstverstärkenden oder -bestrafenden Aktivitäten beim Individuum eine wesentliche Rolle für das Zustandekommen sozial kompetenten Verhaltens spielen dürften:

- Zum einen wirken sich diese Faktoren *auf konkrete Verhaltensweisen* in bestimmten sozialen Situationen aus: durch entsprechende Konsequenzerfahrungen kann selbstsicheres Verhalten für ineffektiv, aggressives oder passives Verhalten für besonders erfolgversprechend gehalten werden.
- Zum anderen dürfte *ganz allgemein* das Vertrauen in die eigenen Fähigkeiten und damit die Neigung zu Bewältigungsversuchen abnehmen, wenn die Konsequenzen eigenen Sozialverhaltens immer wieder negativ sind, als negativ wahrgenommen oder das Selbstbild belastend attribuiert werden.

Wir haben am Anfang dieses Kapitels schon darauf hingewiesen, daß die Anwender von Sozialen Kompetenztrainings es selten mit Personen zu tun haben werden, bei denen sich die sozialen Probleme ausschließlich durch ungünstige Abläufe in einem der hier besprochenen Teilprozesse erklären lassen. Selbst bei sehr eng umschriebenen Sozialphobien haben sich solche monokausalen Modellvorstellungen bisher kaum bewährt (vgl. Heimberg et al., 1995; Stein, 1995). Häufig findet man bei Klienten zirkuläre Wechselwirkungen, in denen mehrere der in diesem Kapitel besprochenen Mechanismen zusammenwirken: Eine perfektionistische Anspruchshaltung z. B. kann dazu führen, daß eine Klientin ihr Verhalten immer wieder extrem negativ wahrnimmt und deshalb soziale Situationen insgesamt zu vermeiden beginnt. Bei anderen Personen führen ganz spezielle Situationen zu panischen Ängsten, ohne daß ansonsten wesentliche Verhaltensdefizite nachweisbar wären. Durch diese Ängste wiederum fühlen sich diese Klienten in der Auffassung bestätigt, daß sie solche Situationen nicht bewältigen können. Beide Beispiele sollen andeuten, wie unterschiedlich im Einzelfall die Zusammenhänge sein können.

Das vorliegende Kapitel sollte nicht in streng wissenschaftlicher, aber doch in empirisch fundierter Weise unsere Vorstellungen darlegen, was unter sozial kompetentem bzw. inkompetentem Verhalten zu verstehen ist, und welche Prozesse beim Zustandekommen dieser Verhaltensweisen beteiligt sind. Wir glauben, daß das vorgestellte Prozeßmodell sowohl zur Integration theoretischer Erkenntnisse und praktischer Erfahrungen geeignet ist, als auch dazu, die sozialen Kompetenzprobleme von Klientinnen und Klienten besser zu verstehen.

Entstehung sozialer Kompetenzprobleme

(Ulrich Pfingsten)

Wenn von der Entstehung sozialer Kompetenzprobleme gesprochen wird, sind zwei Aspekte zu unterscheiden: Die Entstehung inkompetenten Verhaltens in einer konkreten Situation (sog. Aktualgenese) und die Entstehung im Verlauf der Lebensgeschichte (sog. Ontogenese oder Ätiologie). Der erste Aspekt stand im Mittelpunkt des vorangehenden Kapitels. Auf Fragen der Ätiologie soll nun im folgenden eingegangen werden: Welche Entwicklungseinflüssse sind dafür verantwortlich zu machen, daß bei manchen Menschen übertriebene Sozialängste, ungünstige kognitive Verarbeitungsstile oder unzureichende motorische Skills entstehen?

Durch die Einführung der Diagnosen „Soziale Phobie" bzw. „Ängstliche (vermeidende) Persönlichkeitsstörung" in die offiziellen Klassifikationssysteme hat sich die Forschung in diesem Bereich in den letzten Jahren erheblich intensiviert. Das ging allerdings mit einigen typischen Akzentverlagerungen einher, nämlich mit (a) einer zunehmenden Einschränkung auf die Erforschung dieser speziellen Formen von sozialen Kompetenzproblemen, (b) deren Verständnis als Störungen im Sinne eines eher psychiatrischen Krankheitsmodells, und (c) mit der Intensivierung biologischer Forschungs- und Behandlungsansätze (vgl. Heimberg et al., 1995; Stein, 1995).

Wir werden auf ätiologische Fragen insgesamt nicht so ausführlich eingehen wie auf die Aktualgenese. Das liegt vor allem daran, daß die Entstehung sozialer Kompetenzprobleme zwar einen hochinteressanten Forschungsgegenstand darstellt, für die Entwicklung und Durchführung verhaltenstherapeutischer Interventionen jedoch weniger Ansatzpunkte bietet als die Analyse aktualgenetischer Zusammenhänge. Trotzdem sind gewisse ätiologische Grundkenntnisse für Therapeuten sicher von Nutzen, etwa wenn es um Gespräche mit Klienten über die Ursachen ihrer Probleme geht, oder auch, wenn soziale Kompetenztrainings für präventive Zwecke eingesetzt werden sollen, z. B. bei Kindern, Jugendlichen oder bei bestimmten Risikogruppen (siehe S. 152ff).

Die im folgenden in Form von (kursiv gedruckten) Kernannahmen dargestellten ätiologischen Erkenntnisse wurden insbesondere aus einer sozialen Lerntheorie im Sinne Albert Banduras (z. B. 1986) und aus neueren kognitiv-verhaltenstheoretischen Modellvorstellungen abgeleitet. Außerdem ziehen wir eigene Erkenntnisse aus der Arbeit mit sozial inkompetenten Klientinnen und Klienten hinzu. Genetische, ethologische, neurobiologische Erklärungsansätze zur Entstehung sozialer Phobien und Ängste werden dagegen vernachlässigt. Auch auf psychodynamische, entwicklungs- oder persönlichkeitspsychologische Konzeptionen zu dieser Thematik gehen wir nur am Rande ein. Interessierte finden dazu in den Sammelbänden von Heimberg et al. (1995) und Stein (1995) sehr gute Zusammenfassungen.

Entstehung von Überforderungssituationen

Im vorangehenden Kapitel wurde darauf hingewiesen, daß Klienten durch objektive Lebensumstände einem Situationsmenü ausgesetzt sein können, das sie ständig in ihren sozialen Kompetenzen überfordert. Wie kann es dazu kommen?

Die Überforderung ergibt sich aus äußeren Umständen. So kann z. B. die Arbeitsmarktsituation jemanden dazu bringen, einen Beruf auszuüben, dessen spezielle soziale Anforderungen ihn laufend überlasten. Noch häufiger kommt es vor, daß einschneidende *Lebensereignisse* zu besonderen sozialen Belastungen führen, etwa der Tod des Ehepartners, Scheidung, chronische Erkrankungen, körperliche Entstellungen, Umzug oder Arbeitslosigkeit. All diese Ereignisse können über die akute Belastung des Betroffenen hinaus dazu führen, daß die bisherigen sozialen Fertigkeiten nicht mehr ausreichen, um das neu entstandene Situationsmenü auf Dauer zu bewältigen.

> Mit Schinke, Forgey und Orlandi (1996) läßt sich z. B. davon ausgehen, daß eine Schwangerschaft für Teenager in unserer Gesellschaft in organisatorischer und sozialer Hinsicht eine Überforderungssituation heraufbeschwört, die auch die Entwicklung einer günstigen Mutter-Kind-Beziehung ernsthaft behindert. Die Autoren zeigen, daß dieser Problematik durch präventive Interventionsprogramme auf kompetenztheoretischer Grundlage vorgebeugt werden kann.

Ähnlich wie durch Lebensereignisse kann sich eine Überforderung auch aus *entwicklungsbedingten Veränderungen des Situationsmenüs* ergeben (vgl. Bruch, 1989). Das gilt z. B. für die Veränderungen, die durch den Schuleintritt oder im höheren Lebensalter durch die Verrentung bedingt sind. Noch relevanter für die Entstehung von Kompetenzproblemen ist in diesem Zusammenhang wahrscheinlich die Zeit der Präadoleszenz, in der Heranwachsende in relativ kurzer Zeit mit vielen neuartigen Sozialsituationen konfrontiert werden, für deren Bewältigung die früheren kindlichen Verhaltensmuster nicht mehr ausreichen. Hierzu passen Befunde, daß soziale Phobien anders als die übrigen phobischen Störungen meistens in dieser Entwicklungsphase (bzw. etwas später) zum ersten Mal auftreten. Wittchen (1996) z. B. berichtet bei drei

Viertel der Fälle von einem Beginn vor dem 16. Lebensjahr.

Die Überforderung wurde durch ungünstiges Situationsmanagement verursacht. Menschen müssen gelegentlich Entscheidungen treffen, mit denen sie sich für die Zukunft relativ endgültig auf ein bestimmtes Situationsmenü festlegen. Dabei sind viele Fehleinschätzungen möglich: Jemand mag den Lehrerberuf wählen und dabei die sozialen Anforderungen unterschätzen, die für diesen Beruf notwendig sind. Auch die Wahl einer bestimmten Lebensform (z. B. Ehe) oder eines bestimmten Lebenspartners kann in Verkennung der auf Jahre entstehenden sozialen Alltagsanforderungen erfolgen.

Die Selbstpräsentationsfalle. Eine andere wichtige Form von situationaler Überforderung leiten wir aus der Selbstpräsentationstheorie der sozialen Angst von Schlenker und Leary ab. Die Kernannahme der Theorie lautet, daß soziale Angst immer dann entsteht, wenn jemand (a) einen bestimmten Eindruck auf andere machen möchte, d. h., sich anderen in einer ganz bestimmten Weise präsentieren möchte, und (b) Zweifel hat, ob das gelingen wird (vgl. Leary & Kowalski, 1995).

Unserer Beobachtung nach tragen viele Klienten selbst durch ungünstige Selbstpräsentationsstrategien zur Entstehung von Überforderungssituationen bei: Sie tappen, vor allem zu Beginn neuer Beziehungen, in die sog. *Selbstpräsentationsfalle.* Dabei lassen sie sich zu Selbstdarstellungen verleiten, die mit den eigenen Bedürfnissen auf die Dauer nicht in Einklang zu bringen und deshalb nicht durchzuhalten sind. Je größer derartige Diskrepanzen und je wichtiger die betreffenden Beziehungen sind, um so schwieriger werden mit der Zeit die sozialen Kontakte zu den jeweiligen Bezugspersonen. Häufige Folgen sind u.a. Angst, subjektiv empfundener „Streß", hoher Aufwand an psychischer Anstrengung und schließlich auch die Tendenz, weiteren Kontakten wenn möglich ganz aus dem Weg zu gehen. Diese Reaktionen sind von den objektiven Situationsmerkmalen her oft unerklärlich und letztlich nur vor dem Hintergrund ungeschickt begonnener Selbstdarstellungen zu verstehen.

Beispiele für solche wohlfeilen, aber gefährlichen Selbstpräsentationen sind etwa: der immer freundliche Nachbar, der erfolgreiche Kollege, der gewissenhafte Mitarbeiter, der lockere Chef, die selbstlose Mutter oder Partnerin, der verständnisvolle Freund, die sexy junge Frau, der temperamentvolle Liebhaber oder einfach der nette Mensch, der es mit allen gut meint.

Nicht Selbstpräsentationen an sich sind das Problem, sondern daß sie von manchen Menschen zu schnell, zu starr oder zu eng angelegt werden. So wird auf die Dauer beträchtliche psychische Energie erforderlich, um sie aufrecht zu erhalten. Daß es trotzdem so oft zu ungünstigen Selbstdarstellungsstrategien kommt, kann mehrere Gründe haben:

- Man hat sich zur Bewältigung von Situationen in der Vergangenheit bestimmte dysfunktionale Strategien der Selbstpräsentation angewöhnt, weil man keine günstigeren Alternativen kennengelernt hat.
- Man verspricht sich zu Beginn einer Sozialbeziehung einen - meist kurzfristigen - Nutzen von der gewählten Selbstpräsentation.
- Man möchte sich selbst gerne in der betreffenden Weise sehen.
- Man flüchtet sich aus der Unsicherheit und Befangenheit im Kontakt zu unbekannten Personen in ein klar strukturiertes Rollenstereotyp hinein.

So gibt es gerade für selbstunsichere Personen, die soziale Situationen mit geringer Strukturierung erfahrungsgemäß besonders fürchten, kurzfristig gute Gründe für eine bestimmte Form der Selbstdarstellung. Leider wird dabei jedoch deren langfristig bindender Charakter verkannt.

Lerndefizite

Die Betrachtung der zahlreichen Einzelkomponenten sozialen Verhaltens sowie deren Organisation in entsprechenden Skills macht deutlich, wie komplex die Leistung ist, sich in einer konkreten Situation angemessen und effektiv zu verhalten. Diese Leistung setzt umfangreiche Lernerfahrungen voraus, die in vielfacher Hinsicht ungünstig verlaufen sein können. Besonders ist an folgende Möglichkeiten zu denken:

Das betreffende Verhalten war in der Vergangenheit nicht erforderlich, wurde nicht geübt oder nicht verstärkt. Manche jungen Frauen haben Probleme beim Umgang mit Männern, weil sie - etwa durch das Aufwachsen in weiblicher Umgebung (Internat, familiäre Bedingungen usw.) - heterosexuelles Kontaktverhalten kaum erlernen konnten. Die resultierenden Ängste können in diesen Fällen auf einer durchaus realistisch eingeschätzten Unkenntnis angemessener Verhaltensweisen beruhen.

In diesem Zusammenhang ist auf mehrfach replizierte Befunde hinzuweisen, daß unsicher-vermeidende Personen im Vergleich zu Kontrollpersonen berichten, sie seien als Kinder und Jugendliche von ihren Eltern eher überbehütet und in hohem Maße kontrolliert worden (vgl. Bruch & Cheek, 1995). Es ist denkbar, daß sie dadurch in bestimmten, für das spätere Leben wichtigen Lebensbereichen keine differenzierten sozialen Fertigkeiten erwerben konnten.

Fehlende Verstärkung für sozial kompetentes Verhalten und entsprechende Skill-Defizite resultieren auch aus gesellschaftlichen Rollenerwartungen. Das wird für Klienten zum Problem, wenn diese Rollenerwartungen später mit einer bedürfnis- und interessengerechten Gestaltung von sozialen Beziehungen in Konflikt geraten. So wird bei Jungen der Ausdruck von Gefühlen wie Angst, Trauer usw. häufig ignoriert (d. h. gelöscht) oder durch Eltern/Gleichaltrige negativ kommentiert (d. h. bestraft). Dementsprechend sind viele unserer männlichen Klienten kaum imstande, eigene Gefühle zu äußern oder Gefühle und Gedanken voneinander zu unterscheiden. Als Pendant bestehen bei Frauen große Schwierigkeiten, auf eindeutigen Rechten zu bestehen. Entsprechende Verhaltensweisen dürften bei Mädchen viel eher als aggressiv oder widerspenstig bewertet und entsprechend behandelt, d. h. bestraft werden.

Daß ein Zusammenhang zwischen sozialer Verstärkung und der Ausbildung sozialer Skills besteht, wird auch an folgendem Beispiel deutlich: Bei Kindern und Erwachsenen empirisch gut gesichert ist der Befund, daß physisch attraktivere Menschen häufiger für soziale Kontaktaufnahmen verstärkt werden als andere. Als Folge halten sich attraktive Personen nicht nur selbst für sozial kompetenter (Burns & Farina, 1987). Ihr Verhalten wird aber auch von neutralen Beobachtern als kompetenter beurteilt - selbst wenn die Wirkung ihres Äußeren experimentell ausgeblendet wird (Goldman & Lewis, 1977; vgl. Calvert, 1988).

Es fehlten in der Vergangenheit Vorbilder und Modelle mit sozial kompetenten Verhaltensweisen. Komplexe Verhaltensmuster wie soziale Skills erfordern ein Lernen durch Beobachtung, weil der Erwerb durch „Versuch und Irrtum“ mühsam, ineffektiv und mit sehr vielen schmerzhaften Erfahrungen verbunden wäre.

Manche Klientinnen und Klienten berichten, daß ihre Eltern in bezug auf bestimmte soziale Verhaltensweisen keine oder schlechte Vorbilder waren. Eine Klientin fühlte sich sehr unsicher beim Umgang mit Nachbarn, mit Bekannten und auf Vereinsfesten, was inzwischen zu Spannungen mit ihrem sehr kontaktfreudigen Mann führte. Auf Nachfrage erinnerte sie sich, daß ihre Eltern fast nie Beziehungen zu anderen Leuten hatten. Sie hatten ein eigenes Haus und waren in der Wohnstraße weitgehend isoliert. Beziehungen der Geschwister und eigene Kontakte zu Kindern aus der Straße oder Besuche bei Schulkameraden wurden von den Eltern nicht gern gesehen. Solche Berichte werden durch einschlägige empirische Studien bestätigt (vgl. Bruch & Cheek, 1995).

Sherman und Farina (1974) bildeten zwei Extremgruppen von Studenten, die von ihren Freunden entweder als sozial kompetent oder inkompetent beurteilt worden waren. Später suchte man die Mütter dieser Studenten auf und ließ die Aufzeichnung der mit ihnen geführten Interviews von erfahrenen Beurteilern einschätzen. In 17 von 23 Fällen ließ sich auf diese Weise eine richtige Zuordnung der Studenten und ihrer Mütter zur Gruppe der kompetenten oder inkompetenten Personen vornehmen. Mit anderen Worten: sozial inkompetentere Mütter hatten auch Söhne mit entsprechend geringeren sozialen Fertigkeiten. Derartige familiäre Häufungen von sozialen Kompetenzproblemen können empirisch als gut gesichert gelten (Chapman, Mannuzza & Fyer, 1995).

Diese Ergebnisse lassen sich als Hinweise auf die Bedeutung des Beobachtungslernens für die Ätiologie von Skill-Defiziten interpretieren. Allerdings sind Vererbungseinflüsse als Alternativerklärung nicht auszuschließen. Gerade bei sozialem Verhalten ist in der Praxis oft mit einem besonders wirkungsvollen Kombinationseffekt zu rechnen: Schüchterne Eltern geben ihr Verhalten sowohl als genetische Disposition als auch durch Vorbildwirkungen an ihre Kinder weiter (vgl. Becker, 1984).

Sozial kompetentes Verhalten wurde durch äußere Umstände verlernt. Als Beispiel kann hier der Abbau vorhandener sozialer Fertigkeiten betrachtet werden, der durch die langfristige Unterbringung in Heimen, psychiatrischen Kliniken oder Gefängnissen mit ihren reduzierten sozialen Anforderungen entsteht.

Ähnlich kann bei Frauen und Männern nach einer Scheidung oder dem Tod des Partners ein Wechsel des erforderlichen Verhaltens notwendig werden: Fertigkeiten zur Aufnahme und Gestaltung von Kontakten mit anderen Personen können durch die enge Partnerbeziehung soweit verlernt worden sein, daß sie nun nicht mehr zur Verfügung stehen (vgl. Gambrill, 1986). Der oder die Betreffende mag dann über Jahre an einem Mangel an sozialen Kontakten und Vereinsamung leiden, und das entsprechend unzureichende soziale Netz kann die Bewältigung auftretender psychischer oder gesundheitlicher Probleme erheblich erschweren.

Erwerb sozialer Ängste

Soziale Ängste führen zu unangenehmen Beeinträchtigungen in bestimmten sozialen Situationen oder zu deren völliger Vermeidung. Sie sind vor allem dann unangemessen, wenn die betreffende Person an sich über ein ausreichendes Verhaltensrepertoire verfügt, um die gefürchteten Situationen erfolgreich zu bewältigen. Der Tanzschüler, der bei seinen ersten Aufforderungen einen „Korb“ bekommt, mag sich zunächst schämen, später jedoch allein auf die Vorstellung, wieder zum Tanzen auffordern zu müssen, mit panischer Angst reagieren. Das entstehende Vermeidungsverhalten kann unter Umständen über Jahre anhalten, auch wenn der Betreffende inzwischen sozial so gewandt ist, daß er eine solche Situation hinreichend meistern könnte.

Zur Entstehung von sozialen Ängsten werden neben genetischen Faktoren, die wahrscheinlich eher als eine allgemeine Disposition zur Ausbildung von

Angststörungen anzusehen sind (Andrews, 1996), zahlreiche weitere Ursachenfaktoren diskutiert (vgl. Heimberg et al., 1995; Stein, 1995). In diesem Rahmen sollen zwei Mechanismen etwas genauer besprochen werden, die alleine wirksam sein können, durch das Zusammentreffen mit einem allgemeinen Vulnerabilitätsfaktor aber möglicherweise oft eine besonders nachhaltige Wirkung entfalten (vgl. Mineka & Zinbarg, 1995).

Bestimmte soziale Situationen führten in der Vergangenheit zu unangenehmen Konsequenzen. Dabei können Affekte wie Schmerz, Scham oder Schuldgefühle ausgelöst worden sein. Entsprechend wurden diese Emotionen oder auch - als deren Antizipation - Angstgefühle mit den betreffenden Situationen verknüpft. Solche klassischen Konditionierungsprozesse spielen bei der Entstehung sozialer Ängste sicher eine wesentliche Rolle, insbesondere wenn man neuere Ergänzungen und Revisionen der klassischen Theorie (z. B. Rachman, 1991) hinzuzieht (vgl. Merckelbach et al., 1996; Mineka & Zinbarg, 1995).

Ähnlich wie andere Autoren kommt Wolpe (1981) bei einer retrospektiven Untersuchung von 40 Patienten mit unangemessenen (häufig auch sozialen) Ängsten zu dem Schluß, daß Konditionierungsprozesse bei etwa zwei Drittel dieser Personen ätiologisch von ausschlaggebender Bedeutung waren. Bemerkenswerterweise ging dabei die Konditionierung in 21 von 26 Fällen auf eine *einmalige* traumatisierende Koppelung von Reizereignissen zurück.

Soziale Ängste können auch durch Erziehungseinflüsse von seiten der Eltern bewirkt worden sein, z. B. indem bestimmte soziale Aktivitäten bestraft wurden. Manche junge Frau hat Angst vor einem näheren Kontakt zu Männern und meidet diesen, weil sie als junges Mädchen für entsprechende Kontaktversuche mehr oder minder subtil bestraft wurde. Ganz allgemein kann man davon ausgehen, daß übermäßige elterliche Verbote mit unsicher-vermeidendem Verhalten ihrer Kinder zusammenhängen (vgl. Rapee, 1997). Eltern sozial ängstlicher Personen scheinen dabei häufiger als andere Scham als Erziehungsmittel einzusetzen (Bruch & Heimberg, 1994).

Für die Entstehung sozialer Kompetenzprobleme von Erwachsenen möglicherweise noch wichtiger sind ablehnende Reaktionen von Gleichaltrigen in der Präadoleszenz. In dieser Phase erfolgt eine gewisse Ablösung vom Elternhaus, und die Heranwachsenden setzen sich einer Fülle von neuartigen Sozialsituationen aus. Dabei kommt der Wirkung des Körperäußeren und des Verhaltens gegenüber Gleichaltrigen eine zentrale Bedeutung zu. In vielen Situationen handelt es sich um die ersten sozialen Erfahrungen als Erwachsene. Das ist mindestens in zweifacher Hinsicht von Bedeutung:

- Aufgrund der Neuartigkeit der Situationen und mangelnder Erfahrung kommt es fast zwangsläufig zu Ungeschicklichkeiten und dadurch auch zu realen Mißerfolgen, etwa indem sich Gleichaltrige lustig machen usw.
- Zum anderen haben negative Erfahrungen eine um so nachdrücklichere Konditionierungswirkung, je neuartiger Situationen für die betreffende Person sind, (vgl. Merckelbach et al., 1996).

In dieser Altersstufe sind unseres Erachtens auch oft die Ursachen für das bereits erwähnte, nicht ganz leicht zu verstehende Phänomen zu suchen, daß Klienten panische Angst vor körperlichen Angstsymptomen wie Erröten, Schwitzen oder Zittern haben, weil man ihnen dadurch ihre Angst anmerken könnte (siehe S. 27ff). Gerade bei Heranwachsenden ist es recht wahrscheinlich, daß sie (a) in diesem Alter angesichts der Neuartigkeit vieler Situationen körperliche Anzeichen von Aufregung zeigen, und (b) von Gleichaltrigen deswegen auch tatsächlich manchmal ausgelacht oder geärgert werden.

Die Angst vor bestimmten sozialen Situationen kann auch durch Konditionierungen höherer Ordnung verursacht werden. Als solche gelten z. B. angsterregende Erzählungen, in denen bestimmte Situationen oder Verhaltensweisen durch Eltern, Gleichaltrige oder Massenmedien mit einer angsterregenden emotionalen Bedeutung versehen wurden.

> Die Angst vieler Menschen vor Kontakten mit fremden Personen scheint uns wenigstens zum Teil auf eine überproportionale Präsenz und verzerrte Darstellung von (Gewalt-)Verbrechen in den Massenmedien zurückzuführen sein. In den USA wurde festgestellt, daß Menschen, die viel fernsehen, „weniger Vertrauen zu anderen haben. Sie schätzen die Möglichkeit, daß sie betrogen werden, höher ein als Menschen, die wenig fernsehen." Außerdem neigen sie dazu, „unabhängig von ihrem Ausbildungsniveau, Geschlecht, Alter und der Häufigkeit der Zeitungslektüre dazu, die Welt für gefährlicher zu halten" (Bandura, 1979, S. 184f; vgl. auch Bandura, 1989; Taschler-Pollacek & Lukesch, 1990).

Massenmedien können auch eine Rolle bei sog. Inflationseffekten (Rescorla, 1974) spielen: Eine ursprünglich milde, konditionierte Angstreaktion kann nachträglich intensiviert werden, wenn man - einfach gesagt - erfährt, daß die negativen Folgen in der betreffenden Situation noch viel schlimmer hätten ausfallen können. So können geringfügig negative Erfahrungen durch die drastische und realitätsnahe Information über menschliche Katastrophen nachträglich „aufgeladen" werden und dadurch unter Umständen phobische Qualität erhalten („phobias without trauma", Merckelbach et al., 1996; Davey, de Jong & Tallis, 1993).

Bisher haben wir die Koppelung von bestimmten Situationen mit aversiven *äußeren* Ereignissen diskutiert. Ähnliche, möglicherweise noch dramatischere

Konditionierungseffekte treten auf, wenn Menschen im Verlauf solcher Situationen - möglicherweise ohne äußeren Grund - eine *Panikattacke* erleiden. In diesem Fall entsteht ein relativ unbegründet erscheinendes, intensives Angst- und Vermeidungsverhalten bei der realen oder phantasierten Konfrontation mit Situationen, in denen es in der Vergangenheit gar keine wirklichen Mißerfolge oder andere nennenswerte, aversive Konsequenzen von seiten der Mitmenschen gegeben hat (vgl. auch Ehlers & Margraf, 1993).

Für die mögliche ätiologische Bedeutung solcher Panikkonditionierungen spricht die schon erwähnte Tatsache, daß etwa die Hälfte der Klienten mit sozialer Phobie zugleich an Panikattacken leiden (Stangier & Heidenreich, 1997). Bei Redeängstlichen fanden Hofmann, Ehlers und Roth (1995) heraus, daß zwar fast 90% von ihnen über traumatische Erlebnisse berichteten. Diese wurden aber nur von 17% als Ursache ihrer Ängste gesehen. Ein Drittel von ihnen machten dagegen früher erlebte Panikattacken für ihre Redeangst verantwortlich.

Mit Barlow (1988) könnte man sagen, daß konditionierte soziale Ängste zum einen auf einem „richtigen Alarm" beruhen können, d. h. bestimmte soziale Situationen waren in der Vergangenheit tatsächlich mit relevanten aversiven Außenereignissen verbunden. Das ist aber bei Panikattacken oft nicht der Fall, so daß die Konditionierung hier gewissermaßen auf einem „blinden Alarm" beruht. Barlow meint, daß Konditionierungen durch blinde Alarme ätiologisch eine größere Rolle spielen als „echte" Traumatisierungen.

Beide Arten von Konditionierungsprozessen führen nicht nur zu entsprechenden Angst- und Vermeidungsreaktionen. Es könnte sein, daß dadurch auch die auf S. 19ff diskutierten Aufmerksamkeitsprobleme mit verursacht werden. Möglicherweise hat die Art der Konditionierung sogar damit zu tun, ob Klienten ihre Aufmerksamkeit gewohnheitsmäßig entweder auf die bedrohlichen *externen Hinweisreize* (Typ „Richtiger Alarm") oder *auf sich selbst* richten (Typ „Blinder Alarm").

Soziale Angstreaktionen wurden durch Beobachtung von Bezugspersonen gelernt. Wie die Angst vor Spinnen, Mäusen und anderen Tieren oft durch die Beobachtung ängstlicher Reaktionen von anderen Menschen konditioniert wird, kann auch die Angst vor bestimmten sozialen Situationen zumindest in manchen Fällen von Eltern oder anderen Personen übernommen werden (Mineka & Zinbarg, 1995). In einer Studie von Öst und Hugdahl (1981) meinten 13% der untersuchten Sozialphobiker, ihre Ängste durch Beobachtung gelernt zu haben. Auch die schon erwähnte familiäre Häufung von Sozialängsten kann mindestens zum Teil durch Beobachtungslernen erklärt werden.

Ein solcher Erklärungsansatz gilt auch für aggressive Reaktionen. Beispielsweise hatte eine Klientin in ihrem Elternhaus erlebt, daß Anfragen von Behörden oder auch nur die freundlich vorgetragene Beschwerde von Nachbarn bei der Mutter regelmäßig heftige Wutanfälle auslösten. Dieses emotionale Verhaltensmuster wurde von der Klientin unbemerkt übernommen. So hatte sie als Erwachsene selbst große Schwierigkeiten mit einer vernünftigen und kompetenten Bewältigung derartiger Auseinandersetzungen, „weil man mit Behörden und Nachbarn doch nur Ärger hat", und sie vor Wut gleich „explodierte".

Erwerb inkompetenter Verhaltensgewohnheiten

Inkompetente Verhaltensgewohnheiten können sich bei einer Person dadurch entwickelt und verfestigt haben, daß sie in der Vergangenheit häufig verstärkt wurden (siehe S. 31f). In neueren ethologischen Ansätzen wird sogar der evolutionsbiologische Überlebens- und Anpassungswert unterwürfiger Verhaltensweisen thematisiert und mit der Entstehung unsicheren Sozialverhaltens in Verbindung gebracht (Mineka & Zinbarg, 1995).

Gelegentliche Alltagsbeobachtungen zeigen, mit welcher Konsequenz Erzieher unbeabsichtigt Verstärkungspläne realisieren, in denen unsichere oder aggressive Verhaltensweisen verstärkt und kompetente gelöscht werden. So kommt es bei Kleinkindern vor, daß angemessene Äußerungen von Wünschen und Bedürfnissen bei ihren Eltern wirkungslos bleiben. Steigert das Kind dagegen seine Stimme auf eine möglichst unangenehme Frequenz und Lautstärke, dann erfährt dies die Aufmerksamkeit der Eltern. Um endlich Ruhe zu haben, belohnen sie eventuell dann gerade eine solche „erpresserische" Aktion des Kindes durch eine Erfüllung der geäußerten Wünsche. Patterson (1982) hat auf eindrucksvolle Weise die Herausformung solcher aggressiver Verhaltensmuster dargestellt (vgl. Snyder, 1995).

Ähnliche Überlegungen gelten für passives und unsicheres Verhalten. Viele Eltern oder Großeltern können sich mit der Selbständigkeit von Kindern nicht anfreunden. Sie reagieren prompt auf unsichere/hilflose Reaktionen und entmutigen selbständige Lösungsversuche ihrer Kinder, zumal wenn diese nicht gleich perfekt gelingen.

Barrett et al. (1996) fanden in einer empirischen Untersuchung heraus, daß die ohnehin schon erhöhte Tendenz sozial unsicherer Kinder, sich in bestimmten sozialen Problemsituationen vermeidend-unsicher zu verhalten, noch weiter zunahm, wenn sie zwischenzeitlich ein Gespräch mit ihren Eltern über die Probleme führten. Einer genaueren Analyse der Gespräche zufolge war dieser Effekt offenbar vor allem darauf zurückzuführen, daß die Eltern kompetente Lösungsansätze der Kinder eher ignorierten und unsichere Alternativen aufgriffen und verstärkten (Dadds et al., 1996). Analog dazu wurden auch aggressive oder kompetente Kinder durch Interaktionen mit ihren Eltern jeweils in den für sie charakteristischen Verhaltensmustern verstärkt.

Auch in diesem Zusammenhang ist die Rolle des Beobachtungslernens zu erwähnen: als Vorbilder dienen Eltern, Geschwister, Gleichaltrige oder Medienprotagonisten. Wenn jemand z. B. in der Ehe seiner Eltern überwiegend aggressive Problemlösungsstrategien beobachtet hat, ist es unwahrscheinlich, daß er sich als Erwachsener bei eigenen Partnerproblemen ohne Schwierigkeiten verständnisvoll und sozial kompetent verhalten kann. Immerhin dürften dem via Beobachtung gut ausdifferenzierten aggressiven Verhaltensrepertoire zunächst nur ein bescheidenes Arsenal an kompetenten Handlungsalternativen gegenüberstehen.

Entstehung kognitiver Dysfunktionen

Auch im Bereich der kognitiven Situationswahrnehmung und -verarbeitung sind eine Reihe von wesentlichen Fehlentwicklungen und ungünstigen Lernerfahrungen denkbar:

Die Wahrnehmung sozialer Situationen wurde unzureichend gelernt. Eine gewisse Fähigkeit, sich in einen Gesprächspartner hineinzuversetzen, ist für sozial kompetentes Verhalten in bestimmten Situationen unerläßlich und führt bei mangelnder Übung zu unangemessenem Sozialverhalten.

In der schon erwähnten Untersuchung von Sherman und Farina (1974) erwies sich die fehlende Abstimmung der eigenen Reaktionen auf das Verhalten des Gesprächspartners als ein Merkmal, in dem sozial inkompetente Mütter und Söhne besonders stark übereinstimmten. Wahrscheinlich setzt die Entwicklung einer angemessenen Wahrnehmung von Interaktionspartnern ein Explorationsverhalten voraus, das Zuhören, Zuschauen und auch aktives Nachfragen einschließt (siehe S. 19f). Gerade derartige Verhaltensweisen scheinen manche Eltern unzureichend zu beherrschen, wodurch ein Befund wie der von Sherman und Farina erklärbar ist.

Nach Dodge, Murphy und Buchsbaum (1984) nimmt die Fähigkeit, die Absichten Gleichaltriger richtig zu erkennen, bei sozial unauffälligen Kindergartenkindern mit dem Alter kontinuierlich zu. Bei sozial isolierten oder abgelehnten Kindern sind jedoch in dieser Hinsicht Entwicklungsverzögerungen nachweisbar; auch bei Lernbehinderungen finden sich oft ausgeprägte sozial-kognitive Defizite, die eine soziale Integration der betreffenden Kinder erschweren (z. B. Maag & Rutherford, 1986). Über die ätiologischen Mechanismen, die sich hinter solchen Ergebnissen verbergen, besteht allerdings noch weitgehende Unklarheit.

In der Sozialisation wurden unangemessene Einstellungen, Lebensweisheiten oder Erfolgsphilosophien erworben. Folgende Einstellungen können z. B. inkompetentes Verhalten begünstigen: übertriebene Übernahme konservativer Geschlechterrollen, irrationale Überzeugungen, ungünstige Einstellungen zur Verwirklichung eigener Bedürfnisse oder verzerrte Verhaltens-Konsequenz-Regeln. Der Erwerb solcher Einstellungen erfolgt wahrscheinlich durch das Zusammenspiel verschiedener Lernprozesse. Dabei werden eigene Erfahrungen von Klienten, die nach Geschlecht oder Gesellschaftsschicht variieren können, ergänzt durch Einflüsse von Eltern, Gleichaltrigen und Medien.

Problematisch sind bestimmte Lebensregeln wie „Reden ist Silber, Schweigen ist Gold“, „Frauen sollten bei Männern nie die Initiative ergreifen“, „Es gibt kein schlimmeres Laster als Unbescheidenheit“ usw. Solche Regeln können bei der Vieldeutigkeit sozialer Ereignisabläufe kaum widerlegt werden. Aber im Alltag lassen sich immer wieder Erfahrungen machen, die sie zu stützen scheinen.

Eine etwas andere Rolle spielt die Degeneration von Verhaltensvorsätzen. So können im Grunde alle sinnvollen Vorsätze (z. B. „Ich werde mich bemühen, die Situation X zu meistern.“) zu dogmatischen „Shoulds, Oughts und Musts“ verabsolutiert werden („Ich muß mit der Situation um jeden Preis fertig werden!“; Ellis, 1987; Wagner, 1987). Ein solcher Vorgang ist bei vielen Klienten mit sozialen Kompetenzproblemen anzutreffen.

Weitgehend unklar ist allerdings, warum Verhaltensvorsätze von manchen Personen in dieser Weise verabsolutiert werden. Was die Erfahrung mit eigenen Klientinnen und Klienten angeht, haben wir den Eindruck, daß hier oft eine Art von Mißverständnis vorliegt. Es scheint, als ob diese Personen bestimmte „erzieherisch“ gemeinte Äußerungen von Eltern, wichtigen Bezugspersonen oder auch Massenmedien in der Vergangenheit zu wörtlich genommen haben, ohne deren pragmatischen Sinn richtig zu erkennen.

Möglicherweise ist auch die mehrfach erwähnte und aktualgenetisch so wichtige, dysfunktionale Zuwendung der Aufmerksamkeit sozialängstlicher Klienten auf die bedrohlichen Situationsaspekte auf eine grundlegend falsche Überzeugung über die Steuerbarkeit sozialer Interaktionen zurückzuführen. Diese Überzeugung kann etwa mit folgenden Sätzen umschrieben werden: „Das ist eine schwierige Situation. Deshalb muß ich genau beobachten, ob etwas schiefläuft, damit ich das gleich korrigieren kann.“ Diese Handlungsregel ist deswegen dysfunktional, weil sie (a) der Komplexität und Spontaneität sozialer Interaktionen nicht gerecht wird und deshalb (b) flexibles Sozialverhalten eher verhindert als fördert. Ein ähnliches und fatales Mißverständnis scheint uns bei Klienten vorzuliegen, die sich selbst genau beobachten, um ihre äußeren Angstanzeichen wie Erröten, Zittern oder Schwitzen im Falle eines Auftretens sofort beeinflussen zu können.

Wiederholte soziale Mißerfolge führten zu einer allgemeineren Beeinträchtigung des Kompetenzvertrauens. Nach Petermann (1989) müßten Hilflosigkeitserfahrungen und entsprechend niedriges soziales Kompetenzvertrauen vor allem aus zwei Sozialisationsbedingungen resultieren:

- aus sozioökonomischen und psychosozialen Bedingungen, in denen Kindern ohne eigene Anstrengung alles zufällt, oder
- aus extrem deprivierenden Bedingungen, bei denen ebenfalls keine systematischen Zusammenhänge zwischen eigenem Verhalten und dessen Konsequenzen gegeben sind.

Petermann konnte dementsprechend bei sozial unsicheren Kindern zwei Typen identifizieren, die als *Sonntagskinder* und *deprivierte Kinder* bezeichnet werden.

Möglicherweise spielt aber auch hier die Präadoleszenz eine ganz wesentliche Rolle in dem Sinne, daß sich Heranwachsende eigentlich ständig sozialen Situationen gegenüber sehen, mit denen sie bisher keine Erfahrungen haben, und durch die sie sich deshalb immer wieder überfordert fühlen (siehe S. 36). Aus dieser labilen Konstellation heraus könnte es nicht nur zu einzelnen Mißerfolgen kommen, sondern zu einer ständigen Furcht, in sozialen Situationen zu scheitern, zu einem überdauernden Gefühl, sich lächerlich zu machen und sich als sozial inkompetent zu erweisen (vgl. Beck & Emery, 1985).

Bei Maddux (1995) werden weitere Bedingungen diskutiert, die erklären könnten, warum manche Menschen so wenig Vertrauen in ihre eigenen Fähigkeiten haben. Allerdings sind hier noch viele Fragen ungeklärt. Ebenso ist letztlich unklar, warum es bei vielen sozial inkompetenten Personen zu den beschriebenen destruktiven Attributionsgewohnheiten kommt (siehe S. 32).

Nach Alden (1986) könnte ein durchgängig negatives Selbstkonzept zumindest durch seine Konsistenz sinnvoll sein; es bietet gerade unsicheren Personen in der Komplexität des sozialen Alltags immerhin ein einfaches und eindeutiges Erklärungsschema. Außerdem kann ein negatives Selbstkonzept im Rahmen einer sog. Self-handicapping-Strategie in mancher Hinsicht nützlich sein und dadurch verstärkt werden (vgl. Snyder & Smith, 1986).

Erfahrungen mit Selbstverstärkung/ Selbstbestrafung

Menschen, die stark von externen Verstärkungen abhängig sind und nicht gelernt haben, sich eigenen Ansprüchen gemäß selbst zu verstärken, dürften Probleme damit haben, ihre eigenen Ziele, Bedürfnisse und Interessen im Alltag konsequent zu verfolgen. Im Einklang damit geben sozial unsichere Klienten an, ihre Eltern hätten besonders großen Wert auf die Meinung anderer gelegt, z. B. von Verwandten oder Nachbarn (Bruch & Heimberg, 1994).

Ätiologisch bedeutsam sind in diesem Zusammenhang mindestens zwei Prozesse:

Selbstverstärkung und Selbstlob wurden unzureichend gefördert. Viele Eltern sind ein schlechtes Vorbild für Selbstverstärkungen. Sie loben sich selten für eine gelungene Leistung, sind ungeduldig und übertrieben selbstkritisch sich selbst gegenüber. Insofern werden viele Klientinnen und Klienten durch ihre Eltern kaum auf die Möglichkeit angemessener Selbstverstärkung aufmerksam gemacht.

Zeigen Kinder von sich aus selbstlobendes Verhalten, halten viele Eltern solche Reaktionen für unbescheiden und lassen dies mehr oder minder deutlich spüren. Das Ablösen des Verhaltens von äußeren Erfolgen und das Lernen eigengesteuerter Handlungen werden dem Kind auf diese Weise erschwert. Das Sprichwort „Eigenlob stinkt!“ zeigt die Diskriminierung selbstverstärkender Verhaltensgewohnheiten in unserer Gesellschaft.

Im Laufe der Sozialisation wurden selbstbestrafende Verhaltensgewohnheiten herausgebildet. Sie können mit herabsetzenden, tadelnden und geringschätzigen Äußerungen wichtiger Bezugspersonen wie Eltern oder Lehrern zusammenhängen. Ihr Einfluß ist wahrscheinlich besonders groß, wenn ständig und eventuell sogar von verschiedenen Personen, gleichartige Zuschreibungen stabiler Eigenschaften vorgenommen werden („Du hast eben zwei linke Hände!“). Die Übernahme solcher Fremdbeurteilungen durch die kritisierte Person liegt nach der Theorie von Bem (1972) sehr nahe.

Zur Aufrechterhaltung selbstbestrafender Reaktionen kann aber auch die Erfahrung beitragen, daß selbstkritische Äußerungen die Kritik anderer oft verhindern und bei den Mitmenschen statt dessen positive Reaktionen wie Trost und Zuwendung hervorrufen können.

Pathopsychologische Aspekte

In welcher ätiologischen Beziehung stehen soziale Inkompetenzen zur Entwicklung anderer psychischer Störungen wie z. B. Angststörungen, Depression, Schizophrenie, Substanzmißbrauch, sexuellem Fehlverhalten, Delinquenz, psychosomatischen Störungen usw.? Leider kann hier aus Platzgründen nur allgemein auf diese Fragestellung eingegangen werden. Ab S. 49 werden dazu unter therapeutischem Aspekt noch etwas detailliertere Informationen und Literaturhinweise folgen.

Einige empirische Hinweise auf Zusammenhänge zwischen sozialen Kompetenzproblemen und anderen Störungen ergeben sich aus empirischen Befunden zur sozialen Phobie, gleichsam als klinischer „Spitze des Eisbergs" sozialer Kompetenzprobleme. Dabei ist einer neueren US-Studie zufolge davon auszugehen, daß die soziale Phobie mit einer Lebenszeitprävalenzrate von etwa 13% nach Depression und Alkoholabhängigkeit als dritthäufigste psychische Störung anzusehen ist, wobei Frauen neueren Befunden zufolge etwa 1.4 mal so häufig betroffen sind wie Männer (Magee et al., 1995; Wittchen, 1996).

Es besteht eine hohe Komorbidität der sozialen Phobie mit anderen Störungen, d.h., über 80% der Sozialphobiker erfüllten irgendwann in ihrem Leben die diagnostischen Kriterien mindestens einer weiteren psychischen Störung. Bei den meisten Klienten handelte es sich dabei um

- *eine andere Angststörung (57%),* vor allem um einfache Phobien (38%), Agoraphobie (23%) oder Panikattacken (21%),
- *eine affektive Störung (41%),* vor allem Major Depression (37%), sowie um
- *eine substanzbezogene Störung (40%),* vor allem Alkoholabhängigkeit (24%) bzw. Drogenabhängigkeit (15%).

Wittchen und Vossen (1995) berichten ähnliche Ergebnisse für eine größere deutsche Stichprobe. Insgesamt zeigen die Daten eine erhebliche pathopsychologische Relevanz sozialer Ängste. Zudem spricht einiges dafür, daß diese häufig primär sind, d. h., den anderen Störungen zeitlich vorausgehen (Magee et al., 1995; Wittchen, 1996).

Bei diesen Befunden ist noch einmal daran zu erinnern, daß die Sozialphobie eigentlich nur eine spezielle Form sozialer Kompetenzprobleme darstellt. Geht man von einem allgemeineren Verständnis sozialer Kompetenzprobleme aus, wie wir das im vorliegenden Buch tun, dann fällt auf, daß unangemessenes Sozialverhalten bei der Symptomatik sehr vieler psychischer Störungen eine Rolle spielt. Dadurch wird das Konzept der sozialen Kompetenzen für alle diese Störungen in ätiologischer Hinsicht bedeutsam, die Interventionsmethoden der sozialen Kompetenztrainings in praktischer Hinsicht (vgl. Hollin & Trower, 1986; Grawe, Donati & Bernauer, 1994).

Allerdings ergibt sich in diesem Zusammenhang die Frage, welche Rolle soziale Kompetenzprobleme bei der Entstehung der verschiedenen Störungsbilder spielen. Dazu sind mindestens vier Möglichkeiten in Betracht zu ziehen (die jeweils durch einfache Beispiele verdeutlicht werden):

1. ***Soziale Kompetenzprobleme verursachen die Entstehung einer psychischen Störung*** (Depression, Delinquenz usw.). Beispiel: Ein Jugendlicher fängt immer wieder Schlägereien an, weil seine sozialen Kompetenzen zu anderen Formen der Auseinandersetzung in bestimmten, von ihm als „kritisch" erlebten Situationen nicht ausreichen.
2. ***Psychische Störungen verursachen (umgekehrt) soziale Kompetenzprobleme.*** Beispiel: Ein schizophrener Patient verhält sich sozial unangemessen, weil er die Absichten seiner Interaktionspartner wahnhaft verkennt.
3. ***Psychische Störungen implizieren soziale Kompetenzprobleme***, d. h. es handelt sich beim Kompetenzkonzept lediglich um ein anderes theoretisches System zum Verständnis psychischer Störungen. Beispiel: Die Symptomatik depressiver Störungen impliziert, daß Patienten seltener soziale Kontakte aufnehmen oder weniger Resonanz auf die Verhaltensweisen ihrer Interaktionspartner zeigen.
4. ***Soziale Kompetenzprobleme erschweren die Bewältigung von psychischen Störungen.*** Beispiel: Eine geschiedene Frau mit Neigung zum Alkoholmißbrauch wird zur „einsamen Alkoholikerin", weil sie über keinen eigenen Bekanntenkreis verfügt und Schwierigkeiten hat, neue soziale Beziehungen aufzunehmen.

Diese Aufstellung soll zeigen, daß psychische Störungen und soziale Kompetenzprobleme recht unterschiedlich miteinander in Beziehung stehen können. Dabei soll hier die Relevanz der vier (idealtypischen) Möglichkeiten nicht gegeneinander diskutiert werden. Die einschlägige Literatur macht auf beeindruckende Weise deutlich, daß bei jedem Störungsbild mit besonderen Entstehungszusammenhängen zu rechnen ist, woraus sich jeweils ganz spezifische Möglichkeiten und Grenzen für die Anwendung sozialer Kompetenztrainings ergeben (Hollin & Trower, 1986).

Zusammenfassend ist zu sagen, daß wir bezüglich der Ätiologie sozialer Kompetenzprobleme in vieler Hinsicht immer noch auf Spekulationen angewiesen sind. Allerdings sollten sich GSK-Trainer für ätiologische Diskussionen mit Trainingsteilnehmern wappnen, denn viele Klienten haben sehr klare Vorstellungen und Theorien über die Entstehung ihrer sozialen Verhaltensprobleme.

Modifikation sozial inkompetenten Verhaltens - Konzepte und Anwendungsgebiete *(Mathilde Bauer)*

Unter dem Einfluß verschiedener theoretischer Rahmenbedingungen und Konzepte wurden im Laufe der Zeit zahlreiche Formen und Variationen von Trainings entwickelt, die soziale Kompetenz bei Klientengruppen mit unterschiedlichen Störungen und Bedürfnissen fördern sollen. Man findet auf diesem Gebiet vier verschiedene Ansätze: Frühe Therapiekonzepte versuchen vor allem die Ängste und Hemmungen selbstunsicherer Personen zu beseitigen, spätere die sozialen Verhaltensdefizite, und die neueren konzentrieren ihr Interesse auf kognitive Variablen bzw. auf Selbstregulationsprozesse. Diese Veränderung der Sichtweise geht parallel zur allgemeinen Entwicklung in der Verhaltenstherapie.

Die folgenden Abschnitte befassen sich zunächst mit diesen vier Therapiekonzepten, die für das Verständnis heutiger Kompetenztrainings von besonderer Bedeutung sind. Anschließend folgt eine Übersicht über die wichtigsten klinischen und psychosozialen Einsatzgebiete von Trainings sozialer Kompetenzen.

Die Ansätze von Salter und Wolpe

Den Beginn verhaltenstherapeutischer Selbstsicherheitstrainings kann man auf Salter (1949) datieren. Er übertrug Pawlows Theorie der klassischen Konditionierung direkt auf die therapeutische Praxis und führte psychische Störungen auf Störungen der Ausgewogenheit zweier grundlegender Prozesse der höheren Nerventätigkeit zurück: Aktivierungs- und Hemmungsprozesse. Salter ging von zwei Persönlichkeitstypen aus: einem *spontanen*, bei dem die Aktivierungsprozesse überwiegen, und einem *gehemmten*, bei dem die Hemmungsprozesse spontane Reaktionen behindern. Eine „gehemmte" Person kann nicht spontan sein und kann ihre Bedürfnisse und Gefühle schlecht äußern.

Die Behandlungsmethode bestand im wesentlichen aus *sechs Spontaneitäts-Übungen*:

1. Aussprechen von Gefühlen. Der Klient übt sich darin, bestimmte Gefühle auszudrücken.
2. Mimisches Sprechen. Der Klient übt, seinen Gesichtsausdruck mit dem jeweils ausgesprochenen Inhalt in Einklang zu bringen.
3. Übung in Widersprechen und Angreifen als Ausdruck der eigenen Meinung.
4. Konsequenter Gebrauch des Wortes „Ich" statt indirekter Formulierungen.
5. Übung in der Zustimmung zu erhaltenem Lob oder Komplimenten.
6. Übung im Improvisieren als Ausdruck von Gefühlen und Bedürfnissen statt Vorsicht und Planung.

Salters Ansatz wurde nicht weitergeführt. Trotzdem blieb seine Methode noch lange einflußreich und regte besonders Wolpe an.

Joseph Wolpe (1958, 1973, 1995) verdankt die Verhaltenstherapie nicht nur den Begriff „Selbstsicherheitstraining", bzw. „Selbstbehauptungstraining" (assertive training), sondern auch wichtige Anregungen auf diesem Gebiet. Nach Wolpes theoretischen Annahmen ist Angst bei psychischen Störungen der entscheidende Faktor. In Übereinstimmung mit der Theorie der klassischen Konditionierung nimmt er an, daß ursprünglich neutrale Reize durch Konditionierung zu angstauslösenden Reizen werden und zu Vermeidungsverhalten führen. Es entsteht ein Teufelskreis: Die Angstreaktionen können nicht durch das Ausbleiben des erwarteten, gefürchteten, unkonditionierten Reizes gelöscht werden, weil alle Situationen vermieden werden, in denen dieser Reiz auftreten könnte.

Aus Tierexperimenten leitete Wolpe das *Prinzip der Gegenkonditionierung* oder reziproken Hemmung ab: Wenn in Gegenwart angstauslösender Reize eine mit Angst unvereinbare Reaktion hervorgerufen werden kann, schwächt diese Reaktion die Verknüpfung zwischen der Angst und den angsterzeugenden Reizen - die Angst nimmt ab. Als angsthemmendes Verhalten setzte Wolpe vor allem Entspannung ein. Er entwickelte die Systematische Desensibilisierung, die trotz theoretischer Kontroversen eine der erfolgreichsten Methoden der Verhaltenstherapie wurde.

Das Prinzip der Gegenkonditionierung bildet auch die theoretische Grundlage von Wolpes Selbstsicherheitstraining. Wolpe betrachtete Angst auch als die Ursache unsicheren Verhaltens in sozialen Situationen. Da er gleichzeitiges Auftreten von Angst-Reaktionen und Zorn/Ärger-Reaktionen physiologisch für unmöglich hielt, setzte er aggressive Selbstbehauptungsreaktionen als angsthemmendes Mittel ein. Diesem Zweck diente das Rollenspiel, das er unter dem Namen „behavioristisches Psychodrama" in die verhaltenstherapeutische Praxis einführte. Später bezog er auch den operanten Ansatz in seine Techniken ein. Es ist bemerkenswert, daß bei Wolpe selbstsicheres Verhalten nicht um seiner selbst willen trainiert wird, sondern als Mittel gegen Ängste und Hemmungen.

Wolpes Therapiemodell dominierte bis in die 70er Jahre hinein. Sein Assertiveness-Konzept, mit dem Begriffe wie Selbstbehauptung, Durchsetzungsfähigkeit und Selbstsicherheit verbunden sind - Begriffe, die einen einheitlichen und relativ situationsunabhängigen Aspekt der Persönlichkeit implizieren - hatte weitreichende Folgen für die Operationalisierung und Messung des Zielverhaltens und die Therapiemethoden. Wichtige Elemente seiner Annahmen konnten jedoch nicht empirisch bestätigt werden. Die Angstforschung zeigte, daß sein rein physiologischer Angstbegriff zu eng war. Man fand weder überzeugende Nachweise dafür, daß Durchsetzungsreaktionen zu einer Reduktion physiologischer Angstreaktionen führen, noch Hinweise darauf, daß Selbstsicherheit eine situationsübergreifende Eigenschaft sein könnte.

Die unklare Abgrenzung zwischen selbstsicherem und aggressivem Verhalten im Assertiveness-Konzept, die u. a. in dem in den USA weit verbreiteten Meßinstrument „Rathus Assertiveness Scale" nachgewiesen wurde, rief zunehmend Kritik hervor. Auch Wolpe selbst hat später (1973) in einer neuen Definition aggressives Verhalten aus dem Begriff assertiveness ausgeklammert. Sein Grundkonzept aber, daß Angst mit selbstsicherem Verhalten unvereinbar sei, hat er beibehalten. Albert Lazarus (z. B. 1973) betrachtet dagegen aggressive Durchsetzung der eigenen Interessen auf Kosten anderer sogar als *inkompetentes* Verhalten mit negativen Konsequenzen. Er kann als der bekannteste Vertreter einer Gegenrichtung angesehen werden, die inkompetentes soziales Verhalten vor allem auf Lerndefizite zurückführt.

Der lerntheoretische Ansatz der Social Skills-Trainings

Die theoretischen Annahmen, die sich auf den „Social Skills"-Begriff beziehen, unterscheiden sich grundlegend von denen des Assertiveness-Konzepts. Die Vertreter der Social Skills-Modelle betrachten sozial inkompetentes Verhalten vor allem als ein Defizit spezifischer Verhaltensweisen. Was immer die Gründe für solche Defizite sein mögen - Mangel an Erfahrung, Störungen körperlicher Funktionen oder Umwelteinflüsse - man nimmt an, daß sie ganz oder wenigstens teilweise durch die Aneignung neuer, situationsangemessener Verhaltensweisen ausgeglichen werden können. Trainings sozialer Kompetenzen definieren und operationalisieren ihre Behandlungsziele also nicht als Beseitigung der jeweiligen Verhaltensstörungen (z. B. Angst vor sozialen Situationen), sondern als beobachtbare Verhaltensweisen und Fertigkeiten, die gelernt werden können (Goldsmith & McFall, 1975). Damit stellt sich das Problem, zu spezifizieren und zu begründen, was als kompetent verstanden wird. Sozial kompetentes Verhalten richtet sich im allgemeinen nach den Rollenerwartungen der verschiedenen Kulturen, Subkulturen und Gruppen. Diese Rollenerwartungen können je nach Alter, Geschlechtszugehörigkeit, Beruf und Status sehr unterschiedlich sein (Wilson & Gallois, 1993).

Ein wichtiger Anstoß für die Entwicklung der Social Skills-Trainings ging von der als klassisch geltenden Arbeit von Zigler und Phillips (1962) über die Zusammenhänge zwischen sozialer Kompetenz, Therapie und Rehabilitation bei psychischen Störungen aus. Eine Fülle von klinischen Studien wies Zusammenhänge zwischen sozialen Verhaltensdefiziten und psychischen Störungen, Aggression, Kriminalität, Arbeitslosigkeit, Ehe- und Partnerproblemen, sexuellen Störungen und Suizid nach (vgl. McFall & Dodge, 1982). Wenn so viele verschiedene Störungen und Probleme mit sozialer Inkompetenz zu tun haben, impliziert das nicht nur die Chance, diese Störungen durch das Trainieren sozialer Fertigkeiten positiv zu beeinflussen, sondern auch die Möglichkeit der Prävention. Beide Aspekte verleihen Trainings sozialer Kompetenz eine gewisse gesellschaftliche Bedeutung und einen erzieherischen Anspruch.

Die theoretischen Grundlagen der Methoden in den Social Skills-Trainings sind die Prinzipien der Lerntheorien, insbesondere der Sozial-kognitiven Lerntheorie (Bandura, 1979; Mischel, 1973). In zahlreichen Untersuchungen wurde die Effektivität einzelner Techniken wie Modellierung, Instruktion, Verhaltensübung, soziale Verstärkung und verschiedene Formen der Rückmeldung für den Erwerb sozialer Fertigkeiten überprüft: mit psychiatrischen Patienten, sozial isolierten und aggressiven Kindern, straffälligen Jugendlichen und anderen Zielgruppen. Diese Techniken wurden dann zu Trainings sozialer Kompetenzen kombiniert und weiterentwickelt. Auch wenn man die bekannte Problematik der Effizienzkontrollen von Therapiemethoden in Betracht zieht, können sie nach etwa 30 Jahren Forschung als empirisch gut fundiert gelten (z. B. Grawe, Donati & Bernauer, 1994).

In der Regel werden in solchen Trainings nach der Problemanalyse gemeinsam mit den Klientinnen und Klienten die Fertigkeiten, die für die Lösung ihrer Probleme relevant sind, definiert und als Lernziele aufgestellt. Das Training selbst besteht dann meist aus folgenden Lernschritten:

Zuerst erhalten die Klienten *Instruktionen*, d. h. Informationen, Erklärungen und Anweisungen. Dann folgen *Modellierungstechniken*: Rollenmodelle zeigen das Zielverhalten. Modelle können die Trainer oder Mitglieder der Gruppe sein, sie können aber auch in Form von Videoaufnahmen, Filmen, Tonkassetten, Bildern oder Texten vorgeführt werden. Lernen durch Erfahrung wird den Klienten durch *Rollenspiele* und Hausaufgaben ermöglicht. Rückmeldungen über ihre Leistungen erhalten sie von den Trainern, der Gruppe und über Videoaufnahmen ihrer Rollenspiele. Zur Förderung des *Transfers* auf andere Situationen werden die Klienten angehalten, das Gelernte in Form von Regeln zusammenzufassen, um das Wesentliche zu verstehen und im Gedächtnis zu behalten. Weitere Transfer-Techniken sind *Hausaufgaben*. Die Klienten erproben ihre im therapeutischen Schonraum erworbenen Fertigkeiten in ihrer natürlichen Umgebung und machen dabei neue Erfahrungen. Diese Techniken sind auch wichtige Komponenten des GSK; sie wurden aber durch weitere Methoden ergänzt (siehe S. 61ff).

Goldsteins *Strukturierte Lerntherapie* (1978), ein Gruppentraining für psychiatrische Patienten und andere Zielgruppen, ist eines der bekanntesten Beispiele für solche Programme. Die sozialen Fertigkeiten, die das Training lehrt, sind in sechs Gruppen eingeteilt:

1. Basis-Fertigkeiten (z. B. eine Unterhaltung beginnen, Fragen stellen);
2. Fortgeschrittene Fertigkeiten (andere überzeugen oder um Hilfe bitten, sich in eine Unterhaltung einmischen usw.);
3. Mit Gefühlen umgehen (z. B. Gefühle erkennen und äußern);
4. Alternativen zu Aggression (für seine Rechte eintreten, anderen helfen, Selbstkontrollfertigkeiten usw.);
5. Umgehen mit Streß (mit Enttäuschungen umgehen, auf Versuchungen reagieren usw.);
6. Planen (sich ein Ziel setzen, Informationen sammeln, seine Fähigkeiten einschätzen usw.).

In die Anweisungen des Trainingsmanuals gehen zwar auch kognitive Komponenten ein, aber zentral ist die Änderung von beobachtbarem Verhalten (vgl. auch Sprafkin, Gershaw & Goldstein, 1993).

Kognitive Ansätze

Auf der Grundlage der Annahme, daß psychosoziale Störungen oft weniger durch Verhaltensdefizite als vielmehr durch dysfunktionale Prozesse der Informationsverarbeitung (Meichenbaum, 1986) verursacht werden, wurden seit etwa drei Jahrzehnten kognitive Therapieansätze entwickelt, die auch die Gestaltung und Durchführung sozialer Kompetenztrainings nachhaltig beeinflußten. Ein kurzer Überblick über die wichtigsten Ansätze in dieser Richtung soll dies verdeutlichen.

Ältere Therapiemodelle

Bedeutende Anregungen zu einer kognitiven Ausrichtung von Selbstsicherheits-Trainings gingen auf der praktischen Ebene von Arnold Lazarus aus. Er versteht unter Selbstsicherheit eine soziale Kompetenz, die angstreduzierende und positive interpersonale Auswirkungen hat (1973, S. 697), und ordnete dem Begriff auch kognitive Komponenten wie Haltungen, Einstellungen, Wertungen und Selbstbewertungen zu. Er wandte sich dagegen, aggressives Verhalten als selbstsicher zu bezeichnen und hielt es für wichtig, auf die Rechte anderer Rücksicht zu nehmen. Sein Therapiemodell beeinflußte ähnliche Ansätze (z. B. Alberti & Emmons, 1974; Lange & Jakubowski, 1976; Ullrich de Muynck & Ullrich, 1976).

Die *multimodale Therapie* (Lazarus, 1978) sieht eine Behandlung nicht nur auf der Verhaltensebene, sondern auf mehreren Ebenen vor, weil nur komplexe, differenzierte und flexible Therapieverfahren den komplizierten Problemen gerecht werden können, mit denen sich die meisten Klienten auseinandersetzen müssen. Deshalb werden neben lerntheoretisch fundierten Techniken auch Methoden der kognitiven Umstrukturierung, Hypnose und Suggestion verwendet. Lazarus vertritt dabei einen radikal eklektischen, technologischen Standpunkt, der keinen Anspruch auf eine theoretische Begründung erhebt.

Die *kognitive Therapie* von Beck betrachtet fehlerhafte Informationsverarbeitung, z. B. Übergeneralisierung, selektive Abstraktion, negative Interpretation von Erfahrungen und Mißerfolgserwartungen als wichtigen Grund für depressive Störungen. Klientinnen und Klienten sind demnach in sozialen Situationen eher wegen ihrer selbstabwertenden Gedanken unsicher als wegen eines Defizits an sozialen Fertigkeiten (Beck, Rush, Shaw & Emery, 1996).

Im *Ansatz von Ellis* (1993) führen irrationale, selbstabwertende Überzeugungen zu entsprechenden gedanklichen Selbstverbalisationen und unangenehmen Gefühlszuständen und sind damit der entscheidende Faktor für psychische Störungen (siehe S. 24ff). Seine wichtigste Behandlungsmethode ist die kognitive Umstrukturierung dieser irrationalen in rationale, positive Selbstverbalisationen. Dieser Ansatz ist besonders ausgeprägt in den Selbstsicherheits-Modellen von Lange & Jakubowski (1976), Linehan, Goldfried & Goldfried (1979), Meichenbaum (1995) und Trower & Dryden (1991)

Training für soziale Problemlösung

Ein anderer kognitiver Ansatz, das *Modell sozialer Problemlösung* (D'Zurilla & Nezu, 1982), sieht einen wichtigen Grund für psychische Störungen darin, daß man nicht gelernt hat, mit Konfliktsituationen umzugehen oder Probleme zu lösen, die in sozialen Interaktionen immer wieder auftreten. Unter Problemlösetraining wird ein Prozeß verstanden, in dessen Verlauf eine Person effektive Strategien für problematische Situationen erwirbt. Die Problemlösefähigkeit gilt dabei als Subkategorie sozialer Kompetenz.

Das Training hat fünf Phasen:

1. *Problem-Orientierung:* Die Teilnehmer sollen lernen, problematische soziale Situationen zu erkennen (Hinweise können z. B. Angstgefühle sein) und Probleme als Teil des Lebens anzusehen. Sie sollen darauf vertrauen, mit Hilfe von Bewältigungstechniken mit Problemsituationen fertig werden zu können. Dieses Kompetenzvertrauen fördert Motivation und Ausdauer. Außerdem sollen sie lernen, vor dem Handeln nachzudenken, statt impulsiv zu handeln oder zu resignieren.
2. *Problemdefinition und Problemformulierung:* Zwischenmenschliche Probleme sind schwierig zu formulieren. Da aber eine klare Definition des Pro-

blems sehr wichtig ist, muß man alle relevanten Informationen in Begriffe fassen. Man muß die problematischen Aspekte der Situation identifizieren und sich realistische Ziele setzen.

3. *Schaffung von Alternativen:* Das Ziel dieser Phase ist es, möglichst viele denkbare Lösungen zu finden.
4. *Entscheidungsfindung*: Die kurz- und langfristigen Folgen der verschiedenen Verhaltensstrategien sind abzuschätzen und zur Basis einer Entscheidung zu machen.
5. *Verwirklichung der Problemlösung:* Die Klienten probieren ihre Lösungen aus und vergleichen die Ergebnisse mit ihren Zielen. Sind sie nicht damit zufrieden, versuchen sie mit Hilfe der Therapeuten herauszufinden, wo die Schwierigkeiten liegen. Manche Trainings schließen mit einer 6. Stufe, der Bewertung der Ergebnisse ab.

Typisch an Problemlösemodellen ist, daß nicht einzelne Verhaltensweisen gelehrt werden, sondern Strategien und Handlungsprinzipien.

Es ist bekannt, daß verhaltensgestörte und aggressive Klienten oft Defizite an Problemlösefertigkeiten haben (Tisdelle & St. Lawrence, 1988). Problemlösungsmodelle sind Hauptinhalt oder Bestandteil einer Reihe von Trainings mit psychiatrischen Patienten (z. B. Dziewas & Grawe, 1978), aggressiven Kindern (z. B. Petermann & Petermann, 1997), und verhaltensgestörten Jugendlichen (Tisdelle & St. Lawrence, 1988). Eine Metaanalyse von 49 Evaluationsstudien bei Kindern mit verschiedenen Störungen ergab besonders gute Therapieeffekte bei sozialen Problemlösungstrainings. Hier waren auch die größten Generalisierungswirkungen nachweisbar (Beelmann, Pfingsten & Lösel, 1994).

Der Ansatz von Meichenbaum

Meichenbaum legte ein *kognitives Modell sozialer Kompetenz* vor (Meichenbaum, Butler & Gruson, 1981). Es besteht aus drei interagierenden, voneinander abhängigen Komponenten: Verhalten, kognitiven Prozessen und kognitiven Strukturen. *Kognitive Prozesse* beziehen sich auf Selbstverbalisationen vor, während und nach einem bestimmten Verhalten und auf die Informationsverarbeitung in sozialen Situationen. Unter *kognitiven Strukturen* versteht Meichenbaum das Bedeutungs-System, das die Kognitionen und Handlungen steuert. Der Grundgedanke ist der, daß Ereignisse nur dann Bedeutung für eine Person haben, wenn sie - im Sinne Piagets - in eine schon bestehende kognitive Struktur bzw. ein Bedeutungssystem assimiliert werden können.

Die kognitiven Strukturen bestimmen die Motivation, Steuerung und Organisation von sozialem Verhalten. Sie erklären, warum Menschen auf die gleichen Umweltreize verschieden reagieren.

Ein Beispiel: Eine Party gilt im allgemeinen als Vergnügen - eine Gelegenheit, neue Leute kennenzulernen und sich zu amüsieren oder anderen mit seiner gesellschaftlichen Stellung oder seinem Charme zu imponieren. Für manche Menschen ist eine Party jedoch eine unangenehme Situation, in der sie sich von anderen beobachtet und bewertet vorkommen oder in der sie sich ganz allein in einer Menge von Fremden fühlen. Andere beschäftigt vor allem der Gedanke, wie sie auf Männer bzw. Frauen wirken. Für Journalisten oder Geschäftsleute kann eine Party eine berufliche Angelegenheit sein, für die Gastgeber eine Bewährungsprobe - wird die Party ein Erfolg? - oder sie bietet eine Chance für die Karriere - unter den Gästen befindet sich der Chef mit seiner Frau.

Die Bedeutung, die man einer Situation zuschreibt, entscheidet darüber, ob man sie vermeidet oder nicht, auf welche Aspekte der Situation man achtet, wie man andere Menschen wahrnimmt, wie man sich fühlt, ob man Bewältigungsversuche macht und nach welchen Bewertungskriterien man sich richtet. Bei einer Beurteilung der sozialen Kompetenz einer Person muß man also die Bedeutungen, die eine bestimmte soziale Situation für sie hat, in Betracht ziehen.

Meichenbaums Konstrukt sozialer Kompetenz geht davon aus, daß menschliches Verhalten aus einer kontinuierlichen Wechselwirkung von Kognitionen, Emotionen, motorischem Verhalten und Umwelteinflüssen besteht. Das beobachtbare Verhalten stellt nur eine, aber eine wichtige Komponente sozialer Kompetenz dar, denn es führt zu bestimmten Konsequenzen für die Person und ihre Umwelt und ist ein wichtiges Mittel zur Veränderung von Kognitionen, die ihrerseits wieder die ganze Interaktion beeinflussen. Das Modell setzt voraus, daß die Menschen diese Interaktions-Zyklen selbst auswählen und in Gang bringen und in diesem Sinne ihre soziale Umwelt schaffen.

Meichenbaum et al. (1981) führen empirische Befunde an, die dafür sprechen, daß soziale Kompetenz durch bestimmte kognitive Prozesse wie innere Dialoge und negative Bewertungen behindert wird. Solche Prozesse sind weitgehend automatisiert. Nach dem Modell von Schneider und Shiffrin (1977) werden Informationen bewußt oder automatisch verarbeitet, und Handlungen können mehr oder weniger bewußt oder automatisch ablaufen. Je öfter man bestimmte Kognitionen oder Handlungen wiederholt, desto automatischer laufen sie ab. In kognitiv orientierten Therapien ist es eine wichtige Aufgabe des Therapeuten, die automatisierten Kognitionen, die den Klienten beeinträchtigen, zu unterbrechen (Beck et al., 1996; Ellis, 1993; Kanfer, Reinecker & Schmelzer, 1996). Bei Meichenbaum (z. B. 1986) geschieht das durch ein Bewußtmachen der negativen Selbstverbalisationen.

Es ist bemerkenswert, daß Meichenbaums Modell eine gewisse situationsübergreifende Konsistenz von Verhaltensweisen annimmt: Das Verhalten einer Person müßte in verschiedenen Situationen dann konsistent sein, wenn sie diese Situationen unter dem Einfluß ihrer kognitiven Strukturen als gleichartig wahrnimmt. In dieser Hinsicht vertritt das GSK einen ähnlichen Standpunkt. So wird ausdrücklich darauf hingewiesen, daß es von der Wahrnehmung des Einzelnen abhängt, ob eine Situation zur Kategorie „Recht durchsetzen", „Beziehungen" oder „Um Sympathie werben" gerechnet wird (siehe S. 56ff.). Der kognitive Ansatz von Meichenbaum hat das GSK stark beeinflußt, besonders das „Erklärungsmodell" für die Teilnehmer (siehe S. 92) und das Training von Selbstinstruktionen und Bewältigungsfertigkeiten (siehe S. 70f).

Die Symptome von Angst und Streß in sozialen Situationen, die in den frühen Selbstbehauptungsmodellen zentral waren und in den lerntheoretisch orientierten Trainings sozialer Fertigkeiten nur eine untergeordnete Rolle spielten, sind in den kognitiven Trainings in neuen Konzeptualisierungen wieder in den Mittelpunkt gerückt. Damit gewinnen auch Streß- und Bewältigungskonzepte für die Therapie sozialer Kompetenzprobleme an Relevanz.

Zum Beispiel können Bewältigungsprozesse im Ansatz von R. S. Lazarus & Folkman (1984) zwei Funktionen haben: sie sollen die gestörte Beziehung zwischen der Person und ihrer Umwelt verbessern und/oder den Leidensdruck vermindern. Kognitive Bewältigung kann durch eine veränderte Bewertung zwar nicht die realen Verhältnisse direkt ändern, aber sie kann den Leidensdruck reduzieren. Ellis (1993) betrachtet irrationale Überzeugungen und ähnliche Prozesse als pathologisch. Aber man kann sehr oft beobachten, daß „normale" Menschen diese Strategien im Umgang mit dem alltäglichen Streß anwenden. Es kann z. B. sehr entlastend sein, wenn man einen Mißerfolg nicht dem eigenen Versagen zuschreibt (auch wenn es objektiv richtig wäre), sondern äußeren Umständen. Die kognitiven Bewältigungsstrategien, die im GSK angewendet werden, haben vor allem die Funktion, selbstabwertende Beurteilungen der eigenen Kompetenz zu verändern und mit den kognitiven und physiologischen Begleiterscheinungen der Angst umzugehen.

Prozeßorientierte Ansätze

Im Gegensatz zu behavioristischen Denkmodellen, in denen ein Organismus auf Umweltreize und äußere Verstärkungen reagiert, gehen psychologische Modelle der *Handlungs- bzw. Selbstregulation* (Argyle & Kendon, 1967; Carver & Scheier, 1984; Kanfer, 1977, 1988) von einer anderen Art der Mensch-Umwelt-Beziehung aus: Eine Person steht über ihre Kognitionen (Ziele, Wahrnehmungen, Bewertungen, Erwartungen usw.) mit der Umwelt in Verbindung und macht sich bis zu einem gewissen Grad von ihr unabhängig.

Ein Selbstregulationssystem ist durch zwei Kriterien charakterisiert: es ist zielgerichtet und es hat eine Hierarchie von Werten, die darüber entscheidet, welcher Sollwert das System bestimmt. Es ist also (a) ein *Ziel* vorhanden, nach dem sich die Handlung richtet, (b) ein *Meßwert* (Vergleichskriterium, Standard) wird definiert, der bestimmt, wann das Ziel erreicht ist, und (c) bei Erreichung des Ziels treten bestimmte *Konsequenzen* ein. Das Selbstregulationssystem schafft sich aufgrund seiner früheren Erfahrungen seine Ziele und die Regeln für die Beurteilung von Erfolg oder Mißerfolg seines Handelns selbst.

Sehr einflußreich ist in der Verhaltenstherapie das *Prozeßmodell der Selbstregulation* von Kanfer (1977), auf das später ein systemtheoretisches Therapiemodell folgte (Kanfer, Reinecker & Schmelzer, 1996). Es beeinflußte auch die Entwicklung bestimmter Trainings sozialer Kompetenz. Ein Selbstregulationsprozeß beginnt, wenn die automatische Informationsverarbeitung einer Person (z. B. bei einer gewohnten Tätigkeit wie dem Autofahren) durch irgendein Ereignis unterbrochen wird (ein Hindernis auf der Straße oder eine zum Nachdenken zwingende Frage des Beifahrers). In diesem Augenblick geht die automatische in eine gesteuerte Informationsverarbeitung über, bei der man sich seine Kognitionen und Handlungen bewußt macht. Im klinischen Selbstregulationsmodell von Kanfer ist dieser Prozeß auf ein Problemverhalten des Klienten bezogen. Er besteht aus drei Phasen:

- *Selbstbeobachtung:* Man beobachtet sein eigenes Verhalten in bestimmten Situationen (z. B. wie man sich einer Autoritätsperson gegenüber verhält) und macht eventuell Aufzeichnungen, oder es werden Videoaufnahmen von entsprechenden Rollenspielen gemacht, und der Klient beobachtet sein Verhalten nach bestimmten Gesichtspunkten.
- *Selbstbewertung:* Man vergleicht die Rückmeldung über sein Verhalten mit einem Standard oder Vergleichskriterium. Man hat z. B. eine bestimmte Vorstellung über ein ideales Verhalten, das man anstrebt. Sehr oft ist der Standard von Klienten so anspruchsvoll, daß er nicht erreicht werden kann, so daß ihre Versuche zu Selbstbestrafungen oder sogar zum Aufgeben führen. In solchen Fällen haben Trainer die Aufgabe, den Klienten dabei zu helfen, ihre Bewertungskriterien zu verändern.
- *Selbstverstärkung:* Je nachdem wie die Selbstbewertung ausgefallen ist, verstärkt man sich (man ist mit sich zufrieden, hat ein gutes Gefühl) oder bestraft sich (fühlt sich elend, hat ein schlechtes Gewissen usw.). Mit Hilfe der Selbstregulation macht man sich weitgehend unabhängig von der Verstärkung durch die Umwelt. Diese Fähigkeit ist wichtig für die Verbesserung sozialer Kompetenz und wird auch im GSK trainiert. Die Klienten lernen und üben Selbstbeobachtung, positive Selbstbewertung und Selbstverstärkung (siehe Trainingsmanual).

Auch sozialpsychologische Denkmodelle haben die Therapieansätze zur Behandlung sozialer Kompetenzprobleme beeinflußt (vgl. Hollin & Trower, 1986). Hier ist besonders das *Prozeßmodell sozialer Kompetenzen* zu nennen, das Argyle in Analogie zu seinem Modell motorischer Fertigkeiten entwickelte und das sich ebenfalls am Regelkreismodell orientiert. Es hatte auch auf das Therapiekonzept des GSK und vieler anderer heutiger Trainingsprogramme großen Einfluß.

Neue Konzepte bei der Entwicklung sozialer Kompetenztrainings könnten sich einerseits aus den interessanten und stark expandierenden Forschungsbemühungen im Bereich der Angststörungen ergeben (z. B. Clark & Wells, 1995; Rapee & Heimberg, 1997; Stangier & Heidenreich, 1997). Andererseits könnten Innovationen auch durch die Erweiterung des Begriffs „soziale Kompetenz" auf bestimmte gesellschaftlich besonders relevante Gebiete entstehen. Anzeichen hierfür kann man in der Arbeit an Kompetenztrainings mit Kindern beobachten, in der zunehmend die Förderung von prosozialem und kooperativem Verhalten ins Blickfeld kommt, und auch daran, daß man versucht, Aggressionen durch die Förderung kognitiver und sozialer Kompetenzen entgegenzuwirken (z. B. Petermann & Petermann, 1996, 1997).

Trainingskonzepte für verschiedene Klientengruppen

Der Zusammenhang von sozial inkompetentem Verhalten mit bestimmten Problemgebieten führte zur Entwicklung von Programmen für spezifische Klientengruppen. Übersichten über spezielle Trainings und entsprechende Effektivitätsstudien findet man in Handbüchern wie Hollin und Trower (1986), L'Abate und Milan (1985) sowie O'Donohue und Krasner (1995a). Die theoretischen Grundlagen dieser Trainings bilden ein Spektrum von lerntheoretisch ausgerichteten Verhaltensdefizit-Modellen bis zu kognitiven Konzepten mit Wahrnehmungs-, Problemlösungs-, Selbstinstruktions- und Selbstregulations-Komponenten.

Auch das Trainingskonzept des GSK ist mit entsprechenden Veränderungen für die Arbeit mit vielen der im folgenden genannten Zielgruppen geeignet. Dazu soll der nachstehende Überblick erste Anregungen bieten (siehe auch Teil D). Um dem Leser eine gezielte Suche nach weiterführenden Informationen zu ermöglichen, wurde in diesem Abschnitt besonderer Wert auf entsprechende Literaturhinweise gelegt. Allerdings ist zu beachten, daß diese angesichts der rasch zunehmenden Anzahl von Veröffentlichungen zum Thema nur beispielhaft und selektiv sein können.

Psychiatrische Patienten

Trotz großer individueller Unterschiede haben Patienten mit chronischen psychischen Störungen viele Probleme gemeinsam. Sie sind oft selbstunsicher, leiden mehr als andere Menschen unter Streß, können das Leben und die Gesellschaft von Menschen nicht so genießen wie andere und haben größere Schwierigkeiten beim Umgehen mit Problemen und Konflikten. Die Verhaltenstherapie leistete Pionierarbeit bei der Entwicklung systematischer Lernprogramme für psychiatrische Patienten. Soziale Kompetenztrainings haben sich dabei als wirkungsvolle Intervention erwiesen (Corrigan, 1991; Corrigan, Schade & Liberman, 1992).

Christoff und Kelly (1985), Goldstein et al. (1983) sowie Gordon und Gordon (1985) beschreiben lerntheoretische Programme, die vor allem Grundfertigkeiten für den Alltag nach der Entlassung lehren: sich richtig pflegen und kleiden, die Wohnung in Ordnung halten, mit anderen Menschen Kontakt aufnehmen und aufrechterhalten, mit Streß und Angst umgehen, Konflikte lösen, Aufbau von Selbstachtung, Zielfindung etc. Auf der Grundlage eines Vulnerabilität-Streß-Kompetenz-Modells entwickelten Liberman und seine Mitarbeiter ein besonders sorgfältig erprobtes, aus Modulen bestehendes Trainingsprogramm (siehe das Manual von Liberman, DeRisi & Mueser, 1989; Wong & Liberman, 1996). Auch das ATP von Ullrich de Muynck und Ullrich (1990ff) und die Interaktionelle Problemlöse-Therapie von Dziewas & Grawe wurden mit Erfolg bei Psychiatrie-Patienten angewandt (Wedel & Grawe, 1980).

Es gibt Hinweise, daß *strukturierte* Programme für diese Patientengruppen besonders geeignet sind, zum Beispiel die Erfolge der stark strukturierten Trainings der Forschergruppen um Goldstein und Liberman. In einer Untersuchung von Bernard (1984) zeigten psychiatrische Patienten eine positivere Einstellung zu einem vollstandardisierten Training als zu einem halbstandardisierten. Auch bei geistig Behinderten wurden die größten Erfolge mit strukturierten Programmen erreicht (vgl. Matson & Fee, 1991).

Benton und Schroeder (1990) und Smith, Bellack und Liberman (1996) geben einen guten Überblick über Meßprobleme, Behandlungsansätze und Evaluierungsergebnisse auf dem Gebiet von Trainings sozialer Kompetenz für *Schizophrene.* Das breit angelegte Gruppenprogramm für chronisch schizophrene Patienten von Roder et al. (1997) ist kognitiv orientiert und enthält u. a. ein Training der sozialen Wahrnehmung und ein Training sozialer Kompetenz. Über dieses und weitere Interventionsverfahren geben Wiedemann, Rechsteiner-Fiesel und Buchkremer (1995) und Bellack (1996) nähere Informationen.

Depression

Depressive Perioden, in denen sich Patienten in der Regel zurückziehen, können ihre sozialen Fähigkeiten verschlechtern. Der Verlust an mitmenschlichen Kontakten reduziert auch die Möglichkeiten positiver Verstärkungen, so daß diese Auswirkungen an sich schon zu einer Verschlechterung des Zustandes beitragen können. Insgesamt ist gut belegt, daß die Qualität der sozialen Beziehungen von Klienten für die Auslösung,

Aufrechterhaltung und Bewältigung depressiver Störungen von großer Bedeutung ist (Coyne, 1990). Dementsprechend enthalten Behandlungsansätze für Depressive oft auch Interventionen zur Förderung positiver sozialer Fertigkeiten (z. B. Hautzinger, 1997; vgl. auch Bellack, Hersen & Himmelhoch, 1996; Hautzinger & Ingebrand, 1995). Es gibt Anhaltspunkte dafür, daß kognitive Trainings sozialer Kompetenzen sowohl bei endogenen als auch bei reaktiven Depressionen nützlich und dazu besonders ökonomisch sind, weil sie in Gruppenform angewandt werden können (Williams, 1986).

Soziale Phobie

Soziale Phobien stellen eine spezielle Form von Kompetenzproblemen dar (siehe S. 11f), aber auch hier gehören soziale Kompetenztrainings zu den Standardmethoden der Behandlung (Heimberg & Juster, 1995; Taylor, 1996). Bei diesem Störungsbild ist es allerdings wichtig, daß Verfahren der Reizkonfrontation mit einbezogen werden, neben Rollenspielen vor allem Übungen in der Realität (vgl. Pfingsten, 1996b; Wlazlo, Schroeder-Hartwig, Münchau, Kaiser & Hand, 1992; Wlazlo, 1995). Weil Sozialphobiker negative Bewertungen durch andere Menschen besonders fürchten, ist auch die Einbeziehung von Maßnahmen zur kognitiven Umstrukturierung sinnvoll. Viele der heute für diese Klienten entwickelten Therapieprogramme sind dementsprechend multimodal angelegt und haben untereinander (ebenso wie mit dem GSK) viele Gemeinsamkeiten (z. B. Juster, Brown & Heimberg, 1996; Scholing, Emmelkamp & Van Oppen, 1996; Turner, Beidel, Cooley, Woody & Messer, 1994). Solche Programme führen zu gut belegten und bemerkenswert dauerhaften Erfolgen (Heimberg & Juster, 1995).

Psychosomatische Störungen

Mangelnde Durchsetzungsfähigkeit und andere soziale Kompetenzprobleme können bei der Entstehung und Aufrechterhaltung sehr verschiedenartiger somatischer Störungen eine wichtige Rolle spielen. Aus dieser Erkenntnis von verhaltenstherapeutischen Experten, insbesondere in einschlägigen Kliniken, sind Gruppentrainings zur Förderung sozialer Kompetenzen in diesem Bereich oft schon zu einem Standardangebot geworden. Schneider (1994) beschreibt ein halbstandardisiertes Programm für geschlossene Gruppen, und auch verschiedene Varianten des GSK sind in Gebrauch. Einzelne Elemente aus sozialen Kompetenztrainings finden darüber hinaus in vielen Therapieprogrammen für Psychosomatik-Patienten Verwendung (z. B. Engel-Foudrakis, 1992; Franke, 1991; Stangier, Kirn & Ehlers, 1993; Zielke & Sturm, 1994). Geissner, Gonzales-Martin, Rief & Fichter (1995) berichten über die erfolgreiche Anwendung eines in Anlehnung an Lange und Jakubowski (1976) konzipierten Selbstsicherheitstrainings bei 88 stationären Patientinnen und Patienten mit Eßstörungen und allgemeinen psychosomatischen Störungen.

Suchtkranke

Die meisten Studien beziehen sich auf Alkoholismus, wenige auf Drogenabhängigkeit, Rauchen und Eßstörungen. Es wurden bestimmte Zusammenhänge zwischen Defiziten sozialer Kompetenz und Alkoholismus gefunden. So kann Angst vor sozialen Situationen ein ständiger Stressor und damit ein Anlaß zum Alkoholgebrauch sein.

Marlatt (1985) weist in seinem Modell der Rückfall-Prävention darauf hin, daß Defizite sozialer Kompetenz besonders in riskanten Situationen zum Rückfall beitragen können. 16 % der Rückfälle werden durch zwischenmenschliche Konflikte verursacht und 20 % durch Gruppendruck oder Überredung. Hat ein Alkoholiker gelernt, in solchen Risikosituationen selbstsicher zu reagieren, dann ist ein Rückfall wesentlich unwahrscheinlicher und das Vertrauen in die eigene Kompetenz steigt. Trainings sozialer Kompetenzen sind insofern ein wichtiger Teil der Suchtbehandlung und Rückfallprophylaxe (Platt & Hermalin, 1989).

Monti et al. (1986) geben einen Überblick über Trainingsprogramme für Suchtkranke und über Evaluations-Studien. In den USA werden solche Programme auch präventiv bei drogen- und alkoholgefährdeten Kindern und Jugendlichen eingesetzt (siehe auch das Manual von Goldstein, Reagles & Amann, 1990); entsprechende Evaluationsstudien berechtigen zu Hoffnungen. Vogelsang (1995) berichtet über ein Training, das speziell auf die Probleme suchtmittelabhängiger Frauen abgestimmt ist.

Körperbehinderte

Betz (1981) stellt ein Training für die Verbesserung der Kommunikationsfähigkeit von Körperbehinderten vor. Trainings sozialer Kompetenz wurden von Fiegenbaum (1981) und von Schöler, Lindenmeyer und Schöler (1981) für Patienten mit Gesichtsentstellungen und für rollstuhlabhängige Behinderte entwickelt.

Familie und Partnerschaft

Barclay und Houts (1995) und Perrez (1994) geben einen Überblick über Trainings mit *Eltern*. Im Handbuch von Schaefer und Briesmeister (1989) geht es um Programme, in denen Eltern als Mediatoren Trainings mit ihren Kindern durchführen. Guerney und Guerney (1985) berichten über Programme zur Förderung von Beziehungen in Familien, Gottman und Rushe (1995) zur Kommunikation in gefährdeten Partnerschaften. Joanning (1985) beschreibt Trainingsmethoden für geschiedene Personen. Ein Kommunikationstraining von Hahlweg, Revenstorf und Schindler (1983) für Ehepaare war als Einzelbehandlung erfolgreicher als in der Gruppe (vgl. auch Kaiser & Hahlweg, 1996). Das überrascht nicht, da Paare sicher Schwierigkeiten haben, über Themen oder Konflikte, die in die Intimsphäre reichen, vor anderen offen zu sprechen. Reuben, Wiech und Zimmer (1981) entwickelten ein Kommunikationstraining zur Lösung von Konflikten in Wohngemeinschaften.

Jugendliche

Obwohl soziale Kompetenz für Jugendliche, die sich bekanntlich in einer schwierigen Altersstufe befinden (Eintritt in das Erwachsenenleben, Partnersuche, Loslösung vom Elternhaus), einen besonderen Stellenwert hat (siehe S. 75ff), wenden sich Trainings für diese Zielgruppe vorwiegend an spezielle Problemgruppen wie straffällige (siehe unten), suchtkranke oder verhaltensgestörte Jugendliche. Ein besonders umfassendes Programm für Jugendliche allgemein wurde von der Forschergruppe um Arnold P. Goldstein entwickelt, die entsprechende Materialien herausgibt (z. B. Goldstein, 1988, 1995). Im deutschsprachigen Raum liegt neben entsprechenden GSK-Modifikationen (siehe S. 75ff) ein sozial-kognitiv orientiertes Training zur Förderung von Arbeits- und Sozialverhalten bei 15-20jährigen von Petermann und Petermann (1996) vor. Mesibov (1984) entwickelte ein spezielles Training für autistische Jugendliche. Einen Überblick über das Forschungsgebiet geben die Handbücher von Fodor (1992) und Forman (1993).

Tisdelle und St. Lawrence (1988) entwickelten und evaluierten ein Training zur Problemlösung in sozialen Situationen und evaluierten es in einer kontrollierten Fallstudie mit acht verhaltensgestörten 13-19jährigen Patienten einer psychiatrischen Klinik. Ihre Übungssituationen sammelten sie durch Gespräche mit dem Pflegepersonal und Beobachtungen des Klinik-Alltags. Ein Beispiel: „Du liegst mit Kopfweh im Bett. Dein Zimmernachbar hört laute Radiomusik, so daß deine Kopfschmerzen immer schlimmer werden. . .“ (S. 173). Eine Situation wurde verwendet, wenn mindestens die Hälfte der Jugendlichen sowie die Pflegepersonen bestätigten, daß sie relevant und schwierig sei. Eine Vergleichsgruppe von 20 Schülern wurde zur sozialen Validierung verwendet. Die verbalen Problemlösefertigkeiten verbesserten sich bis zum Kriterium der Schülergruppe und generalisierten auch auf neue Problemsituationen. Ein Transfer auf das Verhalten in realen Konfliktsituationen war jedoch nur schwach ausgeprägt.

Straffällige Jugendliche

Kury (1983) weist auf die Nützlichkeit von Trainings für Straftäter hin, weil sie oft erhebliche Defizite an sozialer Kompetenz und Problemlösungsfähigkeit haben. Viele können z. B. dem Gruppendruck von kriminellen Gleichaltrigen nichts entgegensetzen, und viele reagieren in Konfliktsituationen spontan mit Aggression. Die meisten Autoren halten das Lernen durch Beobachtung und die Gruppenarbeit für besonders wichtig (vgl. Henderson & Hollin, 1986). Besonders bei dieser Klientengruppe hängt viel von einer guten therapeutischen Beziehung zwischen Trainern und Teilnehmern ab. Einen Überblick gibt z. B. Cunliffe (1992).

Kinder

Die Bedeutung sozialer Kompetenzen für eine günstige Entwicklung von Kindern ist bekannt und belegt (Matson, Sevin & Box, 1995). Die Trainings für Kinder konzentrieren sich vor allem auf zwei Problemgruppen: sozial isolierte Kinder (Döpfner, 1987; Petermann, 1989) und aggressive Kinder (Eisert, 1984; Petermann & Petermann, 1997). Bei beiden Gruppen wird meist auf der Grundlage der sozial-kognitiven Lerntheorie gearbeitet, d. h. mit Instruktionen, Modellierung, Verhaltensübung und kognitiven Techniken.

Neuere Ansätze - auch in der Aggressionsforschung (Selg, Mees & Berg, 1997) - betonen, daß Aggressivität zum Teil auf Defizite sozial-kognitiver Fertigkeiten wie Kommunikations- und Problemlösefähigkeit zurückzuführen ist. Eines der umfangreichsten Programme zur Verbesserung der sozialen Problemlösekompetenz bei aggressiven Kindern stammt von Spivack und Shure (1982). Die Trainings von Fricke (1983) und Petermann und Petermann (1997) arbeiten mit Techniken, die u.a. Problemlösen, Selbstwahrnehmung und Selbstkontrolle einüben. Interessant sind auch Versuche, Interventionen aus sozialen Kompetenztrainings bei hyperaktiven Kindern einzusetzen (z. B. Döpfner, Schürmann & Frölich, 1997; Hinshaw, 1996).

Spezielle neue Ansätze zur Prävention von sexuellem Mißbrauch legen großen Wert auf die Aufgabe, bei Kindern Selbstsicherheit und soziale Kompetenz zu fördern (Knappe & Selg, 1993; Eck & Lohaus, 1993). Trainings für geistig behinderte Kinder verwenden meistens Techniken der operanten Konditionierung und der sozial-kognitiven Lerntheorie (Matson & Ollendick, 1988).

Bei sozialen Kompetenztrainings mit Kindern sind natürlich immer auch entwicklungspsychologische Aspekte zu berücksichtigen. Die altersmäßige Entwicklungsstufe muß zum Beispiel im Hinblick auf soziale Defizite, motorische und kognitive Fähigkeiten, spezifische Interessen und Bedürfnisse beachtet werden, nicht nur um eine optimale Effektivität zu erreichen, sondern auch, um Überforderungen zu vermeiden (vgl. Bierman & Montminy, 1993). Lübben und Pfingsten (1995) entwickelten eine dem GSK ähnliche Trainingskonzeption für Kinder aus vorhandenen empirischen Erkenntnissen zu deren spezifischen Kompetenzproblemen. Einen Überblick über den Stand der Forschung geben u. a. Beelmann et al. (1994) und Matson, Sevin und Box (1995), sowie Zaragoza, Vaughn und McIntosh (1991) speziell für verhaltensgestörte Kinder, Forness und Kavale (1996) für lernbehinderte, sowie Morrison und Sandowicz (1994) für aggressive Kinder.

Frauen

Eine Untersuchung von Hollandsworth und Wall (1977) bestätigte die landläufige Meinung, daß Frauen im allgemeinen weniger selbstsicher als Männer sind. Frauen sind durch ihre Sozialisation und Geschlechtsrollenstereotype benachteiligt, wenn es darum geht, sich durchzusetzen. Die ersten Trainingsprogramme für Frauen konzentrierten sich auf das Problem der Selbstbehauptung (vgl. Wagner, 1992). Solomon und Rothblum (1985) analysieren sehr sorgfältig die speziellen Probleme von Frauen im Bereich sozialer Kompetenz und ihre gesellschaftlichen Ursachen. Es gibt zu wenig systematische Forschungsarbeiten zum Thema Selbstsicherheitstraining speziell für Frauen. Die meisten Frauen haben Schwierigkeiten, sich selbstsicher zu verhalten, weil das als unweiblich gilt.

Fodor (1985) gibt dazu einige Anhaltspunkte: Frauen geben oft an, daß es ihnen schwerfällt, am Arbeitsplatz gegenüber Männern ihre Autorität geltend zu machen, weil sie sich aggressiv vorkommen. Es fällt ihnen schwer, eine gleichberechtigte Beziehung mit Männern zu haben oder sich gegen ihre Mütter und ihre Kinder durchzusetzen. Ein wichtiger Aspekt eines Trainings für Frauen sollte sein, ihnen bewußt zu machen, daß viele ihrer Schwierigkeiten auf die stereotypen Rollenerwartungen einer sexistischen Tradition zurückzuführen sind. Es sollte auch betont werden, daß „typisch weibliche" Fähigkeiten wie Einfühlungsvermögen, das Ausdrücken von Gefühlen oder Rollenübernahme wichtig sind und weiterentwickelt werden sollten.

Es ist problematisch, daß Kompetenztrainings für Frauen oft mit Studentinnen oder psychiatrischen Patientinnen als Klientel entwickelt werden. Einzelne Gruppen haben ganz spezielle Probleme, z. B. geschiedene, mißhandelte, vergewaltigte Frauen, alleinerziehende Mütter usw. Positive Trainingserfahrungen berichten Köllner, Grothgar und Vauth (1994) bei Klientinnen mit sexuellen Mißbrauchserfahrungen. Goodman und Fallon (1995) publizierten ein Programm für mißbrauchte Frauen. Resick et al. (1988) fanden bei Gruppentrainings mit vergewaltigten Frauen Hinweise dafür, daß kognitive Umstrukturierungen durch neue Informationen und die gegenseitige Unterstützung relevante Faktoren für die Überwindung der Angst sein können. Nähere Informationen zu diesen Themen geben Solomon und Rothblum (1985). Wagner (1992) beschreibt Geschichte und Konzeption eines in Deutschland besonders bekanntgewordenen Selbstbehauptungstrainings für Frauen.

Männer mit heterosexuellen Kontaktschwierigkeiten

In den USA sind Programme (für Männer) speziell für heterosexuelle Kompetenzen entwickelt worden. Man versteht darunter Fähigkeiten, die man braucht, um mit Angehörigen des anderen Geschlechts Beziehungen anzuknüpfen, zu unterhalten oder zu beendigen. Curran et al. (1985) geben einen Überblick über Trainings, Kolko und Milan (1985) über theoretische und diagnostische Fragen.

Weitere Ansätze

Auch für alte Menschen (Gambrill, 1986; Rupp, 1984) und verschiedene Berufsgruppen (Galvin, 1985; Alban-Metcalfe & Wright, 1986) hat man Trainings sozialer Kompetenz entwickelt, ebenso für Menschen, die einfach nur schüchtern oder einsam sind (Gambrill, 1995b). Über Möglichkeiten, das aggressive Verhalten Erwachsener durch Kompetenztrainings positiv zu beeinflussen, berichten u. a. Tafrate (1995) und Vogelsang et al. (1995). McGuire und Priestley (1992) beziehen sich auf erwachsene Straftäter. Relativ neu sind Ansätze, Interventionen zur Förderung sozialer Kompetenzen auch auf Persönlichkeitsstörungen anzuwenden, z. B. auf die Boderlinestörung (Linehan, 1993). Im Bereich der Verhaltensmedizin und Gesundheitsförderung gewinnen Trainingskonzepte, in denen wie im GSK auch der kompetente Ausdruck von Gefühlen zum Thema gemacht wird, an Bedeutung (vgl. Eisler, 1984). Transsexuelle Menschen, blinde Kinder und Jugendliche, Diabetiker und magersüchtige Mädchen oder Frauen versuchte man ebenfalls mit Selbstsicherheitstrainings zu unterstützen (Hollin, 1986).

Diese Aufstellung der Einsatzmöglichkeiten von sozialen Kompetenztrainings ließe sich noch fortführen. Sie zeigt die vielfältige und erfolgreiche Entwicklung dieses Interventionsansatzes in der psychosozialen Praxis seit den Anfängen von Salter und Wolpe. Sie gibt aber auch einen Eindruck von den Schwierigkeiten, die sogenannte Randgruppen in unserer Gesellschaft haben.

Teil B: Konzeption, Methode und Wirksamkeit des GSK

Nachdem wir uns im Teil A dieses Buches mit Fragen beschäftigt haben, die für die Arbeit mit sozial inkompetenten Klienten ganz allgemein von Bedeutung sind, wollen wir im folgenden Teil B detaillierter auf die theoretischen und empirischen Grundlagen des GSK eingehen. Dabei sollen folgende Punkte berücksichtigt werden: Ziele und allgemeine Vorgehensweise (Kapitel 4), empirische Befunde zu den im GSK enthaltenen Interventionstechniken (Kapitel 5) und Wirksamkeit des GSK bei ausgewählten Klientengruppen (Kapitel 6).

Konzeption des GSK und allgemeine Vorgehensweise

(Rüdiger Hinsch & Manfred Weigelt)

Das folgende Kapitel soll einen allgemeinen Überblick über die Konzeption des GSK vermitteln. Einzelheiten der praktischen Durchführung werden in Teil C behandelt.

In einem ersten Abschnitt wird die Definition aus dem ersten Kapitel, S. 13 auf die Konzeption des GSK bezogen und es wird dargestellt, welche Ziele das GSK verfolgt. Dabei wird ausdrücklich die Verknüpfung der Trainingsziele mit den persönlichen Zielen der Klienten zur Sprache kommen. Außerdem leiten wir drei verschiedene Typen von sozialen Situationen ab, die für das Verständnis des Trainingsaufbaus wesentliche Bedeutung haben. Ein weiterer Abschnitt wird sich mit Struktur und grundlegenden Aspekten der Trainingskonzeption befassen.

Sozial kompetentes Verhalten und Ziele des GSK

Die Frage nach den Zielen des GSK ist verknüpft mit der Frage nach dem Wesen sozial kompetenten Verhaltens. Die auf Seite 13 gegebene Definition soll daher an den Anfang unserer Überlegungen gestellt werden:

> Als soziale Kompetenz bezeichnen wir die Verfügbarkeit und Anwendung von kognitiven, emotionalen und motorischen Verhaltensweisen, die in bestimmten sozialen Situationen zu einem langfristig günstigen Verhältnis von positiven und negativen Konsequenzen für den Handelnden führen.

Auf die Bestimmungsstücke dieser Definition soll im folgenden näher eingegangen werden:

- „*Verfügbarkeit und Anwendung . . .*“: Damit ist gemeint, daß ein Individuum nicht nur über sozial kompetentes Verhalten verfügen, sondern es auch anwenden muß. Die Verfügbarkeit bildet die Basis; eine Wirkung wird aber erst durch die Anwendung erzielt.
- „. . . *von kognitiven, emotionalen und motorischen Verhaltensweisen . . .*“: Hier werden die drei Ebenen psychischen Geschehens angesprochen, deren Zusammenwirken für das Zustandekommen sozial kompetenten Verhaltens notwendig ist.
- „. . . zu einem *langfristig günstigen Verhältnis von positiven und negativen Konsequenzen* führen“: Dieser Teil der Definition enthält drei wichtige Aspekte:
  1. In Analogie zu Skinners Definition eines Verstärkers wird soziale Kompetenz nicht inhaltlich, sondern ex post facto durch das Verhältnis von positiven zu negativen Konsequenzen bestimmt.
  2. In Abhebung von Döpfner et al. (1981), an deren Definition wir uns ansonsten anlehnen, zielt unsere Definition bewußt auf die langfristigen Konsequenzen. Würde man wie Döpfner et al. Kompetenz auch über kurzfristige Konsequenzen bestimmen, wäre das Verhalten eines Suchtkranken, der bewußt auf seine Droge verzichtet, nicht kompetent, da die kurzfristigen Konsequenzen überwiegend negativ sind.
  3. Auf ein Bestimmungsstück, das auf die gesellschaftliche Akzeptanz des Verhaltens rekurriert, haben wir bewußt verzichtet.

Auch im letzten Punkt ist ein Unterschied zu Döpfner et al. zu sehen, die (wie viele andere Autoren) ein Verhalten nur dann als sozial kompetent bezeichnen wollen, wenn es „von der sozialen Umwelt als positiv, zumindest aber als akzeptabel bewertet wird“ (S. 234). Ähnlich argumentiert in neuerer Zeit Kastner (1996), wenn er zwischen „sozialer Intelligenz“ und „sozialer Verantwortlichkeit“ unterscheidet (S. 7f) und diese beiden Merkmale als „Facetten der Sozialkompetenz“ betrachtet. Unsere Definition von sozialer Kompetenz entspräche der der sozialen Intelligenz bei Kastner. Wir halten jedoch Versuche, den ethischen Aspekt sozialen Verhaltens in die Definition sozialer Kompetenz zu integrieren, für überflüssig, wenn nicht sogar für problematisch, weil dadurch z. B. Verhaltensweisen, die man unter dem Begriff „Zivilcourage“ faßt, eventuell nicht als sozial kompetent definiert würden. Die Problematik liegt in der Festlegung, was als sozial verantwortlich gelten kann. Wir halten gerade die relative Unabhängigkeit von kurzfristigen Verstärkungen durch die soziale Umwelt für ein wesentliches Charakteristikum sozialer Kompetenz.

Bedeutung persönlicher Ziele

Die Leistung der genannten Definition besteht darin, daß sie einen formalen Rahmen für die Bestimmung des Zielverhaltens liefert. Was sie nicht leistet, ist die inhaltliche Konkretisierung dessen, was wir unter sozialer Kompetenz verstehen wollen. In dieser Hinsicht beläßt die Definition vieles im unklaren.

Dies bezieht sich vor allem auf den Begriff Konsequenzen. Als Konsequenzen bezeichnet man die Ereignisse, die im Anschluß an das Verhalten eintreten. Die Menge dieser Ereignisse ist im Prinzip unendlich. Endlich und damit überschaubar wird diese Menge erst dadurch, daß einige Ereignisse nicht wahrgenommen, andere als unwichtig klassifiziert und wieder andere als relevant eingeordnet werden. Erst durch diesen subjektiven und individuell durchaus unterschiedlichen Kategorisierungsprozeß werden für den Handelnden manche Verhaltensweisen zu solchen mit positiven, andere zu solchen mit negativen Konsequenzen.

Die Bewertung von Ereignissen als positive bzw. negative Konsequenz hängt im konkreten Fall von den *Zielen* ab, die ein Individuum mit der Ausführung eines bestimmten Verhaltens verbindet. Habe ich z. B. das Ziel, meinen Partner zu verletzen, erlebe ich sein Beleidigtsein als positive Konsequenz, habe ich aber das Ziel, mich mit ihm zu versöhnen, nehme ich das eher als negative Konsequenz wahr. Die Konsequenzen eines Verhaltens sind also nicht *an sich* positiv oder negativ sondern erst in der Relation zu den Zielen. Der Grund, warum dieser Umstand den meisten Menschen so wenig bewußt wird, ist wahrscheinlich darin zu sehen, daß in vielen Situationen die Ziele für alle Individuen gleich sind. Körperliche Verletzungen und physischer Schmerz werden wohl immer als negative Konsequenz erlebt, weil fast alle das Bestreben haben, sie zu vermeiden.

In Fortführung der Diskussion um eine angemessene Definition könnte man jetzt Verhaltensweisen als kompetent bezeichnen, die eine optimale Zielerreichung bewirken. Die Konsequenz dieser Definition ist, daß ein Beobachter nicht mehr ohne weiteres in der Lage ist, die Kompetenz eines Verhaltens zu beurteilen. Er könnte theoretisch erst dann eine Beurteilung abgeben, wenn er die mit dem Verhalten verbundenen Ziele des betreffenden Individuums kennt. Obwohl dieses Problem in der Praxis nur relativ selten relevant wird - in den meisten Fällen sind die Ziele eines Individuums offensichtlich - ist es für Trainer/Therapeuten wichtig, sich über die Bedeutung individueller Ziele im klaren zu sein. Manche auf den ersten Blick unerklärlich und unlogisch erscheinenden Verhaltensweisen eines Klienten können plötzlich einen Sinn bekommen, wenn man mehr über seine Ziele erfährt (vgl. dazu auch S. 24f). Insofern ist diese Diskussion nicht so akademisch, wie sie vielleicht auf den einen oder anderen Leser wirken mag.

Speziell im Hinblick auf die Konzeption des GSK hat die aufgezeigte Relativität des Kompetenzbegriffs dann eine große Bedeutung, wenn soziale Kompetenz in verschiedene Komponenten ausdifferenziert wird. Wir werden sehen, daß dabei die Ziele eines Individuums ein wichtiges Kriterium darstellen.

Schon durch den Titel dieses Buches haben wir zum Ausdruck gebracht, daß wir soziale Kompetenz nicht als einheitliches Konstrukt auffassen, sondern lediglich als Oberbegriff für eine Menge verschiedener sozialer Kompetenzen.

Drei Typen sozialer Situationen

Eine Differenzierung des Konstrukts kann nach unterschiedlichen Gesichtspunkten erfolgen. Man kann eine Unterteilung nach den Ebenen psychischen Geschehens vornehmen (kognitiv, emotional, motorisch). Man kann versuchen, soziale Kompetenz aufgrund empirisch ermittelter Invarianzen (z. B. mit Hilfe der Faktorenanalyse) in Komponenten aufzugliedern. Dabei wird man - je nach Datenmaterial, welches als Input für die Faktorenanalyse benutzt wird - zu sehr unterschiedlichen Differenzierungen kommen.

Wir haben es vorgezogen, eine Unterteilung - eher phänomenologisch und aufgrund klinischer Erfahrungen - nach den Anforderungen von Situationen vorzunehmen. Damit kommen wir zu dem Bestimmungsstück der Definition, welches in der bisherigen Diskussion nicht thematisiert wurde (dem aufmerksamen Leser wird nicht entgangen sein, daß der Passus „... in bestimmten sozialen Situationen ..." in der obigen Aufzählung übergangen wurde).

Situationen, in denen ein mehr oder weniger großes Ausmaß an sozialer Kompetenz zum Tragen kommt, zeichnen sich immer dadurch aus, daß man an den oder die Interaktionspartner Forderungen hat (bzw. mit Forderungen konfrontiert wird). Insofern liegt - oberflächlich betrachtet - das Ziel des Handelnden klar auf der Hand: er möchte seine Forderung erfüllt bekommen. Stellt man aber in Rechnung, daß ein Charakteristikum sozialer Situationen in ihrer Komplexität besteht, wird die Annahme einleuchten, daß *ein* Ziel zur Kennzeichnung der Handlungsmotive nicht ausreicht. In aller Regel wird der in einer konkreten sozialen Situation Handelnde eine ganze Reihe von Zielen haben: „die eigene Forderung erfüllt bekommen", „den anderen verletzen", „dem anderen nicht weh tun", „die eigene Überlegenheit beweisen", „nicht lange diskutieren" etc. Solche Ziele werden nicht immer bewußt sein, dennoch können sie das Handeln bestimmen. Es ist unmittelbar einleuchtend, daß diese Ziele nicht alle zugleich erreicht werden können, z. T. schließen sie sich sogar gegenseitig aus. Oder anders ausgedrückt: Zur Erreichung dieser Ziele sind jeweils andere Verhaltensweisen erforderlich. In einer konkreten Situation ist man daher gezwungen, sich für die Priorität eines dieser Ziele zu entscheiden. Akzeptiert man die Annahme, daß bestimmte Verhaltensweisen für die Erreichung eines bestimmten Zieles optimal sind, bietet sich eine Differenzierung nach der Priorität der Ziele an. Wir gehen also davon aus, daß es *Klassen von Situationen gibt, die durch das Vorherrschen bestimmter Ziele charakterisiert werden können.* Wir unterscheiden dabei folgende Situationstypen:

(1) Recht durchsetzen (Typ R)

Situationen können sich dadurch auszeichnen, daß das Ziel des Verhaltens vorrangig in der Erfüllung eigener Forderungen liegt, die zudem durch gesellschaftliche Normen oder Konventionen legitimiert sind. Andere Ziele sind dagegen unbedeutend. Ein Beispiel wäre das Durchführen einer Reklamation nach dem Kauf einer fehlerhaften Ware. Hier ist schon im juristischen Sinne die Rechtslage eindeutig: Ich habe ein Recht auf eine fehlerfreie Ware. Soziale Kompetenz in diesen Situationen mißt sich an der Effektivität des Verhaltens hinsichtlich der Durchsetzung dieses Rechts. In der Regel spielt die Frage, ob der andere aufgrund meines Verhaltens in seinen Gefühlen verletzt ist oder ob ich dem anderen mehr oder weniger sympathisch bin, keine oder nur eine geringe Rolle. Traditionelle Selbstsicherheitstrainings befassen sich vorwiegend oder ausschließlich mit dieser Art von Situationen. Insofern entsprechen die Skills, welche in diesen Trainings für besonders wichtig gehalten werden (Blickkontakt, lautes deutliches Sprechen, keine Entschuldigungen etc.) den Verhaltensweisen, die im GSK bei Situationen des Typs R (Recht durchsetzen) geübt werden (siehe Instruktionen auf S. 100).

(2) Beziehungen (Typ B)

Andere Situationen zeichnen sich dadurch aus, daß die Rechtsfrage im obigen Sinne irrelevant ist. Die Beziehungen zum Lebenspartner und zu Freunden liefern Beispiele solcher Situationen. Gegenüber diesen Personen habe ich zwar oft Forderungen, verfüge im allgemeinen aber über keine rechtliche Legitimation, mit deren Hilfe ich diese Forderungen durchsetzen könnte.

Außerdem haben Individuen in solchen Situationen in aller Regel das übergeordnete Ziel, die Beziehung aufrechtzuerhalten oder zu verbessern. Setzt man dieses Ziel bei den Beteiligten einer Interaktion voraus, können Forderungen nur dadurch ganz oder teilweise erfüllt werden, daß zwischen den Beteiligten ein Konsens hergestellt wird. In diesen Situationen geht es also weniger um ein *Durchsetzen* als um ein *Einigen*. Eine Einigung wird aber nur schwer durch das Beharren auf einem vermeintlichen Recht erzielt werden können. Günstiger wird es sein, die eigenen Gefühle in den Mittelpunkt der Argumentation zu stellen, denn Gefühle sind Privatereignisse und von daher nicht diskussionsfähig. Im Unterschied dazu sind Normen, die von vielen Menschen in solchen Situationen als Argumentationsgrundlage benutzt werden („Das gehört sich nicht") sehr wohl diskussionsfähig, sie können sogar ausgesprochen lange und fruchtlose Diskussionen herausfordern. Für diesen Situationstyp sind also zumindest teilweise andere Verhaltensweisen erforderlich als für Situationen vom Typ „Recht durchsetzen". Oder anders ausgedrückt: Soziale Kompetenz wird in Situationen vom Typ „Beziehungen" anders konkretisiert als in solchen vom Typ „Recht durchsetzen". Wichtig sind hier das Aussprechen eigener Gefühle und Bedürfnisse sowie das Verständnis für die Gefühle und Bedürfnisse des Partners (siehe Instruktionen auf S. 109).

(3) Um Sympathie werben (Typ S)

Der dritte Typ von Situationen umfaßt solche, bei denen - wie beim zweiten Typ - keine rechtliche Legitimation für die eigenen Forderungen vorhanden ist, das Ziel aber dennoch vorrangig in der Erfüllung dieser Forderungen besteht. Zu diesem Typ gehören genau betrachtet zwei Arten von Situationen:

- Es gibt Situationen, in denen eigene Forderungen nur dadurch erfüllt werden können, daß der andere auf sein Recht verzichtet. Ich agiere in diesen Situationen also nicht nur ohne, sondern in gewisser Weise sogar *gegen* eine rechtliche Legitimation. Ein typisches Beispiel wäre: Ich versuche, einen Beamten zu einer bevorzugten Abfertigung zu bewegen.
- Bei der zweiten Art von Situationen besteht das Ziel darin, zu dem anderen (kurzfristig) eine möglichst gute Beziehung herzustellen. Ein Beispiel wäre die *Kontaktaufnahme* zu anderen Personen oder auch das Verhalten eines erfolgreichen *Verkäufers*.

Beide Arten von Situationen haben gemeinsam, daß eine im Sinne des Ziels erfolgreiche Bewältigung dadurch erreicht wird, daß der Interaktionspartner mich möglichst sympathisch findet. Je mehr ich es in solchen Situationen schaffe, bei dem anderen das Bild eines netten, sympathischen Menschen entstehen zu lassen, desto eher werde ich mit dem konkreten Anliegen zum Erfolg kommen. In solchen Situationen ist es wichtig, daß man den anderen verstärkt, sein Interesse bekundet, nachfragt, Komplimente macht usw. (siehe Instruktionen S. 114). Eine große Bedeutung hat auch die flexible Anpassung an die situationalen Bedingungen. Während es in Situationen vom Typ R und B möglich und sinnvoll ist, eine relativ fest umrissene durchgängige Strategie zu verfolgen, steht hier das flexible Reagieren auf das Verhalten des anderen und auf die situativen Bedingungen im Vordergrund.

Man kann jetzt die Frage diskutieren, ob die drei Situationstypen wirklich Eigenschaften von Situationen widerspiegeln oder ob nicht vielmehr die Priorität der Ziele das wesentliche Kriterium für eine Differenzierung darstellt. Die Ausführungen werden gezeigt haben, daß wir zum letzteren tendieren. Dennoch würden wir es für falsch halten, die Frage der Differenzierung sozialer Kompetenz innerhalb des Trainings von Beginn an unter dem Aspekt von Zielen zu diskutieren. Eine Thematisierung anhand der verschiedenen Typen von Situationen ist für die Klienten nach unserer Erfahrung besser nachvollziehbar und erweist sich auch im Hinblick auf die heuristische Funktion, die derartige Konzepte innerhalb der Therapie haben, als völlig ausreichend. Im GSK wird daher versucht, den Klienten folgendes Konzept zu vermitteln:

- Es gibt verschiedene, voneinander abgrenzbare Klassen von Situationen (Situationstypen).
- Je nach Situationstyp sind unterschiedliche Fertigkeiten (soziale Kompetenzen) erforderlich, um das Ziel in optimaler Weise zu erreichen.
- Die Frage, welchem Typ eine konkrete Situation zuzuordnen ist, muß der in der Situation agierende aufgrund seiner persönlichen Zielvorstellungen entscheiden.

Die eingangs gestellte Frage nach den Zielen des GSK läßt sich also dahingehend beantworten, daß den Klienten soziale Kompetenzen vermittelt werden sollen, mit deren Hilfe sie in verschiedenartigen Situationen ihre Ziele in optimaler Weise verwirklichen können.

Es sei angemerkt, daß sich diese Zielbeschreibung weitgehend mit der von Feldhege und Krauthan (1979) bezüglich des VTP formulierten Definition deckt. Auch finden sich in diesem Training ähnliche Situationstypen, die dort als „Verhaltensbereiche" bezeichnet, allerdings nicht näher begründet werden. Feldhege und Krauthan haben darüber hinaus - wohl im Hinblick auf die spezifische Problematik ihrer Klientel (Drogenabhängige) - noch einen vierten Verhaltensbereich hinzugenommen: „Bewältigung von Belastungssituationen".

Struktur und Aufbau des GSK

Bei der Konzeption des GSK orientierten wir uns an dem in Kapitel 1 auf S. 16 dargestellten Prozeßmodell sozial kompetenten Verhaltens. Das Modell beschreibt das Zusammenwirken kognitiven, emotionalen und „offenen" Verhaltens bei der Bewältigung sozialer Situationen. Entsprechend diesem Modell werden im GSK auf allen drei Ebenen Bewältigungsfertigkeiten vermittelt. Der folgende Abschnitt gibt eine Übersicht über die dazu dienenden Trainingselemente, wobei die Darstellung dem Modell insoweit folgt, als eine Unterteilung nach der kognitiven, emotionalen und motorischen Ebene vorgenommen wird. Dabei muß allerdings berücksichtigt werden, daß eine solche Zuordnung nicht immer eindeutig zu treffen ist und in manchen Fällen vorwiegend im Interesse einer übersichtlichen Gliederung vorgenommen wurde.

Bevor wir auf die einzelnen Trainingselemente zu sprechen kommen, wird in einem eigenen Abschnitt das Erklärungsmodell vorgestellt, das aus dem Prozeßmodell abgeleitet wurde und ein wichtiges Element des GSK darstellt.

Das Erklärungsmodell

In vielen neueren Trainingskonzepten nehmen Erklärungsmodelle einen zentralen Platz ein. Mit Hilfe solcher Modelle wird versucht, den Klienten eine Einsicht in den Mechanismus ihres Problemverhaltens zu vermitteln. Untersuchungen zeigen, daß solche Erklärungen für den Therapieerfolg wichtig sind (Tunner, 1976). Auch im GSK wird ein Erklärungsmodell an den Beginn des Trainings gestellt (siehe Abbildung 8, S. 90). Bei der Konzeption dieses Modells ließen wir uns von folgenden Überlegungen leiten:

- Soweit wie möglich soll das Modell dem Stand klinisch-psychologischer Erkenntnis entsprechen.
- Das Modell muß so einfach formuliert sein, daß die Klienten es gut verstehen und internalisieren können.
- Anhand des Modells soll sozial kompetentes wie auch inkompetentes Verhalten erklärt werden können.
- Das Modell soll es auch ermöglichen, Ziele, Struktur und Inhalte des GSK zu verdeutlichen.

Die Grundlage unseres Erklärungsmodells bildet das auf Seite 16 dargestellte: *Prozeßmodell* sozial *kompetenten/inkompetenten Verhaltens*". Dieses Prozeßmodell wurde allerdings im Hinblick auf die heuristische Funktion, die es innerhalb des Trainings erfüllen soll, in seiner Komplexität stark reduziert. Manchem Leser mag das Modell zu simpel erscheinen. Es sollte jedoch bedacht werden, daß der hier verwirklichte Komplexitätsgrad nach unserer Erfahrung die obere Grenze dessen darstellt, was Klienten, die mit wissenschaftlichen Denkschemata wenig bzw. gar nicht vertraut sind, gerade noch zugemutet werden kann.

Das im GSK eingesetzte Modell hat vor allem zwei Funktionen: (a) wird eine *Erklärung* des Problemverhaltens ermöglicht und (b) wird die *Strukturierung* des Trainings im Hinblick auf Aufbau, Inhalte und Ziele transparent gemacht.

Erklärung: Heutige Ansätze der Verhaltensmodifikation verstehen sich meist als Selbstkontrollverfahren. Dabei ist das oberste Ziel kognitiv-verhaltenstherapeutischer Interventionen nicht so sehr in einer Veränderung des spezifischen Problemverhaltens, sondern in erster Linie im Aufbau genereller Fertigkeiten zu sehen, mit deren Hilfe der Klient seine Probleme selbst lösen kann. Diesem übergeordneten Ziel dient auch das im GSK eingesetzte Erklärungsmodell. Dem Klienten wird ein Schema zur Verfügung gestellt, in das er seine eigene Problematik einordnen und mit dem er sie - in gewissen Grenzen - erklären kann. Das Modell stellt den Wirkmechanismus der wichtigsten Determinanten sozial kompetenten bzw. inkompetenten Verhaltens dar. Entscheidend für die Trainingsteilnehmer ist dabei nach unserer Erfahrung die dadurch geleistete Konzeptualisierung und - damit verbunden - die Schaffung eines für alle verbindlichen Begriffsinstrumentariums. Eine solche „gemeinsame Sprache", die - zumindest im Vergleich zu naiven Verhaltenstheorien - eindeutige und präzise Begriffe verwendet, bildet die Basis, auf der intra- und interindividuelle Problemlösungsprozesse ablaufen können. Aufgrund dieser Überlegungen haben wir z. B. bewußt den Begriff „Selbstverbalisation“ statt möglicher Eindeutschungen (wie „inneres Gespräch“) benutzt.

Strukturierung: Wenn das Erklärungsmodell in der ersten Sitzung eingeführt wird, werden damit gleichzeitig Informationen über Ziele, Aufbau und Struktur des GSK vermittelt. Ausgehend von den drei Ebenen des Modells (kognitiv, emotional, motorisch) werden die wichtigsten Elemente des Trainings dargestellt und erläutert. Der rechte Zweig des Modells (siehe S. 90) symbolisiert das Zielverhalten. Der dicke Pfeil in der Mitte des Modells steht für die Bewältigungsfertigkeiten, die im Training gelernt werden.

Trainingselemente auf der kognitiven Ebene

Viele Trainingselemente des GSK dienen in erster Linie der Differenzierung der Wahrnehmung und der Rezeption.

An erster Stelle ist hier das Erklärungsmodell zu nennen, dessen Funktion im vorigen Abschnitt relativ ausführlich beschrieben wurde. Ein weiteres Element bildet die Unterscheidung nach Situationstypen, die ebenfalls schon angesprochen wurde. Direkt damit im Zusammenhang steht die Differenzierung von aggressivem und selbstsicherem Verhalten, welche in der zweiten Sitzung (siehe S. 95 und Arbeitspapier , S. 98) vorgenommen wird. Diese Differenzierung, die sich auch im SUK (Anneken et al., 1977) findet, wird nicht unter moralischen oder ethischen Gesichtspunkten eingeführt, sondern nur unter dem Aspekt der Zielerreichung diskutiert. Besteht das Ziel z. B. darin, den anderen zu verletzen, kann aggressives Verhalten funktional und damit kompetent sein.

Ein weiteres Trainingselement, das vor allem für den zweiten Situationstyp („Beziehungen“) eine große Bedeutung hat, ist die Unterscheidung von Gefühlen und Kognitionen. Diese Differenzierung beginnt mit der Einführung des Erklärungsmodells in der ersten Sitzung und wird in der vierten Sitzung noch einmal intensiv geübt. Wir haben den Eindruck, daß diese Übungen für das Aussprechen-Können von Gefühlen eine wesentliche Voraussetzung darstellen. Dabei sollte nicht unerwähnt bleiben, daß auch Trainer mit dieser Unterscheidung oft ihre Mühe haben, denn unsere Sprache läßt vieles als Gefühl erscheinen, was in Wahrheit keines ist („Ich habe das Gefühl, du bist ein Dummkopf“).

Ein Trainingselement, welches in erster Linie dem Bewußtmachen der eigenen Selbstverbalisationen dient und auch schon bei Hinsch und Christ (1982) Anwendung gefunden hat, ist der projektive Videofilm (siehe S. 121). In diesem Film wird eine sich zunächst unsicher und dann sicher verhaltende Person dargestellt, in die die Trainingsteilnehmer ihre eigenen Selbstverbalisationen „hineinprojizieren“.

Während die bis jetzt aufgeführten Trainingselemente vor allem im Dienste der Analyse kognitiver Prozesse stehen, zielt die in der vierten Sitzung durchgeführte Selbstlobeübung direkt auf eine Veränderung. Da die Selbstverbalisationen sozial inkompetenter Personen eine große Zahl negativer Etikettierungen der eigenen Person enthalten, werden die Klienten in dieser Übung angehalten, positive Aspekte zu suchen und auszusprechen.

Ein ähnliches Ziel verfolgt das Videofeedback im Anschluß an die Rollenspiele. Die Klienten üben dabei, die positiven Aspekte des eigenen Verhaltens hervorzuheben. Im Unterschied zu Zimmer (1976) wird im GSK jedoch nicht versucht, selbstkritische Äußerungen zu unterdrücken. Wir gehen davon aus, daß Selbstkritik eine positive Funktion haben kann, wenn sie nicht selbstabwertend ist. Selbstabwertende Äußerungen („da habe ich ja wieder viel zu leise gesprochen“) werden vom Trainer in sogenannte „internal variable“ Zuschreibungen oder Vorsätze umformuliert („Sie wollen also versuchen, beim nächsten Mal, lauter zu sprechen.“).

Trainingselemente auf der emotionalen Ebene

Dem Aufbau einer Bewältigungsfertigkeit auf der emotionalen Ebene dient das Entspannungstraining, das in fortlaufend verkürzter Form in vier aufeinanderfolgenden Sitzungen durchgeführt wird (siehe S. 122ff.). Als Entspannungstraining findet die in der Verhaltenstherapie übliche progressive Muskelentspannung nach Jacobson in modifizierter Form Anwendung. Für den Einsatz innerhalb des GSK wurde es allerdings verkürzt und modifiziert. Die wichtigste Änderung betrifft die Begründung für die Teilnehmer. Das Hauptaugenmerk wird dabei auf die *aktive Bewältigung* gelegt. Der Wirkmechanismus der Entspannung wird von uns weniger in einer reziproken Hemmung im Sinne von Wolpe, sondern mehr in einem Zuwachs von Selbstkontrolle bzw. in einem gesteigerten Kompetenzvertrauen gesehen. Aus diesem Grunde halten wir auch die progressive Muskelentspannung, die die Eigenaktivität sehr stark betont, für geeigneter als andere auf Entspannung abzielende Techniken (wie z. B. autogenes Training).

Im Sinne eines Einsatzes als aktive Bewältigung wird die Entspannung in der dritten und vierten Sitzung mit einem Ruhebild verknüpft. In der vierten Sitzung wird darüber hinaus noch ein Entspannungswort eingeführt, mit dessen Hilfe sich die Klienten selbst entspannen. Vom Trainer werden jetzt nur noch die Anweisungen zur Anspannung vorgegeben. Beide Maßnahmen dienen auch dem Ziel, den Transfer auf reale Situationen zu erleichtern.

Diese Form des Entspannungstrainings wurde auch von Hinsch und Christ (1982) durchgeführt; ein vergleichbares Konzept findet sich außerdem bei Echelmeyer und Zimmer (1977).

Trainingselemente auf der motorischen Ebene

Verhaltensfertigkeiten werden in Rollenspielen mit Videofeedback geübt, die - zeitlich betrachtet - den größten Teil des Trainings beanspruchen. Bei den Rollenspielen geht es weniger um das Erlernen eng umschriebener Skills für spezifische Situationen, sondern mehr um den Erwerb umfassender Bewältigungsstrategien. Aus diesem Grunde werden keine durch die Klienten erarbeiteten, sondern von uns vorformulierte Situationen verwendet (siehe S. 93, 106 und 113). Bei Rollenspielsituationen, die durch die Klienten selbst eingebracht werden, besteht nach unserer Erfahrung die Gefahr, daß sich die Aufmerksamkeit zu sehr auf ganz konkrete Lösungsmöglichkeiten für die spezifische Situation richtet und dadurch das Erlernen genereller Strategien eher behindert wird. Um den Klienten dennoch eine gewisse Anpassung an individuelle Problemlagen zu ermöglichen, können die Teilnehmer eine Auswahl aus einer Vielzahl von Rollenspielsituationen treffen. Zudem bilden eigene Situationen die Basis, auf der die Diskrimination der Situationstypen in der oder den abschließenden Sitzung(en) diskutiert wird.

Die Anregung, hier auf die von den Klienten eingebrachten Situationen zurückzugreifen, was in der ursprünglichen Version des GSK nicht enthalten war, verdanken wir Herrn Dipl.-Psych. Jörg Pscherer (Bezirkskrankenhaus Erlangen), der uns von seinen guten Erfahrungen mit diesem Trainingselement berichtete.

Dem Transfer in die Realität dienen In-vivo-Übungen, die als Hausaufgaben durchgeführt werden. In ähnlicher Weise wie bei den Rollenspielen können die Teilnehmer auch hier aus einer größeren Zahl von Situationen auswählen, müssen diese Entscheidung aber noch in der Sitzung treffen (siehe z. B. Arbeitspapier , S. 101). Diese Selbstverpflichtung, die ursprünglich nicht im Konzept des GSK enthalten war, hat nach unserer Erfahrung viel dazu beigetragen, daß die „Hausaufgaben" jetzt von einem hohen Prozentsatz der Teilnehmer durchgeführt werden.

Zusammenfassung

Das vorliegende Kapitel lieferte in knapper Form einen Überblick über Ziele und Konzept des GSK. Die Darstellung der wichtigsten Trainingselemente folgte dabei der Systematik, die sich aus dem Konzept ableitet, nicht aber dem chronologischen Ablauf (siehe hierzu S. 85).

Bei der Darstellung unserer konzeptuellen Grundannahmen könnte dem einen oder anderen Leser aufgefallen sein, daß es hin und wieder Punkte gibt, bei denen die Darstellung dieses Kapitels von der in den ersten beiden Kapiteln etwas abweicht. Wir haben diese Differenzen bewußt stehen lassen, um dem Leser zu zeigen, wo die Autoren trotz jahrelanger Zusammenarbeit und intensiver Diskussionen nicht zu einer in allen Details gemeinsamen theoretischen Position gekommen sind. Man hätte - im Interesse einer noch einheitlicheren Darstellung - versuchen können, jeweils einen Kompromiß zu finden. Wir haben aber diese etwas unterschiedlichen Sichtweisen in der Vergangenheit immer als ein die Diskussion anregendes und damit für die gemeinsame Arbeit sehr fruchtbares Element erlebt.

Empirische Befunde zu den Interventionstechniken des GSK
(Mathilde Bauer)

Bei der Entwicklung des GSK war es unser Ziel, ein intensives und ökonomisches Trainingsverfahren mit optimalem Wirkungsgrad zu schaffen. Schon in der Konstruktionsphase sollten deshalb nicht nur theoretische Überzeugungen und klinische Erfahrungen, sondern vor allem auch empirische Forschungsergebnisse berücksichtigt werden. Wir versuchten also in unser Training solche Interventionsmethoden zu integrieren, die sich in einschlägigen Untersuchungen als besonders effektiv erwiesen haben.

Im folgenden soll die empirische Basis der im GSK verwendeten Interventionsmethoden dargestellt werden. Diese Ausführungen dienen nicht nur der Rechtfertigung unseres Trainingsprogramms. Sie sollen dem Leser auch Hinweise auf die Gründe für den im Trainingsmanual vorgeschlagenen Ablauf der Sitzungen geben und ihm manche der dort ausgesprochenen Empfehlungen und Ratschläge deutlicher machen. Außerdem soll eine solche Darstellung dem GSK-Trainer ein tieferes Verständnis für die besprochenen Interventionsmethoden und eine größere Sicherheit bei ihrer Anwendung ermöglichen, als dies durch das Trainingsmanual allein geleistet werden kann.

Bei der Auswertung entsprechender Untersuchungen ergibt sich allerdings das Problem, daß sie manchmal zu unklaren oder sogar widersprüchlichen Ergebnissen führen, die nicht unmittelbar in die Praxis umgesetzt werden können. Das gilt z. B. für Studien zum Video-Feedback (siehe S. 67f). Hier kommt man nur zu sinnvollen Schlußfolgerungen, wenn man die methodischen Aspekte der jeweiligen Untersuchungen angemessen berücksichtigt. Aus diesem Grunde erscheint es uns wichtig, zunächst auf methodische Probleme einzugehen, bevor die empirischen Ergebnisse zu den einzelnen Interventionstechniken des GSK dargestellt werden.

Methodische Probleme

Soziale Kompetenz ist Oberbegriff für eine Menge komplexer Verhaltensweisen, die man nur schwer eingrenzen kann. Die Problematik einer Definition, auf die bereits hingewiesen wurde (siehe S. 11ff) und die Komplexität des angestrebten Verhaltens führen zu beträchtlichen Schwierigkeiten, allein schon im Hinblick auf die Konstruktvalidität. Insbesondere folgende Punkte führen dabei zu Komplikationen:

- Die Studien betreffen oft nicht nur die Evaluierung, sondern auch die wissenschaftliche Fundierung von Zielen und Inhalten der Trainingsprogramme.
- Die zu messenden Verhaltensänderungen beziehen sich auf mehrere Ebenen, z. B. motorisches Verhalten, kognitive Prozesse, emotionale sowie affektive Phänomene und erfordern verschiedenartige Meßinstrumente.
- Die Vielfalt der Klientengruppen mit ihrer jeweils speziellen Problematik führt zu unterschiedlichen psychometrischen Methoden.
- Die Trainings setzen sich aus mehreren integrierten Techniken zusammen, deren spezifische Effekte man ebenfalls zu analysieren versuchte.

Diese Probleme werden auch hier anklingen, wenn wir kurz auf die Untersuchungsmethoden, die Meßmethoden und die Ansätze zur Validierung des Zielverhaltens eingehen.

Untersuchungsmethoden

In diesem Bereich dominieren drei Ansätze:

(1) *Analogstudien:* Diese Studien haben experimentellen Charakter, sind kurzzeitig, werden in der Regel mit Studenten, manchmal mit psychiatrischen Patienten durchgeführt und sollen die therapeutische Situation nachbilden. Die Versuchspersonen werden in Experimental- und Kontrollgruppen eingeteilt und erhalten ein Training mit verschiedenen Techniken, z. B. Verhaltensübung mit oder ohne Modellierung. Die Leistungen der einzelnen Gruppen werden miteinander verglichen, und daraus wird auf den Beitrag der einzelnen Techniken zum Erfolg geschlossen. Die interne Validität ist in Analogstudien gut kontrollierbar. Das Problem ist die externe Validität, die Übertragbarkeit der Ergebnisse auf die klinische Praxis.

(2) *Effektivitätsstudien* dienen dazu, die Wirksamkeit von umfassenden Trainingsprogrammen an „echten" Klientengruppen nachzuweisen. Im allgemeinen wird dabei ein Training sozialer Kompetenzen mit einer oder mehreren Kontrollgruppen verglichen, die entweder gar keine, eine Placebo-Behandlung oder eine andere Intervention erhalten.

(3) *Kontrollierte Fallstudien:* Bei der Überprüfung sozialer Kompetenztrainings mit psychiatrischen Patienten übertrifft die Anzahl von Einzelfallanalysen die von Effektivitätsstudien bei weitem. Sie stehen zu diesen nicht in Konkurrenz, sondern haben andere Erkenntnisinteressen. Einzelfallanalysen werden heute als Sonderform von Zeitreihenuntersuchungen angesehen. Ihre Ergebnisse können zwar nicht ohne weiteres auf andere Fälle generalisiert werden und besitzen auch keinen Beweischarakter, aber sie können heuristischen Wert haben und zu weiteren Forschun-

gen anregen oder wichtige Hinweise für die differentielle Indikation geben.

Meßmethoden

Bei den Meßmethoden gilt: Je größer die Zuverlässigkeit und Validität der Meßinstrumente, die in einer Studie eingesetzt wurden, desto überzeugender ist ein nachgewiesener Trainingseffekt.

Subjektive Meßmethoden wie *Fragebögen, Persönlichkeitsinventare* oder *Selbstbeurteilungsbögen* messen vor allem Veränderungen im kognitiven Bereich: Selbstbewertung, Attribuierungsgewohnheiten, Kompetenzvertrauen, aber auch emotionale Zustände wie Angst oder Depression.

„Objektive" Messungen werden oft in Form von *Rollenspielen* vorgenommen. Sie werden vor und nach der Behandlung durchgeführt, auf Tonband oder Videokassette aufgenommen und dann von unabhängigen Beurteilern bewertet. Eine solche Meßmethode setzt die Annahme voraus, daß ein Rollenspiel das tatsächliche Verhalten der Versuchspersonen in ihrem sozialen Umfeld widerspiegelt. Diese äußere Validität ist u. a. schon von Bellack, Hersen und Turner (1978) in Frage gestellt worden. Allerdings versucht man dieses Problem in neueren Rollenspieltests empirisch unter Kontrolle zu bringen (vgl. Donohue, Van Hasselt & Hersen, 1994; Fydrich et al., 1996).

Vorsichtig muß man auch die in vielen Studien geübte Praxis beurteilen, den *Transfer* der erworbenen Fertigkeiten auf andere als die im Training geübten Situationen durch Rollenspiele nachzuweisen. Transfer gehört zu den wichtigsten Kriterien für die Beurteilung des Trainingserfolgs. Es gilt als überzeugender, diesen Transfer in sog. Echtsituationen zu überprüfen. Beliebt sind z. B. fingierte Telefonanrufe, in deren Verlauf jemand versucht, der Versuchsperson etwas zu verkaufen oder sie für die Mitarbeit bei einer Wohltätigkeitsveranstaltung zu gewinnen.

Die Zweifel an der externen Validität von Rollenspieltests sind besonders groß, wenn es sich um Social Skills-Trainings zur Vorbereitung von psychiatrischen Patienten auf die Entlassung in das Privatleben handelt. Deshalb haben King et al. (1977) einen „Transfer-Test" zur Beobachtung von Patienten außerhalb der Klinik entwickelt. Die Probanden führen Aufgaben, die sie im Training geübt haben, nach der Entlassung in ihrer normalen Umgebung aus und werden dabei von einem Beobachter beurteilt. Natürlich ist auch diese Methode nicht ohne Probleme. Entweder muß man die Versuchspersonen täuschen, oder man muß damit rechnen, daß sie sich nicht unbefangen verhalten, weil sie wissen, daß sie beobachtet werden.

Als besonders wichtiges Kriterium für die Güte einer Effektivitätsstudie gelten *Nachuntersuchungen*, die die Stabilität der Behandlungsergebnisse messen. Ein Nachtest nach 3, 6, 12 oder mehr Monaten ist jedoch schwierig, weil man auf die Kooperation der Klienten angewiesen ist.

Insgesamt muß man bei der Beurteilung von Untersuchungen besonders auf folgende Faktoren achten: Selektion der Klienten (Art und Schwere der Probleme und Defizite), Kompetenz der Trainer, Dauer der Behandlung, Genauigkeit, Objektivität und Validität der Meßinstrumente, Generalisierungs- bzw. Transfer-Tests und Nachkontrollen.

Ansätze zur Validierung des Zielverhaltens

Die Schwierigkeit, soziale Kompetenzen ihrem Inhalt nach konkret zu bestimmen, führt dazu, daß die Auswahl der einzelnen Verhaltensweisen, die als Zielverhalten trainiert werden sollen, meist nicht wissenschaftlich begründet wird, sondern auf Grund von Erfahrungen erfolgt (siehe S. 11ff). Auch die Aufgaben, die zur Messung des Trainingserfolgs dienen, z. B. in Form von Rollenspiel-Tests, werden kaum nach eindeutig bestimmbaren Indizes sozialer Kompetenz beurteilt.

Die Beurteilung eines Verhaltens als sozial kompetent ist relativ und kulturell bedingt. Unter dem Begriff „soziale Kompetenz" werden in den einzelnen Schichten und Subkulturen einer Gesellschaft im Hinblick auf die Rollenerwartungen für Männer und Frauen, Kinder und Jugendliche, bestimmte Alters- und Berufsgruppen und Situationen ganz unterschiedliche Verhaltensweisen verstanden. Das gilt in noch größerem Maße für verschiedene Kulturen.

McFall (1982; vgl. auch McDonel, 1995) schlägt als Ausweg aus dieser Situation ein zweidimensionales Modell vor, das zwischen *sozialen Kompetenzen* und *sozialen Fertigkeiten (Skills)* unterscheidet. Danach bezieht sich der Begriff „soziale Kompetenz" immer auf die *Beurteilung* eines aufgabenbezogenen Verhaltens. Diese Beurteilungen sind relativ, da sie auf bestimmten Wertvorstellungen beruhen.

Soziale Fertigkeiten sind dagegen die spezifischen psychologischen Prozesse, die eine Person befähigen, sich so zu verhalten, daß sie als kompetent beurteilt wird. Sieht man sich z. B. mit einer unangebrachten Forderung konfrontiert, bestehen soziale Fertigkeiten darin, sich in die Lage des anderen zu versetzen, das Machtverhältnis zwischen der eigenen und der anderen Person in Betracht zu ziehen usw., um kompetent reagieren zu können.

Diese Definitionen haben bestimmte Implikationen für die Messung: Eine soziale Fertigkeit muß so definiert sein, daß sie unabhängig von der Leistung gemessen werden kann, die zu der Beurteilung „kompetent" geführt hat. Eine solche Definition eröffnet die Möglichkeit, das Verhalten einer Person in verschiedenen Aufgaben vorherzusagen. Definiert man z. B. die Fähigkeit, mögliche positive und negative Konsequenzen einer Handlung in einer bestimmten Situation realistisch abschätzen zu können, als „soziale Fertigkeit", dann kann diese Fertigkeit in ganz verschiedenen Aufgaben angewandt werden - beim Anlegen von

Geld ebenso wie bei der Formulierung einer Bitte um Gehaltserhöhung oder beim Anknüpfen zwischenmenschlicher Kontakte.

Bei McFalls Konzept spielt die *Aufgaben- oder Situationsanalyse* eine zentrale Rolle. Die Aufgaben, die für die Beurteilung und das Training der sozialen Kompetenz ausgewählt werden, müssen für die betreffenden Klienten wirklich relevant sein. Es gibt Versuche, bei der Konstruktion von Übungs- und Testsituationen spezifische Klassen von situationsbezogenen Verhaltensweisen in diesem Sinne empirisch zu validieren. Twentyman und Zimering (1979) beschreiben dabei zwei Möglichkeiten:

Die *Methode des Kritischen Anderen* richtet sich nach dem Urteil von Bezugspersonen des Klienten. Das Zielverhalten wird auf der Grundlage von Verhaltensweisen konstruiert, die von diesen Personen als wichtig beurteilt werden. Keil und Barbee (1973), die ein Bewerbungstraining für Langzeitarbeitslose entwickelten, ließen z. B. von Personalfachleuten bewerbungsbezogene Fertigkeiten nach ihrer Wichtigkeit in eine Rangordnung bringen, um sie dann im Training zu verwenden.

Die *Soziale Validierung* verwendet eine der Klientengruppe vergleichbare kompetente Gruppe. Problemsituationen werden bestimmt und Videoaufnahmen kompetenter Personen in diesen Situationen eingeschätzt. Für das Training werden dann relevante Verhaltensweisen der kompetenten Gruppe als Modelle verwendet. Ansätze zur Validierung der Messungen durch den Vergleich einer „normalen" Population vor und nach der therapeutischen Intervention finden sich u.a. bei Zimmer (1976), Kazdin et al. (1987) sowie bei Tisdelle und St. Lawrence (1988).

Minkin et al. (1976) kombinierten beide Validierungsmethoden in einer Studie, in der die Kommunikationsfähigkeit von Mädchen in einem Erziehungsheim verbessert werden sollte. Man ließ zuerst je eine Gruppe von Schülerinnen und Studentinnen Gespräche mit Erwachsenen führen. Die Videoaufnahmen wurden nach drei Kriterien bewertet: Fragen stellen, positive Rückmeldung geben und die zeitliche Beteiligung am Gespräch. Die Studentinnen wurden besser beurteilt als die Schülerinnen. Vor und nach dem Training wurden die Videoaufnahmen der Mädchen beurteilt und dann mit denen der zwei anderen Gruppen verglichen. Ihre Gesprächskompetenz war vor der Behandlung wesentlich geringer als die der Schülerinnen, im Nachtest aber so gut wie die der Studentinnen. Solche Vergleiche mit nichtklinischen Gruppen sind für die externe Validierung der Ergebnisse ein beträchtlicher Fortschritt.

Die methodischen Schwierigkeiten auf diesem Gebiet haben zur Entwicklung verfeinerter, differenzierter Meßmethoden geführt. Hält man sich aber nach der Lektüre der Fachliteratur die Ansprüche vor Augen, die sich daraus ergeben, dann wird einem klar, daß die entsprechende Arbeitslast wohl jeden davon abhalten würde, sich an die Entwicklung eines Trainings sozialer Kompetenz heranzuwagen. Kolko und Milan (1985) sehen es mit Recht als notwendige und auch schwierige Aufgabe der Forschung an, realistischere Alternativen zu diesen strengen Anforderungen zu finden.

Zu den Interventionstechniken des GSK

Das GSK besteht im wesentlichen aus der Kombination folgender Behandlungsmethoden:

- *Instruktion und Modellierung* zur Information über das Zielverhalten und die Vorgehensweise;
- *Rollenspiel* als Verhaltensübung und Technik der Reizkonfrontation;
- *Verstärkung, Rückmeldung und Video-Feedback* zur Motivation und zur Information über die Annäherung an das Zielverhalten;
- *Transfer-Techniken und In-vivo-Konfrontation* zur Übertragung der Therapieeffekte auf den Alltag der Klient/inn/en;
- *Entspannungstechniken*;
- *Techniken der kognitiven Verhaltensmodifikation.*

Der Erkenntnisstand zu diesen Trainingselementen wird in den folgenden Abschnitten dargestellt. Dann wird darauf hingewiesen, in welcher Form die betreffende Technik in das GSK übernommen wurde. Eine genaue Beschreibung des praktischen Vorgehens findet sich im Trainingsmanual (siehe S. 83ff).

Instruktion und Modellierung

Eine Verhaltensänderung wird in einem sozialen Kompetenztraining meistens mit Informationen über das Zielverhalten eingeleitet. Diese Informationsvermittlung kann durch Instruktion und/oder Modellierung erfolgen. In der Fachliteratur hat es sich eingebürgert, daß man von Modellierung (oder Modeling) spricht, wenn eine Person durch die Vorführung eines Verhaltens über ein Zielverhalten informiert wird. Die Modelle können real sein oder über Videoaufnahmen, Filme, Tonbänder, Kassetten, Bilder oder Beschreibungen vermittelt werden.

Unter *Instruktionen* versteht man schriftliche oder mündliche Anweisungen oder die Angabe von Prinzipien und Regeln zur Ausführung des Zielverhaltens (z. B. „Halten Sie Blickkontakt mit Ihrem Partner und erklären Sie Ihren Standpunkt mit ruhiger, nicht zu leiser Stimme!"). Typisch für die Instruktion sind ihre verbale, abstrakte Form und ihr Aufforderungscharakter. Sie ist auf das Medium des gesprochenen oder geschriebenen Wortes beschränkt, d. h. - aus der Perspektive des Klienten - auf Hören oder Lesen.

Bei der *Modellierung* ist die Information im allgemeinen an Personen oder Personensurrogate gebunden, und es sind üblicherweise mehrere Modalitäten der Informationsverarbeitung beteiligt, besonders die auditive und die visuelle. Ein Modell kann Bedeutungsträger und für den Beobachter mit bestimmten Assoziationen verbunden sein, die spezifische Gefühle auslösen und seine Informationsverarbeitung beeinflussen.

Die Forschungsarbeiten zur Theorie der sozialen Vergleichsprozesse haben bestätigt, daß es ein menschliches Grundbedürfnis ist, sich mit anderen zu vergleichen. Aus diesen Vergleichen gewinnt man Informationen über sich selbst, z. B. über seine Leistungen, Einstellungen, Fähigkeiten und sein Anspruchsniveau und bewertet sich aufgrund dieser Informationen. Bei Diskrepanzen zwischen Fähigkeiten und Meinungen der Vergleichspersonen und der eigenen Person entscheiden bestimmte Randbedingungen darüber, welche der folgenden Möglichkeiten eintritt: Es besteht entweder die Tendenz, (a) die eigene Position näher an die der anderen zu bringen oder (b) die anderen näher an die eigene Position zu bringen oder (c) den Vergleich aufzugeben und sich von der Vergleichsperson zu distanzieren (Suls & Mullen, 1982).

Soll eine Annäherung an ein kompetentes Verhalten durch ein Verhaltensmodell gefördert werden, dann müssen die Randbedingungen so gestaltet werden, daß beim Klienten die Motivation entsteht, sich dem Modell anzunähern. Diese Motivation kann über das Modellverhalten und/oder die Modellperson erreicht werden:

- Ein gezeigtes *Modellverhalten*, das dem Beobachter erstrebenswert und nicht zu schwierig erscheint (im Sinne von Banduras Kompetenzvertrauen) und das er mit seinen Normen und Werten in Einklang bringen kann, motiviert einen solchen Lernprozeß.
- Eine zusätzliche Lernmotivation kann von der *Persönlichkeit des Modells* ausgehen, wenn es glaubwürdig, dem Beobachter sympathisch und ihm in manchen Aspekten ähnlich ist und wenn eine gemeinsame Gruppenzugehörigkeit oder eine emotionale Bindung besteht, z. B. eine gute therapeutische Beziehung zwischen einem Trainer als Modell und dem Klienten. So erwies sich die Beziehung zwischen Modell und Klient als besonders wichtig bei sozial isolierten Kindern, die zu ängstlich waren, um an einem Gruppentraining teilzunehmen und bei denen das Modell, das ihnen soziale Fertigkeiten vermittelte, zugleich therapeutische Funktionen erfüllte (Knoblach, 1989). - Zu den verschiedenen Aspekten der therapeutischen Beziehung im Training sozialer Kompetenzen vgl. Echelmeyer (1983).

Allein schon aus den oben genannten Gründen enthält eine Modelldarstellung mehr Informationen als eine Instruktion - vor allem kann sie stärker motivieren. Wieviel Information gegeben wird und in welcher Form, das hängt auf der einen Seite von den Bedürfnissen und kognitiven Fähigkeiten der Klienten und auf der anderen Seite vom Schwierigkeitsgrad der Aufgaben ab. *Die Forschungsergebnisse zu dieser Frage lassen den (plausiblen) Schluß zu, daß die Information um so detaillierter und anschaulicher sein muß, je größer die Defizite der Klienten sind und je komplexer das zu lernende Verhalten ist.*

Bei Klienten, die wegen ihrer Ängste und Hemmungen ihre vorhandenen Fertigkeiten nicht anwenden, genügen eventuell einige Instruktionen über nonverbale Elemente des Zielverhaltens: „den Partner anschauen“, „mit fester, deutlich vernehmbarer Stimme sprechen“ usw. Sie brauchen vor allem Maßnahmen, die ihre Ängste vermindern und zu einer positiven Veränderung ihres Selbstwertgefühls beitragen.

Für Klientengruppen mit schweren Defiziten, die neue komplexe Fertigkeiten lernen sollen, sind dagegen Verhaltensmodelle unbedingt notwendig. Eine psychiatrische Patientin mit geringen verbalen Fähigkeiten, die auf die Entlassung vorbereitet werden und lernen soll, ihren Standpunkt gegenüber einer Autoritätsperson zu vertreten, braucht eine genaue und detaillierte Darstellung des Zielverhaltens durch ein passendes Modell. Allgemeine Instruktionen genügen hier nicht.

Therapeuten, die Methoden des Modellernens erfolgreich anwenden wollen, müssen die aus der Forschung bekannten Prinzipien beachten, die wir in diesem Rahmen nur global behandeln können (für nähere Informationen vgl. Bauer, 1979).

Ein Modellverhalten kann dem Beobachter über verschiedene Medien vermittelt werden. Die Information bleibt dieselbe, sie kann aber eine mehr oder weniger abstrakte Form annehmen. Man unterscheidet zwischen realen und symbolischen Modellen. Symbolische Modelle werden über Film, Videoband, Tonband, schriftlich (als Beschreibung des Modellverhaltens) oder bildlich (als Diaserie oder Bilderreihe) übermittelt. Jeder Trainer wird nach seinen Möglichkeiten und Fähigkeiten entscheiden, welche Art von Modelldarstellung für seine Zwecke am besten geeignet ist. Man sollte beachten, daß die Modelle die Aufmerksamkeit der Beobachter erregen, glaubwürdig sind, ihren altersmäßigen, kognitiven und physischen Fähigkeiten entsprechen, (d. h. sie weder unter- noch überfordern) und daß das vorgeführte Verhalten und die darauf folgenden Konsequenzen deutlich und unmißverständlich sind.

Therapeutische Filme und *Videoaufzeichnungen* haben viele didaktische Vorteile. Sie sind ökonomisch, da die Zahl der Adressaten unbegrenzt ist, sie ziehen die Aufmerksamkeit auf sich, besonders bei Kindern, sie können sehr gut in Gruppen eingesetzt werden und das Modellverhalten kann für den jeweiligen Zweck perfektioniert werden. Außerdem kann die Vorführung an jeder gewünschten Stelle gestoppt oder wiederholt werden, und die Trainer und Klienten können sie kommentieren, wichtige Einzelheiten hervorheben, zusätzliche Informationen geben und darüber diskutieren.

Aus der Literatur über Video- und Filmmodelle geht hervor, daß diese gerade auf dem Gebiet sozialer Kompetenz besonders häufig mit Erfolg eingesetzt worden sind (Heilveil, 1984). Jeder, der eine Video-Anlage zur Verfügung hat, kann ohne Schwierigkeiten eigene Aufnahmen herstellen. Zur Förderung der Generalisierung ist es günstig, mehrere verschiedene Modelle zu verwenden.

Auch Tonbänder sind mit Erfolg eingesetzt worden (z. B. Goldstein, 1978). Doch Videoaufnahmen haben den Vorteil, daß sie auch nicht-verbales Verhalten zeigen, was ja gerade auf diesem Gebiet wichtig ist. Außerdem können sie die Aufmerksamkeit länger fesseln und leichter eine emotionale Beteiligung der Klienten erreichen, die für den Lernprozeß sehr förderlich ist. Welches Medium gewählt wird, müssen die Therapeuten nach ihren Möglichkeiten und den Bedürfnissen ihrer Klienten entscheiden.

Wenn ein Modell allzu perfekt ist, kann der Beobachter entmutigt werden, sich selbst abwerten und das Gefühl bekommen, so etwas nie erreichen zu können. Die Forschungen zu den sozialen Vergleichsprozessen legen nahe, daß eine wahrnehmbare Ähnlichkeit zwischen Modell und Beobachter in bezug auf das Problemverhalten die Nachahmung fördert und Hemmungen abbaut. Man verwendet besonders bei ängstlichen Klienten *Bewältigungsmodelle*, die zuerst ängstlich und unsicher erscheinen, dann aber nach und nach sicherer und kompetenter werden und zeigen, wie man seine Furcht überwinden kann. In einer Studie von Sarason (1975) profitierten Hochängstliche am meisten von einem Bewältigungsmodell. Solche Modelle scheinen also angstreduzierende und motivierende Wirkungen zu haben.

Auch die Trainer im GSK sollten sich nicht wie Koryphäen sozialer Kompetenz verhalten, die alle Schwierigkeiten mühelos meistern und perfekt im Umgang mit Menschen sind, sondern wie Bewältigungsmodelle, die auch ab und zu mal einen Fehler machen, Schwächen zugeben und vielleicht auf Schwierigkeiten hinweisen, die sie früher hatten und jetzt überwunden haben.

Die positiven Wirkungen sind oft noch ausgeprägter, wenn das Bewältigungsmodell seine Gedanken ausspricht, d. h. wenn durch seine Worte die kognitiven Prozesse deutlich gemacht werden, die an seinen Fortschritten beteiligt sind: seine Attribuierungen, Interpretationen, Selbstinstruktionen und Selbstverstärkungen. Bei der *kognitiven Modellierung* ist der wichtige Faktor der Verstärkung des Modells sozusagen einprogrammiert, denn das Modell drückt aus, wie es durch die Überwindung seiner Ängste und das Hineingehen in die Problemsituation zur Zufriedenheit mit sich selbst und zu größerem Selbstvertrauen kommt. Das sind Erfolge, die von äußeren Konsequenzen des Verhaltens unabhängig sind. Trainer, die diese Prinzipien kennen, können in einer Gruppe das Lernen an Bewältigungsmodellen und kognitiven Modelldarstellungen fördern. Sie können ihre Klienten anregen, ihre für Problemsituationen typischen Selbstverbalisationen zu beschreiben, Beispiele für veränderte Selbstinstruktionen geben und später die Klienten fragen, welche Erfahrungen sie mit ihren neuen Selbstinstruktionen gemacht haben. Die Gruppenmitglieder fungieren dabei gegenseitig als Verhaltensmodelle.

Ähnliche Funktionen hat auch der im GSK verwendete *projektive Modellfilm*. In diesem Film wird eine Person gezeigt, die sich auf dem Weg zu einer schwierigen Situation befindet (in unserem Fall ein Student auf dem Weg zu einer Besprechung mit einem Professor). Sie bleibt plötzlich stehen, denkt nach und kehrt um. Doch dann hält sie wieder an, macht ein nachdenkliches Gesicht und geht auf ihrem ursprünglichen Weg weiter, bis sie vor der Tür des Professors steht. Nun macht sie wieder eine Pause, klopft an und tritt ein. Bei jedem dieser Wendepunkte und Pausen wird der Film angehalten und die Klienten überlegen sich, welche Selbstverbalisationen sie oder die Person in diesem Moment äußern würde(n) und schreiben sie auf. Nach Ablauf des ganzen Films werden die Selbstverbalisationen, Selbstinstruktionen, Selbstbewertungen und Selbstverstärkungen der einzelnen Teilnehmer ausführlich besprochen und es besteht Gelegenheit zu gegenseitigen Vergleichen. Hier gibt also das Modell den Anstoß zur Selbstbeobachtung. Interessant ist das Beispiel einer Teilnehmerin (Hausfrau), der die gezeigte Situation des Studenten an sich völlig fremd war. Sie änderte ganz selbstverständlich die Szene und stellte sich vor, sie sei im Krankenhaus auf dem Weg zu einer Unterredung mit einem Chefarzt.

Verdeckte Modellierung. Diese Technik wurde zuerst von Cautela vorgestellt und besonders von Kazdin in einer Reihe von Experimenten mit Erfolg erprobt (Bauer, 1979).

Beide nehmen an, daß die gleichen Effekte wie bei der realen oder symbolischen Modellierung auch durch Beschreibungen der Modellhandlungen und anschließende lebhafte Vorstellung dieser Handlungen erzielt werden können.

Obwohl ein solches Vorgehen bisher im Rahmen des GSK nicht praktiziert wurde, sollen einige Bemerkungen hierzu eingefügt werden. Es handelt sich um eine Technik, die bei einzelnen, besonders ängstlichen Klienten in Ergänzung zur Gruppenarbeit eingesetzt werden kann. Die Behandlung wird individuell durchgeführt. Zuerst werden die Grundprinzipien der Therapie erklärt und das Therapieziel als eine lernbare Fähigkeit bezeichnet: Wichtig ist die Übung der einzelnen Elemente des Zielverhaltens. Diese Übungen kann man auch in der Vorstellung machen und das Verhalten in der realen Situation wird dadurch stark beeinflußt. Zuerst übt die Klientin die Vorstellung eines von ihr ausgewählten Modells in neutralen Szenen. Diese Person soll sie sich in allen kommenden

Szenen vorstellen. Man sollte feststellen, ob Entspannung die Vorstellung der Situationen fördert.

Jede Vorstellungsszene besteht aus einer Situationsbeschreibung und einer selbstsicheren Reaktion des vorgestellten Modells. Während die Szene vorgelesen wird, sitzt die Klientin entspannt und mit geschlossenen Augen da. Wenn sie durch Heben des Fingers mitteilt, daß sie die Situation klar vor Augen hat, sagt ihr der Therapeut oder die Therapeutin, sie solle die Szene so genau wie möglich in der Vorstellung behalten, bis er oder sie „Halt!“ sage. Das geschieht nach 35 Sekunden. Nach weiteren fünf Sekunden wird die Szene noch einmal vorgelesen. Dann folgt die nächste. Das Training von Kazdin (1984) besteht aus vier Sitzungen, in denen nacheinander 35 Szenen durchgegangen werden. Der Erfolg der Behandlung hängt auch von der Intensität der Vorstellung ab. Man befragt deshalb die Klienten nach jeder Sitzung über Einzelheiten der Szene. Nachweise der Effektivität findet man bei Kazdin (1984) und Cautela und Kearney (1986).

Verdeckte Modellierung ist gut geeignet für Klienten, die so ängstlich sind, daß man nicht einmal Verhaltensübungen mit ihnen durchführen kann. Man kann die Szenen hierarchisch anordnen und mit einem Entspannungstraining kombinieren. Die Ähnlichkeit dieser Form verdeckter Modellierung mit systematischer Desensibilisierung, mit Meichenbaums (1985) Streß-Impfung und mit Imaginationstechniken ist offensichtlich.

Diese Technik ist mehr für Einzelbehandlung als für Gruppen geeignet und wurde bisher nicht in das GSK einbezogen. Prozesse des Modellernens und der Instruktion spielen jedoch im GSK eine bedeutsame Rolle:

- Instruktionen über die Zielverhaltensweisen werden schriftlich und mündlich erteilt. Schriftliche Grundlage sind drei Instruktionsblätter, in denen konkrete Regeln für das Verhalten in den drei im GSK enthaltenen Typen von sozialen Situationen (siehe S. 56f) aufgestellt werden. Diese Papiere werden mit den Teilnehmern eingehend besprochen und im Laufe des Trainings immer wieder zur Arbeit herangezogen. Außerdem enthalten die Arbeitspapiere, die den Klienten zur Durchführung der Rollenspiele ausgehändigt werden, nicht nur eine Beschreibung der Situationen, sondern auch detaillierte Anweisungen für ein effektives Verhalten (siehe z. B. S. 93).
- Modellierung wird jeweils vor den ersten Rollenspielsitzungen in Form eines „Modellrollenspiels“ der Trainer praktiziert. Einprägsamer als durch lange Erklärungen erfahren die Teilnehmer, wie ein Rollenspiel abläuft und was von ihnen erwartet wird. Dabei wird nicht nur sozial kompetentes Verhalten im Rollenspiel selbst, sondern auch der angemessene Umgang mit Selbstverstärkung und Selbstkritik gezeigt: Das Rollenspiel wird aufgezeichnet und die beiden Trainer/innen sehen sich gemeinsam mit der Gruppe die Aufzeichnung an. Sie halten bei jeder Szene, in der sie etwas Positives an ihrem Verhalten finden, den Film an, sagen, was sie gut finden und begründen es. Die Trainer sollten sich auch hier wie ein Bewältigungsmodell verhalten und nicht wie Personen, die alles perfekt beherrschen. - Der Projektive Modellfilm, auf dessen Funktion schon eingegangen wurde, ist zugleich eine Form kognitiver Modellierung, obwohl das Modell keine Selbstverbalisationen äußert, sondern die Beobachter dazu anregt. Es gibt ihnen Anreize, auf ihre individuellen Selbstverbalisationen zu achten und sie zu verändern.
- Modellierung findet auch bei der Durchführung und Besprechung der Rollenspiele in den Kleingruppen statt, weil hier das Verhalten anderer (ähnlicher) Teilnehmer zusammen mit der entsprechenden Fremd- und Selbstverstärkung beobachtet wird. Der Trainer lenkt dabei die Aufmerksamkeit auf Verhaltenselemente, die besonders effektiv sind.
- Die im GSK verwendeten Methoden zur Information über das Zielverhalten sind so flexibel, daß sie den individuellen Klientenproblemen angepaßt werden können. So können außer den vorgesehenen drei Modellrollenspielen weitere Vorführungen durch die Trainer erfolgen, wenn es sich um Klienten mit ausgeprägten Verhaltensdefiziten handelt. Bei den Rollenspielen der Teilnehmer kann der betreffende Trainer nach Bedarf kleinere Passagen vorspielen und damit ganz konkret zeigen, worauf es ankommt. Auch die Instruktionspapiere können - je nach Klientengruppe - mehr oder minder intensiv im Verlauf des Trainings bearbeitet werden.

Rollenspiel

Rollenspiele haben in sozialen Kompetenztrainings mindestens zwei Funktionen: Zum einen geht es um die *Verhaltensübung* (Lazarus, 1966), d. h. um das Trainieren von Zielverhaltensweisen in der geschützten therapeutischen Umgebung. In spielerischer Form übt der Klient eine bestimmte Rolle, um die psychologischen Voraussetzungen des Verhaltens in einer Situation ohne reale Folgen so zu lernen, daß es in der Ernstsituation erfolgreich eingesetzt werden kann.

Darüber hinaus sind Rollenspiele eine *Reizkonfrontation* (Exposition) mit gefürchteten Situationen, die gerade für ängstliche Klient/inn/en eine wichtige Voraussetzung für therapeutische Fortschritte bildet (Wlazlo et al., 1992; Taylor, 1996).

Rollenspiele können mit Einzelpersonen oder mit Gruppen durchgeführt werden. Die Themen und Szenen können spontan vorgeschlagen werden oder vorgegeben und standardisiert sein. Die Arbeitsmittel können vom einfachen Kassettenrecorder bis zur kompletten Videoanlage reichen. Bei einem individuellen Training kann die Therapeutin bis ins Einzelne auf die speziellen Probleme, Ängste und Defizite der

Klientin eingehen. Andererseits hat das Training in *Gruppen* neben seiner größeren Wirtschaftlichkeit eine Reihe von Vorteilen:

- Die Teilnehmer erfahren, daß andere Leute ähnliche Probleme haben wie sie.
- Situationen, die sich in einer Gruppe von selbst ergeben, bieten ein größeres Spektrum von Lernmöglichkeiten. Den Teilnehmern stehen verschiedene Verhaltensmodelle zur Verfügung, aus deren Erfolgen und Fehlern sie lernen können. Aus Untersuchungen ist bekannt, daß verschiedene Modelle die Generalisierung fördern. Außerdem ist die Gruppe selbst ein sozialer Reiz und fördert dadurch die Realitätsnähe von Rollenspielen.
- Die Teilnehmer erhalten Feedback und Verstärkung nicht nur von Trainern, sondern auch von der Gruppe.
- Aus einer Gruppe kommen oft kreative Vorschläge und Lösungsmöglichkeiten.
- Unterstützung und Verstärkung durch die Gruppe motivieren dazu, sich an neue Verhaltensweisen heranzuwagen.

Meistens variiert die Gruppengröße zwischen fünf und zehn Personen. Mit zwei Trainern (vorzugsweise männlich und weiblich) hat ein Training zusätzliche Rollenspielpartner und Modelle. In manchen Programmen sind nur die Trainer Rollenspielpartner, in anderen auch die Teilnehmer. Trainer als Rollenspielpartner können den Schwierigkeitsgrad des Spiels auf die Bedürfnisse der Klienten abstimmen und Mißerfolgserlebnisse weitgehend vermeiden. Außerdem können sie in ihrer Partnerrolle gezielt Verstärkungen und Erfolgserlebnisse vermitteln. Deshalb spricht einiges dafür, daß besonders am Anfang des Trainings und bei sehr unsicheren und ängstlichen Klienten ein Trainer bzw. eine Trainerin der Rollenspielpartner sein sollte.

Es gibt Trainings, in denen die Übungssituationen vorgegeben sind und andere, in denen die Situationen zusammen mit den Klienten erarbeitet werden. Um Angst und Mißerfolgserlebnisse zu vermeiden und Erfolgserlebnisse zu vermitteln, sollte man die Klienten die Problemsituationen in eine hierarchische Ordnung bringen lassen und von den leichten zu den anspruchsvolleren Übungen fortschreiten. Erst wenn das Verhalten so gut eingeübt ist, daß es keine Schwierigkeiten mehr macht, sollten es die Klienten in der realen Umwelt ausführen. Die Effektivität von Rollenspielen ist gut belegt (vgl. Bauer, 1979).

Im allgemeinen versteht man unter Verhaltensübung beobachtbares Verhalten. Es gibt aber auch Studien, die *verdeckte Übungstechniken* verwenden. Sie bestehen aus vorgestellten Reaktionen auf Problemsituationen. In zwei Untersuchungen von McFall und Lillesand (1971) und McFall und Twentyman (1973) mit Studenten (von denen man annehmen kann, daß sie ein gutes Vorstellungsvermögen haben), waren verdeckte Übungen ebenso effektiv wie Rollenspiel.

Wie in vielen anderen Trainingsverfahren wird im GSK die meiste Zeit auf die Durchführung und Besprechung von Rollenspielen verwendet. Folgende Aspekte sind dabei hervorzuheben:

- Die Rollenspiele werden in kleinen Gruppen mit vier bis fünf Teilnehmern durchgeführt. So können die Trainer auf die individuellen Probleme und Bedürfnisse der Klienten eingehen, ohne daß auf die Vorteile der Gruppe verzichtet werden muß.
- Als Rollenspielpartner fungieren - bis auf Ausnahmefälle - immer die Trainer/innen, um das Partnerverhalten so gut wie möglich auf die speziellen Schwierigkeiten des betreffenden Klienten einstellen zu können.
- Die Übungssituationen sind zwar standardisiert, die Teilnehmer/innen können jedoch aus einer Vielzahl von Möglichkeiten die Situationen auswählen, die ihren Fähigkeiten und Problemen am besten gerecht werden. Die Aufgaben werden in einer hierarchischen Ordnung mit zunehmender Schwierigkeit bearbeitet.

Verstärkung, Rückmeldung, Video-Feedback

Im zeitlichen Ablauf der Lernphase eines Kompetenztrainings ist die *Rückmeldung* ein Schlußelement. Zuerst erhält die Klientin eine Information über das Zielverhalten. Sie beobachtet zum Beispiel ein Modell. Diese erste Information ist zugleich eine Norm (in der Sprache der Handlungsregulation ein Standard oder Vergleichskriterium), an der ihre Leistung gemessen wird. Auch die Rückmeldung ist eine Information. Sie soll der Klientin mitteilen, was an ihrer Leistung im Vergleich zum Standard gut war und was noch verbessert werden muß. Eine Rückmeldung sollte also aus Verstärkung und konstruktiver (natürlich auf keinen Fall abwertender) Kritik bestehen. *Unbeabsichtigte Verstärkungen* durch die Trainer und die Gruppe kommen in einem Training immer vor, genauso wie jedes Gruppenmitglied für andere zum Modell werden kann, ohne daß dies beabsichtigt ist.

Der *planmäßige Einsatz operanter Verstärkung* spielt zum Beispiel in der Strukturierten Lerntherapie von Goldstein (1978) eine wichtige Rolle; seine Wirkung wurde von Gutride, Goldstein und Hunter (1974) nachgewiesen.

Systematische Rückmeldung geben in den meisten Studien nur die Trainer, in einigen aber auch die Mitglieder der Gruppe. Eisler et al. (1974) benutzten eine drahtlose Übertragungsanlage mit Ohrhörern, um den Klienten während des Rollenspiels bei jeder Annäherung an das Zielverhalten sofort Verstärkung zu geben.

Von allen Arten der Rückmeldung gilt *Video-Feedback* als die genaueste Information, die Klienten über ihre Leistung erhalten können. Das bedeutet aber keineswegs, daß der Klient sich so objektiv sieht wie das Auge der Kamera. Es ist bekannt, daß selbstunsichere und depressive Personen dazu neigen, sich selbst negativer zu bewerten als andere und daß sie extreme, oft unmenschlich strenge Maßstäbe an ihre eigenen Leistungen anlegen (siehe S. 33ff). Es ist anzunehmen, daß solche Klienten Angst davor haben, sich auf dem Bildschirm zu sehen (besonders wenn andere anwesend sind), daß sie eher die negativen als die positiven Aspekte ihrer äußeren Erscheinung und ihres Verhaltens wahrnehmen und daß ihr Urteil entsprechend schlecht ausfällt. Bei diesen Klienten besteht die Gefahr, daß sie ihr negatives Selbstbild bestätigt sehen und noch mehr entmutigt werden. Auch ist die Videoaufnahme selbst nicht objektiv, sondern ist ein ausgewählter, konstruierter und interpretierter Ausschnitt der Realität. Dieser kann z. B. je nach Standpunkt, Neigungswinkel und Brennweite der Kamera verändert werden (vgl. Renner, 1994; Dowrick, 1991)

Es kann deshalb kaum verwundern, daß die Forschungsergebnisse widersprüchlich sind, wenn man bedenkt, wie viele psychische Prozesse und Variablen bei der Video-Rückmeldung eine Rolle spielen. Dazu gehören die Persönlichkeit der Klienten, die Situation (Einzel- oder Gruppensitzung, Zusammensetzung der Gruppe etc.) und die Art und Schwierigkeit der Aufgabe. Die meisten einschlägigen Arbeiten können keine eindeutig positive Wirkung von Video-Feedback belegen. Nach Sarason und Ganzers (1973) Befunden scheint sich ein negativer Effekt besonders bei Personen mit hoher Prüfungsangst zu ergeben. Doch in einem Gruppentraining von Galassi, Kostka und Galassi (1974) fanden die Teilnehmer Video-Feedback mit Trainerkommentaren viel hilfreicher als Feedback von den Trainern oder Gruppenmitgliedern.

Eine Arbeit von Zimmer (1976) ist in diesem Zusammenhang aufschlußreich: In seinem Einzeltraining führte Video-Feedback bei einem großen Teil der Vpn zu einer Erhöhung der Angstwerte und selbstabwertenden Reaktionen. *Wenn aber Video-Feedback mit einer Anleitung zur Selbstverstärkung verbunden wurde, wobei der Trainer Verstärkung nicht für die Leistungen, sondern für angemessene Selbstverstärkung gab, wurden bedeutende Verbesserungen im Vergleich zu den anderen Gruppen festgestellt.*

Das ist ein wichtiger Hinweis auf die Möglichkeit, Video-Feedback als Gelegenheit zur Selbstverstärkung einzusetzen. Selbstverstärkung ist die abschließende Phase des Selbstregulationsvorgangs nach Kanfer, dessen drei Phasen Selbstbeobachtung, Selbstbewertung und Selbstverstärkung nach Art des Regelkreises in Beziehung zueinander und zur Endleistung stehen. Das Ergebnis von Zimmer bestätigt die Annahme, daß eine Veränderung jeder dieser Komponenten zu einer Veränderung der anderen Komponenten und des Verhaltens führen kann (siehe S. 48f). Studien haben gezeigt, daß ein Behandlungserfolg um so wahrscheinlicher ist, je früher Klienten beim Video-Feedback von der typischen selbstkritischen Reaktion am Anfang zu einer sich selbst akzeptierenden Haltung finden (vgl. Heilveil, 1984).

Stoller (1978) hat außerdem darauf hingewiesen, daß Klienten auf dem Bildschirm nicht nur ihr eigenes Verhalten, sondern auch die Reaktionen ihrer Gesprächspartner beobachten sollten, um zu erkennen, wie ihr Verhalten das Verhalten des Partners beeinflußt. Sie sollen sich dabei auch bewußt machen, welche Rückwirkungen das Verhalten des Gesprächspartners auf sie selbst hat. Diese Übungen fördern das Einfühlungsvermögen, die Fähigkeit zur Rollenübernahme und eine sachgerechtere Aufmerksamkeitssteuerung (siehe auch S. 21f).

Im GSK erfolgt Feedback über die Qualität der Leistungen im wesentlichen in zwei Formen:

- Der Trainer beachtet so weit wie möglich die bekannte Grundregel der differentiellen Verstärkung: Er bekräftigt Selbstverstärkungen und sozial kompetente Verhaltensweisen von Klienten, ignoriert dagegen inkompetentes Verhalten. Das gilt für die Besprechung der Rollenspiele ebenso wie für Berichte über die „Hausaufgaben“. Destruktive Selbstkritik wird entschärft: Sie wird in konstruktive Vorsätze umformuliert.
- Video-Feedback wird in folgender Weise eingesetzt: Die Rollenspiele der Klienten werden aufgezeichnet, von ihnen selbst in Gegenwart eines Trainers/einer Trainerin und der Gruppe beurteilt und dann wiederholt, aufgenommen und nochmals bewertet. Die Beurteilung besteht darin, daß die Teilnehmer die Fernbedienung der Videoanlage in die Hand nehmen, das Band immer dann stoppen, wenn sie etwas an ihrem Verhalten gut oder sonstwie bemerkenswert finden und dies auch aussprechen und begründen.

Diese Methode verstärkt die Reizkonfrontationswirkung von Rollenspielen. Außerdem bringt sie die Klientinnen und Klienten dazu, ihre Aufmerksamkeit auf das objektive Interaktionsgeschehen und das Positive an ihrem eigenen Verhalten zu lenken (das heißt, ihre Selbstbeobachtung zu verändern). Das fällt zuerst ebenso schwer wie die vor den anderen Teilnehmern ausgesprochene Selbstverstärkung. Selbstunsichere Personen sind daran gewöhnt, an sich selbst vor allem das Negative zu sehen und sich zu kritisieren. Die neue Art der Selbstbeobachtung dürfte demgegenüber zu einer positiveren (auch objektiveren) Selbstbewertung, zu einer besseren Einschätzung der eigenen Kompetenz und zu einer Neuorientierung der Aufmerksamkeitssteuerung führen. Untersuchungen über die kognitiven Effekte des GSK (siehe S. 72ff) sprechen für die Effizienz dieser Interventionsmethode.

Transfer-Techniken und In-vivo-Konfrontation

Das wichtigste Ziel therapeutischer Trainingsprogramme ist der Transfer, die Übertragung oder Generalisierung der gelernten Verhaltensweisen auf die Situationen des täglichen Lebens. Goldstein et al. (1983) und Goldstein (1995) nennen dazu einige empirisch belegte Grundsätze:

- Man soll in mündlicher, schriftlicher und eventuell bildlicher Form Grundprinzipien oder Strategien angeben, die sowohl im Training als auch im Alltag des Klienten für sozial kompetentes Verhalten relevant sind (z. B.: „Äußern Sie Ihre Forderungen in der Ich-Form!").
- Je größer die Spannweite der verwendeten Stimuli, desto größer die Transfer-Wirkung: Im Training sollten verschiedene Modelle und Rollenspielpartner verwendet werden. Rollenspiele und Hausaufgaben sollten für jede Fertigkeit mehrere relevante Situationen anbieten. Die Rollenspiele sollten in allen ihren Aspekten den Problemsitutionen, mit denen die Klienten in der Realität konfrontiert sind, möglichst ähnlich sein.
- Beim Feedback sollten die Trainer vor allem auf die kontinuierliche Verstärkung der Fortschritte achten und alle bekannten Dimensionen der Verstärkung einbeziehen.
- Die Prinzipien des Überlernens sollten genutzt werden: Die zu lehrende Fertigkeit wird nicht nur einmal, sondern mehrmals modelliert, in schriftlicher Form von den Teilnehmer/innen gelesen, von jedem Gruppenmitglied gespielt, von den anderen beobachtet, in ein Arbeitsheft eingetragen und mehrmals als Hausaufgabe ausgeführt.
- Falls eine Beeinflussung der sozialen Umwelt möglich ist, sollten Bezugspersonen angeleitet werden, relevante Verhaltensweisen der Klienten zu verstärken. Außerdem sollten die Klienten systematisch zur Selbstverstärkung befähigt werden.

Etwa die Hälfte der Effektivitätsstudien zu diesem Verfahren konnten Transfer-Effekte nachweisen (Goldstein et al., 1983). Das ist ein hoher Prozentsatz im Vergleich zu anderen Trainings, von denen nur 14 Prozent Transfer-Effekte nachweisen konnten (Goldstein et al., 1989).

Hausaufgaben sind die typische und häufigste Transfer-Technik. Ihr Sinn besteht darin, daß die Klienten das, was sie in der geschützten therapeutischen Umgebung gelernt haben, in ihrem Alltag (mit dem Risiko des Mißerfolgs) anwenden. Zugleich macht man sich durch solche Aufgaben die positiven Effekte zunutze, die für *Reizkonfrontationsübungen in vivo* empirisch inzwischen eindrucksvoll nachgewiesen wurden. Dabei hat sich eine Kombination zwischen Reizkonfrontation und kognitiver Verhaltenstherapie (siehe S. 70) in vielen Untersuchungen besonders bewährt (Taylor, 1996).

Die Trainer haben zwei Möglichkeiten, Mißerfolgen bei solchen Übungen entgegenzuwirken: (1) Man kann mit sehr leichten Aufgaben beginnen und den Schwierigkeitsgrad langsam nach den Bedürfnissen und Möglichkeiten der Klienten steigern. (2) Man kann die Überzeugung vermitteln, daß die eigentliche Leistung darin besteht, Angst und Hemmungen zu überwinden, in eine gefürchtete, unangenehme Situation *hineinzugehen* und in ihr zu *bleiben.* Nach unserer Erfahrung berichten die Klienten meistens, daß sie erfolgreich waren und daß sie es sich schwieriger vorgestellt hatten. Empfohlen werden Protokolle oder mündliche Berichte über die Hausaufgaben und anschließende Besprechung in der Gruppe.

Hausaufgaben sind auch im GSK das wichtigste Mittel zur Erreichung von Transfer und In-vivo-Konfrontation. Der Verpflichtungscharakter wird dadurch erhöht, daß die Teilnehmer auf vorbereiteten Arbeitsblättern Selbstverpflichtungen eintragen. Ihre Einhaltung wird durch die Besprechung der Aufgaben jedes einzelnen Teilnehmers verstärkt. Die Trainer legen dabei größeren Wert auf den *Versuch* einer Problembewältigung als auf den sichtbaren Erfolg des Verhaltens. Eine Übertragung der Trainingserfahrungen auf den Alltag wird dadurch gefördert, daß im Training nicht nur soziale Fertigkeiten, sondern insbesondere kognitiv-emotionale Bewältigungsstrategien geübt werden. Bei sehr ängstlichen Klienten kann eine Ausdehnung der Konfrontationsübungen sinnvoll sein, die die Klienten selbständig oder in Gegenwart des Therapeuten bzw. anderer Gruppenmitglieder durchführen können (vgl. Pfingsten, 1996b).

Entspannungsmethoden

Immer wieder klingt in der Literatur die Frage an, ob Entspannungstechniken, die ja immerhin als Bestandteil der Systematischen Desensibilisierung eine lange Tradition haben, in Trainings sozialer Kompetenzen verwendet werden sollten. In Verhaltenstrainings nach dem sog. Defizit-Modell werden sie im allgemeinen nicht angewandt, weil man das Problem primär als Mangel an Kompetenz betrachtet. Einige Vertreter kognitiv orientierter Trainings, wie Meichenbaum (1985) verwenden dagegen Entspannung in Verbindung mit Selbstinstruktionen als Bewältigungstechnik zum Umgehen mit Ängsten.

Die Wirkung von Entspannungstechniken wurde bisher meistens in Form von Vergleichen zwischen Systematischer Desensibilisierung und Social Skills-

Training untersucht, aber diese Fragestellung ist so vereinfachend und die Ergebnisse sind dementsprechend ambivalent, daß es sich nicht lohnt, näher darauf einzugehen. Differenzierter ist eine Studie von Trower et al. (1978), die auf die Frage der differentiellen Indikation einging: 20 psychiatrische Patienten mit Defiziten sozialer Kompetenz und 20 mit sozialer Phobie wurden entweder mit Desensibilisierung oder mit Social Skills Training (SST) behandelt. Die Hypothese, daß erstere mehr vom SST profitieren würden, wurde bestätigt. Überraschend war jedoch, daß bei den sozial ängstlichen Patienten beide Verfahren gleich erfolgreich waren. Dieses Ergebnis deutet an, daß SST eine mehrfache Funktion hat: Neben dem Erwerb neuer Verhaltensweisen und der Reizkonfrontation im Rollenspiel ist es ein Ausprobieren der eigenen Fähigkeiten. Im Sinne von Banduras Theorie des Kompetenzvertrauens führt ein erfolgreicher Versuch zu einer positiveren Einschätzung der eigenen Kompetenz, einer Verminderung der Angst und einer realistischeren Erfolgserwartung (siehe S. 24ff).

Systematische Desensibilisierung und ähnliche Verfahren werden in Einzelbehandlung angewandt und kommen schon aus diesem Grund für das GSK nicht in Betracht. Allerdings kommen erfahrungsgemäß immer wieder Teilnehmer, bei denen sich Angst als zentrale Symptomatik erweist. Eine gewisse Rolle spielen soziale Ängste natürlich außerdem bei fast allen Klienten. Deshalb wurde in das GSK ein Entspannungstraining aufgenommen, das in der Gruppe ohne Probleme anwendbar ist. Wir sehen seine Funktion vor allem darin, den Klienten eine Bewältigungsstrategie für den Umgang mit Affektzuständen wie Aufregung und Angst zur Verfügung zu stellen und damit das Vertrauen in die eigene Kompetenz zu fördern.

Techniken der kognitiven Modifikation

In Trainings sozialer Kompetenzen, deren Schwerpunkt auf der Veränderung beobachtbaren Verhaltens liegt, zeigen oft Selbsteinschätzungen, daß auch bedeutsame kognitive und emotionale Veränderungen der Ängstlichkeit, Selbstbewertung usw. eintreten. Die kognitiv orientierten Trainings setzen bei der Veränderung kognitiver Prozesse an, um auf diesem Wege beobachtbares Verhalten und Emotionen zu beeinflussen (siehe S. 19ff).

Als kognitive Trainingsmethoden gelten im allgemeinen die kognitiven Umstrukturierung nach Ellis, die Selbstinstruktionstechniken von Meichenbaum und die Problemlösungstechniken nach D'Zurilla und Goldfried (siehe S. 46ff).

Die Frage, ob bei der Behandlung sozialer Kompetenzprobleme kognitive (meist Selbstinstruktionstrainings) oder reine Verhaltenstrainings erfolgreicher sind, kann bisher nicht eindeutig beantwortet werden. Die Gründe können in der Schwierigkeit liegen, kognitive Prozesse zu messen, oder daran, daß beide Verfahrensformen sowohl Verhalten als auch Kognitionen beeinflussen. Eine weitere Erklärung für die ähnliche Effektivität wird darin gesehen, daß beide Verfahren das Vertrauen in die eigene Kompetenz erhöhen (Kessler, 1982). Von Berg und Zimmer (1981) verglichen ein Verhaltenstraining, ein kognitives Wahrnehmungstraining und eine Kombination von beiden sowie eine Warte-Kontrollgruppe. Auch hier waren alle drei Methoden gleich effektiv und man fand einen signifikanten Zusammenhang von Kompetenzvertrauen und Verhalten.

Es ist anzunehmen, daß manche Klienten mehr auf verhaltensorientierte und andere auf kognitiv orientierte Methoden ansprechen. In einer Studie von Safran, Alden und Davidson (1980) hatten hochängstliche Vpn, die ein verhaltensorientiertes Training erhielten, im Verhaltenstest bessere Ergebnisse als ebenso ängstliche mit einem Selbstinstruktionstraining (SIT). Tendenziell effektiver war das SIT bei Fragebögen zur sozialen Angst und zum Selbstkonzept. Bei niedrig-ängstlichen Vpn gab es keine Unterschiede.

Bei Glass, Gottman und Shmurak (1976) und Twentyman, Pharr und Connor (1980) zeigten im Vergleich zu Verhaltensübungs- und Problemlösetechniken nur die Gruppen mit SIT im Transfer-Test bedeutsame Verbesserungen. Eine Kombination von Verhaltens- und kognitivem Training war in einer Untersuchung mit selbstunsicheren Frauen am erfolgreichsten (Linehan, Goldfried & Goldfried, 1979).

Zimmer (1976) entwickelte ein Selbstregulationstraining nach dem Modell von Kanfer. In diesem Training mit Selbstinstruktionen, Rollenspiel und Video-Feedback achteten die Klienten in ihren Rollenspiel-Aufnahmen auf das, was sie gut gemacht hatten, und teilten es dem Therapeuten mit, der sie dafür verstärkte. Dieses Verfahren führte zu wesentlich besseren Ergebnissen als ein reines Verhaltenstraining. Es hatte bessere Generalisierungswirkungen, führte zu einer stärkeren Abnahme der Angst und Unsicherheit und zu einer zusätzlichen Verbesserung der Selbsteinschätzungen nach drei und zwölf Monaten. Schefft und Kanfer (1987) kombinierten das Selbstregulationsmodell mit dem Selbstsicherheitstraining von Lange und Jakubowski (1976). Die Kombination war effektiver als das Selbstsicherheitstraining allein und als ein klientenzentriertes Training nach Rogers.

Kognitiv orientierte Interventionstechniken sind in vielfältiger Weise in das Trainingsprogramm des GSK integriert:

- Das Erklärungsmodell sozial kompetenten/inkompetenten Verhaltens, das ausführlich besprochen und dessen Anwendung auf die eigenen Probleme eingehend geübt wird, dient der kognitiven Umstrukturierung. Die Klienten lernen mit Hilfe dieses Modells, ihr eigenes Verhalten und die Gründe dafür zu analysieren und positiver zu verarbeiten.
- Ungünstige Selbstverbalisationen und ihre Bedeutung für die individuellen Probleme der Klienten werden bearbeitet und durch zahlreiche (direkte

und indirekte) therapeutische Maßnahmen modifiziert, z. B. durch den projektiven Modellfilm.

- Die Trainer fördern selbstverstärkende Verhaltensweisen - vor allem im Zusammenhang mit den Rollenspielen der Klienten - durch positive Verstärkung. Dadurch sollen auch irrealistische Mißerfolgserwartungen gemindert und internale Erfolgsattributionen gefördert werden.
- Wahrnehmungsverzerrungen im Hinblick auf das eigene Verhalten oder das der Interaktionspartner werden durch Video-Feedback und entsprechende Interventionen der Trainer korrigiert. Weitere kognitive Anteile des GSK wurden bereits in den früheren Abschnitten besprochen oder gehen aus dem Trainingsmanual hervor.

Zusammenfassend kann man sagen, daß die Wirksamkeit der im GSK verwendeten einzelnen Interventionstechniken in empirischen Untersuchungen als gut belegt gelten kann. Allerdings ist das GSK nicht eine Sammlung von einzelnen Techniken, sondern ein theoretisch fundiertes Verfahren, in das diese Techniken integriert wurden. Deshalb muß man sich fragen, ob die Integration in dieser Form auch tatsächlich zu einem Programm geführt hat, dessen Effektivität durch empirische Fakten unter Beweis gestellt werden kann. Der Prüfung dieser Frage ist - unter anderem - das folgende Kapitel gewidmet.

Effektivität des GSK

(Rüdiger Hinsch & Ulrich Pfingsten)

Wie erwähnt kann man nicht davon ausgehen, daß sich aus der Zusammenstellung mehrerer effektiver Einzelkomponenten sozusagen „automatisch" ein besonders effektives Gesamtprogramm ergibt. Deshalb ist im vorliegenden Kapitel zu klären,

- inwieweit der Anwender des GSK von einer Wirksamkeit des Gesamtprogramms ausgehen kann,
- welche Art von Veränderungen bei Klienten durch das GSK bewirkt werden, und
- inwieweit diese Effekte auch über einen längeren Zeitraum erhalten bleiben.

Da der Einsatz des GSK nicht nur an eine bestimmte Klientel gebunden ist, wird eine Klärung dieser Fragen anhand der Anwendung bei drei verschiedenen Klientengruppen versucht. Das wird uns zugleich Gelegenheit geben, die Anwendbarkeit des Verfahrens bei diesen Gruppen zu verdeutlichen, bedeutet jedoch nicht, daß mit dem GSK nur bei diesen Personenkreisen sinnvoll gearbeitet werden kann (vgl. hierzu auch Teil D dieses Buches).

Bei der folgenden Darstellung werden bezüglich der Evaluationsergebnisse aus Gründen der Übersichtlichkeit jeweils nur einige wichtige Befunde referiert. Sie sollen dem Leser in übersichtlicher Form Informationen an die Hand geben, mit deren Hilfe er die Wirksamkeit des GSK beurteilen kann. Der an detaillierteren Ergebnissen interessierte Leser wird - soweit das möglich ist - auf einschlägige Publikationen verwiesen.

Bei den Berichten über unsere Anwendungs- und Evaluationsversuche wird jeweils nach folgendem Muster verfahren:

Zunächst wird kurz über die Modalitäten berichtet, mit denen das GSK bei der jeweiligen Klientengruppe angewendet wurde. Bei der Zielgruppe „Jugendliche" wird dabei auch auf die Gründe eingegangen, die uns überhaupt zum Einsatz des GSK bei dieser Klientel veranlaßten. Soweit sich bei der praktischen Durchführung des Trainings jeweils noch Aspekte ergeben haben, die für einen potentiellen Anwender interessant sein könnten, werden diese ebenfalls referiert.

Der sich daran anschließende Abschnitt beschäftigt sich mit der Evaluation. Die Ergebnisse werden in Form einer Tabelle, die jeweils die Prä- und Post-Test Ergebnisse enthalten, dargestellt und interpretiert. Auf die Darstellung von Kontrollgruppenbefunden wird im Rahmen dieses Buches nur eingegangen, wenn sie aus irgendwelchen Gründen besonders bemerkenswert sind. Liegen neben den Ergebnissen im Post-Test auch solche im Follow-up vor, wird letzteren bei der Darstellung der Vorrang gegeben. Wir sind der Überzeugung, daß den Befunden des Follow-up bei der Erfolgskontrolle grundsätzlich eine größere Bedeutung beizumessen ist als den Ergebnissen des Post-Tests. Im Interesse einer wirklich realistischen Einschätzung des Therapieerfolgs wurden auch die Daten derjenigen Klienten bei der Berechnung der Ergebnisse mitberücksichtigt, die nur unregelmäßig am Training teilgenommen hatten. Der Verzicht auf diese Daten hätte zwar die Befunde etwas „verschönt", würde aber zu unrealistisch überhöhten Erwartungen führen, da in der Praxis immer damit zu rechnen ist, daß einige Klienten nur unregelmäßig am Training teilnehmen.

Meßinstrumente

Die Erfolgskontrolle wurde jeweils mit Hilfe folgender Fragebögen durchgeführt (die verwendeten Meßinstrumente werden hier nur kurz vorgestellt. Nähere Informationen finden sich auf S. 132ff):

(1) U-Fragebogen von Ullrich de Muynck und Ullrich (1977a), der auf sechs Skalen folgende Merkmale erfaßt:

- Fehlschlag- und Kritikangst
- Kontaktangst
- Fordern können
- Nicht Nein sagen können
- Schuldgefühle bei assertivem Verhalten
- Übertriebene Anständigkeit.

Der U-Fragebogen stellt das im deutschsprachigen Raum im Bereich der Diagnostik von Selbstsicherheit am häufigsten eingesetzte Meßinstrument dar. Der Fragebogen ist als bewährt zu betrachten und bietet darüber hinaus den Vorteil, daß die Items relativ verhaltensnah formuliert sind. Ein weiterer Vorteil ist sicher darin zu sehen, daß Normwerte vorliegen (wenn auch nicht von einer repräsentativen Stichprobe). Für etwas problematisch halten wir allerdings den Umstand, daß bei fast allen Items lediglich erfragt wird, inwieweit man sich zutraut, diese oder jene soziale Situation bewältigen zu können. Dabei bleibt offen, ob diese Situation aggressiv oder sozial kompetent bewältigt wird. Es ist möglich, daß eine ausgesprochen aggressive, also in unserem Verständnis sozial inkompetente Person aufgrund der Testwerte im U-Fragebogen als sehr selbstsicher eingestuft wird.

(2) IE-SV-F von Dorrmann und Hinsch (1981), der auf insgesamt acht Skalen die Attribuierungsgewohnheiten in Erfolgs- und Mißerfolgssituationen erfaßt (der Fragebogen befindet sich auf S. 137ff). Der IE-SV-F

wurde ausdrücklich mit dem Ziel entwickelt, die in der kognitiven Verhaltenstherapie als sehr zentral angesehenen kognitiven Vermittlungsprozesse möglichst direkt und differenziert zu erfassen (siehe S. 32f). Darüber hinaus dürfte dieses Instrument für Verfälschungstendenzen weniger anfällig sein als andere Fragebögen.

(3) In den meisten Gruppen wurde dazu noch der *Problemfragebogen* eingesetzt, eine überarbeitete Fassung des SSP (Sander & Lück 1974). Im Unterschied zum Original sind in unserer Version keine Items mehr enthalten, die sich auf spezifisch studentische Probleme beziehen (siehe S. 136f). Der SSP in der hier verwendeten Fassung erfaßt daher das subjektiv erlebte Ausmaß an psychischer Belastung, wobei zu beachten ist, daß die erfragten Probleme sich nur zu einem geringen Teil auf das Problemfeld „Unsicherheit" beziehen. Der Problemfragebogen liefert daher in gewisser Weise ein Maß für die Generalisierung des Trainingseffekts.

Klientengruppe: Erwachsene mit sozialen Kompetenzproblemen

Da die Darstellung im Trainingsmanual sich an der Durchführung bei dieser Klientel orientiert, entfällt der Abschnitt über spezielle Modifikationen. Es soll nur kurz auf einige Besonderheiten des von uns in diesem Zusammenhang untersuchten Personenkreises eingegangen werden. Dabei ist zu berücksichtigen, daß diese Gruppen ausnahmslos aus sozial unsicheren Hörern der Volkshochschule bestanden und daher nicht als repräsentativ für alle Erwachsenen mit sozialen Kompetenzproblemen betrachtet werden können.

Auffällig war, daß manche Teilnehmer nach unserem Eindruck weniger aufgrund eines starken Leidensdrucks, sondern vielmehr aufgrund eines ausgeprägten Kontaktbedürfnisses am Training teilnahmen. Das ist nicht grundsätzlich hinderlich, kann aber dazu führen, daß diesbezügliche Erwartungen enttäuscht werden, was den Therapiefortschritt der ganzen Gruppe hemmen kann. Aus diesem Grunde war bei dieser Klientel die Einführungsveranstaltung, auf der ganz explizit auf Art und Ziel des Trainings eingegangen wird, besonders wichtig. Allerdings entstand bei uns manchmal der Eindruck, daß das sehr explizite Verweisen auf den übenden Charakter des Trainings bei einigen ausgesprochen unsicheren Personen eine abschreckende Wirkung haben kann. Überspitzt formuliert: Gerade diejenigen, für die das Training besonders wichtig wäre, trauen sich eine Teilnahme nicht zu. Die damit angesprochene Problematik dürfte aber kein spezifisches Problem des GSK sein. Hier wäre es grundsätzlich notwendig, über weitere Lösungen nachzudenken, welche auch extrem unsicheren Personen eine Teilnahme an therapeutischen Veranstaltungen ermöglichen (vgl. S. 29).

Ergebnisse

Im Rahmen dieser Evaluationsstudie wurde das GSK bei insgesamt acht Gruppen - bestehend aus Hörern der Bamberger Volkshochschule - durchgeführt. Zwei Gruppen dienten als Wartekontrollgruppen. Die Mittelwerte und Streuungen der 8 Gruppen sowie Ergebnisse der t-Tests für die Prä-Post-Veränderungen (** = p<.01; * = p<.05; + = p<.10) sind in Tabelle 1 aufgeführt.

Tabelle 1: Mittelwerte und Streuungen vor und nach Teilnahme am GSK (52 selbstunsichere Erwachsene)

Skala	PRÄ M (s)	POST M (s)
Fehlschlagangst	44,5 (13,1)	34,2** (15,1)
Kontaktangst	32,9 (13,2)	26,4** (12,0)
Fordern können	31,4 (10,4)	40,5** (13,0)
Nicht Nein sagen können	25,8 (9,8)	20,4** (9,6)
Schuldgefühle	7,2 (4,8)	4,6** (4,1)
Übertriebene Anständigkeit	13,4 (4,9)	11,0** (4,5)
Problemfragebogen	106,3 (24,1)	91,5** (22,3)
IS+ (Fähigkeit)	47,1 (8,2)	52,7** (10,4)
IV+ (Anstrengung)	25,6 (4,1)	27,5** (4,4)
ES+ (leichte Situation)	31,1 (6,7)	28,1** (6,0)
EV+ (Glück)	34,7 (7,4)	33,4* (7,6)
IS- (Unfähigkeit)	30,1 (7,5)	26,6** (8,3)
IV- (mangelnde Anstrengung)	41,9 (5,7)	43,6+ (6,5)
ES- (schwierige Situation)	31,1 (5,7)	30,3 (6,0)
EV- (Pech)	26,3 (4,6)	27,1 (5,5)

Signifikante Effekte sind bei allen Skalen des U-Fragebogens, im Problemfragebogen sowie in fünf der acht Skalen des IE-SV-F zu beobachten (bei Skala IV- zeigt sich eine Tendenz). Im einzelnen kann man diese Ergebnisse so interpretieren, daß bei Klienten durch die Teilnahme am GSK folgende Veränderungen eintreten:

- Die Teilnehmer haben anschließend weniger Angst vor Kontakten mit anderen Menschen.
- Sie fürchten sich weniger vor Kritik anderer und vor Mißerfolgen in sozialen Beziehungen.
- Sie trauen sich eher zu, Forderungen zu stellen und (unberechtigte) Forderungen anderer zurückzuweisen.
- Sie fühlen sich in ihrem sozialen Verhalten weniger durch Schuldgefühle und übertriebene Skrupel eingeschränkt.
- Erfolge begründen sie stärker mit ihrem eigenen Verhalten und mit ihren eigenen Fähigkeiten statt mit
- Ursachen, die außerhalb ihres Einflusses liegen („Glück gehabt", „war ja auch leicht").
- Mißerfolge führen sie weniger auf die eigene Unfähigkeit zurück, tendenziell mehr auf mangelnde Anstrengung.
- Insgesamt fühlen sie sich psychisch weniger belastet.

Tabelle 2: Mittelwerte und Streuungen vor und nach Teilnahme am GSK (19 selbstunsichere Studenten)

Skala	PRÄ M (s)	Follow-up M (s)
Fehlschlagangst	44,7 (11,3)	30,8** (13,9)
Kontaktangst	33,6 (10,2)	20,2** (9,8)
Fordern können	32,1 (10,0)	45,8** (11,6)
Nicht Nein sagen können	24,3 (10,1)	14,9** (9,5)
Schuldgefühle	7,8 (4,1)	4,4** (3,8)
Übertriebene Anständigkeit	12,9 (5,4)	8,1** (4,6)
Problemfragebogen	55,9 (12,2)	45,7** (15,7)
IS+ (Fähigkeit)	46,4 (10,5)	56,6** (9,6)
IV+ (Anstrengung)	23,3 (5,1)	27,7** (4,2)
ES+ (leichte Situation)	31,3 (6,5)	25,5** (9,3)
EV+ (Glück)	34,1 (7,3)	30,9** (9,1)
IS- (Unfähigkeit)	29,6 (6,5)	25,5** (9,4)
IV- (mangelnde Anstrengung)	44,3 (5,7)	46,9** (5,5)
ES- (schwierige Situation)	28,9 (6,8)	29,5 (9,1)
EV- (Pech)	24,6 (4,5)	23,7 (7,7)

Signifikanzen sagen wenig über die praktische Bedeutung von Veränderungen aus. Deshalb haben wir unsere Befunde auf die Skalenwerte „normaler" Vergleichspersonen bezogen.

Es zeigte sich, daß die Trainingsteilnehmer vor dem Training in fast allen Skalen recht erheblich vom „Normalwert" abwichen (und zwar jeweils in Richtung einer größeren psychosozialen Beeinträchtigung), und daß sie sich nach dem Training nur noch wenig von den Werten der „normalen" Bezugspopulation unterschieden. In einigen Fällen (z. B. bei dem Merkmal „Schuldgefühle") wurde der Normalwert sogar unterschritten.

Insgesamt sprechen die Befunde dafür, daß das GSK für diese Gruppe von Klientinnen und Klienten ein wirksames Verfahren zur Reduktion von sozialen Kompetenzproblemen darstellt.

Klientengruppe: Studenten mit sozialen Kompetenzproblemen

Das GSK kann bei Studenten in der im Trainingsmanual beschriebenen Standardversion fast unverändert beibehalten werden. Eine Anpassung bzw. Erweiterung der Rollenspiele um einige „studententypische" Situationen ist sicher empfehlenswert, aber nicht unbedingt notwendig. Der Ablauf gestaltet sich nach unserer Erfahrung in mancher Hinsicht einfacher, in anderer aber auch schwieriger als bei einer nichtstudentischen Population.

Für die Trainer erleichternd sind folgende Aspekte: Studenten haben häufig bereits Erfahrungen in der Durchführung von Rollenspielen und sind auch mit Videoanlagen meist schon vertraut. Insofern sind hier Hemmungen, die auf der Furcht vor der Technik oder der unbekannten Erfahrung des Rollenspiels beruhen, nur gering ausgeprägt. Auch sind kaum Probleme bezüglich des Verständnisses der innerhalb des Trainings angebotenen kognitiven Strukturierungen vorhanden.

Schwieriger gestaltet sich das Training mit Studenten insofern, als gerade diese Gruppe stark dazu tendiert, alle Probleme von einem „rationalisierenden" Standpunkt aus zu betrachten, eine Einstellung, die einem - für den Erfolg jedes Trainings unseres Erachtens unbedingt notwendigen - Mindestmaß an emotionaler Betroffenheit eher entgegensteht.

Ergebnisse

Im Rahmen der zu berichtenden Untersuchung wurde das GSK mit fünf studentischen Gruppen durchgeführt. Zwei Gruppen dienten als Wartekontrollgruppen. Von den übrigen drei liegen sowohl die Ergebnisse des Post-Tests wie auch die des Follow-up nach sieben bis neun Wochen vor. Sie sind bei Hinsch et al. (1983) sowie Hinsch und Pfingsten (1982a,b) ausführlich dargestellt. Hier sollen nur die wichtigsten Befunde noch einmal kurz zusammengefaßt werden.

Tabelle 2 macht deutlich, daß die teilnehmenden Studenten vor dem Training in allen Skalen größere, nach dem Training aber fast durchgängig geringere Beeinträchtigungen als die Bezugspopulation aufweisen. Was die Art der Veränderungen angeht, kann auf den vorangehenden Abschnitt verwiesen werden.

Verglichen mit den Teilnehmern der Volkshochschulkurse profitieren die studentischen Gruppen augenscheinlich noch stärker von einer Teilnahme am GSK. Folgende Erklärungen sind denkbar:

- Es ist möglich, daß das Engagement der Trainer im Laufe der Zeit geringer geworden ist (das GSK wurde bei den studentischen Gruppen zum ersten Mal eingesetzt). Bedingt durch die große Zahl von Gruppen (annähernd zehn), die jeder Trainer betreut hat, ist die Vorstellung naheliegend, daß die Trainer sich inzwischen eher routiniert denn engagiert verhielten. Für diese Erklärung spräche, daß innerhalb der studentischen Gruppen von der ersten bis zur fünften eine leicht absteigende Tendenz bezüglich des Trainingserfolges zu beobachten ist. Gegen diese Erklärung spricht aber, daß dieser Trend bei den Teilnehmern der Volkshochschule eher umgekehrt ist.
- Eine andere Erklärung könnte in einigen Besonderheiten der Gruppe „Volkshochschulbesucher" liegen. Diese Gruppe hat in aller Regel vorher nur wenig Möglichkeiten gehabt, Fragebögen in der hier verwendeten Form auszufüllen. Es wäre denkbar, daß der aus der Therapieforschung bekannte Sensibilisierungseffekt sich bei dieser Gruppe besonders stark ausgewirkt hat. (Als Sensibilisierung bezeichnet man den Umstand, daß Klienten im Anschluß an eine therapeutische Intervention manchmal dazu tendieren, Fragebögen „ehrlicher" zu beantworten, also mehr Probleme zuzugeben als vorher. Dieser Trend kann die durch die Therapie erzielte „wahre" Veränderung ganz oder teilweise verdecken.) Für diese Erklärung spricht, daß einige Teilnehmer der Volkshochschulgruppen sehr extreme Prä-Testwerte in Richtung Problemfreiheit aufwiesen. Daß sich solche Teilnehmer durch das Training eigentlich nur noch „verschlechtern" können, liegt auf der Hand.
- Eine weitere mögliche Erklärung lautet, daß das GSK generell bei nichtstudentischen Teilnehmern weniger erfolgreich ist, weil die kognitiven Anforderungen zu hoch sind. Gegen diese Erklärung spricht, daß die Trainer bei der Durchführung des GSK nur in sehr seltenen Einzelfällen den Eindruck hatten, daß Teilnehmer durch kognitive Elemente ernsthaft überfordert wären.

Inwieweit und ob die angeführten Faktoren überhaupt von Bedeutung sind, kann zum gegenwärtigen Zeitpunkt nicht entschieden werden. Nicht geklärt ist auch der Einfluß der Trainer auf den Erfolg des GSK. Betrachtet man die Ergebnisse der einzelnen Gruppen, zeigen sich zwar z. T. beträchtliche Unterschiede, von denen wir oft zunächst den Eindruck hatten, sie seien ein Effekt unterschiedlichen Trainerverhaltens. Genauere Untersuchungen konnten diese Annahme aber bisher nie bestätigen.

Wir haben daher keine begründeten Annahmen über die Faktoren, auf die der mehr oder weniger große Erfolg einer Gruppe zurückgeführt werden könnte. Nach unserem Eindruck ist die Struktur der Gruppe - die eher zufällig zustande gekommene spezifische Zusammensetzung verschiedener Individuen - eine ganz gewichtige Determinante des mehr oder weniger großen Erfolges. Dies ist aber lediglich ein subjektiver Eindruck. Detailliertere Aussagen oder gar harte empirische Fakten können wir dazu nicht vorlegen. Zumindest hat uns die aus unseren Daten nicht ersichtliche Systematik gegenüber den in der Literatur beliebten Untersuchungen mißtrauisch gemacht, in denen aus dem Vergleich von nur zwei Gruppen auf die Überlegenheit dieser oder jener Behandlung geschlossen wird.

Über all diesen Überlegungen sollte jedoch nicht vergessen werden, daß sich auch die Gruppen, bei denen der Erfolg geringer war, in bezug auf wesentliche Kriterien spürbar verbesserten. Es gab keine Gruppe, bei der überhaupt kein Effekt oder gar eine Verschlechterung festgestellt werden konnte.

Klientengruppe: Jugendliche *(Detlev Gagel)*

Das GSK wurde bei Jugendlichen in zwei voneinander unabhängigen Projekten eingesetzt und evaluiert (Affeldt, 1981; Gagel, 1982). Noch stärker als bei den bisher beschriebenen Klientengruppen steht bei Kindern und Jugendlichen die präventive Funktion im Vordergrund. Es ist davon ausgegangen worden, daß die für das Jugendalter typischen und subjektiv oft als sehr belastend erlebten Probleme (auch) in einem Mangel an sozialen Kompetenzen begründet sind.

Jugendliche sind besonders vulnerabel für die Entwicklung verschiedener Probleme bis hin zu psychiatrischen Erkrankungen, wenn soziale Kompetenzen nicht oder nur eingeschränkt aufgebaut werden konnten. Dworkin et al. (1991) stellten in einer Verlaufsuntersuchung bei Kindern und Jugendlichen anhand von videographierten Interviews fest, daß sich in der Kindheit keine Unterschiede in der sozialen Kompetenz zwischen Kindern mit einem Risiko für eine schizophrene Erkrankung, für eine affektive Psychose und Kindern ohne ein solches Risiko finden ließen, jedoch in der frühen und späten Adoleszenz. Hier zeigte sich, daß Jugendliche mit einer geringeren sozialen Kompetenz ein höheres Risiko hatten, an einer Schizophrenie zu erkranken. In einer weiteren Untersuchung von Dworkin et al. (1994), die auf Interviews mit Eltern basierte, fanden sich bei Jugendlichen mit einem erhöhten Risiko für eine Schizophrenie insbesondere weniger Sozialkontakte zu Gleichaltrigen und weniger Interessen und Hobbys als bei Jugendlichen mit einem Risiko für eine affektive Psychose oder ohne diesen Risikofaktor. Die Autoren folgern daraus, daß eine geringer ausgeprägte soziale Kompetenz eine nicht unbedeutende Rolle bei Entstehung und Verlauf einer schizophrenen Erkrankung haben kann.

Dabei scheint für die Entwicklung sozialer Kompetenz das in der Herkunftsfamilie zugrundeliegende Bindungsmuster von Bedeutung zu sein. Anhand von strukturierten Interviews konnte Brennan (1993) aufzeigen, daß, je nachdem, ob die Bindung zur Herkunftsfamilie als sicher, unsicher oder abgelehnt charakterisiert werden konnte, sich sehr unterschiedliche Einstellungen zu sich selbst und zu anderen mit unterschiedlichen Mustern der emotionalen Regulation und einem unterschiedlichen Risikopotential für eine Fehlentwicklung herausbildeten.

In einer Studie von Apter et al. (1991) zeigte sich, daß Jugendliche mit einer chronischen Erkrankung (Temporallappen-Epilepsie und chronisches Asthma bronchiale) mehr soziale und Verhaltensprobleme hatten als eine Vergleichsgruppe gesunder Jugendlicher.

Suizidales Risiko war in einer schwedischen Untersuchung sowohl bei schwedischen als auch bei türkischen Jugendlichen neben anderen Faktoren bei einem Mangel an sozialen Fertigkeiten signifikant erhöht bzw. ließ sich als signifikanter Prädiktor für das aktuelle Suizidrisiko identifizieren, wobei es sich um eine retrospektive Studie handelte (Eskin, 1995).

Als diagnostisches Instrument für die Erfassung sozialer Fertigkeiten und antisozialen Verhaltens wurde von Merrel (1993) die Sozialverhaltens-Skala für Schulen entwickelt, bei der die Einschätzung (Rating) des Lehrers herangezogen wird. Sie zeigte mittlere bis gute Reliabilitätsergebnisse, eine gute Inhalts-, Konstrukt- sowie Diskriminanz-Validität und eine solide Faktorenstruktur.

In der Vergangenheit wurde eine Vielzahl von Trainings zur sozialen Kompetenz für Jugendliche mit bestimmten Problemen und Verhaltensauffälligkeiten entwickelt. Dabei unterscheiden sich die einzelnen Verfahren in ihrem Aufbau, dem Schwerpunkt ihrer Zielsetzung und dementsprechend der Zusammenstellung der verschiedenen Elemente und Interventionstechniken.

Im folgenden sollen aus präventiver Sicht verschiedene Problembereiche aufgezeigt werden, denen Jugendliche allgemein während ihrer Entwicklung ausgesetzt sind. Einen hierfür geeigneten, auf das Kompetenzkonzept gut zu beziehenden theoretischen Rahmen bietet der Ansatz der Entwicklungsaufgaben von Havighurst (1951). Er bietet mehrere Vorteile:

- Entwicklungsaufgaben können entsprechend den jeweiligen gesellschaftspolitischen und soziokulturellen Bedingungen definiert werden. An einen Jugendlichen der westlichen Industrienationen werden andere Anforderungen gestellt als an einen, der in einem Entwicklungsland zu Hause ist.
- Entwicklungsaufgaben können auf den einzelnen zugeschnitten werden. Ein Kind aus einem reichen Elternhaus ist vor andere Aufgaben gestellt als ein Kind aus ungünstigen ökonomischen Verhältnissen.
- Entwicklungsaufgaben können dem Wandel der Zeit angepaßt werden. Es ist zu vermuten, daß heute andere Entwicklungsaufgaben gefordert werden als in zwanzig Jahren.
- Entwicklungsaufgaben beziehen auch die Verantwortung der Umwelt mit ein. So wird z. B. die sexuelle Entwicklung eines Jugendlichen sehr stark durch die Haltung der Eltern beeinflußt.

Als wesentliche, sich für Jugendliche des westlichen Kulturkreises stellende Entwicklungsaufgaben lassen sich die folgenden nennen:

1. Die Berufs- und Tätigkeitsfindung, um
2. die finanzielle Unabhängigkeit vom Elternhaus durch den Aufbau einer eigenen materiellen Lebensgrundlage zu erreichen.
3. Die allmähliche Ablösung vom Elternhaus in sozialer Hinsicht durch den Aufbau eigener sozialer Beziehungen.
4. Die Bewältigung der mit der für das Jugendalter spezifischen körperlichen Entwicklung (Längenwachstum, Erlangung der Geschlechtsreife) verbundenen psychischen Probleme als Voraussetzung für
5. die sexuelle Weiterentwicklung bis hin zu heterosexuellen Beziehungen.
6. Der vorläufige Abschluß einer kontinuierlichen Entwicklung als Voraussetzung für
7. die allmähliche Ausbildung von Norm- und Wertbegriffen zur Entwicklung eines eigenen Moral- und Wertsystems.

Für eine erfolgreiche Bewältigung dieser Entwicklungsaufgaben sind bestimmte soziale Kompetenzen notwendig. Dies soll anhand der drei Trainingsbereiche des GSK („Forderungen durchsetzen", „Beziehungen" und „Um Sympathie werben") an einigen Beispielen erläutert werden (Die Benennung der Trainingsbereiche wurde in Abstimmung auf die spezifische Klientengruppe etwas verändert. Inhaltlich verbirgt sich dahinter jedoch im wesentlichen das gleiche.):

Für die erste Entwicklungsaufgabe, das Finden einer geeigneten Berufstätigkeit, sind sicher intellektuelle und manuelle Fähigkeiten sehr entscheidend. Darüber hinaus sind aber soziale Kompetenzen von nicht zu unterschätzender Bedeutung: Der Jugendliche muß in der Lage sein, seine Interessen und Neigungen zu äußern sowie Forderungen formulieren und durchsetzen zu können. Dies gilt z. B. für Bewerbungssituationen: Untersuchungen zeigen, daß die Chancen auf einen Arbeitsplatz mit dem Ausmaß an sozialer Kompetenz steigen (Wilhelm-Reiss, 1979).

Die dritte Entwicklungsaufgabe (soziale Ablösung vom Elternhaus) dürfte für Jugendliche einen ganz zentralen Platz einnehmen. Da diese um so besser gelingen wird, je mehr und je engere Beziehungen zu Personen außerhalb der Familie aufgebaut werden, kommt der Fähigkeit des Kontaktaufnehmens eine entscheidende Rolle zu. Für die gleichzeitig stattfindenden Auseinandersetzungen mit den Eltern ist es wiederum erforderlich, daß der Jugendliche seine Bedürfnisse offen äußern und in konstruktiver Weise vertreten kann (wobei hier je nach Lage der Dinge der Trainingsbereich „Forderungen durchsetzen" oder „Beziehungen verbessern" tangiert wird). Idealerweise sollte der Jugendliche in der Lage sein, Kontakte zu Gleichaltrigen aufzubauen und gleichzeitig die Beziehung zu den Eltern dadurch aufrechtzuerhalten bzw. zu verbessern, daß sie auf eine neue, mit der Entwicklungsaufgabe des Jugendlichen harmonierende Basis gestellt wird.

Die mit den körperlichen Veränderungen der Reifezeit oft einhergehenden psychischen Probleme werden um so geringer sein, je weniger der Jugendliche zu selbstabwertenden Selbstverbalisationen tendiert und je besser er anderen seine Probleme mitteilen kann.

Ähnliches gilt auch für den Aufbau heterosexueller Beziehungen. Ohne ein Mindestmaß sozialer Kompetenz im Bereich „Kontakt aufnehmen" und „Beziehungen verbessern" werden diese kaum befriedigend verlaufen.

Aus den genannten Beispielen darf nicht der Schluß gezogen werden, daß das Ziel der Durchführung des GSK bei Jugendlichen darin bestünde, sämtliche Probleme der Jugendlichen zu beseitigen. Es ist im Gegenteil ein Anliegen der Trainer, derartige Erwartungen abzubauen. So läßt sich das Ziel des Trainings eher dahingehend umreißen, daß Probleme dort nicht gelöst, wohl aber Fertigkeiten vermittelt werden, die die Basis für eine Bewältigung dieser Probleme darstellen können. Soziale Kompetenz als Trainingsziel ist damit weitgehend synonym mit der in der Literatur thematisierten Fähigkeit zur Selbstregulation.

Die Durchführung des GSK bei Jugendlichen

Für die Durchführung bei Jugendlichen wurde das Konzept des GSK nur geringfügig verändert. Im wesentlichen waren hiervon das Diskriminationstraining zur Unterscheidung von sicherem, unsicherem und aggressivem Verhalten sowie die Situationen für die Rollenspiele betroffen. Hier wurde jeweils versucht, Formulierungen zu finden, die stärker auf die spezifischen Probleme der Jugendlichen Bezug nehmen, z. B.:

> *Situation*: Du kaufst eine Karte für das Theater. Als Du bezahlen willst, fällt Dir ein, daß Du als Schüler sicher einen ermäßigten Preis bekommst. Du verlangst eine verbilligte Karte.
>
> *Instruktion*: Zeige Deinen Schülerausweis vor und beharre auf einer ermäßigten Karte, selbst wenn es der Verkäuferin zu viel Arbeit ist, die Karten umzutauschen.

In ähnlicher Weise wurden auch die Situationen des Diskriminationstrainings (S. 98f) umformuliert (Die geänderten Rollenspielsituationen sowie das an Jugendliche angepaßte Diskriminationstraining können über die Homepage der Autoren [Adresse im Impressum] heruntergeladen werden).

Bei Affeldt (1981) wurden noch darüber hinausgehende Veränderungen vorgenommen: Die Rollenspiele wurden aus dem normalen Trainingsablauf herausgenommen und separat in vier zweistündigen Trainingssitzungen durchgeführt. Ob eine solche Trennung zwischen „Theorie-" und „Praxisteil" zu empfehlen ist, läßt sich aufgrund der vorliegenden Ergebnisse (siehe folgender Abschnitt) nicht entscheiden.

Eine weitere Modifikation ist hinsichtlich der Gewichtung der Trainingsbereiche geboten. Sowohl bei Affeldt wie auch bei Gagel deuten die Ergebnisse der Prä-Tests darauf hin, daß die Jugendlichen bezüglich „Fordern können" relativ wenig, bezüglich „Fehlschlag- und Kritikangst", „Kontaktangst" und „Nicht-nein-sagen-können" dafür vergleichsweise stärkere Probleme haben. Insgesamt sind jedoch die Eingangswerte in beiden Gruppen so erstaunlich niedrig - niedrig im Sinne von wenig problembelastet -, daß es kaum gerechtfertigt ist, hier von sozial inkompetenten Jugendlichen zu sprechen.

Es bietet sich daher an, den Trainingsbereich „Forderungen durchsetzen" zugunsten der beiden anderen („Beziehungen verbessern", „Kontaktaufnehmen") zu kürzen. Damit wird der spezifischen Problemlage Jugendlicher wahrscheinlich besser entsprochen.

Ergebnisse

Im folgenden wird über die Ergebnisse von Affeldt, (1981; Affeldt & Redlich, 1984) und Gagel (1982) berichtet. Da diese Projekte unabhängig voneinander entstanden sind, wird ihnen jeweils ein eigener Abschnitt gewidmet.

Das Projekt von Affeldt

Affeldt führte das GSK im Rahmen seiner Tätigkeit als Beratungslehrer an einer integrierten Ganztags-Gesamtschule in Hamburg durch. Es nahmen 13 Schüler (sechs Mädchen, sieben Jungen) im Alter von 17-18 Jahren teil. Eine unbehandelte Kontrollgruppe bestand aus 19 gleichaltrigen Schülern (neun Mädchen, zehn Jungen). Das Training wurde von Affeldt selbst geleitet; bei den Rollenspiel-Sitzungen assistierte ihm eine Co-Trainerin.

Tabelle 3: Mittelwerte und Streuungen vor und nach Teilnahme am GSK (13 selbstunsichere Jugendliche aus Hamburg)

Skala	PRÄ M (s)	Follow-up M (s)
Fehlschlagangst	31,3 (12,2)	18,7** (9,6)
Kontaktangst	31,5 (14,4)	22,5** (12,2)
Fordern können	47,0 (8,4)	51,6+ (11,5)
Nicht Nein sagen können	21,8 (8,5)	12,1** (6,6)
Schuldgefühle	8,0 (4,2)	4,5** (3,6)
Übertriebene Anständigkeit	10,5 (4,0)	6,2** (4,0)
Problemfragebogen	104,5 (16,8)	87,0* (20,1)
IS+ (Fähigkeit)	52,0 (7,3)	54,7 (9,4)
IV+ (Anstrengung)	22,4 (5,2)	23,9 (5,7)
ES+ (leichte Situation)	32,5 (3,1)	30,3+ (5,1)
EV+ (Glück)	33,1 (5,6)	29,3** (6,0)
IS- (Unfähigkeit)	24,4 (6,5)	19,8+ (6,5)
IV- (mangelnde Anstrengung)	36,1 (8,9)	34,8 (10,4)
ES- (schwierige Situation)	30,8 (6,0)	25,8* (5,4)
EV- (Pech)	29,5 (6,0)	27,1 (4,6)

Als Meßinstrumente wurden in einer Prä-Post-Messung der U-Fragebogen, der IE-SV-F, der Problemfragebogen und der Feedbackbogen (siehe S. 136ff) eingesetzt. Darüber hinaus fanden noch weitere Meßinstrumente Verwendung, die hier aber außer acht gelassen werden sollen.

Die Ergebnisse der Prä-Post-Messungen sind in Tabelle 3 aufgeführt.

Deutliche Veränderungen der Testwerte finden sich v. a. bei den Skalen des U-Fragebogens mit einer - sehr bezeichnenden - Ausnahme: die Verbesserung in „Fordern können" ist relativ gering und lediglich auf dem 10 %-Niveau signifikant, ein Ergebnis, welches sich auch bei Gagel findet und wohl mit den gerade in dieser Skala auffallend hohen Eingangswerten dieser Gruppen erklärt werden muß.

Davon abgesehen sind die übrigen Veränderungen im U-Fragebogen jedoch sehr eindeutig. Ohne Ausnahme liegen die Post-Test-Werte der Teilnehmer (z.T um fast eine Standardabweichung) günstiger als das Niveau der Bezugspopulation: Die Jugendlichen hatten nach dem Training ausgesprochen wenig „Fehlschlag- und Kritikangst", wenig „Kontaktangst", konnten ihre Forderungen gut zum Ausdruck bringen, berichteten über geringe Schwierigkeiten bezüglich „Nicht-nein-sagen-können" und hatten sowohl in „Schuldgefühle" wie auch in „Übertriebene Anständigkeit" auffallend niedrige Werte.

Während auch die Veränderung bezüglich des Problemfragebogens in etwa das Ausmaß der Skalen des U-Fragebogens erreicht, wirken die Ergebnisse zum IE-SV-F etwas enttäuschend. Die Veränderungen sind zwar durchgängig in der erwarteten Richtung (Erfolge werden nach dem Training stärker internal und weniger external, Mißerfolge dagegen weniger auf Unfähigkeit als auf mangelnde Anstrengung attribuiert), sind aber in ihrem Ausmaß doch relativ gering und auch nur z. T. signifikant.

Dabei mag eine Rolle spielen, daß sich die in der Tabelle angegebenen Signifikanzen auf die Rohwerte beziehen. Gerade bei den Daten Affeldts hätte eine Signifikanzberechnung aufgrund der korrigierten Werte (vgl. S. 133) vielleicht zu eindeutigeren Ergebnissen geführt, da die Jugendlichen im Nachtest sehr viel stärker als im Vortest dazu tendierten, den Items zuzustimmen. Leider war uns eine entsprechende Berechnung nicht möglich, da die Rohwerte der Teilnehmer nicht zur Verfügung standen.

Das Projekt von Gagel

Gagel führte das GSK mit 21 Bamberger Schülern (Gymnasium bzw. Fachoberschule) im Alter von 16 bis 23 Jahren durch. Das Training wurde von dem Autor selbst und einem Diplom-Pädagogen als Co-Trainer geleitet. In einem Wartekontrollgruppendesign wurden die gleichen Meßinstrumente eingesetzt wie in den anderen hier angeführten Untersuchungen zum GSK. Die Effekte wurden nach Abschluß des Trainings und noch einmal nach acht Wochen überprüft (Follow-up). Die Ergebnisse sind in Tabelle 4 dargestellt.

Die Befunde im Post-Test entsprechen weitgehend den hier dargestellten des Follow-up. Insgesamt ist eine Tendenz erkennbar, daß die Veränderungen im Follow-up etwas deutlicher sind als direkt im Anschluß an das Training.

Im Vergleich zu Affeldt fällt auf, daß die Veränderungen in den Skalen des U-Fragebogens durchweg geringer sind. Zwar haben die Jugendlichen im Vergleich zum Vortest im Follow-up bedeutsam weniger

Tabelle 4: Mittelwerte und Streuungen vor und nach Teilnahme am GSK (19 selbstunsichere Jugendliche aus Bamberg)

Skala	PRÄ M (s)	Follow-up M (s)
Fehlschlagangst	37,8 (9,7)	32,0* (15,0)
Kontaktangst	32,4 (10,0)	26,1* (12,9)
Fordern können	41,6 (8,6)	44,7+ (10,3)
Nicht Nein sagen können	19,9 (8,5)	16,1* (9,5)
Schuldgefühle	5,1 (3,9)	4,9 (3,6)
Übertriebene Anständigkeit	11,3 (4,1)	10,0 (3,7)
Problemfragebogen	109,5 (25,9)	99,3* (27,5)
IS+ (Fähigkeit)	47,1 (5,0)	51,9* (7,7)
IV+ (Anstrengung)	24,3 (4,4)	25,8+ (3,9)
ES+ (leichte Situation)	29,7 (4,4)	25,5** (5,3)
EV+ (Glück)	33,6 (4,8)	32,0 (5,8)
IS- (Unfähigkeit)	28,8 (6,3)	26,1+ (8,8)
IV- (mangelnde Anstrengung)	40,9 (4,6)	43,4* (5,5)
ES- (schwierige Situation)	31,6 (5,0)	28,6+ (7,0)
EV- (Pech)	31,6 (5,0)	28,6 (7,0)

„Fehlschlag- und Kritikangst", weniger „Kontaktangst", auch die Werte in „Nicht-nein-sagen-können" sind bedeutsam kleiner als bei Affeldt. Das gleiche gilt für den Problemfragebogen, auch hier sind die Veränderungen zwar signifikant, relativ betrachtet aber eher gering.

Beim IE-SV-F dagegen gleicht das Ausmaß der Veränderung in etwa dem bei Affeldt bzw. ist sogar tendenziell größer. Auch hier entspricht die Richtung aller Veränderungen den Erwartungen: Nach dem Training werden Erfolge stärker auf innerhalb der eigenen Person liegende Ursachen zurückgeführt und weniger auf externale. Mißerfolge werden dagegen weniger mit der eigenen Unfähigkeit, dafür aber stärker mit mangelnder Anstrengung erklärt.

Betrachtet man beide Projekte im Zusammenhang, kann man den Schluß ziehen, daß die beschriebenen Versuche zu einer Adaptation des GSK an eine jugendliche Klientel durchaus erfolgversprechend sind. Auch hier konnten eine Reihe von erwartungsgemäßen Veränderungen durch die Trainingsteilnahme nachgewiesen werden, wenngleich diese Effekte insbesondere im kognitiven Bereich weniger deutlich ausfielen. Ob die sich andeutenden Unterschiede zwischen den Befunden von Gagel und Affeldt in der etwas unterschiedlichen Trainingskonzeption oder in anderen Dingen begründet sind, kann hier nicht entschieden werden. An anderer Stelle wurde schon darauf hingewiesen, daß man sich vor zu weitgehenden Interpretationen von Einzelbefunden hüten müsse (und die Ergebnisse einer Gruppe sind in diesem Sinne Einzelbefunde).

Beide Projekte lassen ohnehin noch Fragen unbeantwortet: Sowohl bei Gagel als auch bei Affeldt weisen die Eingangswerte die Trainingsteilnehmer als relativ wenig problembelastet aus (was wahrscheinlich auf die Selektion zurückzuführen ist, die sich offenbar weniger am Leidensdruck als an einem Interesse an psychologischen Fragestellungen orientierte). Bei beiden Projekten handelt es sich zudem um Jugendliche mit einem höheren Bildungsniveau. Es wäre zu fragen, wie die Trainingseffekte bei einer Klientel beschaffen wären, die aus stärker problembelasteten Jugendlichen und solchen aus niedrigeren sozialen Schichten bestünde.

Langfristige Effekte *(Ulrich Pfingsten)*

Abgesehen davon, daß man von psychosozialen Trainingsmaßnahmen kurzfristige Effekte auf die Problematik von Klienten erwartet, ist es für den Praktiker von besonderer Bedeutung, ob solche konstruktiven Veränderungen auch über einen wirklich bedeutsamen Zeitraum hin erhalten bleiben. Gerade bei gruppentherapeutischen Verfahren ist immer mit „Strohfeuer"-Effekten zu rechnen, zum Beispiel in dem Sinne, daß die Teilnehmer bei Abschluß der Intervention - angeregt durch eine angenehme Gruppenatmosphäre, „spannende“ Übungen usw. - für eine gewisse Zeit den Eindruck haben, daß sie „ja doch nicht so schlecht mit anderen Menschen auskommen“, daß nun auch im eigenen Leben „alles anders wird“ usw.

Außerdem ist zu bedenken, daß eine Beibehaltung der in Kompetenztrainings gelernten Verhaltensmuster im Alltag auf die Dauer von der (sozialen) Umwelt der Klienten abhängt: sie kann die Realisierung dieser Muster unterstützen, aber auch schwächen (vgl. S. 40). Die damit verbundenen Probleme spitzen sich besonders bei mehr oder minder standardisierten Gruppentrainings zu, weil diese ja nicht genau auf die individuelle Problematik der einzelnen Teilnehmer abgestimmt werden können. Letztlich mag man auch angesichts der Kompaktheit des GSK-Standardprogramms (üblicherweise 7 Sitzungen) geneigt sein, die Dauerhaftigkeit der erzielten psychosozialen Veränderungen bei den Klienten in Frage zu stellen.

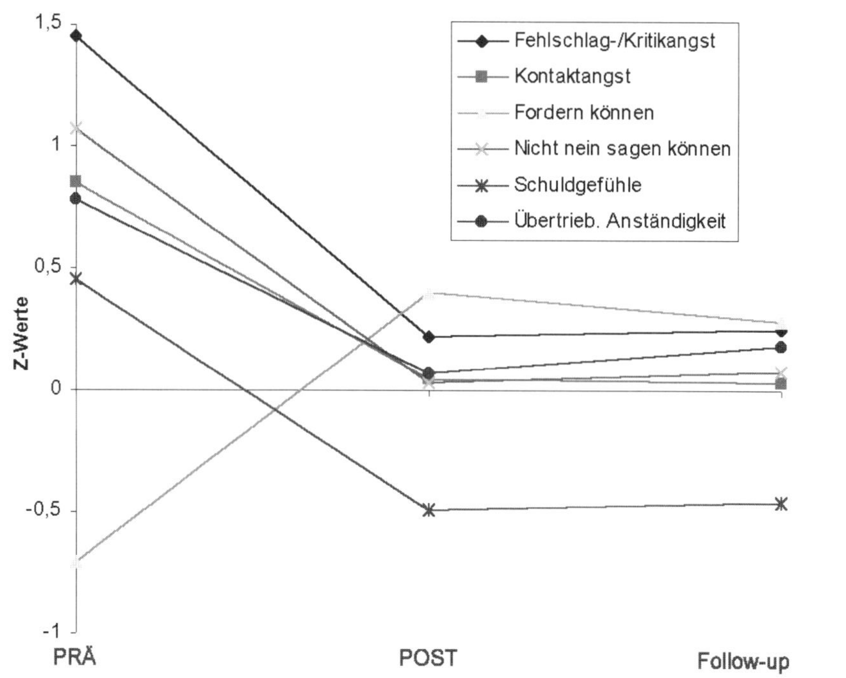

Abbildung 4: Skalenwerte (z-transformiert) im U-Fragebogen vor und nach der Teilnahme am GSK sowie im Follow-up (30 selbstunsichere Erwachsene)

Angesichts dieser wichtigen Vorbehalte haben wir bei der auf Seite 73ff beschriebenen Gruppe von (erwachsenen) GSK-Teilnehmern mit sozialen Kompetenzproblemen längerfristige Nachuntersuchungen durchgeführt. Die Follow-up-Zeitpunkte lagen dabei zwischen 14 und 27 Monaten (durchschnittlich fast 1 1/2 Jahre) nach Trainingsende. Von 52 angeschriebenen ehemaligen Teilnehmern nahmen 30 an der Untersuchung teil. Als Meßinstrumente wurden der U-Fragebogen und der IE-SV-F eingesetzt.

Die Ergebnisse dieser Studie, über die an anderer Stelle ausführlicher berichtet wurde (Pfingsten, 1987), sind bemerkenswert eindeutig und lassen sich kurz zusammenfassen: Die kurzfristig aufweisbaren konstruktiven Veränderungen blieben auch im Langzeit-Follow-up erhalten. Das gilt für alle Skalen des U-Fragebogens sowie für die einschlägigen Skalen des IE-SV-F (IS+, IV+, ES+ und IS-). Beispielhaft sind die Ergebnisse für die Skalen des U-Fragebogens in Abbildung 4 dargestellt. Die dargestellten Werte wurden z-transformiert, so daß ein Wert von 0 dem Mittelwert der „Normalpopulation“ entspricht. Die Ergebnisse sind sehr überzeugend. Vor dem Training zeigen sich deutliche Abweichungen vom „Normalwert“ in Richtung einer höheren Problembelastung. Nach dem Training und auch noch im Follow-up entsprechenden die Werte weitgehend der „Normalpopulation“, wobei sich zwischen Post-Test und Follow-up in keinem Fall signifikante Änderungen zeigten. Die Werte blieben weitgehend konstant.

Allerdings muß einschränkend hinzugefügt werden, daß es wahrscheinlich vor allem die erfolgreicheren Teilnehmer waren, die an der Studie teilnahmen - ein Effekt, der bei der Interpretation derartiger Langzeit-Untersuchungen oft nur unzureichend berücksichtigt wird. Dennoch können wir - angesichts der Rücklaufquote von mehr als 50 Prozent - sagen, daß es zumindest bei einem großen Teil der betreffenden Klienten durch die Teilnahme am GSK zu bemerkenswert dauerhaften konstruktiven Veränderungen kam. Interessant ist dabei, daß sich diese Personen in allen Skalen des U-Fragebogens auch 1 1/2 Jahre nach dem Training nur noch unwesentlich von den Werten einer „normalen“ Vergleichspopulation unterschieden.

Viele der in diesem Kapitel dargestellten Untersuchungsbefunde bei verschiedenen Klientengruppen konvergieren im Sinne einer Wirksamkeit des GSK. Trotzdem wird mancher Leser feststellen, daß eine Reihe von wichtigen Fragen offenbleiben. Wir hoffen, daß diese Fragen in möglichst vielen Fällen Anlaß für eigene Klärungsversuche werden (vgl. auch S. 130ff). In diesem Sinne sind wir für Erfahrungsberichte und Untersuchungsergebnisse zum Einsatz des GSK im Interesse einer Weiterentwicklung des Trainings sehr dankbar.

Teil C: Durchführung des GSK

Die praktische Durchführung des GSK wird in drei Kapiteln behandelt:

- Im *Trainingsmanual* wird der Ablauf der Trainingssitzungen detailliert beschrieben.
- Daran anschließend finden sich *weitere praktische Hinweise und Trainingsmaterialien*, die im Manual nicht enthalten sind.
- Möglichkeiten der *Erfolgskontrolle* für den Anwender werden vorgestellt.

Das folgende Manual beschreibt den Ablauf des GSK als Standardverfahren mit sieben Sitzungen von jeweils 150 bis 180 Minuten. Diese Trainingsdauer kann nicht als verbindliche Norm betrachtet werden. Die Erfahrungen der Praxis zeigen, daß die Zahl der Sitzungen in Abhängigkeit von Gruppengröße, -zusammensetzung und Klientenpopulation stark variieren kann. Zudem werden einem in der Praxis oft organisatorische und zeitliche Strukturen vorgegeben, die eine entsprechende Veränderung des hier beschriebenen Standardverfahrens notwendig machen.

Eine Veränderung der Trainingsdauer wird in aller Regel auf eine Verlängerung hinauslaufen. Sie wird darin bestehen, daß bestimmte Elemente intensiver geübt oder mehrfach wiederholt werden (z. B. die Rollenspiele mit Videofeedback) oder daß neue Elemente hinzugefügt werden (z. B. ein neuer, für eine bestimmte Klientel relevanter Situationstyp). In diesen Fällen kann jeder Benutzer dieses Manuals die entsprechenden Erweiterungen und Veränderungen selbst vornehmen, ohne die grundlegende Struktur ändern zu müssen. Anregungen und Beispiele dafür finden sich in Teil D.

Gegenüber der vorherigen Auflage wurden folgende Veränderungen vorgenommen:

- Die Arbeitspapiere wurden durchnumeriert (vgl. S. 164). Aus Kompatibilitätsgründen befindet sich jedoch auf jedem Arbeitsblatt nach wie vor die bisher benutzte Kennzeichnung (A, B etc.)
- Wie bei der zweiten Auflage können auch jetzt noch die Arbeitspapiere direkt aus dem Buch kopiert werden. Zusätzlich befinden sie sich jedoch auch auf der beiliegenden Diskette als Dateien im Format Word 6.0 bzw. 7.0. Auf diese Weise können sie leicht an spezifische Bedürfnisse angepaßt werden.
- Die Rollenspielsituationen mit Instruktion wurden den Klienten ursprünglich als Satz von Karteikarten ausgehändigt. Die Herstellung dieser Karteikartensätze bedeutete jedoch einen erheblichen Zeitaufwand. In der vorliegenden Auflage sind die Rollenspielsituationen daher nach Bereichen geordnet jeweils auf einem Arbeitsblattblatt zusammengefaßt (vgl. z. B. S. 93).

  Möchte man weiterhin mit Karteikarten arbeiten, ist dies natürlich auch möglich: Man nimmt Karteikarten der Größe A7 (7,4 x 10,5), druckt mittels Word die Rollenspielsituationen und Instruktionen als Etiketten aus und beklebt damit die Vorder- und Rückseiten der Karteikarten. Gut eignen sich Etiketten von Zweckform (3660 und 4782, Größe 6,77 x 9,7). Eine direkt ausdruckfähige Datei für diesen Typ von Etiketten mit allen Rollenspielsituationen und Schwierigkeitsthermometern befindet sich auf der beiliegenden Diskette (ROLL-ETI.DOC).

Organisatorische und materielle Voraussetzungen

Gruppengröße

In der folgenden Darstellung wird von einer Teilnehmerzahl von etwa acht bis zehn Personen (bei zwei Trainern) ausgegangen. Diese Zahl sollte auf Grund der ansonsten sehr eingeschränkten Übungsmöglichkeiten nicht wesentlich überschritten werden. Ein von uns durchgeführter Versuch mit 14 Teilnehmern und drei Trainern verlief nicht sehr zufriedenstellend, da sich Probleme bei der Koordination zwischen den Trainern und bei der zeitlichen Abstimmung der verschiedenen Kleingruppen und Trainingsphasen ergaben. Steht nur ein Trainer zur Verfügung, ist es natürlich sinnvoll, das Training mit nicht mehr als vier bis fünf Teilnehmern durchzuführen.

Materialien

Die Beschaffung bzw. Herstellung der für die einzelnen Sitzungen benötigten Materialien wird im allgemeinen keine Schwierigkeiten bereiten. Die jeweils erforderlichen *Arbeitspapiere* können direkt aus diesem Manual kopiert oder mittels der beiliegenden Diskette selbst hergestellt werden. Plant man eine Anpassung der Papiere an eine spezifische Klientel, empfiehlt sich ein vorheriger Blick auf unsere Homepage[2], wo Arbeitsmaterialien für verschiedene Teilnehmergruppen zum Download bereitliegen.

Größere Schwierigkeiten können evtl. bei der Beschaffung zweier *Videoanlagen* entstehen (obwohl sich die diesbezügliche Ausstattung von Kliniken, Beratungsstellen und ähnlichen Institutionen in den letzten Jahren wesentlich verbessert hat). Notfalls kann man sich mit Audiofeedback, d. h. mit Kassettenrecordern als Erinnerungsstütze bei der Besprechung der Rollenspiele behelfen. Hat man mehrere Anlagen zur Auswahl oder plant eine Neuanschaffung, sollte auf eine Fernbedienung geachtet werden, da eine solche Zusatzeinrichtung den Trainingsablauf während des Videofeedbacks erleichtert. Nach unserer Erfahrung reichen ansonsten ein handelsüblicher preisgünstiger Camcorder sowie ein billiger Fernseher völlig aus. Der einfacheren Bedienung wegen sollten Fernseher und Camcorder über ein Scart-Kabel verbunden sein.

---

2 http://www.psychologie.uni-bielefeld.de/~upfingsten/gsk/

Für den Trainingsabschnitt „Bewußtmachen von Selbstverbalisationen“ (dritte Sitzung) wird ein „projektiver *Videofilm*“ benötigt (Länge etwa 5 bis 10 Minuten), dessen Herstellung sich nach unserer Erfahrung relativ problemlos gestaltet (siehe S. 121).

Ferner müssen noch die verschiedenen Versionen des *Entspannungstrainings* auf Band gesprochen werden (die entsprechenden Texte befinden sich auf S. 122ff). Da die Entspannung auch zwischen den Sitzungen zu Hause geübt werden soll, müssen für jeden Teilnehmer Kopien des Entspannungstrainings auf Tonbandkassetten bereitgestellt werden. Zweckmäßigerweise wird man die vier Versionen auf Vorder- und Rückseite zweier Kassetten (C 90 und C 60) überspielen. Bei zehn Teilnehmern benötigt man also insgesamt 20 Kassetten. Beim Kopieren der Kassetten sollte nach Möglichkeit keine Aussteuerungsautomatik benutzt werden, weil sonst nach den Pausen des Entspannungstrainings störende Übersteuerungen auftreten können.

Räumlichkeiten

Wird das Training mit zwei Trainern durchgeführt, werden zwei Räume benötigt, die nicht zu weit voneinander entfernt sein sollten. Für die Durchführung der Rollenspiele mit Videofeedback ist eine gewisse Mindestgröße erforderlich (ca. 15 qm). Darüber hinaus sollte in einem der Räume eine Tafel oder ein Switchboard zur Verfügung stehen (für die Plenumsveranstaltungen).

Organisatorisches

Bei den meisten der von uns durchgeführten Trainings fanden die Sitzungen in einwöchigem Abstand statt. Ein kürzerer zeitlicher Abstand (z. B. zwei Sitzungen pro Woche) wäre denkbar, wird sich aber nach unserer Erfahrung wegen terminlicher Schwierigkeiten zumindest bei nichtstationären Klientengruppen kaum realisieren lassen. Zudem ist eine gewisse Zeitspanne zwischen den Sitzungen für die Durchführung der „Hausaufgaben“ (In-vivo-Training) notwendig.

Bei der Planung der Termine sollte darauf geachtet werden, daß nach Möglichkeit zwischen den Sitzungen keine längeren Pausen eintreten (Weihnachtsferien, Urlaubszeit), da sich dies nach unserer Erfahrung sehr ungünstig auswirken kann.

Eine Durchführung als *Kompakttraining* halt wir grundsätzlich für nicht so empfehlenswert, weil dann „In-vivo-Übungen“ kaum durchgeführt werden können, auch wenn es sich in vielen Fällen aus organisatorischen Gründen nicht anders realisieren lassen wird.

DER AUFBAU DES GSK (Kurzfassung)

0. Einführungsveranstaltung (→ S. 86)

0.1. Bei welchen Problemen bietet das GSK eine Hilfe? („Situationstypen“)
0.2. Grundannahmen des GSK (Soziales Verhalten wird gelernt, „Selbstsicherheitspyramide“)
0.3. Inhalte des Trainings (Rollenspiele, Entspannungstraining, Unterscheidung von selbstsicherem und aggressivem Verhalten etc.)
0.4. Wirksamkeit des Trainings (Hinweis auf wissenschaftliche Erfolgskontrolle)
0.5. Organisatorisches (Entscheidung für/gegen Teilnahme, Termine, Dauer der Sitzungen etc.)
0.6. Durchführung der Vortests

1. Erste Sitzung (→ S. 89)

1.1. Tagesordnung
1.2. Warming-up
1.3. Einführung des Erklärungsmodells (Beispiel an der Tafel erläutern, Arbeitspapier 1: Erklärungsmodell in Kleingruppen bearbeiten)
1.4. Entspannungstraining (40 Minuten, → S. 122)
1.5. Hausaufgaben (Arbeitspapier 2: Rollenspielsituationen Typ R, Entspannung nach Kassette üben)
1.6. Stundenbögen (→ S. 142)

2. Zweite Sitzung (→ S. 95)

2.1. Tagesordnung
2.2. Hausaufgaben besprechen (Entspannung, Situationen)
2.3. Arbeitspapier 3: Diskriminationstraining, Kleingruppen)
2.4. Arbeitspapier 4: Instruktion für selbstsicheres Verhalten (R – Recht durchsetzen)
2.5. Modellrollenspiel
2.6. Rollenspiele mit Videofeedback
2.7. Entspannungstraining (18 Min.)
2.8. Hausaufgaben (Entspannung, Arbeitspapier 5: Hausaufgaben - Recht durchsetzen)
2.9. Stundenbögen

3. Dritte Sitzung (→ S. 102)

Tagesordnung
3.1. Hausaufgaben besprechen (Entspannung, Arbeitspapier 5)
3.2. Bewußtmachen von Selbstverbalisationen:
- „projektiver“ Videofilm (→ S. 121*)*
- „Selbstlobeübung“

3.3. Rollenspiele mit Videofeedback
3.4. Entspannungstraining (9 Min. mit Ruhebild)
3.5. Hausaufgaben (Entspannung üben nach Kassette, Arbeitspapier 5: Hausaufgaben - Recht durchsetzen)
3.6. Stundenbögen

4. Vierte Sitzung (→ S. 104)

4.1. Tagesordnung
4.2. Hausaufgaben besprechen (Entspannung, Arbeitspapier 5)
4.3. Einführung von Situationstyp B (Teil I)
- Arbeitspapier 6: Rollenspielsituationen Typ B - Beziehungen
- Arbeitspapier 7: Gefühle entdecken und benennen

4.4. Entspannungstraining (7 Min. mit Ruhebild und Entspannungswort)
4.5. Hausaufgaben (Entspannung, Arbeitspapier 8: Hausaufgaben - Gefühle benennen)
4.6. Stundenbögen

5. Fünfte Sitzung (→ S. 110)

5.1. Tagesordnung
5.2. Hausaufgaben besprechen (Entspannung, Arbeitspapier 8)
5.3. Einführung von Situationstyp B (Teil II)
- Arbeitspapier 9: Instruktion für Selbstsicheres Verhalten (B - Beziehungen)
- Modellrollenspiel

5.4. Rollenspiele mit Videofeedback
5.5. Hausaufgaben (keine, evtl. nachholen bisher unerledigter Hausaufgaben)
5.6. Stundenbögen

6. Sechste Sitzung (→ S. 111)

6.1. Tagesordnung
6.2. Hausaufgaben besprechen (Erfahrungen der vorangegangenen Woche)
6.3. Einführung von Situationstyp S
- Arbeitspapier 10: Rollenspielsituationen Typ S - um Sympathie werben
- Verstärkungsmöglichkeiten sammeln
- Arbeitspapier 11: Instruktion für selbstsicheres Verhalten (S - um Sympathie werben)
- Modellrollenspiel

6.4. Rollenspiele mit Videofeedback
6.5. Arbeitspapier 12: Hausaufgaben - um Sympathie werben
6.6. Stundenbögen

7. Siebte Sitzung (→ S. 116)

7.1. Tagesordnung
7.2. Hausaufgaben besprechen (Arbeitspapier 12)
7.3. Diskrimination der Situationstypen
7.4. Rollenspiele mit Videofeedback (Situationen der Teilnehmer)
7.5. Stundenbögen
7.6. Durchführung der Posttests (evtl.)

Vor dem eigentlichen Beginn des Trainings sollte eine Einführungsveranstaltung eingeplant werden, in der die Vortests durchgeführt sowie genaue und detaillierte Informationen über Ziele, Konzept und Ablauf des Trainings gegeben werden. Das Ziel dieser Veranstaltung besteht vor allem im Aufbau einer realitätsangemessenen Erwartungshaltung. Wichtig ist auch, daß sich die Teilnehmer erst im Laufe dieser Veranstaltung für oder gegen eine Teilnahme entscheiden können. Im Sinne einer „Selbstselektion" (Pfingsten & Hinsch, 1982a) wird davon erhofft, daß sich Klienten mit sehr unrealistischen Erwartungen gegen eine Teilnahme entscheiden und dadurch die Zahl der „Drop-outs" während des Trainings verringern. Zudem legen Ergebnisse der sozialpsychologischen Grundlagenforschung die Vermutung nahe, daß eine bewußte und freiwillige Entscheidung für eine Teilnahme den Trainingserfolg verbessert.

Ablauf der Einführungsveranstaltung

Nachdem sich die Trainer vorgestellt haben, werden Konzept und Ablauf sowie weitere für die Teilnehmer wichtige Aspekte des Trainings erläutert. Diese Erklärungen können hier nicht in vollem Wortlaut wiedergegeben werden. Je nach spezifischer Klientenpopulation und persönlichem Stil der Trainer werden diese Ausführungen ohnehin stark variieren. Im folgenden sind daher nur die wichtigsten Punkte aufgeführt, die in der Einführungsveranstaltung auf jeden Fall zur Sprache kommen sollten.

0.1. Bei welchen Problemen bietet das Training eine Hilfe?

Hier werden die drei Problemfelder sozial inkomptetenten Verhaltens (vgl. S. 56ff) genannt, anhand von Beispielen erklärt und nach Möglichkeit an die Tafel geschrieben:

1. Schwierigkeiten, berechtigte Forderungen und Interessen durchzusetzen.
2. Schwierigkeiten, im Umgang mit Partner, Freunden und Bekannten seine Bedürfnisse und Wünsche angemessen zu vertreten.
3. Schwierigkeiten, die Sympathie anderer Leute zu gewinnen (z. B. bei der Kontaktaufnahme).

Dabei sollte deutlich gemacht werden, daß während des Trainings Bewältigungsstrategien zu allen drei Problembereichen erarbeitet und geübt werden.

0.2. Von welchen Grundannahmen geht das Training aus?

Es wird davon ausgegangen, daß selbstsicheres, sozial kompetentes Verhalten genauso gelernt werden kann, wie anderes Verhalten auch (z. B. Radfahren, Skilaufen etc.). Daher wird das Üben von selbstsicherem Verhalten im Mittelpunkt des Trainings stehen. Geübt wird zunächst in Rollenspielen und dann in der Realität (als „Hausaufgabe").

Zu beachten: Die Betonung des übenden Charakters des Trainings scheint uns von ganz zentraler Bedeutung zu sein, um die vielfach vorhandenen Erwartungen der Teilnehmer in Richtung eines gruppendynamischen oder Sensitivity-Trainings bzw. einer Selbsterfahrungsgruppe abzubauen. Um dies noch deutlicher zu unterstreichen, kann es sinnvoll sein, einen möglicherweise vorhandenen Videofilm über ein Rollenspiel vorzuführen. Günstig dürfte es dabei sein, wenn das Modell nicht allzu selbstsicher auftritt (Achtung: Bei der Vorführung eines solchen Rollenspiels muß auf jeden Fall die Herkunft des Videofilms genau erläutert werden, um nicht den Verdacht aufkommen zu lassen, daß die Rollenspiele der zukünftigen Teilnehmer auch anderweitig vorgeführt werden könnten).

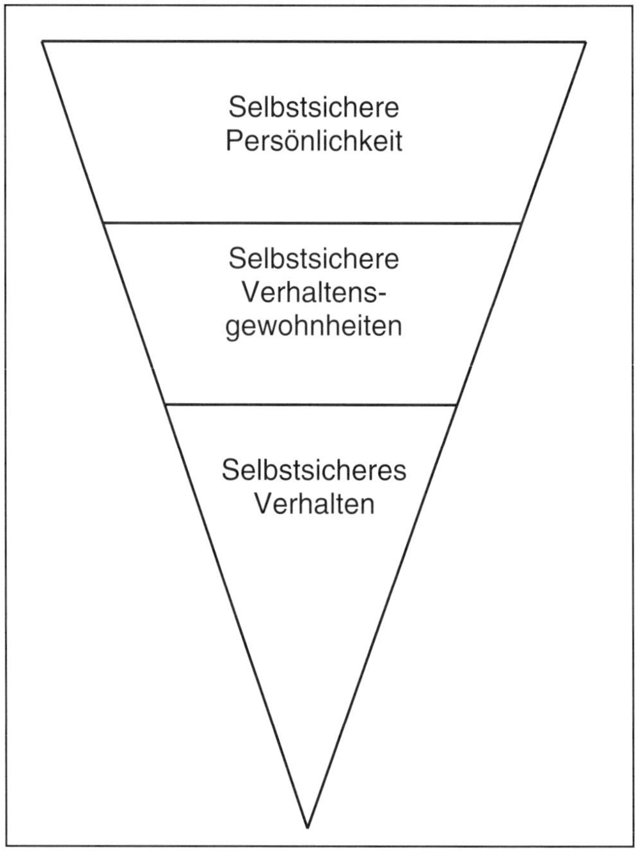

Abbildung 5: „Selbstsicherheitspyramide"

In jedem Fall ist es bei der Erklärung der Rollenspiele und des Videofeedbacks notwendig, die Frage, was mit den Videoaufnahmen der Teilnehmer geschieht, erschöpfend zu beantworten (am besten dürfte es sein, sie mit jeder Neuaufnahme zu überspielen).

Im Zusammenhang mit diesen Erläuterungen wird häufig die Frage gestellt, ob denn nicht ein bloßes Üben lediglich zu einem unechten Verhalten führe und langfristig daher keine Veränderungen nach sich ziehe („Ich kann mich doch nicht die ganze Zeit verstellen", „Das ist doch ganz künstlich"). Auch wenn derartige Fragen nicht gestellt werden, sollte hier auf jeden Fall die „Selbstsicherheitspyramide" (siehe Abbildung 5) an die Tafel gemalt und erläutert werden. Dieses simple, aber offenbar doch sehr plausible Schema hat sich nach unseren bisherigen Erfahrungen hervorragend bewährt.

Die (umgekehrte) Selbstsicherheitspyramide sollte zunächst an die Tafel bzw. das Switchboard gezeichnet werden. Dazu wird dann erklärt, daß selbstsicheres Verhalten, wenn es über einen Zeitraum hinweg gezeigt wurde, allmählich zu selbstsicheren Verhaltensgewohnheiten werde. Diese wiederum bewirken mit der Zeit eine Umstrukturierung der Gesamtpersönlichkeit.

Eine originelle Alternative zur Selbstsicherheitspyramide wurde uns von Volker Brattig zur Verfügung gestellt, der das GSK mit beruflichen Rehabilitanden durchgeführt (Brattig, 1997) und dafür seiner Klientel angepaßte Arbeitspapiere[3] entwickelt hat:

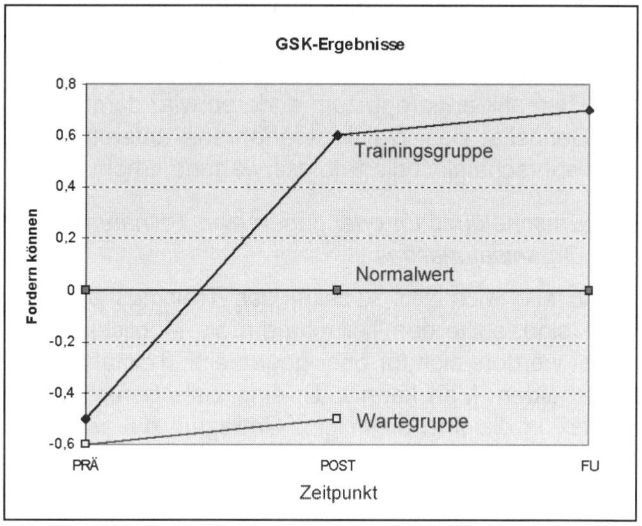

Abbildung 6: Wirksamkeit des Trainings

0.3. Was wird im Training gemacht?

Da die Rollenspiele mit Videofeedback bereits unter 0.2. erläutert wurden, sollten an dieser Stelle nur noch kurze Hinweise auf weitere wichtige Elemente des Trainings gegeben werden: Das Erlernen von aktiver Entspannung als Bewältigungsstrategie auf der emotionalen Ebene, der Unterschied zwischen aggressivem und selbstsicherem Verhalten, die Bedeutung von Selbstverbalisationen für selbstsicheres bzw. unsicheres Verhalten etc. Für nähere Erläuterungen kann man sich von den Interessen der Teilnehmer leiten lassen.

Bei der Darstellung des Trainingsablaufs sollte noch einmal deutlich gemacht werden, daß die verschiedenen Elemente des Trainings aufeinander aufbauen, und daß es daher unbedingt notwendig sei, bei *jeder* Sitzung anwesend zu sein.

0.4. Wie wirksam ist das Training?

Hier können Hinweise auf die bisherige Bewährung des Trainings sowie die wissenschaftliche Erfolgskontrolle gegeben werden. Wir haben an dieser Stelle eine Grafik (siehe Abbildung 6) mit unseren Untersuchungsergebnissen für ein Merkmal gezeigt (entweder an der Tafel oder mittels eines Overhead-Projektors) und erklärt.

Mit diesen Erläuterungen läßt sich im übrigen sehr gut die Begründung für die Testverfahren verbinden, die jeder Teilnehmer mehrmals zu absolvieren hat (nämlich: fortlaufende Verbesserung des Trainings, Rückmeldung für die Trainer etc.). Gleichzeitig sollte hier aber auch vor übertriebenen Erwartungen gewarnt werden. Es muß deutlich werden, daß zwar Probleme vermindert werden, daß man aber nicht erwarten kann, durch das Training zu einem „Selbstsicherheitsprofi" zu werden.

In Abhängigkeit von der spezifischen Klientel kann es sich durchaus als sinnvoll erweisen, an dieser

[3] Die von Herrn Brattig verwendeten Abbildungen und Arbeitspapiere stehen auf unserer Homepage zum Download bereit.

Stelle das auf dem GSK aufbauende Ratgeber-Buch von Hinsch und Wittmann (1997) vorzustellen. Zum einen wird dadurch zur weiteren Beschäftigung mit der Thematik angeregt, zum anderen wird damit auch die Seriosität des Trainingsverfahrens unterstrichen, was wahrscheinlich die Erfolgserwartung erhöht.

0.5. Entscheidung für oder gegen eine Teilnahme - Organisatorisches

Wenn alle wichtigen Aspekte des Trainings besprochen sind, sollte den Teilnehmern die Möglichkeit eröffnet werden, sich für oder gegen eine Teilnahme zu entscheiden. Man kann z. B. eine Liste herumgehen lassen, in die sich diejenigen eintragen, die am Training teilnehmen wollen.

Für diejenigen, die sich für eine Teilnahme entschieden haben, sollten dann noch einmal alle wichtigen organisatorischen Punkte zusammengefaßt werden: Termine, Dauer der Sitzungen, evtl. Erhebung eines Unkostenbeitrags, Örtlichkeiten etc.

0.6. Durchführung der Vortests

Führt man eine Erfolgskontrolle durch, können jetzt die Fragebögen des Prätests ausgefüllt werden (genauere Informationen finden sich dazu im Kapitel „Maßnahmen zur Erfolgskontrolle“, S. 130ff). Das hat den Vorteil, daß die Teilnehmer, die mit dem Ausfüllen fertig sind, gehen können und nicht auf die langsameren warten müssen (nach unserer Erfahrung braucht der langsamste für das Ausfüllen etwa doppelt so viel Zeit wie der schnellste).

1. Erste Sitzung

Im Mittelpunkt der ersten Sitzung steht das Erklärungsmodell für sicheres/unsicheres Verhalten (vgl. Abbildung 8, S. 90). Da dieses Modell für das Verständnis aller folgenden Trainingselemente von zentraler Bedeutung ist, wird auf diesen Punkt sehr viel Zeit verwendet. Das kann unter Umständen zur Folge haben, daß die erste Sitzung auf den einen oder anderen Teilnehmer etwas trocken oder langatmig wirkt. Dennoch wäre es nach unserer Überzeugung ungünstig, wenn man hier Kürzungen vornehmen würde. Ohne Zweifel ist es aber gerade in dieser Sitzung besonders wichtig, daß die Trainer überzeugend wirken, d. h., wirklich voll und ganz hinter den Erklärungen stehen.

Ablauf der ersten Sitzung

Hat noch keine Einführungsveranstaltung stattgefunden, werden die dort zu behandelnden Punkte am Beginn der ersten Sitzung stehen. Ansonsten gestaltet sich der Ablauf wie folgt.

1.1. Tagesordnung bekanntgeben

Grundsätzlich sollte zu Beginn jeder Sitzung die Tagesordnung bekanntgemacht werden (wenn möglich, an die Tafel geschrieben) und kurz erläutert werden. Das erleichtert den Teilnehmern die Orientierung und vermindert die Angst vor plötzlichen Überraschungen.

Danach werden die wichtigsten Punkte der Einführungsveranstaltung (Ablauf und Konzept des Trainings) noch einmal kurz wiederholt.

1.2. Warming-up

Die Teilnehmer werden aufgefordert, sich jeweils einen Partner zu suchen, den sie noch nicht oder nur wenig kennen. In den so gebildeten Zweiergruppen erzählt jeder dem anderen, wie er heißt, was er (beruflich) macht (nur das allerwichtigste) und berichtet dann von seinen persönlichen Schwierigkeiten, die ihn dazu bewogen haben, an diesem Training teilzunehmen. Hier sollte der Hinweis gegeben werden, daß wirklich nur berichtet und beschrieben wird. Lösungsmöglichkeiten sollen hier noch nicht diskutiert werden.

Auf ein Zeichen des Trainers hin (nach 5 bis 7 Minuten) schließen sich dann jeweils zwei Zweier- zu einer Vierergruppe zusammen und reihum berichtet jeder, was er über seinen jeweiligen Partner erfahren hat.

Dieser letzte Schritt ist nach unserer Erfahrung für manche Teilnehmer belastend, da sie Angst haben, sie könnten etwas von dem Gehörten vergessen. Deshalb sollte der Hinweis gegeben werden, daß beim Erzählen in der Vierergruppe dem ehemaligen Zuhörer „Hilfestellung“ gegeben werden kann. Ohnehin ist es gerade zu Beginn wichtig, die zweifellos vorhandenen Ängste nicht noch zu verstärken, sondern im Gegenteil möglichst zu reduzieren und ein „warmes“ Gruppenklima herzustellen.

Die Angabe über die zeitliche Dauer des Warming-up darf nur als ungefährer Anhaltspunkt verstanden werden. Der Trainer sollte hier im konkreten Fall nach seinem Eindruck entscheiden. Auf jeden Fall wirkt es sich nach unserer Erfahrung immer günstiger aus, wenn die Zeit im Zweifelsfall eher zu kurz als zu lang angesetzt wird, eine Regel, die im übrigen nicht nur in dieser Phase des Trainings ihre Gültigkeit hat, gerade von Anfängern aber häufig mißachtet wird.

Eine andere Frage, die hier von uns nicht eindeutig entschieden werden kann, ist die nach der Teilnahme der Trainer am Warming-up. Nach unserem Eindruck ist es günstiger, wenn sich beide Trainer oder (bei ungerader Teilnehmerzahl) zumindest einer am Warming-up beteiligen. Dabei sollte allerdings gewährleistet sein, daß die Schwierigkeiten, über die der Trainer in seiner jeweiligen Zweiergruppe berichtet, auch wirklich echt sind, andrerseits aber auch nicht der Eindruck aufkommt, der Trainer stehe seinen Problemen genauso hilflos gegenüber wie die Teilnehmer. Als Themen bieten sich daher an: Schwierigkeiten im Zusammenhang mit der Trainerrolle oder aber bereits halbwegs bewältigte Schwierigkeiten. Wichtig ist hier vor allem, daß der Trainer als *Bewältigungsmodell* fungiert. Ganz generell dürfte es im übrigen sehr günstig sein, wenn sich die Trainer nicht als „Gurus“ verstehen, die alles perfekt beherrschen, sondern eher als Leute, die auch manchmal Schwierigkeiten im sozialen Bereich haben, aber über notwendige Bewältigungsfertigkeiten verfügen!

Andere Möglichkeiten des Warming-up

Eine Möglichkeit der Variation besteht darin, daß die Teilnehmer das, was sie von ihrem Partner gehört haben, nicht in der Vierergruppe erzählen, sondern im Plenum, was die Übung schwieriger macht. Diese Variante kann dann sinnvoll sein, wenn man das Training mit Gruppen durchführt, die selbstsicherer sind.

Eine andere Möglichkeit besteht darin, jedem Teilnehmer einen Zettel mit vorbereiteten Fragen in die Hand zu geben. Anhand dieser Fragen wird dann der Partner interviewt.

Ebenso können natürlich auch andere Kennenlernspiele benutzt werden (eine neuere und gut strukturierte Übersicht nicht nur über Kennenlernspiele findet sich z. B. bei Wallenwein, 1995), nur sollte immer darauf geachtet werden, kein Spiel auszuwählen, bei dem die Teilnehmer bloßgestellt oder überfordert werden.

1.3. Einführung des Erklärungsmodells

Die Einführung des Erklärungsmodells erfolgt in zwei Schritten:

(1) Zunächst wird an der Tafel der Ablauf einer selbstunsicheren und -sicheren Verhaltenssequenz dargestellt. Ein Beispiel zeigt Abbildung 7.

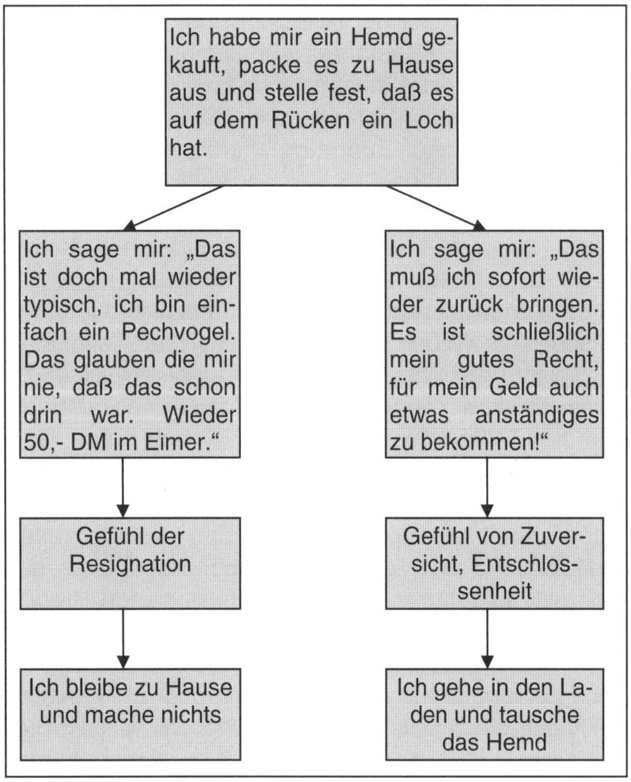

Abbildung 7: Beispiel für eine selbstunsichere bzw. -sichere Verhaltenssequenz

Erst sollte der *linke* Zweig von oben nach unten erklärt werden, danach der rechte. Erst wenn dieses Beispiel von allen verstanden und akzeptiert worden ist, werden die Zusammenhänge noch einmal in Form eines allgemeinen Erklärungsmodells dargestellt (siehe Abbildung 8).

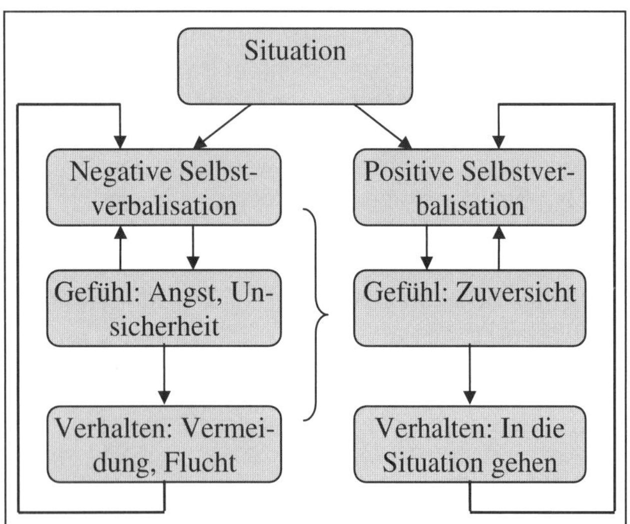

Abbildung 8: Erklärungsmodell

Der Begriff „Selbstverbalisation“ wurde von uns bewußt beibehalten, obwohl er auf manche Teilnehmer zunächst etwas abschreckend wirkt. Wir haben die Erfahrung gemacht, daß die eher umgangssprachlichen Eindeutschungen manchmal falsche Assoziationen erwecken und daß ein neu eingeführter Begriff bei den meisten Teilnehmern die gewünschte Internalisierung des Modells eher fördert.

Anhand des Modells und des Beispiels werden dann noch die beiden Feedbackschleifen (jedes Verhalten führt wieder zu einer neuen Selbstverbalisation) und der mögliche Kreisprozeß im linken „Zweig“ des Modells erklärt: bestimmte negative Selbstverbalisationen können zu einem Gefühl der Angst führen, die Angstsymptome (Herzklopfen, Schweißausbruch etc.) werden wiederum wahrgenommen und bewertet, führen also zu neuen Selbstverbalisationen etc. Dadurch kann ein Aufschaukelungsprozeß in Gang gesetzt werden, der schließlich in panikartige Reaktionen mündet.

Der große Pfeil in der Mitte des Modells steht für die im Training vermittelten Bewältigungstechniken.

Hat der Trainer aufgrund der Diskussion den Eindruck, daß die Teilnehmer ein hinreichendes Verständnis für das Modell entwickelt haben, erfolgt der nächste Schritt.

(2) Zwei Kleingruppen werden gebildet, die Trainer setzen sich hinzu und Arbeitspapier 1 wird verteilt. Jeder Teilnehmer trägt einzeln eine konkrete Situation aus dem Problembereich, der im Warming-up thematisiert wurde, in das Schema ein. Hier erweist es sich oft als notwendig, daß die Trainer beim Ausfüllen behilflich sind. Danach werden die schriftlich fixierten Verhaltenssequenzen jedes Teilnehmers besprochen.

Anmerkung: Die Intention besteht darin, daß die Teilnehmer zunächst den „unsicheren Zweig“ des Modells mit ihrem Beispiel füllen, um sich dann zu überlegen, wie sie diese Situation mit Hilfe günstigerer Selbstverbalisationen besser hätten bewältigen können. Im allgemeinen haben die Teilnehmer damit erstaunlich wenig Schwierigkeiten; Probleme ergeben sich allerdings häufig bei der Unterscheidung zwischen Selbstverbalisationen und Gefühlen. Hier erweist es sich als hilfreich, wenn die Trainer selbst ein klares Konzept haben und sich auch nicht scheuen, dieses einzubringen. Überhaupt sollte auf die Analyse der von den Teilnehmern formulierten Verhaltenssequenzen so viel Zeit verwendet werden, daß jeder die durch das Modell vorgegebene begriffliche Kategorisierung voll verstanden hat.

Ein Einwand, der im Zusammenhang mit der Einführung des Erklärungsmodells relativ häufig geäußert wird, bezieht sich darauf, daß in der Praxis derartige Situationen ja in aller Regel nicht eindeutig dem einen oder anderen „Zweig" des Modells zugeordnet werden könnten, daß z. B. durchaus positive und negative Selbstverbalisationen zugleich auftauchen könnten. Hier ist es sinnvoll, darauf hinzuweisen, daß die beiden Zweige des Modells tatsächlich Extreme darstellen, die in dieser reinen Form in der Praxis wahrscheinlich nur selten anzutreffen sind. Konkretes Verhalten wird immer mehr oder weniger große Anteile beider Zweige enthalten.

1.4. Entspannungstraining (Dauer etwa 40 Minuten)

Als Entspannungstraining wird von uns die in der Verhaltenstherapie übliche progressive Muskelentspannung nach Jacobson in der bei Florin und Tunner (1975) dargestellten und von uns verkürzten und modifizierten Form verwendet (siehe S. 122ff). Vor Beginn sollte den Teilnehmern kurz der Ablauf sowie der Sinn und Zweck des Entspannungstrainings erläutert werden:

Das Ziel der Entspannung besteht nicht darin, auftretende Ängste vollständig zu beseitigen. Die Entspannung sollte vielmehr als *eine* Bewältigungsstrategie betrachtet werden, mit deren Hilfe man in kritischen Situationen die Angst *verringern* kann. Um diesen Einsatz in kritischen Situationen zu ermöglichen, wird das Entspannungstraining in den ersten vier Trainingssitzungen in fortwährend verkürzter Form durchgeführt.

Weiterhin sollten die Teilnehmer gleich von vornherein darauf hingewiesen werden, daß der Effekt des ersten Entspannungstrainings wahrscheinlich eher gering sein wird, daß er aber mit zunehmender Übung immer besser werden wird. Hier kann auch gleich darauf verwiesen werden, daß deshalb jeder Teilnehmer eine Tonbandkassette mit dem Entspannungstraining bekommt, so daß zu Hause weiterhin geübt werden kann.

Anmerkung: Häufig wird die Frage gestellt, ob es sinnvoller sei, die Entspannung im Sitzen oder im Liegen zu üben. Wir haben bisher immer darauf gedrungen, daß eine sitzende Position günstiger sei, da nach unserem Eindruck gerade die Erfahrung, sich in relativ unbequemer Stellung entspannen zu können, sehr wichtig ist.

In unseren Gruppen gab es mehrmals Teilnehmer, die auf Erfahrungen mit autogenem Training verwiesen und sich deshalb nicht am Entspannungstraining beteiligen wollten. In diesen Fällen haben wir so argumentiert, daß die Methode relativ gleichgültig sei, wichtig sei nur, daß man sich überhaupt entspannen könne. Wir haben den betreffenden Teilnehmer vorgeschlagen, am Entspannungstraining teilzunehmen, da nach unserer Erfahrung gerade Personen mit Erfahrung in autogenem Training besonders gut mit der progressiven Muskelentspannung zurecht kämen.

Nach dem Entspannungstraining beklagen sich manchmal Teilnehmer, daß 40 Minuten zu lang seien. Tatsächlich ist das Feedback der verkürzten Version in der zweiten Sitzung auch erheblich besser. Wir glauben allerdings, daß dieses bessere Feedback ohne das vorhergehende ausführliche Üben wahrscheinlich nicht vorhanden wäre.

1.5. Hausaufgaben

- Arbeitspapier 2: Rollenspielsituationen Typ R austeilen. Dazu sollte erklärt werden, daß die dargestellten Situationen als Vorlage für die Rollenspiele dienen werden. Da es sich als sinnvoll herausgestellt habe, zunächst mit einem leichten Rollenspiel zu beginnen und die Schwierigkeit dann allmählich zu steigern, sei es notwendig, daß jeder Teilnehmer alle Situationen mit Hilfe des „Schwierigkeitsthermometers" einschätzt und den entsprechenden Wert auf dem Arbeitspapier einträgt. Weiterhin sollten die Teilnehmer darauf hingewiesen werden, daß von den angebotenen Situationen nur ein kleiner Teil wirklich gespielt werden könne. Deshalb sei es wichtig, daß jeder zu Hause schon eine Vorauswahl treffe. Auch sollte jetzt noch einmal darauf hingewiesen werden, daß im weiteren Verlauf des Trainings noch weitere Situationen zu den beiden anderen Problembereichen hinzukommen werden.

  Wichtig ist noch der Hinweis, daß diese Arbeitspapiere zu jeder der folgenden Sitzungen mitzubringen sind.
- Kassetten mit den ersten beiden Versionen des Entspannungstrainings (40/18 Minuten) verteilen. Aufgabe: jeden Tag einmal üben. Man sollte die Teilnehmer darauf vorbereiten, daß die Entspannung anhand der Kassette wahrscheinlich schwieriger sein wird als in der Gruppe.

1.6. Stundenbögen austeilen

Grundsätzlich wird von uns am Ende jeder Sitzung ein „Stundenbogen" (siehe S. 142) verteilt. Das Ausfüllen bereitet den Teilnehmern nur wenig Mühe, bietet den Trainern aber ein gutes Feedback darüber, wie die betreffende Sitzung von den Klienten erlebt wurde.

Benötigte Materialien

- *Tafel „Erklärungsmodell"*. Während jeder Sitzung wird von uns an der Frontseite des Raumes eine selbstgefertigte, etwa 50 x 70 cm große Papptafel mit der Darstellung des Erklärungsmodells aufgehängt, um bei notwendig werdenden Erklärungen immer darauf zurückgreifen zu können.
- *Arbeitspapier 1: Erklärungsmodell.*
- Arbeitspapier 2: Rollenspielsituationen Typ R - Recht durchsetzen
- Pro Teilnehmer eine *Tonbandkassette* mit den ersten beiden Versionen des Entspannungstrainings (40/18 Minuten - siehe S. 122).
- *Stundenbögen* (siehe S. 142).

A GSK

Arbeitspapier 1: Erklärungsmodell

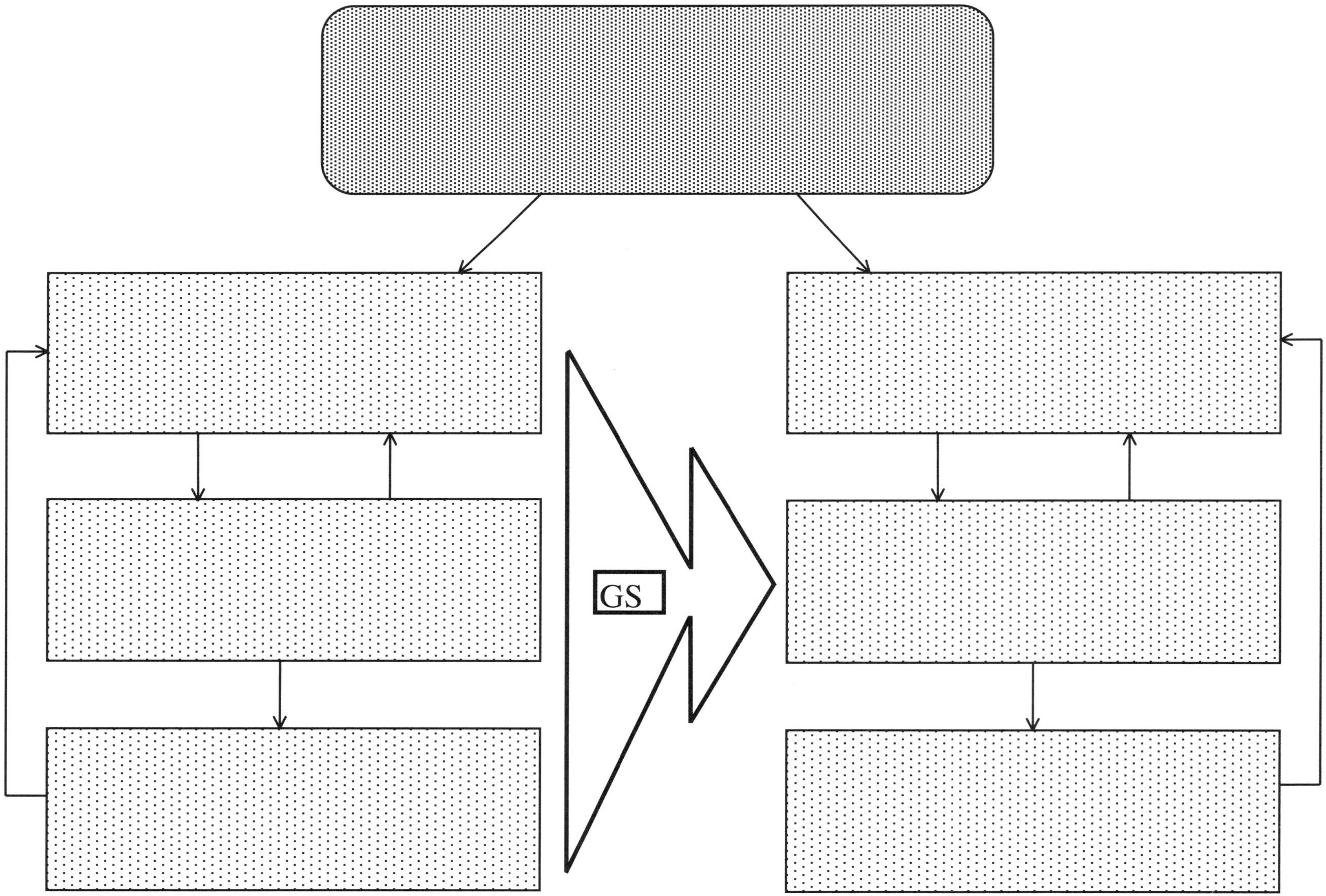

Arbeitspapier 2: Rollenspielsituationen Typ R - Recht durchsetzen

Schätzen Sie bitte mit diesem „Thermometer" für jede Situation ein, wie schwer Ihnen das beschriebene Verhalten fallen würde. Tragen Sie für jede Situation eine Zahl zwischen 0 und 100 ein.

keine Schwierigkeit — große Schwierigkeit

0	10	20	30	40	50	60	70	80	90	100

	Situation	Instruktion	Schwierigkeit
1.	Für eine zehnstündige Zugfahrt haben Sie sich eine Platzkarte gekauft. Der Zug ist sehr voll. Auch Ihr Abteil ist besetzt und ein junger Mann sitzt auf Ihrem Platz. Sie fordern ihn auf, Ihnen den Platz zu überlassen. Er geht darauf nicht ein. Sie drohen, den Schaffner zu holen.	Werden Sie nicht aggressiv, seien Sie höflich aber bestimmt. Lassen Sie sich nicht auf eine Diskussion ein, sondern wiederholen Sie Ihre Bitte und bestehen Sie auf Ihrem Recht. Holen Sie notfalls den Schaffner.	☐
2.	Sie rufen den Ober in einem Lokal und fragen ihn nach der Bedeutung, Geschmacksrichtung und Zusammensetzung einer ausländischen Spezialität. Nachdem Sie die gewünschte Auskunft bekommen haben, bedanken Sie sich kurz und bestellen ein anderes Gericht.	Zeigen Sie zunächst Interesse für das Gericht und hören Sie interessiert zu. Sehen Sie dem Ober ins Gesicht, wenn Sie ein anderes Gericht bestellen.	☐
3.	Sie bringen eine Ware mit einem kleinen Fabrikationsfehler, den Sie nicht gleich entdeckt haben, am nächsten Tag wieder zurück und verlangen, daß Sie ein anderes Exemplar bekommen. Wählen Sie sich für das Spiel irgendeine Ware (Fotoapparat, CD-Player, Pullover o.ä.) und denken Sie sich einen kleinen Fehler aus.	Entschuldigen Sie sich nicht, stellen Sie nur die Sachlage klar. Benutzen Sie das Wort „Ich" und drücken Sie auch ruhig Ihren Ärger aus. Verlangen Sie notfalls, den Geschäftsführer zu sprechen.	☐
4.	In einem Lokal ist Ihnen ein lauwarmes Essen geliefert worden, das Ihnen deswegen überhaupt nicht schmeckt. Sie rufen die Bedienung und verlangen ein warmes Essen.	Diskutieren Sie nicht, sondern wiederholen Sie, daß Ihnen das Essen zu kalt ist, was immer der Ober sagt. Sie können Ihren Ärger zum Ausdruck bringen, ohne dabei laut zu werden. Wenn der Ober Ihrem Wunsch entspricht, bedanken Sie sich. Sie können auch Ihr Verständnis für die Situation des Obers zum Ausdruck bringen.	☐
5.	Sie werden in eine verkehrte Lohnsteuerklasse eingestuft, ein Antrag wurde aus nichtigen Gründen abgelehnt oder ähnliches. Sie wollen den Beamten überzeugen, daß Sie im Recht sind. Hinter Ihnen bildet sich eine lange Schlange aus Wartenden, die langsam ungeduldig werden. Der Beamte wird nervös und reagiert barsch und will Sie auf einen anderen Termin vertrösten.	Formulieren Sie Ihr Anliegen klar und präzise und wiederholen Sie Ihre Forderung wenn nötig.	☐
6.	Sie bitten in einem Selbstbedienungslokal jemanden vom Personal Besteck zu holen, da keine Messer und Servietten mehr für die Selbstbedienung aufliegen.	Seien Sie höflich aber bestimmt. Rechtfertigen Sie Ihren Wunsch nicht mit dem Bedürfnis der anderen Gäste, sondern mit Ihrem eigenen.	☐
7.	Sie wollen sich einen neuen Personalausweis ausstellen lassen. Ein Beamter hat Ihnen erklärt, was Sie alles tun müssen. Sie haben ihn aber nicht verstanden. Sie bitten Ihn um eine genaue und langsame Erklärung.	Bringen Sie keine langen Entschuldigungen, bitten Sie um eine neue Erklärung auf eine höfliche aber bestimmt Art und wiederholen Sie seine Erklärung kurz um sicherzustellen, daß Sie es richtig verstanden haben.	☐
8.	Ein Vertreter klingelt an Ihrer Haustür und bietet höflich seine Ware an. Sie antworten: „Ich habe dafür kein Interesse" und schließen die Tür.	Seien Sie freundlich aber bestimmt. Schauen Sie den Vertreter direkt an.	☐

9.	Ein Vertreter klingelt an Ihrer Tür und bietet seine Waren an. Er läßt sich nicht abwimmeln, versperrt die Tür und kommt direkt in Ihre Wohnung. Er redet auf Sie ein, stellt ständig Fragen und will gleich anfangen, seine Waren auszupacken. Sie haben aber wirklich kein Interesse und weisen ihn energisch aus Ihrer Wohnung.	Äußern Sie Ihren Ärger über das unverschämte Verhalten des Vertreters. Gehen Sie auf keinen Fall auf dessen Fragen und Argumente ein. Drohen Sie notfalls, die Polizei zu benachrichtigen.	☐
10.	Sie halten in einer Gruppe einen Vortrag von drei Minuten Dauer über ein Ereignis der letzten Tage. Die Gruppe hört Ihnen interessiert zu.	Sprechen Sie laut und deutlich. Machen Sie oft Pausen und schauen die einzelnen Anwesenden an.	☐
11.	Sie sind in einem vollen Speiselokal und wollen zahlen. Sie rufen laut: „Herr Ober, die Rechnung bitte!". Der Ober kommt an Ihren Tisch, notiert Ihren Verzehr und nennt Ihnen den zu zahlenden Betrag. Sie bitten darum, die Rechnung sehen zu dürfen und lassen sich die einzelnen Posten aufschlüsseln und erklären.	Seien Sie freundlich, entschuldigen Sie sich nicht. Es handelt sich hier um einen rein geschäftlichen Vorgang. Der Ober hat also keinen Grund gekränkt zu sein. Es hat nichts mit Großzügigkeit zu tun, wenn Sie Ihr Recht auf Kontrolle nicht wahrnehmen.	☐
12.	Sie suchen ein „gutes" Schuhgeschäft auf. Sie haben noch keine feste Vorstellung und lassen sich beraten. Die Verkäuferin führt Ihnen verschiedene Modelle vor und versucht Sie zum Kauf zu überreden. Sie lassen sich aber dadurch nicht beeinflussen, sondern verlassen nach einiger Zeit das Geschäft, weil Ihnen die vorgeführten Modelle alle nicht zugesagt haben.	Schauen Sie die Verkäuferin an, wenn Sie mit ihr reden. Benutzen Sie das Wort „ich", wenn Sie begründen, warum Ihnen dieser oder jener Schuh nicht zusagt.	☐
13.	Sie schauen sich in einem Buchladen um und werden von einem Verkäufer direkt nach Ihrem Wunsch gefragt. Sie antworten, Sie möchten sich nur in Ruhe umsehen.	Fragen Sie nicht um Erlaubnis, sondern teilen Sie Ihren Wunsch mit. Seien Sie kurz und bestimmt.	☐
14.	Es ist kurz vor Mitternacht. Sie wollen schlafen und benötigen den Schlaf dringend, denn Sie haben am nächsten Tag viel Arbeit vor sich, bei der Sie sich stark konzentrieren müssen. Sie können aber nicht schlafen, weil der Mieter über Ihnen eine rauschende Party feiert und die Musik sehr laut gestellt hat. Sie klingeln bei ihm und bitten um Ruhe. Er geht nicht darauf ein. Sie verweisen dann auf die Möglichkeit, daß Sie auch die Polizei verständigen können. Jetzt gibt er nach.	Sie müssen Ihr Recht durchsetzen. Bleiben Sie kühl aber bestimmt. Aggressionen helfen nicht weiter. Bringen Sie Ihre Argumente sachlich und knapp vor. Lassen Sie sich nicht in eine Diskussion verwickeln und schauen Sie den anderen an.	☐
15.	Sie halten in einer Gruppe einen Vortrag von 3 Minuten Dauer über ein Ereignis der letzten Tage. Die Gruppe redet währenddessen durcheinander und nimmt keine Notiz von Ihnen.	Sprechen Sie laut und deutlich, auch wenn Sie praktisch allein sind. Machen Sie oft Pausen und schauen die einzelnen Anwesenden an.	☐
16.	Sie lassen in einem Geschäft abgepackte Ware (z. B. Gemüse) noch einmal nachwiegen und kontrollieren, ob der Aufdruck mit dem tatsächlichen Gewicht übereinstimmt.	Seien Sie freundlich und sachlich, auch wenn der Verkäufer „sauer" reagiert. Sie nehmen nur Ihr Recht als Verbraucher in Anspruch.	☐

2. Zweite Sitzung

In der zweiten Sitzung wird einerseits die begriffliche Kategorisierung sozial kompetenten Verhaltens durch die Unterscheidung aggressiven, sicheren und unsicheren Verhaltens weiter vorangetrieben, andererseits werden jetzt die ersten Rollenspiele durchgeführt. Da die Rollenspiele mit Video-Feedback ein ganz zentrales Element des Trainings darstellen, und ungeübte Trainer nach unserem Eindruck hierbei die meisten (und wohl auch folgenreichsten) Fehler machen, wird diesem Punkt ein eigener ausführlicher Abschnitt gewidmet (siehe S. 118ff)

Ablauf der zweiten Sitzung

2.1. Tagesordnung bekanntgeben

2.2. Hausaufgaben besprechen

Grundsätzlich werden am Beginn jeder Sitzung die Hausaufgaben besprochen und zwar in der Weise, daß reihum *jeder* über seine Erfahrungen bzw. Schwierigkeiten berichtet. Die Trainer sollten sich dabei nicht scheuen, auch gezielt nachzufragen. Nach unserer Erfahrung werden die Teilnehmer die Hausaufgaben nur dann wirklich durchführen, wenn gewährleistet ist, daß in der folgenden Sitzung die Erfahrungen jedes einzelnen auch tatsächlich besprochen werden.

Erfahrungsgemäß werden in der zweiten Sitzung bezüglich der häuslichen *Übungen zur Entspannung* von manchen eher negative Erlebnisse berichtet. Die Trainer sollten sich davon nicht beirren lassen, sondern immer wieder auf die Notwendigkeit der Übung und auf die Erfahrung verweisen, daß die Entspannung vielen erst ab der zweiten oder auch dritten Sitzung besser gelingt.

Demgegenüber ergeben sich im allgemeinen bei der Einschätzung der Rollenspielsituationen wenig Probleme. Wenn Schwierigkeiten auftauchen, drücken sie sich meist in dem Einwand aus, daß eine solche Einschätzung doch sehr von den spezifischen Bedingungen, speziell vom Verhalten des Interaktionspartners abhinge. Die Trainer sollten derartigen Einwänden mit dem Hinweis begegnen, daß dies natürlich richtig sei, daß aber für den Zweck des Trainings eine ungefähre Einschätzung der Schwierigkeit ausreiche.

Achtung: Die Teilnehmer müssen darauf hingewiesen werden, daß die Arbeitspapiere mit den Rollenspielsituationen von nun an zu jeder Sitzung mitzubringen sind!

2.3. Diskriminationstraining

Das Diskriminationstraining zur Unterscheidung selbstsicheren, unsicheren und aggressiven Verhaltens besteht aus einer verkürzten Form des von Lange und Jakubowski (1976) vorgestellten, von Anneken et al. (1977) übersetzten und von uns überarbeiteten Fragebogens (siehe Arbeitspapier , S. 98f) und wird folgendermaßen durchgeführt:

Zunächst werden zwei Kleingruppen gebildet und jeder Teilnehmer füllt den Fragebogen allein aus. Zusammen mit dem Trainer werden die Situationen dann einzeln durchgesprochen und die verschiedenen Antworten der Teilnehmer diskutiert. In dieser Diskussion werden Kriterien für selbstsicheres, unsicheres und aggressives Verhalten herausgearbeitet und vom Trainer notiert („Was ist für Sie an diesem Verhalten aggressiv?“, „Warum ist dieses Verhalten unsicher?“). Als Hilfe für die Trainer kann das folgende Schema dienen, welches einige wichtige Kriterien zur Unterscheidung zwischen sicherem, unsicherem und aggressivem Verhalten enthält.

Während der Diskussion ergeben sich häufig Meinungsunterschiede, ob diese oder jene Verhaltensweise nun aggressiv (bzw. sicher oder unsicher) sei oder nicht. Der Trainer sollte dann versuchen, die *Verhaltenskonsequenzen* herauszuarbeiten („Wie wird der andere sich jetzt fühlen?“, „Wie wird er sich in Zukunft wohl verhalten?“). Dies führt in aller Regel dazu, daß die Teilnehmer ohne weitere Hilfe des Trainers in der Lage sind, zwischen selbstsicherem und aggressivem Verhalten zu unterscheiden und die wesentlichen Kriterien zu erkennen.

Merkmal	Sicher	Unsicher	Aggressiv
Stimme	laut, klar, deutlich	leise, zaghaft	brüllend, schreiend
Formulierung	eindeutig	unklar, vage	drohend, beleidigend
Inhalt	präzise Begründung, Ausdrücken eigener Bedürfnisse, Benutzung von „ich“, Gefühle werden direkt ausgedrückt	überflüssige Erklärungen, Verleugnung eigener Bedürfnisse, Benutzung von „Man“, Gefühle werden indirekt ausgedrückt	keine Erklärung und Begründung, Drohungen, Beleidigungen, Kompromißlosigkeit, Rechte anderer werden ignoriert
Gestik, Mimik	unterstreichend, lebhaft, entspannte Körperhaltung, Blickkontakt	kaum vorhanden oder verkrampft, kein Blickkontakt	unkontrolliert, drohend, wild gestikulierend, kein Blickkontakt oder „Anstarren“

Abbildung 9: Kriterien für sicheres, unsicheres und aggressives Verhalten

Anmerkung: Schwierigkeiten bei der Zuordnung der Verhaltensweisen ergeben sich oft dadurch, daß die Teilnehmer nicht - wie eigentlich erwünscht - allein das *Verhalten* einschätzen, sondern von den situationalen Bedingungen ausgehen. So werden z. B. oftmals aggressive Verhaltensweisen dann als selbstsicher eingestuft, wenn das Verhalten des Interaktionspartners als aggressiv, „unverschämt" oder auf andere Art negativ beurteilt wird (siehe z. B. Situation 18). Oft wird in diesem Zusammenhang auch argumentiert, daß ein Verhalten ganz ohne Aggressionen doch völlig undenkbar wäre. Der Trainer sollte dann darauf hinweisen, daß dies auch nicht das Ziel des Trainings sei; es stehe jedem selbstverständlich frei, sich aggressiv zu verhalten, wann immer er es für richtig halte. Durch das Training solle nur erreicht werden, daß die Teilnehmer - wenn sie sich aggressiv verhalten - sich dieser Tatsache bewußt und auf die Konsequenzen vorbereitet sind.

Hinweis: Auf beiliegender Diskette befindet sich auch eine auf zwölf Situationen gekürzte Form des Diskriminationstrainings. Diese Version kann eingesetzt werden, wenn aus irgendwelchen Gründen die Zeit für die lange Version nicht ausreicht oder auch bei Zielgruppen, bei denen dieser Tagesordnungspunkt eine weniger zentrale Bedeutung hat als bei Selbstunsicheren.

2.4. Modellrollenspiel

Vor Beginn des Modellrollenspiels wird Arbeitspapier (Kriterien selbstsicheren Verhaltens) verteilt und kurz besprochen. Die Teilnehmer werden darauf hingewiesen, daß das folgende Rollenspiel der Trainer anhand dieser Kriterien beurteilt werden soll. Danach demonstrieren die beiden Trainer ein Rollenspiel und das anschließende Video-Feedback.

Achtung: Die Demonstration der *Selbstverstärkung* (vgl. den Abschnitt über die Durchführung der Rollenspiele auf S. 118ff) ist hier ein besonders wichtiger Punkt, da diese erfahrungsgemäß den Teilnehmern zumindest am Anfang große Schwierigkeiten bereitet.

Das Modellrollenspiel wurde unter folgenden Gesichtspunkten vor den Beginn der Rollenspiele gesetzt:

- Der „technische" Ablauf der Rollenspiele und des Video-Feedbacks wird den Teilnehmern dadurch besser demonstriert als durch lange Erklärungen.
- Das Verhalten des Trainers wirkt als Modell (im Sinne des Lernens durch Beobachtung).
- Die bei manchen Teilnehmern vorhandene Angst vor den ersten Rollenspielen wird reduziert.

2.5. Rollenspiele mit Video-Feedback

Mit der Durchführung der Rollenspiele beschäftigt sich ein eigener ausführlicher Abschnitt (siehe S. 118ff).

Da gerade das erste Rollenspiel für manche Teilnehmer angstbesetzt ist, kann es hin und wieder vorkommen, daß der eine oder andere sich zu „drücken" versucht. Der Trainer sollte solchen Vermeidungsstrategien auf keinen Fall nachgeben sondern gleich von Beginn an darauf bestehen, daß die Rollenspiele reihum durchgeführt werden. Allerdings dürfte es auch nicht empfehlenswert sein, einen Teilnehmer gezielt aufzufordern, man sollte das lieber der Gruppe überlassen

2.6. Entspannungstraining (18 Minuten)

In dieser Sitzung wird eine auf 18 Minuten verkürzte Fassung des Entspannungstrainings verwendet. Nach unseren Erfahrungen werden im Anschluß an die Durchführung dieser Version erstmals überwiegend positive Rückmeldungen gegeben. Manche Teilnehmer empfinden das selbst als „Durchbruch". Die Trainer sollten dieses Feedback verstärken und damit noch einmal den Hinweis auf den Erfolg des Übens verbinden.

2.7. Hausaufgaben

- *Entspannung* (verkürzte Fassung auf der zweiten Seite der bereits verteilten Kassette) zu Hause einmal täglich üben.
- *In-vivo-Training*. Arbeitspapier 5: Hausaufgaben - Recht durchsetzen verteilen. Die Teilnehmer sollen zunächst die Schwierigkeit der vorgegebenen Situationen einschätzen (analog zur Schwierigkeitseinstufung der Rollenspielsituationen) und diese auf dem Arbeitspapier eintragen. Danach sollen sie sich für eine Situation entscheiden, die sie bis zur nächsten Sitzung durchführen werden. Die Entscheidung wird ebenfalls auf dem Papier vermerkt. Die Trainer sollten dabei darauf achten, daß die Teilnehmer sich nicht zu schwierige Situationen vornehmen („Besser eine leichte Situation durchgeführt als eine schwere nur vorgenommen").

  Man kann diese Hausaufgaben - wie im übrigen auch die Rollenspiele vor der Gruppe - als Expositionsübungen betrachten. Wir können deshalb der Sicht einiger Autoren (z. B. Wlazlo et al., 1992), die Trainings sozialer Kompetenz und Exposition invivo als zwei ganz verschiedene Therapiemethoden zu betrachten, nicht folgen, zumindest dann nicht, wenn es sich bei dem Kompetenztraining - wie im vorliegenden Fall - um ein Verfahren handelt, das in der Gruppe durchgeführt wird.

Achtung: Das Ausfüllen von Arbeitspapier 5 muß unbedingt noch *während* der Sitzung erfolgen und zwar aus folgenden Gründen: (a) Verständnisschwierigkeiten könnten sonst nicht geklärt werden; (b) die Hausaufgabe ist erheblich verpflichtender, wenn das Papier schon ausgefüllt mit nach Hause genommen wird; (c) ein wesentlicher Aspekt im Verhalten selbstunsicherer

Individuen besteht darin, daß sie nicht selbst die Initiative ergreifen, sondern statt dessen auf „günstige Bedingungen“ warten. Dieser Mechanismus wird durch die explizite Festlegung auf eine Situation durchbrochen.

2.8. Stundenbögen

Benötigte Materialien

- Tafel „Erklärungsmodell“ (vgl. 1.3.)
- Arbeitspapier 3: Diskriminationstraining, S. 98
- Arbeitspapier 4: Instruktion für selbstsicheres Verhalten (R – Recht durchsetzen), S. 100
- Arbeitspapier 5: Hausaufgaben - Recht durchsetzen, S. 101
- 2 Videoanlagen

Arbeitspapier 3: Diskriminationstraining

Training zur Unterscheidung von selbstsicherem und aggressivem Verhalten. Im folgenden finden Sie 21 Situationsschilderungen. Die dazugehörigen Antworten auf der rechten Seite sind entweder **selbstsicher**, **aggressiv** oder **unsicher.**

B GSK

Ihre Aufgabe ist es, beim Lesen zu unterscheiden, ob es sich um selbstsichere, aggressive oder unsichere Antworten handelt. Setzen Sie hinter jeder Antwort ein, um welche Art der Reaktion es sich Ihrer Meinung nach handelt: Setzen Sie **s** für selbstsicher, **u** für unsicher, **a** für aggressiv.

	Situation	Reaktion	
1.	An der Tankstelle, an der Sie häufig tanken, hat einer der Tankwarte vergessen, die Verschlußkappe wieder auf Ihren Tank zu schrauben. Sie bemerken das, fahren zurück und forschen nach, indem Sie sagen:	Einer von Euch Jungs hat doch glatt vergessen, die Verschlußkappe wieder auf meinen Tank zu schrauben. Ich möchte das sofort geändert haben. Falls Sie sie nicht wiederfinden, hat einer von Ihnen sie mir zu ersetzen.	☐
2.	Eine Ehefrau sagt zu ihrem Mann, daß sie gerne ihre Berufsausbildung beenden möchte. Er ist aber gar nicht dafür, daß sie weiterstudiert o.ä. und sagt:	Warum willst Du denn das alles tun? Du weißt doch, daß Du gar nicht fähig bist, diese Extrabelastung noch zu verkraften.	☐
3.	Sie tun sich ziemlich schwer damit, einen Bericht zu schreiben, und wissen nicht genau, welche weiteren Informationen Sie dafür noch brauchen und wo Sie sie einholen sollen. Sie sagen zu sich selbst:	Ich bin doch einfach blöd; ich weiß überhaupt nicht, wo ich anfangen soll, wie ich weitermachen soll mit diesem Bericht.	☐
4.	Ihre Zimmernachbarin geht gerade weg zur Arbeit und sagt Ihnen im Weggehen, daß sie einem Freund versprochen hat, daß Sie ihn heute abend mit Ihrem Auto abholen werden. Darauf sagen Sie:	Du hast vielleicht Nerven, mich einfach festzunageln, ohne mich vorher zu fragen. Das gibt´s überhaupt nicht. Ich fahre heute nicht zum Flughafen. Laß ihn ein Taxi nehmen, wie jeder andere das auch macht.	☐
5.	Sie sind auf einer Ausschußsitzung mit sieben Männern und einer Frau. Zu Beginn der Sitzung bittet Sie der Vorsitzende, heute das Protokoll zu führen. Sie antworten:	Nein, also wissen Sie, das stinkt mir einfach, hier den einzigen Protokollanden zu machen, nur weil ich die einzige Frau bin in dieser Runde.	☐
6.	Ein Bekannter bittet Sie um eine Verabredung. Sie sind schon einmal mit ihm ausgewesen und haben keinerlei Interesse, sich wieder mit ihm zu verabreden. Sie sagen:	Oh, also diese Woche bin ich unheimlich beschäftigt. Ich glaube wirklich, daß ich also Samstag keine Zeit habe, mich mit Ihnen zu treffen.	☐
7.	Eltern rufen bei ihrer verheirateten Tochter an und bitten sie um einen Besuch. Als die Tochter höflich ablehnt, sagen die Eltern:	Du bist doch nie verfügbar, wenn man Dich braucht. Alles dreht sich bei Dir nur um Dein eigenes Interesse.	☐
8.	Ein Arbeitgeber schickt ein Rundschreiben durch die Firma, daß für dienstliche Ferngespräche ab jetzt eine Erlaubnis einzuholen sei. Ein Angestellter antwortet darauf:	Sie greifen damit in meine berufliche Entscheidungsfähigkeit und Entscheidungsfreiheit ein; ich empfinde das als eine Beleidigung.	☐
9.	Gemeinsame Ferienpläne werden ganz abrupt von Ihrem Freund geändert und Ihnen am Telefon mitgeteilt. Sie antworten:	Hoppla, das ist wirklich eine Überraschung für mich. Ich möchte Dich gern später wieder anrufen, nachdem ich mir das alles durch den Kopf habe gehen lassen.	☐
10.	Ihr Mann möchte im Fernsehen „Fußball" sehen. Zur gleichen Zeit läuft ein Stück, das Sie gerne sehen möchten. Sie sagen:	Ja, hm, Schatz, dann schalt ruhig ein und schau Dir das Fußballspiel an. Vielleicht kann ich inzwischen ein bißchen bügeln.	☐
11.	Ihr Zehnjähriger hat Sie dreimal mit irgend etwas Nebensächlichem unterbrochen, während Sie telefonieren. Sie haben jedesmal freundlich gebeten, nicht zu unterbrechen. Jetzt kommt er wieder an. Sie sagen:	Ich kann Dir jetzt nicht zuhören und gleichzeitig telefonieren. Ich habe noch ein paar Minuten hier zu tun, dann können wir uns unterhalten.	☐

12.	Sie sind die einzige Frau in einer Gruppe von Männern und werden gebeten, das Protokoll dieser Sitzung zu schreiben. Sie antworten:	Ich bin damit einverstanden, anteilig das Protokoll zu übernehmen und will es für heute tun. Bei den nächsten Sitzungen sollten wir diese Aufgabe umschichtig übernehmen.	☐
13.	Sie unterrichten in einem Lehrerteam. Ein Kollege drückt sich ständig davor, seine Unterrichtsaufgabe zu übernehmen und fragt Sie heute wieder, ob Sie seinen Anteil nicht übernehmen könnten. Sie sagen:	Ja, na, hm, ich denke, ja, es geht in Ordnung, obwohl ich fürchterliche Kopfschmerzen habe.	☐
14.	Sie haben sich vorgenommen, sich am Nachmittag zwischen vier und fünf eine Stunde für sich selbst zu nehmen und Dinge zu tun, die Sie gerne möchten. Jemand ruft an und bittet Sie, Sie um diese Zeit besuchen zu dürfen. Sie sagen:	Ah, hm, okay, Sie können dann, eh, kommen. Um vier Uhr, ja? Sind Sie sicher, daß der Zeitpunkt auch für Sie günstig ist?	☐
15.	Ihr Partner hat Ihre äußere Erscheinung in Gegenwart von Freunden heftig kritisiert. Sie sagen:	Es verletzt mich, wenn Du mein Äußeres in Gegenwart anderer Leute kritisierst. Wenn Du mir in der Beziehung etwas sagen möchtest, dann tu das doch bitte, bevor wir von zu Hause weggehen.	☐
16.	Eine Freundin leiht sich des öfteren kleine Geldbeträge von Ihnen und gibt sie nicht zurück, wenn man sie nicht danach fragt. Heute bittet sie wieder um einen kleinen Geldbetrag, den Sie aber nicht gerne geben möchten. Sie sagen:	Ich habe heute nur soviel bei mir, daß ich mein eigenes Mittagessen bezahlen kann.	☐
17.	Eine Frau wird zu einem Vorstellungsgespräch gebeten. Im Verlauf der Unterhaltung schaut der Personalchef sie abschätzend an und sagt zweideutig: Also, Sie sehen wirklich aus, als hätten Sie alle Qualifikationen für diese Stelle. Sie antwortet:	Ich bin sicher, daß ich die beruflichen Fähigkeiten habe, die für diese Stelle erforderlich sind.	☐
18.	Sie sind gerade auf dem Weg zum Fotokopierer, als ein Kollege, der Ihnen immer wieder Kopierarbeit für sich aufbürdet, Ihnen begegnet und fragt, wohin Sie gehen. Sie antworten:	Ich gehe zum Pokalturnier. Oder wonach sehe ich sonst aus?	☐
19.	Jede Nacht knallt Ihre Zimmergenossin jedesmal mit der Badezimmer- und der Schlafzimmertür und hält Sie damit entweder wach oder weckt Sie sogar aus dem Schlaf, was Sie unheimlich stört: Sie sagen:	Bitte knall nicht so mit den Türen; es ist ja furchtbar störend so mitten in der Nacht. Ich wach davon auf und kann nicht wieder einschlafen.	☐
20.	Ihre Zimmernachbarin möchte spätabends noch ausgehen, um etwas zu essen. Sie sind zu müde zum Ausgehen und sagen:	Mir ist eigentlich gar nicht nach Ausgehen zumute. Ich bin zu müde; aber ich gehe mit und schau Dir beim Essen zu.	☐
21.	Sie werden gebeten, bei einer Festveranstaltung Ihres Vereins beim Bedienen zu helfen. Sie antworten:	Ich bedauere, aber ich bin nicht abkömmlich, um auf dieser Veranstaltung beim Bedienen zu helfen.	☐

Arbeitspapier 4: Instruktion für selbstsicheres Verhalten (R – Recht durchsetzen)

C GSK

Wenn Sie **vor einer Situation** stehen, in der Sie selbstsicheres Verhalten zeigen wollen, geben Sie sich selber positive Instruktionen (z. B. „Ich werde es schaffen", „das ist mein gutes Recht" ...)

Wenn Sie **in der Situation** sind:

1. Reden Sie laut und deutlich;
2. Schauen Sie Ihrem Partner in die Augen, (Blickkontakt);
3. Nehmen Sie eine entspannte Körperhaltung ein;
4. Äußern Sie Ihre Forderungen, Wünsche und Gefühle in der „Ichform";
5. Sagen Sie zuerst, was Sie wollen, dann warum:
6. Entschuldigen Sie sich nicht, wenn Sie berechtigte Forderungen stellen.

Ziel ist nicht, den anderen fertig zu machen, sondern nur Ihr Recht in Anspruch zu nehmen! Deshalb:

7. Werden Sie nicht aggressiv, sondern bleiben Sie ruhig und bestimmt im Auftreten. Das bringt Sie weiter.
8. Werten Sie Ihren Partner nicht durch polemische und globale Wertungen ab („Du bist immer ...", „Du hast mal wieder ...")
9. Äußern Sie ruhig auch einmal Verständnis für die Position des anderen.

Nach der Situation:

Verstärken Sie sich für Ihre Fortschritte. Anerkennen Sie Ihre eigenen Bemühungen und beachten Sie jeden kleinen Fortschritt, den Sie erzielen. Jeder Lernprozeß benötigt Zeit und Übung!

Man kann nur schnell und gründlich lernen, wenn man seine Aufmerksamkeit auf positive Fortschritte richtet, das heißt, stolz und zufrieden zu sein, wenn man ein kleines Stück weitergekommen ist.

> Vergleichen Sie sich nicht mit dem Ideal, das Ihnen vielleicht vor Augen steht, sondern beachten Sie den relativen Fortschritt!

Vermeiden Sie Selbstkritik, Selbsthaß und Ungeduld mit sich selbst! Mit Schuldgefühlen und Selbstbestrafung wurde noch nie viel erreicht, aber sehr oft mancher positive Ansatz zur Selbstentfaltung unterdrückt, da er unmenschlichen Leistungsforderungen nicht genügte.

Arbeitspapier 5: Hausaufgaben - Recht durchsetzen

D GSK

Im folgenden finden Sie eine Reihe von Situationen. Wir möchten Sie zunächst bitten, sie bezüglich ihrer Schwierigkeit einzuschätzen. Dann wählen Sie bitte eine Situation aus, die Sie in der folgenden Woche angehen wollen. Beachten Sie dabei, daß Sie sich auf keinen Fall eine zu schwierige Situation auswählen. Entscheidend ist nicht, daß Sie eine schwierige, sondern daß Sie unbedingt eine dieser Situationen in der Realität durchführen.

Vielen bereitet dieser Schritt zunächst Schwierigkeiten. Ihnen erscheint ein solches Vorgehen „künstlich" oder „unnatürlich", weil sie es normalerweise vorziehen, Situationen eher auf sich zukommen zu lassen. Aber gerade das **bewußte aktive** Herangehen ist außerordentlich wichtig.

	Situation	Schwierigkeit
1.	Suchen Sie ein Geschäft Ihrer Wahl auf (Radio-, Foto- Möbelgeschäft oder etwas ähnliches), lassen Sie sich eine oder mehrere Waren zeigen und erklären, bedanken Sie sich und verlassen Sie dann das Geschäft ohne etwas zu kaufen.	☐
2.	Gehen Sie in einen Supermarkt und schauen Sie sich die dort angebotenen Waren an. Kaufen Sie nichts ein, sondern stellen Sie den Wagen wieder ab und verlassen Sie den Supermarkt.	☐
3.	Suchen Sie ein Kaufhaus auf und schauen Sie interessiert die Waren irgendeines Verkaufsstandes an. Nehmen Sie auch einige Gegenstände in die Hand. Wenn Sie ein(e) Verkäufer(in) anspricht, sagen Sie: „Ich möchte mich nur einmal umsehen", betrachten weiter die Waren und kaufen nichts.	☐
4.	Gehen Sie in ein Geschäft und lassen Sie sich Geld wechseln (zum Telefonieren oder für Zigaretten). Geben Sie dabei keine langen Erklärungen, sondern bringen Sie nur kurz Ihr Anliegen vor.	☐
5.	Sprechen Sie auf der Straße einen der vorübergehenden Passanten an und lassen Sie sich fürs Telefonieren (oder für Zigaretten) Geld wechseln.	☐
6.	Sprechen Sie auf der Straße einen der Vorübergehenden an und lassen Sie sich drei Groschen (zum Telefonieren) schenken. Bringen Sie zunächst nur Ihr Anliegen vor und benutzen Sie das Wort „schenken". Sollte der andere nachfragen, begründen Sie Ihr Anliegen damit, daß Sie Ihre Geldbörse vergessen hätten.	☐
7.	Gehen Sie in ein Lokal (Café) und fragen Sie, ob Sie dort telefonieren könnten. Verzehren Sie nichts, sondern führen Sie nur das Telefongespräch (Überlegen Sie sich vorher, wen Sie anrufen könnten).	☐

Ich werde in der kommenden Woche Situation ... durchführen

Wenn Sie die Situation durchgeführt haben, beantworten Sie bitte folgende Fragen:

1.	Wo und wann haben Sie die Situation durchgeführt?
2.	Wie zufrieden waren Sie mit Ihrem eigenen Verhalten?
3.	Wie haben Sie sich vor der Situation gefühlt?
4.	Wie haben Sie sich nach der Situation gefühlt?
5.	Wie haben die anderen Personen reagiert?

3. Dritte Sitzung

Das zentrale Thema der dritten Sitzung ist die Analyse von Selbstverbalisationen.

ABLAUF DER DRITTEN SITZUNG

3.1. Tagesordnung bekanntgeben

3.2. Hausaufgaben besprechen

Besprochen werden (a) die Erfahrungen mit dem Entspannungstraining und (b) die Durchführung des „In-vivo-Trainings" (Arbeitspapier 5).

Für die Besprechung des Entspannungstrainings gelten die Ausführungen, die in Abschnitt 2.2 (zweite Sitzung) dazu gemacht wurden. Wichtig ist hier wieder die Verstärkung jedes positiven Berichts. Negativen Erfahrungsberichten sollte man dagegen immer mit dem Hinweis auf die Notwendigkeit des Übens begegnen.

Bei der Besprechung von Arbeitspapier (Hausaufgaben) ist es unbedingt notwendig, *jeden* Teilnehmer über seine Erfahrungen berichten zu lassen. Wird das unterlassen, muß man damit rechnen, daß sich in der nächsten Sitzung die Zahl derer, die die Hausaufgaben durchgeführt haben, drastisch reduziert. Der Trainer darf sich auch nicht scheuen, bei jedem Teilnehmer gezielt auf die einzelnen in diesem Arbeitspapier enthaltenen Fragen einzugehen. Außerdem sollte er sich bei der Besprechung darum bemühen, nicht der Tendenz vieler sozial unsicherer Klienten zu erliegen, positive Erfahrungen und eigene Leistungen herabzuspielen.

Nach unserer Erfahrung wird diese Hausaufgabe, die einen sehr wichtigen Bestandteil unseres Trainings ausmacht, von etwa 80 Prozent der Teilnehmer durchgeführt. Dieser Prozentsatz wurde aber erst erreicht, nachdem wir

- in *jeder* Sitzung die Hausaufgaben *jedes* Teilnehmers systematisch besprochen,
- die vorherige Festlegung auf eine Situation verlangt und
- den Teilnehmern ein Arbeitspapier mitgegeben haben, welches zu Hause auszufüllen ist.

3.3. Bewußtmachen der eigenen Selbstverbalisationen

Die Erarbeitung erfolgt in *zwei Schritten*:

(1) Den Teilnehmern wird ein *„projektiver" Video-Film* vorgeführt (ohne Ton), in dem eine offensichtlich selbstunsichere Person zunächst Vermeidungs- und schließlich Bewältigungsverhalten zeigt (eine detaillierte Beschreibung dieses Films befindet sich auf S. 121). An fünf Punkten wird der Film gestoppt (auf Standbild geschaltet) und die Teilnehmer werden angewiesen, auf einem Blatt Papier die Gedanken zu notieren, die ihnen an Stelle der dargestellten Person durch den Kopf gehen würden (interessanterweise macht es nach unserer Erfahrung kaum einen Unterschied, ob man diese Instruktion gibt oder die Anweisung, die Teilnehmer sollten das notieren, was der dargestellten Person in diesem Moment durch den Kopf geht). Um diese Aufgabe etwas zu erleichtern, sollte zu Beginn ein kurzer Überblick über den Ablauf der Filmhandlung gegeben werden.

Zu beachten: Sollte ein derartiger Video-Film nicht zur Verfügung stehen, kann der Trainer die Handlung des Films notfalls auch nur erzählen. Der sonstige Ablauf gestaltet sich wie oben beschrieben.

Wenn alle Teilnehmer ihre Selbstverbalisationen notiert haben, werden diese - in zwei Kleingruppen mit jeweils einem Trainer - miteinander verglichen und diskutiert. Die Trainer sollten dabei besonderes Augenmerk auf die emotionalen und Verhaltenskonsequenzen der jeweiligen Selbstverbalisationen richten („Welches Gefühl wird bei Ihnen ausgelöst, wenn Sie zu sich sagen ..., und wie würden Sie sich dann verhalten?"), um damit auf eine eindeutige Kategorisierung in günstig/ungünstig hinzuarbeiten (bzw. entmutigend/ermutigend, aufgabenbezogen/nicht aufgabenbezogen, konstruktiv/destruktiv - wir sind noch zu keinem eindeutigen Schluß gelangt, welches dieser Begriffspaare den größten heuristischen Wert für die Teilnehmer hat).

Weiterhin sollten auch die unterschiedlichen Möglichkeiten, mit Vermeidungsverhalten umzugehen, deutlich herausgestellt werden: Manche Klienten tendieren dazu, zu rationalisieren und sich damit für ihr Vermeidungsverhalten zu verstärken („Heute waren die Bedingungen aber auch wirklich nicht günstig, nächste Woche ist es bestimmt besser"), andere wiederum neigen zu Selbstabwertungen („Ich bin aber auch wirklich unfähig"). Beides sind Strategien, die den Weg zu einer konstruktiven Problemlösung eher verbauen. Herausführen aus diesem Zirkel können lediglich sogenannte „internal variable Attributionen", also Erklärungen, die nicht bei den Fähigkeiten der Person oder den widrigen Umständen ansetzen, sondern beim konkreten Verhalten, welches in dieser Situation gezeigt wurde („Ich habe mich jetzt nicht getraut, weil ich immerzu nur gedacht habe, ich könne versagen. Ich könnte jetzt versuchen, mir zu überlegen, was ich dem ... eigentlich genau sagen möchte.").

Im Anschluß an die Kleingruppendiskussion sollten die Trainer die wichtigsten Punkte noch einmal im Plenum zusammenfassen.

(2) Der zweite Schritt der Erarbeitung der Selbstverbalisationen besteht in der „Selbstlobeübung". Der Ablauf entspricht weitgehend dem „Warming-up" der ersten Sitzung (siehe 1.2): Die Teilnehmer werden aufgefordert, sich einen Partner zu suchen, den sie nur wenig kennen. Die Zweiergruppen schließen sich dann auf ein Zeichen der Trainer hin zu Vierergruppen zusammen, in denen jeweils der Zuhörer den anderen berichtet, was ihm sein Partner erzählt hat. Der Unterschied zum „Warming-up" besteht lediglich darin, daß die Instruktion jetzt lautet, dem Partner mindestens zwei positive Dinge über sich selbst zu berichten.

Das Ziel dieser Übung (und das ist gleichzeitig auch die Begründung für die Teilnehmer) besteht darin, die Erfahrung zu machen, wie leicht es einem fällt, sich selbst zu kritisieren und wie schwierig dagegen das Berichten positiver Dinge ist. Die Übertragung dieser Erfahrung auf die Selbstverbalisationen wird in aller Regel von selbst vorgenommen.

Unsere Erfahrungen mit dieser Übung sind durchweg positiv. Bei manchen Teilnehmern werden durch dieses Trainingselement richtige Aha-Erlebnisse ausgelöst bis hin zu der Erkenntnis, daß einige Selbstverständlichkeiten unserer abendländischen Tradition (die sich in Redewendungen wie „Eigenlob stinkt", „Sei doch einmal selbstkritisch!" oder ähnlichem ausdrücken) etwas mit ihren eigenen Schwierigkeiten zu tun haben könnten.

Interessant ist im übrigen auch die Phase, in der in den Vierergruppen von den vorherigen Zuhörern berichtet wird. Dabei ist häufig zu beobachten, daß die ehemaligen Erzähler in das Geschehen eingreifen und versuchen, einen Teil dessen, was gerade an Positivem über sie berichtet wird, wieder abzuschwächen („Ganz so habe ich es ja auch nicht gemeint").

An dieser Erfahrung läßt sich sehr gut zeigen, wie schwer uns oft der Umgang mit Komplimenten fällt. Die meisten Menschen neigen dazu, in solchen Fällen eher mit Abwehr zu reagieren („So gut war das ja nun auch wieder nicht" o.ä.). Warum soll man nicht z. B. sagen: „Danke schön, das freut mich, das Sie das sagen". Fast alle Menschen freuen sich über ein Kompliment, unterlassen es aber, den anderen dafür zu verstärken. Ähnlich paradox verhält man sich oft, wenn andere sich für etwas bedanken. Ein Dank oder eine Anerkennung werden zwar erwartet (anderenfalls wäre man dem anderen wahrscheinlich sehr böse), erfüllt der andere aber die Erwartung, reagiert man eher abweisend („Keine Ursache", „Das war doch selbstverständlich").

Werden die dargestellten Punkte während der Plenumsdiskussion über die „Selbstlobeübung" nicht von den Teilnehmern angesprochen, sollten die Trainer sie in die Diskussion einbringen.

Anmerkung: Auch für diese Übung gilt: „Hilfestellung" darf während des Berichtens in der Vierergruppe gegeben werden (vgl. dazu 1.2). Arbeitet man mit Gruppen, die nicht ausgesprochen selbstunsicher sind, kann man als zusätzliche Erschwernis einführen, daß die Rückmeldung des Gehörten nicht in den Vierergruppen, sondern im Plenum erfolgt.

3.4. Rollenspiele mit Videofeedback

Zur Durchführung der Rollenspiele siehe den gesonderten Abschnitt auf S. 118ff. Bei der Besprechung der Rollenspiele sollte man jetzt - wann immer sich eine Möglichkeit bietet - auf die Selbstverbalisationen eingehen. Z. B.: „Was haben Sie in diesem Moment gedacht?" oder „Mit welchem Satz sind Sie in diese Situation gegangen?".

3.5. Entspannungstraining

Durchgeführt wird die dritte Version (Dauer ca. 9 Minuten). Neu eingeführt wird jetzt das Ruhebild, welches sich die Teilnehmer insgesamt zweimal in entspanntem Zustand vorstellen sollen. Es ist notwendig, daß die Funktion dieser Neuerung vor Beginn des Entspannungstrainings genau erklärt und den Teilnehmern Gelegenheit gegeben wird, sich ein Ruhebild zu überlegen, welches sie mit Entspannung assoziieren (z. B.: An einem warmen Sommertag auf einer Waldlichtung liegen. Die Sonne scheint. Man hört das Zwitschern der Vögel ...). Um den Teilnehmern die Entscheidung zu erleichtern, kann man ein Beispiel geben, sollte sich aber davor hüten, ein bestimmtes Ruhebild zu empfehlen, da es durchaus denkbar ist, daß ein und dieselbe Vorstellung bei einem Menschen Entspannung, bei einem anderen aber Angst auslöst.

Das Ziel dieser Neuerung besteht darin, daß die Teilnehmer lernen sollen, die Entspannung mit einer bestimmten bildlichen Vorstellung zu assoziieren um in der Realität auf diesem Wege schneller eine relative Entspannung erreichen zu können.

3.6. Hausaufgaben

- Entspannung üben (neue Kassetten müssen verteilt werden!).
- In-vivo-Training: Die Teilnehmer sollen eine weitere der im Arbeitspapier 5 enthaltenen Situationen durchführen (zum Vorgehen siehe 2.7.).

3.7. Stundenbögen

Benötigte Materialien

- Tafel „Erklärungsmodell"
- Arbeitspapier 5: Hausaufgaben - Recht durchsetzen, S. 101
- Pro Teilnehmer eine Tonbandkassette mit der dritten und vierten Version des Entspannungstrainings (9 und 6 Minuten - Texte im Anhang)
- Zwei Videoanlagen
- Stundenbögen

Im Mittelpunkt der vierten Sitzung steht die Einführung eines neuen Situationstyps (Typ B: „Selbstsicheres Verhalten in Beziehungen").

Sozial inkompetentes Verhalten in Beziehungen besteht in der Regel nicht darin, daß einer der Partner nicht in der Lage ist, sein Recht durchzusetzen (wie dies bei Situationen vom Typ R der Fall ist). Im Gegenteil entstehen wahrscheinlich viele Konflikte gerade dadurch, daß bestimmte Situationen in Beziehungen so betrachtet werden, als ob es darum ginge, sein Recht durchzusetzen. Für Beziehungen gilt aber:

Ich habe kein Recht auf die Erfüllung meiner Wünsche und Forderungen. Ich habe aber ein Recht auf die Äußerung meiner Gefühle: Meine Gefühle gehören mir und können von niemandem bestritten werden. Konflikte in Beziehungen können daher nur dadurch gelöst werden, daß beide Partner ihre Gefühle äußern und anschließend versuchen, einen Kompromiß zu finden.

Für sozial kompetentes Verhalten in Beziehungen sind aus unserer Sicht zwei Fertigkeiten erforderlich:

- Eigene Gefühle (positive wie negative) angemessen äußern können und
- Äußerungen des Partners verstehen können.

Manchem Leser wird hier die Verwandtschaft zu Gordon (1980) bzw. der deutschen Adaptation dieses Konzepts von Wagner (1976) ins Auge fallen. Wir haben in der Tat auch zunächst mit dem Wagner'schen Konzept der Ich-Mitteilungen experimentiert, hatten damit aber nur wenig Erfolg. Schon der Begriff „Ich-Mitteilung" führte zu erheblichen Mißinterpretationen („Ich habe das Gefühl, Du bist eine alte Schlampe"). Wir hatten insgesamt den Eindruck, daß dieses Konzept nicht in der Lage ist, den Teilnehmern als ein neues und handlungsleitendes Bezugssystem zu dienen. Wir verzichten deshalb jetzt ganz auf den Begriff „Ich-Mitteilung" und stellen stattdessen die Äußerung von Gefühlen in den Mittelpunkt. Ähnlich schlechte Erfahrungen haben wir im übrigen auch mit der zweiten bei Wagner angeführten Technik gemacht (dem reflektierenden Zuhören). Unsere dazu durchgeführten Übungen bewirkten keinen sichtbaren Erfolg, was wahrscheinlich auch nicht anders zu erwarten ist, wenn man bedenkt, wie intensiv Gesprächspsychotherapeuten üben müssen, bis sie diese „Technik" wirklich beherrschen. Unser Training enthält daher keine Übungselemente zum reflektierenden Zuhören. Wir haben aber den Eindruck, daß die Fähigkeit, dem anderen zuzuhören sich mit der Fähigkeit, die eigenen Gefühle ausdrükken zu können, quasi automatisch verbessert. Explizite Zuhörübungen scheinen diesen Prozeß eher zu behindern als zu fördern.

Nach unseren Erfahrungen ist es für den Erfolg des Trainings wichtig, die Äußerung von Gefühlen sehr intensiv zu üben.

ABLAUF DER VIERTEN SITZUNG

4.1. Tagesordnung bekanntgeben

4.2. Hausaufgaben besprechen

Wie üblich berichtet reihum jeder Teilnehmer von seinen Erfahrungen.

4.3. Einführung eines neuen Situationstyps (B)

Zur Einführung des Typs B sind eine Reihe von Übungselementen vorgesehen, die bei Bedarf noch durch weitere einschlägige Übungen zu Gefühlswahrnehmung und -ausdruck ergänzt werden können (vgl. etwa Wallenwein, 1995).

(1) Arbeitspapier 6: Rollenspielsituationen Typ B - Beziehungen verteilen. Die Situationen sollen von den Teilnehmern kurz durchgelesen werden. Im Plenum wird dann anhand von Arbeitspapier 4: Instruktion für selbstsicheres Verhalten (R – Recht durchsetzen) diskutiert, welche Kriterien für die neuen Situationen wichtig bzw. weniger wichtig sind und welche Kriterien jetzt neu hinzukommen (nämlich: eigene Gefühle äußern und den Partner verstehen können).

(2) Arbeitspapier 7: Gefühle entdecken und benennen wird ausgeteilt. Jeder Teilnehmer soll zunächst nur die dick umrandeten Felder des Arbeitspapiers ausfüllen, also die „hinter" den vorgegebenen Äußerungen stehenden Gefühle benennen. Dies wird anschließend in Kleingruppen besprochen.

Das Hauptaugenmerk in der Diskussion sollte dabei auf die Frage gerichtet sein, ob die angegebenen „Gefühle" auch wirklich Gefühle im eigentlichen Sinn des Wortes oder aber Interpretationen sind. Eine eindeutige Abgrenzung ist wahrscheinlich schwierig („Ärger", „Wut", „Trauer" sind wohl recht eindeutig als Gefühl zu bezeichnen, schwieriger wird es bei „sich verletzt fühlen" „eifersüchtig" und ähnlichem). Hier ist es besonders notwendig, daß die Trainer für sich einen klaren Standpunkt gefunden haben.

Anmerkung: Im allgemeinen bereitet es den Teilnehmern keine Schwierigkeiten, die in den Äußerungen steckenden Gefühle zu benennen. Es gibt allerdings hin und wieder Klienten (nach unserer Erfahrung vorzugsweise Männer), denen diese Übung ausgesprochen schwer fällt. Der Trainer muß hier Hilfestellung geben (z. B.: „Stellen Sie sich vor, Sie sagen zu Ihrer Frau „...", was würden Sie dabei für ein Gefühl haben?". Erwidert der Teilnehmer: „gar kein Gefühl", nachfragen: „Aus welchem Grund haben Sie dann überhaupt etwas zu Ihrer Frau gesagt?" usw.).

(3) Ist noch genügend Zeit vorhanden (nach unseren Erfahrungen ist das meistens nicht der Fall), werden jetzt die in Arbeitspapier 7 vorgegebenen Äußerungen umformuliert, was im allgemeinen keine

Schwierigkeiten mehr bereitet. Reicht die Zeit nicht, wird diese Aufgabe bis zur nächsten Sitzung zu Hause erledigt.

4.4. Entspannungstraining

Durchgeführt wird jetzt die vierte Version (Dauer ca. 6 bis 7 Minuten, vgl. Anhang). Neu ist an dieser Version, daß nur noch die Anspannung, aber nicht mehr die Entspannung vorgegeben wird. Letztere sollen die Teilnehmer jetzt mit Hilfe ihres eigenen „Entspannungsworts" selbst vornehmen. Es ist daher notwendig, daß sich jeder Teilnehmer vor dem Beginn des Entspannungstrainings ein „Entspannungswort" zurechtlegt.

4.5. Hausaufgaben

- Entspannung üben
- (Falls noch nicht während der Sitzung erledigt) Die in Arbeitspapier 7 vorgegebenen Äußerungen umformulieren.
- Arbeitspapier 8: Hausaufgaben - Gefühle benennen austeilen und kurz erläutern.

4.6. Stundenbögen

Benötigte Materialien

- Tafel „Erklärungsmodell"
- Arbeitspapier 6: Rollenspielsituationen Typ B - Beziehungen, S. 106
- Arbeitspapier 7: Gefühle entdecken und benennen, S. 107
- Arbeitspapier 8: Hausaufgaben - Gefühle benennen, S. 108
- Stundenbögen
- Zwei Videoanlagen
- Arbeitspapier 9: Instruktion für Selbstsicheres Verhalten (B - Beziehungen), S. 109

Arbeitspapier 6: Rollenspielsituationen Typ B - Beziehungen

Schätzen Sie bitte mit diesem „Thermometer" für jede Situation ein, wie schwer Ihnen das beschriebene Verhalten fallen würde. Tragen Sie für jede Situation eine Zahl zwischen 0 und 100 ein.

keine Schwierigkeit — große Schwierigkeit

0	10	20	30	40	50	60	70	80	90	100

	Situation	Instruktion	Schwierigkeit
1.	Sie und Ihr(e) Partner(in) wollen zusammen ins Kino gehen. Ihr Partner wird und wird nicht fertig. Sie haben diese Situation schon häufig erlebt und teilen Ihren Ärger mit.	Versuchen Sie vor allem, Ihre eigenen Gefühle auszudrücken. Benutzen Sie dabei das Wort „ich". Vermeiden Sie globale Beschuldigungen („Du bist immer ...", „Du hast mal wieder ...")	☐
2.	Sie haben mit Ihrem Partner(in) einen ziemlichen Streit gehabt. Hinterher sehen Sie ein, daß Sie selbst doch die meiste Schuld hatten und möchten gerne einlenken.	Teilen Sie Ihrem Partner Ihre eigenen Gefühle mit. Versuchen Sie die Äußerungen Ihres Partners wirklich zu verstehen. Klagen Sie sich nicht an, sondern versuchen Sie sich so darzustellen, daß Ihr Partner Ihr Verhalten verstehen kann.	☐
3.	Sie bitten einen guten Bekannten, Ihnen beim Umzug oder bei der Wohnungseinrichtung zu helfen. Das wird einen ganzen Samstagnachmittag in Anspruch nehmen. Sie hatten ihm früher auch bereits einmal geholfen.	Äußern Sie Ihre Bitte ohne Entschuldigung und halten Sie dabei Blickkontakt. Erklären Sie, wieviel Zeit die Arbeit in Anspruch nehmen wird und machen Sie deutlich, daß Sie wirklich auf seine Hilfe angewiesen sind.	☐
4.	Ein naher Freund hat seit längerer Zeit Geld von Ihnen geliehen und Ihnen dieses aus Gleichgültigkeit noch nicht zurückgegeben, obwohl Sie ihn schon einmal darauf angesprochen haben. Sie benötigen das Geld und verlangen es zurück, obwohl Ihr Freund sich herauszuwinden versucht.	Sie betonen, daß Sie erstens Ihr Geld zurück haben wollen und zweitens, daß die Gleichgültigkeit Ihres Freundes die Freundschaft belaste. Beschreiben Sie Ihr Gefühl des Ausgebeutetseins. Machen Sie deutlich, daß Ihnen viel an der Freundschaft liegt, Ihr Freund aber auch etwas dafür tun müsse. Beschreiben Sie Ihre Gefühle statt anzuklagen.	☐
5.	Sie bitten Ihren Partner um Verständnis, daß Sie an diesem Abend schlechte Laune haben und abgespannt sind und deshalb am liebsten nichts reden möchten.	Beschreiben und erklären Sie Ihren Gefühlszustand mit der Bitte um Verständnis.	☐
6.	Sie bitten Ihren Partner, seine Sachen bitte immer gleich aufzuräumen, statt sie unaufgeräumt in der Wohnung herumfliegen zu lassen.	Statt anzuklagen, machen Sie den Unterschied in Ihren Gefühlen deutlich, der durch Aufräumen bzw. Nichtaufräumen ausgelöst wird.	☐
7.	Bei einem gemeinsamen Essen mit Bekannten hat Ihr(e) Partner(in) einige für Sie sehr verletzende Äußerungen gemacht. Nachdem die Bekannten gegangen sind, sprechen Sie dies an.	Bleiben Sie nur bei Ihren Gefühlen und vermeiden Sie globale Beschuldigungen	☐
8.	Sie erklären Ihrem Partner (oder Eltern, Wohngemeinschaft), daß Sie ausziehen und nun allein leben möchten.	Versuchen Sie, nur Ihre Situation und Ihre Gefühle als Begründung heranzuziehen und versuchen Sie, ohne Beschuldigungen auszukommen.	☐

Arbeitspapier 7: Gefühle entdecken und benennen

Nachstehend finden Sie einige Äußerungen, hinter denen sich ein Gefühl versteckt. Schreiben Sie zunächst nur dieses Gefühl in die dafür vorgesehene Spalte. Anschließend versuchen Sie, die Äußerung neu zu formulieren, indem Sie dieses Gefühl direkt ansprechen.

F GSK

Äußerung	Gefühl	Neu formulierte Äußerung
Mann zu seiner Frau: „Du hast schon wieder vergessen, die Wäsche aus der Reinigung zu holen!"		
Mutter zu ihrem Sohn, nachdem dieser seine Hausaufgaben schnell und korrekt erledigt hat: „Du bist aber wirklich lieb."		
Frau zu ihrer Freundin: „In letzter Zeit läßt Du Dich ja überhaupt nicht mehr bei mir sehen!"		
Mann zu Arbeitskollegen: „Bei soviel Schwierigkeiten könnte man wirklich resignieren und alles hinschmeißen!"		
Frau zu ihrem Mann, nachdem dieser ohne Vorankündigung erst spät in der Nacht nach Hause kommt: „Wo warst Du denn bloß die ganze Zeit?"		
Ein Vater schimpft mit seinem Sohn. Die Mutter sagt daraufhin: Findest Du nicht, daß man mit Peter etwas verständnisvoller umgehen müßte?"		

Arbeitspapier 8: Hausaufgaben - Gefühle benennen

G GSK

Voraussetzung für selbstsicheres Verhalten in Beziehungen ist es, sich in entsprechenden Alltagssituationen ausreichend Klarheit zu verschaffen und dieses Gefühl deutlich zu äußern. Als Vorübung dient die folgende Aufgabe:

Schreiben Sie bitte mit Hilfe dieses Arbeitspapiers an jedem Abend der folgenden Woche ein Gefühl auf, das Sie an dem betreffenden Tag gehabt haben. Notieren Sie zusätzlich das konkrete Ereignis und Ihre Selbstverbalisationen, durch die Ihr Gefühl ausgelöst wurde.

Beachten Sie, daß angenehme oder unangenehme Gefühle genannt werden können. Berücksichtigen Sie gerade auch „kleine" Gefühle, wie sie jeden Tag vorkommen.

Tag	Gefühl	auslösendes Ereignis	Selbstverbalisation

Arbeitspapier 9: Instruktion für Selbstsicheres Verhalten (B - Beziehungen)

E GSK

Vor der Situation:

- Machen Sie sich bewußt, was Ihr Gefühl ist (Ärger, Freude etc.)
- Überlegen Sie, welches konkrete Ereignis dieses Gefühl ausgelöst hat
- Geben Sie sich positive Selbstinstruktionen, etwa: „Ich habe ein Recht auf meine Gefühle."

In der Situation:

- Bleiben Sie ganz bei Ihren Gefühlen und kommen Sie gegebenenfalls immer wieder auf Ihre Gefühle zurück. Ihre Gefühle gehören Ihnen und können von niemandem bestritten werden.
- Sprechen Sie Ihre Gefühle direkt an. Sagen Sie: „Ich bin jetzt..." oder „ich ... mich jetzt."
- Haben Sie Ihr Gefühl zum Ausdruck gebracht, erläutern Sie den Anlaß. Vermeiden Sie dabei alle Verallgemeinerungen (Sagen Sie statt „Du hast schon wieder ..." oder „Du bist immer ...": „Du hast heute ..."), beschreiben Sie also nur das konkrete Ereignis und bedenken Sie, daß Sie nur Ihre eigene Sichtweise beschreiben können.
- Versuchen Sie, die Gefühle des anderen zu verstehen. Hören Sie ihm wirklich zu. Fragen Sie nach, wenn Sie etwas nicht verstehen. Sie geben sich keine Blöße, wenn Sie Verständnis für den anderen aufbringen (Sie haben ein Recht auf Ihre Gefühle, der andere hat aber auch ein Recht auf seine Gefühle).
- Wenn Ihr Partner einlenkt, bringen Sie Ihre Freude darüber zum Ausdruck. Es ist kein Zeichen von Selbstsicherheit, ein Einlenken des anderen als Schwäche zu deuten und für einen Angriff zu nutzen.
- Äußern Sie ruhig auch Ihre Wünsche und Bedürfnisse, wie Ihr Partner sich in Zukunft in einer bestimmten Situation verhalten soll. Teilen Sie mit: „Ich würde mir wünschen (mich freuen), daß (wenn) ..." (Achtung: Sie haben ein Recht, Ihre Wünsche zu äußern, aber kein Recht auf die Erfüllung dieser Wünsche).
- Zeigen Sie auch positive Gefühle wie Freude, Zufriedenheit usw., wenn Sie sie empfinden.

Nach der Situation:

- Verstärken Sie sich für jede einzelne Gefühlsäußerung, die Sie gemacht haben. Der Erfolg besteht nicht darin, daß Ihr Partner alle Forderungen erfüllt, sondern darin, daß Sie Ihre Gefühle und Wünsche zum Ausdruck gebracht haben.
- Bedenken Sie, daß Partner häufig sehr unterschiedliche Gefühle haben. Das Ziel eines Gesprächs kann nicht sein, sich auf ein Gefühl zu einigen. Sie können sich aber darüber verständigen, wie Sie mit diesen unterschiedlichen Gefühlen umgehen wollen.

In der fünften Sitzung wird die bereits begonnene Einführung des Situationstyps B fortgesetzt und beendet.

Ablauf der fünften Sitzung

5.1. Tagesordnung bekanntgeben

5.2. Hausaufgaben besprechen

Erfahrungsgemäß wird die Besprechung der Hausaufgaben in dieser Sitzung einen längeren Zeitraum beanspruchen, da sowohl Arbeitspapier 7 als auch Arbeitspapier 8 diskutiert werden müssen.

5.3. Einführung eines neuen Situationstyps (B) - Fortsetzung

Sind Arbeitspapier 7 und Arbeitspapier 8 abschließend besprochen, wird Arbeitspapier 9: Instruktion für Selbstsicheres Verhalten (B - Beziehungen) verteilt und kurz im Plenum diskutiert. Anschließend führen die Trainer ein „Modellrollenspiel" durch, welches die Teilnehmer anhand von Arbeitspapier 9 beobachten und einschätzen.

5.4. Rollenspiele mit Videofeedback

Bei diesen Rollenspielen haben wir es den Teilnehmern grundsätzlich freigestellt, ob sie Situationen vom Typ B oder R spielen (es gibt durchaus Klienten, die nur in einem Bereich Schwierigkeiten haben). Allerdings sollten die Trainer darauf achten, daß eine eventuelle Entscheidung für Typ R nicht ein Vermeidungsverhalten ist. Hat der Trainer diesen Eindruck, sollte er intervenieren und darauf hinwirken, daß der betreffende Teilnehmer mindestens ein Rollenspiel zum Typ B durchführt.

Anmerkung: In mehreren Gruppen wurde der Wunsch geäußert, auch in dieser und den folgenden Sitzungen noch ein Entspannungstraining durchzuführen. Wir sind diesem Wunsch immer nachgekommen. Es wäre zu überlegen, ob nicht grundsätzlich jede Sitzung mit einem Entspannungstraining abgeschlossen werden sollte.

5.5. Hausaufgaben

Entfällt. Es sollte aber nachdrücklich darauf hingewiesen werden, daß die Teilnehmer, die Arbeitspapier 7 und/oder Arbeitspapier 8 bisher noch nicht bearbeitet haben, dies bis zur nächsten Sitzung nachholen.

5.6. Stundenbögen

Benötigte Materialien

- Tafel „Erklärungsmodell"
- Zwei Videoanlagen
- Arbeitspapier 9: Instruktion für Selbstsicheres Verhalten (B - Beziehungen)
- Stundenbögen

SECHSTE SITZUNG

Im Mittelpunkt der sechsten Sitzung steht die Einführung des dritten Situationstyps (Typ S - Sympathie gewinnen). Der Ablauf ist daher ähnlich wie der der vierten Sitzung, in welcher der Typ B eingeführt wurde.

S-Situationen zeichnen sich durch folgende Merkmale aus:

- Wie in B-Situationen habe ich auch hier kein Recht auf die Erfüllung meiner Wünsche durch den anderen. Ich habe aber ein Recht darauf, eine andere Person anzusprechen und/oder um Sympathie zu werben.
- Das für S-Situationen wesentliche Moment besteht darin, dem anderen möglichst sympathisch zu erscheinen. Hierzu gehören wahrscheinlich eine ganze Reihe von Techniken, deren erschöpfende Behandlung aber den Rahmen dieses Trainings sprengen würde. Explizit bearbeitet wird nur „Verstärkenkönnen".
- Mehr noch als bei Typ R und B hängt das Ergebnis dieser Situationen von der momentanen Stimmung des Interaktionspartners sowie verschiedenen äußeren Bedingungen ab (hat der andere z. B. gerade etwas wichtiges zu erledigen oder ist aus anderen Gründen sehr in Eile, wird er meine Versuche, Kontakt aufzunehmen, wahrscheinlich nicht sehr freundlich aufnehmen). Bei diesen Situationen ist es daher besonders wichtig, daß die Teilnehmer lernen, den Erfolg ihres Handelns nicht an der Reaktion des anderen, sondern danach zu bestimmen, ob sie die Situation überhaupt in Angriff genommen haben, und inwieweit sie sich in der Situation ihren Kriterien entsprechend verhalten haben.

S-Situationen sind in gewisser Hinsicht schwieriger als solche vom Typ R bzw. B. Bei R-Situationen besteht die erfolgreiche Minimalstrategie darin, sich die eigene Forderung zu vergegenwärtigen und diese dann in der Situation laut und deutlich zu äußern und das dann solange zu wiederholen, bis man sich durchgesetzt hat. Es ist nicht notwendig, das aufzunehmen, was der Interaktionspartner sagt, es ist auch nicht erforderlich, in besonderer Weise auf die Situation einzugehen.

B-Situationen sind schon etwas komplexer - hier ist das Zuhören zusätzlich wichtig - und bei S-Situationen ist die Komplexität noch um einiges höher: Man muß das Verhalten des Interaktionspartners aufnehmen und (richtig) interpretieren und man muß die situationalen Bedingungen sinnvoll in das eigene Verhalten miteinbeziehen. Hier ist kaum möglich, Situationen mit einer vorher festgelegten Strategie zu bewältigen, man muß sehr viel mehr als bei R- und B-Situationen in und auf die Situation reagieren.

Ablauf der sechsten Sitzung

6.1. Tagesordnung bekanntgeben

6.2. Hausaufgaben besprechen

Hausaufgaben sind eigentlich nur bei denen zu besprechen, die sie nachholen mußten. Um diese Teilnehmer nicht so sehr herauszuheben, sollten die Trainer - wie in den anderen Sitzungen üblich - auch hier reihum mit jedem Teilnehmer über dessen Erfahrungen der vergangenen Woche sprechen. Dieses Verfahren ist auch deswegen empfehlenswert, weil Teilnehmer manchmal neue positive Erfahrungen gemacht haben, die sie gerne den anderen berichten möchten.

6.3. Einführung eines neuen Situationstyps (Typ S - Sympathie gewinnen)

Die Einführung von Typ S erfolgt in vier Schritten:

1. Arbeitspapier 10: Rollenspielsituationen Typ S - um Sympathie werben wird ausgeteilt. Im Plenum wird diskutiert, was diese Situationen gegenüber den bisherigen auszeichnet und welche Techniken hier besonders wichtig, welche weniger bedeutsam sind. „Verstärken können" sollte hier als eine zentrale Technik herausgearbeitet werden.
2. Verstärkungsmöglichkeiten sammeln. Im Plenum wird die Frage diskutiert, welche Möglichkeiten es gibt, jemand anderen zu verstärken (Die Trainer sollten diese Möglichkeiten im Kopf haben!). Die Beiträge der Teilnehmer werden an der Tafel notiert. Wichtig ist dabei auch die Berücksichtigung ganz alltäglicher Verstärker, wie sie in jedem normalen Gespräch anzutreffen sind. Einige Beispiele finden sich in folgender Übersicht:

Beispiele für Verstärkungsmöglichkeiten:

Zunicken, Anschauen (Blickkontakt), sich körperlich zuwenden, Berühren, Zärtlichkeiten, „Mmh", „Aha", Interesse bekunden, nachfragen, Lächeln, Loben, Komplimente machen, etwas schenken.

3. Arbeitspapier 11: Instruktion für selbstsicheres Verhalten (S - um Sympathie werben) wird verteilt und durchgesprochen.
4. Modellrollenspiel der Trainer. Die Teilnehmer beobachten und beurteilen dieses Rollenspiel anhand von Arbeitspapier 11.

6.4. Rollenspiele mit Videofeedback

Im Unterschied zu den anderen beiden Situationstypen erweist es sich bei den Rollenspielen zu Typ S manchmal als falsch, auf eine Wiederholung zu drängen. Es ist vorgekommen, daß in den Fällen, in denen wir die Teilnehmer dazu aufgefordert hatten, sich das zweite Rollenspiel als weniger „gut" als das erste erwies. Wir haben daher meistens darauf verzichtet, die Teilnehmer zu einer Wiederholung zu bewegen und ihnen statt dessen das Spielen einer anderen Situation vorgeschlagen. Eine Wiederholung ist wahrscheinlich nur dann sinnvoll, wenn das erste Rollenspiel tatsächlich in einer ganzen Reihe von Aspekten nicht zur Zufriedenheit des Teilnehmers verlaufen ist. Ansonsten erweist es sich bei einer Wiederholung oft als hinderlich, daß die Spontaneität, die für diese Art von Situationen offenbar eine sehr große Bedeutung hat, beim zweiten Mal etwas verloren geht.

6.5. Hausaufgaben

Arbeitspapier 12: Hausaufgaben – um Sympathie werben – verteilen. Die Teilnehmer sollen noch während der Sitzung die aufgeführten Situationen nach ihrer Schwierigkeit einschätzen und sich danach entscheiden, welche Situation sie bis zum nächsten Mal in der Realität durchführen wollen.

6.6. Stundenbögen

Benötigte Materialien

- Tafel „Erklärungsmodell"
- Zwei Videoanlagen
- Arbeitspapier 10: Rollenspielsituationen Typ S - um Sympathie werben, S. 113
- Arbeitspapier 11: Instruktion für selbstsicheres Verhalten (S – um Sympathie werben), S. 114
- Arbeitspapier 12: Hausaufgaben - um Sympathie werben, S. 115
- Stundenbögen

Arbeitspapier 10: Rollenspielsituationen Typ S - um Sympathie werben

Schätzen Sie bitte mit diesem „Thermometer" für jede Situation ein, wie schwer Ihnen das beschriebene Verhalten fallen würde. Tragen Sie für jede Situation eine Zahl zwischen 0 und 100 ein.

keine Schwierigkeit — große Schwierigkeit

0	10	20	30	40	50	60	70	80	90	100

	Situation	Instruktion	Schwierigkeit
1.	Sie sind in der Stadt einkaufen. Als Sie zu Ihrem im Parkverbot geparkten Auto zurückkehren, sehen Sie, daß eine Politesse gerade dabei ist, eine Verwarnung zu schreiben. Versuchen Sie, die Politesse zu einer Rücknahme oder wenigstens zu einer Strafminderung zu bewegen.	Bleiben Sie auf jeden Fall freundlich. Geben Sie Ihre Schuld offen zu. Sie haben das Recht nicht auf Ihrer Seite. Sie haben lediglich das Recht, einen Versuch in Richtung Strafminderung zu unternehmen.	☐
2.	Aufgrund einer persönlichen Notlage benötigen Sie die Bearbeitung Ihres Antrags auf Steuerrückerstattung (oder Rente, Kredit ...) bis zu einem bestimmten Termin. Der Beamte teilt Ihnen jedoch mit, daß die Bearbeitungszeiten weit länger sind. Versuchen Sie, den Beamten zu einer bevorzugten Behandlung Ihres Anliegens zu bewegen.	Seien Sie freundlich und appellieren Sie an die Sachkenntnis und Befugnis des anderen. Versuchen Sie, alle entgegenkommenden Äußerungen zu verstärken („Mm", „Richtig", Kopfnicken ...) und alle Einwände zu ignorieren. Heben Sie Äußerungen, die besonders weiterführend sind, auch dadurch hervor, daß Sie etwa sagen: „Sie sagten vorhin, daß ...", „Sie meinen also ..."	☐
3.	Ihr Sohn bekommt eine neue Lehrerin. Sie vereinbaren mit ihr einen Termin, um sie kennenzulernen. Sie haben kein konkretes Anliegen, sondern wollen sich nur mit ihr unterhalten, um einen Eindruck zu bekommen.	Versuchen Sie, die Lehrerin zum Sprechen zu bringen. Wenn sich das Gespräch überhaupt nicht entwikkeln sollte, können Sie sich immer noch nach Ihrem Sohn erkundigen bzw. Ihre eigenen Eindrücke wiedergeben.	☐
4.	Sie befinden sich in einer fremden Stadt und möchten gern jemanden kennenlernen, mit dem Sie den Nachmittag verbringen können. Sie gehen in ein Café, schauen sich am Eingang um und entdecken eine Person, die Ihnen sympathisch erscheint und die zudem allein (Zeitung lesend) an einem Tisch sitzt. Sie fragen, ob Sie sich dazu setzen können und beginnen ein Gespräch	Testen Sie zunächst durch einige Fragen oder Bemerkungen die Gesprächsbereitschaft des anderen; falls sich die Gelegenheit ergibt, ziehen Sie mit Fragen nach. Stellen Sie möglichst offene Fragen. Verstärken Sie die Äußerungen des anderen (vor allem die persönlichen) und fragen Sie nach.	☐
5.	Sie gehen einkaufen und sehen im Geschäft einen Nachbarn, der erst kürzlich eingezogen ist und auf Sie einen sehr sympathischen Eindruck macht. Als Sie zusammen an der Kasse stehen, beginnen Sie ein Gespräch.	Sprechen Sie den Nachbarn auf seinen kürzlichen Einzug an, fragen Sie, wie es ihm hier gefällt und woher er kommt. Erzählen Sie auch etwas von sich und gehen Sie auf das ein, was Ihr Nachbar erzählt.	☐
6.	Sie treffen eine telefonische Verabredung mit einem Bekannten, den Sie längere Zeit nicht gesehen haben und überreden ihn zu einem Treffen in einem Lokal (oder Café).	Eröffnen Sie das Gespräch mit allgemeineren Fragen über das Befinden, Tun des anderen, äußern Sie dann den Wunsch, ihn gern einmal wiederzusehen. Schlagen Sie Ort und Zeit vor und lassen Sie sich nicht vertrösten.	☐
7.	Sie wollen über eine bestimmte Gegend Informationen bekommen (z. B. über evtl. leerstehende Wohnungen, über Kneipen o.ä.). Sie gehen in einen Laden, kaufen sich eine Zeitung und versuchen, den Verkäufer in ein Gespräch zu verwickeln.	Bauen Sie erst den Kontakt auf, ehe Sie mit Ihrem Anliegen kommen Versuchen Sie, den anderen durch fördernde Bemerkungen wie „Mm", „tatsächlich", „das ist ja interessant" etc. zu verstärken und stellen Sie weiterführende Rückfragen.	☐
8.	Sie sitzen in einem Zug (Bus) und versuchen, mit Ihrem Nachbarn ein Gespräch zu beginnen.	Versuchen Sie, Ihre Fragen möglichst offen zu halten und verstärken Sie die Äußerungen des anderen.	☐

Arbeitspapier 11: Instruktion für selbstsicheres Verhalten (S - um Sympathie werben)

H GSK

In vielen sehr unterschiedlich erscheinenden Situationen können eigene Ziele nur dadurch erreicht werden, daß man dem anderen sympathisch erscheint. In solchen Situationen hat der andere das Recht, sich nicht entsprechend meinen Bedürfnissen zu verhalten. Ich kann also mein Ziel nur erreichen, wenn der andere freiwillig auf dieses Recht verzichtet, was er aber nur dann tun wird, wenn er mir ein hinreichendes Maß an Sympathie entgegenbringt.

Zu diesen Situationen gehören vor allem Kontaktaufnahme sowie alle Situationen, in denen ich den anderen zu etwas bewegen möchte, auf das ich eigentlich kein Anrecht habe. Ich habe hier lediglich das Recht einen Versuch zu unternehmen!

Vor der Situation:

Geben Sie sich selbst positive Instruktionen: „Ich habe das Recht darauf, jemand anderen anzusprechen", oder : „Es ist mein gutes Recht, einen Versuch zu machen ..."

In der Situation:

Die wichtigste Technik, um einen Sympathiegewinn zu erzielen, ist die allgemeine Verstärkung des anderen (interessiert zuhören, nachfragen, „Komplimente" machen, freundlich anlächeln, evtl. auch: eigene Fehler und Schwächen zugeben).

Hat man ein spezielles Ziel, kann man dann zur gezielten Verstärkung übergehen, d.h. jede Äußerung des anderen verstärken, der einen Schritt in Richtung der eigenen Position bedeutet.

Darüber hinaus gibt es für Kontaktaufnahmesituationen noch einige Taktiken, die sich als hilfreich erweisen:

- Nehmen Sie Blickkontakt auf. Lächeln Sie!
- Konzentrieren Sie sich ganz auf die konkrete Situation. Achten Sie auf die Dinge und Personen, die Sie hören und sehen. Die konkrete Situation liefert oft Themen für einen Gesprächsbeginn.
- Suchen Sie gezielt nach persönlichen Äußerungen Ihres Partners. Verstärken Sie diese Äußerungen und fragen Sie nach! Auf diese Weise können Sie den Kontakt zunehmend persönlicher gestalten. Der Anfang wird fast immer eher oberflächlich sein.
- Erzählen Sie auch etwas von sich. Nur wenn Sie dem anderen Informationen über sich selbst liefern, geben Sie ihm auch Gelegenheit, Sie selbst und die Situation angemessen einschätzen zu können.
- Sollte der andere keinerlei Interesse an einem Gespräch zeigen, dann denken Sie daran, daß das sein gutes Recht ist und absolut nichts mit dem Wert oder der Attraktivität Ihrer Person zu tun haben muß!

Nach der Situation:

Verstärken Sie sich für jeden Versuch und für jeden Fortschritt, auch wenn er noch so klein ist! Denken Sie daran:

Um Sympathie werben ist keine Garantie, sie auch zu gewinnen!

Arbeitspapier 12: Hausaufgaben - um Sympathie werben

Im folgenden finden Sie eine Reihe von Situationen. Wir möchten Sie zunächst bitten, sie bezüglich ihrer Schwierigkeit einzuschätzen. Dann wählen Sie bitte eine Situation aus, die sie in der folgenden Woche angehen wollen. Beachten Sie dabei, daß Sie sich auf keinen Fall eine zu schwierige Situation auswählen. Entscheidend ist nicht, daß Sie eine schwierige, sondern daß Sie unbedingt eine dieser Situationen in der Realität durchführen.

I GSK

Vielen bereitet dieser Schritt zunächst Schwierigkeiten. Ihnen erscheint ein solches Vorgehen „künstlich" oder „unnatürlich", weil sie es normalerweise vorziehen, Situationen eher auf sich zukommen zu lassen. Aber gerade das **bewußte aktive** Herangehen ist außerordentlich wichtig.

	Situation	Schwierigkeit
1.	Rufen Sie bei einem Geschäft Ihrer Wahl (oder einem Kino) an und erkundigen Sie sich nach dem Preis oder den besonderen Eigenschaften eines bestimmten Produkts (oder nach Filmen und Anfangszeiten).	☐
2.	Rufen Sie jemanden an, den Sie lange nicht mehr gesehen haben und sprechen Sie mit ihm mindestens 10 Minuten darüber, wie es ihm und Ihnen in der letzten Zeit ergangen ist.	☐
3.	Sagen Sie zu drei neuen Leuten „Guten Tag", die Sie bisher noch nicht gegrüßt haben. Lächeln Sie sie dabei freundlich an.	☐
4.	Überlegen Sie sich etwas, für das Sie jemand anderen um einen Rat fragen können (Arbeit, Auto, Haushalt ...). Fragen Sie jemanden in Ihrem Betrieb oder in der Nachbarschaft um Rat, den Sie nicht gut kennen.	☐
5.	Stellen Sie sich in die Schlange in einem Supermarkt, an der Bushaltestelle o. ä. Machen Sie zu dem Nächstbesten eine Bemerkung, die ein Gespräch einleiten könnte.	☐
6.	Gehen Sie in ein Café, lächeln Sie eine Person an Ihrem Tisch oder am Nebentisch an. Machen Sie eine Bemerkung, die ein Gespräch einleiten könnte.	☐
7.	Machen Sie beim Bezahlen in einem Geschäft, auf dem Markt, in einem Restaurant o. ä. eine Bemerkung, aus der sich ein kürzeres Gespräch ergeben könnte. Erkundigen Sie sich etwa nach einem Rezept für eine bestimmte Speise o.ä.	☐

Ich werde in der kommenden Woche Situation ... durchführen

Wenn Sie die Situation durchgeführt haben, beantworten Sie bitte folgende Fragen:

1.	Wo und wann haben Sie die Situation durchgeführt?
2.	Wie zufrieden waren Sie mit Ihrem eigenen Verhalten?
3.	Wie haben Sie sich vor der Situation gefühlt?
4.	Wie haben Sie sich nach der Situation gefühlt?
5.	Wie haben die anderen Personen reagiert?

7. Siebte Sitzung

In der abschließenden siebten Sitzung soll versucht werden, das Gelernte noch einmal zusammenzufassen. Für den Erfolg des Trainings dürfte es wichtig sein, daß die Teilnehmer jetzt den Eindruck haben, das Training sei abgeschlossen. Das bedeutet auf keinen Fall, daß nicht der Wunsch nach einer Fortsetzung bestehen darf (nach unserer Erfahrung wird dieses Bedürfnis fast immer geäußert). „Abgeschlossen" bedeutet lediglich, daß das Konzept jetzt für die Teilnehmer so deutlich und in sich schlüssig ist, daß es an die Stelle der ursprünglichen „naiven Verhaltenstheorie" treten kann. Im optimalen Fall sollten die Teilnehmer jetzt die notwendigen Strategien zur selbständigen Lösung ihrer Probleme so weit internalisiert haben, daß sie keiner anderen Hilfe mehr bedürfen.

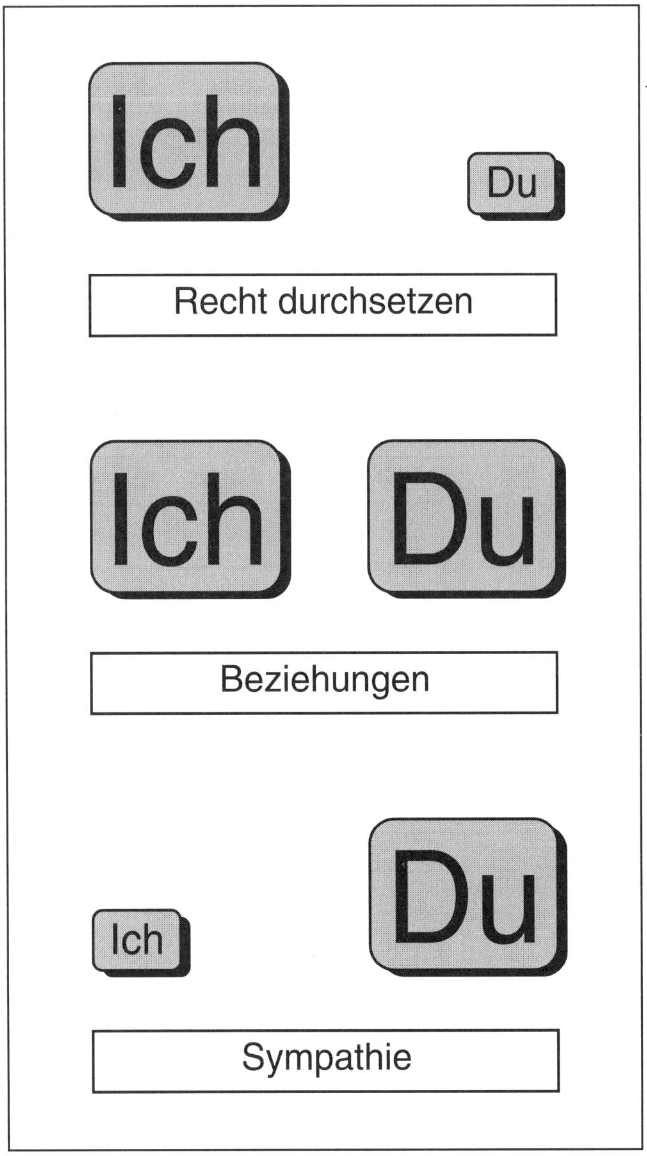

Abbildung 10: Das Machtverhältnis bei verschiedenen Situationstypen

Im Sinne dieser Zielsetzung sollte in der letzten Sitzung noch einmal die Frage der verschiedenen Situationstypen (Recht durchsetzen, Beziehungen, um Sympathie werben) aufgegriffen werden. Für die Teilnehmer sollte jetzt deutlich werden, daß die Zuordnung einer konkreten Situation zu einem bestimmten Situationstyp nicht festgelegt, sondern das Resultat einer *Willensentscheidung* ist. Es ist bei jeder Situation prinzipiell möglich, sie als eine vom Typ R, B oder auch S zu betrachten. Der Unterschied liegt allein in den jeweils unterschiedlichen Konsequenzen. Ein Beispiel:

Situation: Ein Mann ärgert sich über seine Frau, weil sie das Essen nicht rechtzeitig genug vorbereitet hat.

Folgende Möglichkeiten sind denkbar:

- Der Mann betrachtet diese Situation als eine vom *Typ R* (nach unserem Eindruck ein häufiger Fall) und verhält sich dementsprechend (setzt also die für diesen Typ empfohlenen Techniken ein). Die Reaktion der Frau kann jetzt darin bestehen, daß sie um Entschuldigung bittet (wenn sie daran gewöhnt ist, sich unterzuordnen), sie kann auch in einer zornigen Reaktion bestehen. Auf jeden Fall wird sich die Frau wahrscheinlich ärgern - gleichgültig ob sie das offen äußert oder nicht - und die Beziehung wird durch diese Spannung belastet werden.
- Der Mann betrachtet diese Situation als eine vom *Typ B* und teilt seiner Frau sein Gefühl des Ärgers mit. Die Konsequenz wird eher als bei Möglichkeit eins darin bestehen, daß die Frau entweder ihren Fehler einsieht oder daß beide Partner konstruktiv nach einer Lösung suchen, die solche Vorkommnisse in Zukunft vermeiden hilft.
- Der Mann entscheidet sich für *Typ S*, wird aus diesem Grunde vielleicht nichts sagen oder einige vorsichtige Andeutungen machen. Die Konsequenz wird wahrscheinlich sein, daß beide höflich über den Vorfall hinweggehen, sich aber innerlich ärgern.

Dies Beispiel sollte in etwas überspitzter Form demonstrieren, welch unterschiedliche Konsequenzen ein und dieselbe Situation haben kann, je nachdem, für welchen Situationstyp sich die Beteiligten entscheiden. Die Entscheidung wird im Regelfall natürlich nicht bewußt ablaufen. Jeder hat im Laufe seiner Sozialisation gelernt, hier gleichsam „automatisch" zu reagieren, wobei nach unserem Eindruck sehr viele Probleme dadurch entstehen, daß Menschen dazu tendieren, soziale Situationen überwiegend dem von ihnen präferierten Situationstyp zuzuordnen. Für Männer -

insbesondere für ältere - ist es z. B. relativ typisch, daß sie zu viele Situationen als solche vom Typ R einstufen. Ebenso gibt es Menschen, die Situationen überwiegend als solche vom Typ „um Sympathie werben" betrachten. Sie sind dann schlecht in der Lage, eine tiefergehende Beziehung aufzubauen. Durch das Training sollte bewirkt werden, daß diese automatisierten Entscheidungen zumindest vorerst wieder *bewußt* ablaufen.

Ablauf der siebten Sitzung

Der Ablauf der siebten Sitzung wurde gegenüber den vorherigen Auflagen geändert. Diese Modifikation geht im wesentlichen auf eine Anregung von Herrn Jörg Pscherer aus Erlangen zurück, dem wir an dieser Stelle noch einmal herzlich dafür danken möchten.

7.1. Tagesordnung bekanntgeben

7.2. Hausaufgaben besprechen

7.3. Diskrimination der Situationstypen

Zunächst sollen noch einmal grundsätzlich die Unterschiede und Spezifika der drei Situationstypen dargestellt und diskutiert werden. Als Hilfsmittel kann dazu Abbildung 10 eingesetzt werden (als Folie oder als Tafelbild). Im Anschluß daran kann man dann anhand des Beispiels auf der vorigen Seite den Zusammenhang zwischen persönlichen Zielen und Zuordnung zu einem bestimmten Situationstyp diskutieren.

Danach verteilt man leere Karteikarten und bittet jeden Teilnehmer, eine ihn persönlich betreffende Problemsituation auf die Karte zu schreiben. Arbeitet man mit zwei Trainern, sollte spätestens jetzt die Aufteilung in zwei Kleingruppen erfolgen. Reihum stellt jetzt jeder Teilnehmer seine Situation vor und dazu werden jeweils folgende Fragen diskutiert:

- Welchem Typ soll diese Situation zugeordnet werden?
- Welche kurz- und langfristigen Ziele werden in dieser Situation verfolgt?
- Welche kurz- und langfristigen Konsequenzen ergeben sich daraus?

Abschließend werden die für eine optimale Zielerreichung notwendigen Verhaltensweisen noch einmal zusammengestellt und auf der Karteikarte notiert.

7.4. Rollenspiele mit Videofeedback

Sinnvollerweise sollte man nicht erst alle Situationen analysieren, sondern Analyse und Rollenspiel jeweils direkt aufeinander folgen lassen.

7.5. Stundenbögen

7.6. (evtl.) Durchführung der Erfolgskontrolle (Posttest)

Der Posttest sollte nur, wenn es anders nicht möglich ist, direkt im Anschluß an die letzte Sitzung durchgeführt werden. Nach unserer Erfahrung werden die Ergebnisse sonst sehr stark durch die konkreten Erfahrungen der letzten Sitzung beeinflußt (Hello-goodbye-Effekt). Gute Erfahrungen haben wir damit gemacht, daß die Teilnehmer einen Fragebogen und einen frankierten Rückumschlag mit nach Hause nehmen, dort ausfüllen und uns zuschicken. Bei diesem Verfahren waren die Rücklaufquoten durchweg zufriedenstellend (größer als 80%). Darüberhinaus ist es dadurch möglich, auch solche Teilnehmer zu erfassen, die in der letzten Sitzung nicht anwesend sind (indem man ihnen den Fragebogen samt Rückumschlag nach Hause schickt).

Benötigte Materialien

- Tafel „Erklärungsmodell"
- Zwei Videoanlagen
- Leere Karteikarten
- Stundenbögen
- Fragebögen (Posttest) mit frankierten Rückumschlägen

Durchführung der Rollenspiele

Auch von erfahrenen klinischen Psychologen werden bei der Durchführung der Rollenspiele oft Fehler gemacht, die sich auf den Erfolg des Trainings ungünstig auswirken können. Deshalb wird dringend empfohlen, dieses Trainingselement vor Beginn des eigentlichen Ernstfalls ausführlich zu erproben. Dabei ist es vor allem wichtig, daß sich der zukünftige Trainer auch einmal selbst in die Rolle des Trainierten begibt! Gerade durch diese Selbsterfahrung werden Fehler des Trainers sehr bewußt wahrgenommen und können schnell und effektiv korrigiert werden.

Die folgenden Ausführungen gliedern sich in zwei Abschnitte:

- Zunächst werden die wichtigsten Schritte bei der Durchführung der Rollenspiele mit Video-Feedback beschrieben.
- Anschließend werden einige wichtige generelle Probleme besprochen, die dabei auftreten können.

Ablauf der Rollenspiele

Vorbereitung

Hat ein Teilnehmer sich zur Durchführung eines Rollenspiels bereit erklärt, bittet ihn der Trainer, die Situation, für die er sich entschieden hat, zusammen mit der Instruktion laut vorzulesen. Danach müssen noch die für die Situation wichtigen „äußeren Bedingungen" besprochen werden wie z. B.:

- „Wo spielt die Situation?" (im Café, in der Eisenbahn, im Bus etc.)
- „Stehen wir, sitzen wir an einem Tisch? Treffen wir uns auf der Straße? Was machen wir gerade?"

Der Trainer kann dieses Gespräch auch dazu nutzen, sich einen ersten Eindruck über den Schwierigkeitsgrad zu bilden, der dem Teilnehmer zugemutet werden kann. Ohnehin sollte damit gerechnet werden, daß manche ihre Fähigkeiten überschätzen. Deshalb ist es - vor allem vor dem ersten Rollenspiel - sehr wichtig, darauf hinzuweisen daß mit einer leichten Situation begonnen werden soll.

Sind alle für die Durchführung wichtigen Punkte geklärt, beginnt das eigentliche Rollenspiel.

Erstes Rollenspiel

Der Trainer sollte darauf achten, daß die Schwierigkeit für den Teilnehmer so hoch sein soll, daß dieser sich wirklich einsetzen muß, um zum Erfolg zu kommen. Das Rollenspiel darf aber nie mit einem Mißerfolg enden. Ein Mißerfolg beim ersten Rollenspiel kann für den Teilnehmer so belastend sein, daß der Erfolg des ganzen Trainings in Frage gestellt wird, zumindest wird die Angst vor den anschließenden Rollenspielen dadurch stark erhöht werden. Hat man während des Spiels den Eindruck, daß sich der Teilnehmer in Schwierigkeiten befindet, muß daher versucht werden, ihm weiterzuhelfen. Hierfür bieten sich folgende Möglichkeiten an:

Man kann versuchen, durch sein eigenes Spielverhalten dem anderen „eine Brücke zu bauen", z. B. indem man in seine eigenen Äußerungen Hinweise auf eine erfolgreiche Situationsbewältigung einfließen läßt.

Eine andere Möglichkeit sind „prompts", die während des Spiels gegeben werden können, z. B. „Denken Sie doch an die Instruktion, Sie sollten mit der Polizei drohen!" oder „Haben Sie keine Scheu, Ihr Argument einfach noch einmal zu wiederholen!". Werden Hinweise dieser Art gegeben, sollte durch Stimmlage und Gestik deutlich werden, daß diese Äußerungen nicht zur Spielhandlung gehören. Im Übrigen sind solche Prompts - sparsam eingesetzt - auch ganz allgemein vorzüglich dazu geeignet, die Teilnehmer während des Rollenspiels auf wichtige Aspekte ihres Verhaltens hinzuweisen.

Erste Feedbackphase

Ist das Rollenspiel beendet, folgt die Feedbackphase. Der Trainer spult das Band zurück (eine „Memory"-Einrichtung an der Videoanlage erweist sich hier als nützlich, anderenfalls empfiehlt es sich, immer zum Bandanfang zurückzuspulen, um lästiges Suchen zu vermeiden) und bittet die Teilnehmer, sich in einen Kreis um den Fernseher zu setzen. Vor dem Anschauen der Spielszene sollte noch einmal daran erinnert werden, daß sich die Teilnehmer selbst verstärken und vor allem auf Dinge achten sollen, die sie gut gemacht haben. Hierbei erweist es sich als hilfreich, wenn die Teilnehmer das jeweilige Instruktionsblatt für den gerade gespielten Situationstyp zur Hand haben (z. B. Arbeitspapier 6). Hat die benutzte Videoanlage eine Pausenfernbedienung, gibt man sie dem Teilnehmer mit folgendem Hinweis in die Hand: *„Bitte stoppen Sie die Wiedergabe sofort, wenn Ihnen etwas auffällt, vor allem, wenn Sie etwas gut gemacht haben!"*. Verfügt die Videoanlage nicht über eine Fernbedienung, soll der Teilnehmer in diesem Fall Stop sagen, damit der Trainer das Band anhalten kann.

Das Feedback, welches von den Teilnehmern hier verlangt wird, bereitet vor allem zu Beginn oft Schwierigkeiten. Folgende Probleme treten auf:

- Es wird überhaupt *kein Feedback* geäußert. Der Trainer sollte dann an ihm als geeignet erscheinenden Stellen den Teilnehmer zu einem Anhalten auffordern („An dieser Stelle würde ich aber stoppen" - „Da ist doch gerade eine interessante Stelle, das fand ich sehr gut, wie Sie sich da verhalten haben!"). Wichtig ist dabei, daß der Trainer nicht die angezielte Selbstverstärkung durch Fremdverstärkung ersetzt. Deshalb sollte sich der Prompt nach Möglichkeit immer mehr auf das Anhalten selbst beziehen und weniger auf den Grund des Anhaltens.

- Die Teilnehmer stoppen zwar, äußern aber vorwiegend *Kritik*. Das ist vor allem zu Beginn bei manchen Teilnehmern fast ein Normalzustand. Eine sehr erfolgreiche Strategie besteht dann darin, die Kritik in Vorsätze umzuformulieren („Sie wollen also versuchen, beim nächsten Mal stärker darauf zu achten, daß ..." - „Was ist also Ihr Vorsatz?" - „Was würden Sie also beim nächsten Mal gern anders machen?"). Der Unterschied zwischen einer Kritik als Selbstabwertung (aus der man nichts lernen kann) und einem Vorsatz (von dem man tatsächlich profitieren kann) wird dadurch deutlich bewußt, was durch eine kurze eher grundsätzliche Diskussion noch verstärkt werden kann (aber wirklich nur kurz und nicht schulmeisternd).
- Die Teilnehmer äußern positives Feedback, sind aber *wenig konkret* („Da habe ich mich gut verhalten"; „Das fand ich prima"). Solche Feedbacks sind zwar zunächst einmal besser als nichts und auch besser als Kritik, sollten aber doch im Laufe der Zeit zugunsten differenzierterer Rückmeldungen abgebaut werden. Der Trainer sollte diesen Prozeß durch Nachfragen unterstützen („Was fanden sie hier gut" - „Was war es genau, was Ihnen an Ihrem Verhalten hier gefallen hat?").

Hat der Teilnehmer während des Feedbacks Kritik geäußert, werden diese Punkte (als Vorsätze formuliert) abschließend noch einmal zusammengefaßt. Dann beginnt das zweite Rollenspiel.

Zweites Rollenspiel

Grundsätzlich entspricht der Ablauf dem des ersten Rollenspiels. Folgende Punkte sollten dabei allerdings zusätzlich beachtet werden:

- In aller Regel gelingt jedes Rollenspiel im zweiten Durchgang viel besser als im ersten. Die Erwartung geht allerdings oft in die entgegengesetzte Richtung (es wird z. B. oft befürchtet, daß beim zweiten Mal die „Spontaneität" fehle). Gerade deshalb ist die Erfahrung wichtig, daß auch soziales Verhalten durch Üben und konkrete Vorsätze effektiver und befriedigender gestaltet werden kann. Aus diesem Grund sollte der Trainer immer auf eine zweite Durchführung des Rollenspiels drängen (auch wenn der Teilnehmer sich sträubt) und höchstens in den Fällen davon Abstand nehmen, in denen das erste Rollenspiel in allen Belangen perfekt war und eine weitere Verbesserung wirklich nicht mehr zu erwarten ist.
- Damit die Klienten im zweiten Rollenspiel tatsächlich einen Fortschritt sehen können, muß eine Steigerung der Schwierigkeit im zweiten Durchgang auf jeden Fall vermieden werden (eine Regel, die erfahrungsgemäß gerade von Anfängern fast regelmäßig mißachtet wird). Von dieser Regel darf höchstens dann abgesehen werden, wenn ein Teilnehmer ganz nachdrücklich eine dahingehende Forderung stellt.

Zweite Feedbackphase

Der Ablauf der zweiten Feedbackphase entspricht dem der ersten. Äußert der Teilnehmer hier immer noch Kritik, sollte das Rollenspiel ein weiteres Mal wiederholt werden.

Generelle Probleme

(1) Eine für den Trainer schwierige, wenn auch eher seltene Situation kann dann entstehen, wenn sich Teilnehmer für Verhaltensweisen verstärken, die den in den Instruktionspapieren enthaltenen Zielvorgaben in keiner Weise entsprechen. Verstärkt der Trainer jetzt den Teilnehmer (wie ansonsten grundsätzlich sinnvoll), besteht die Gefahr, daß der Teilnehmer in seinen unangemessenen Verhaltensweisen bestärkt wird. Außerdem kann der Trainer dadurch (vor allem bei den übrigen Teilnehmern) seine Glaubwürdigkeit verlieren. Kritisiert der Trainer aber den Teilnehmer, entsteht wiederum das Problem, daß er nun selbst Modell für ein Verhalten ist - nämlich kritisieren -, welches ansonsten eher unerwünscht ist. Zudem kann eine solche vom Trainer eingebrachte Kritik für manche Teilnehmer ziemlich belastend sein.

Eine allgemeingültige Regel, wie in solchen Situationen verfahren werden sollte, läßt sich kaum formulieren. Der Trainer sollte im konkreten Fall abwägen, welche der mit der jeweiligen Lösung verbundenen Gefahren er als geringer einschätzt und zunächst versuchen, durch differentielle Verstärkung - Ignorieren unerwünschter und gezieltes Verstärken angemessener Selbstbewertungen - zum Erfolg zu kommen. Erweist es sich dennoch einmal als unumgänglich, Kritik zu äußern, sollte diese so formuliert sein, daß der Teilnehmer sie auch wirklich annehmen kann. Es ist z. B. wirkungsvoller, wenn der Trainer in solchen Situationen von seinen eigenen Gefühlen während des Rollenspiels berichtet („Ich habe gemerkt, daß ich richtig wütend wurde, als Sie ... zu mir sagten") statt die Kritik in Form einer „Du-Äußerung" zu formulieren. Auf die gleiche Weise kann man auch versuchen, dem Teilnehmer ein angemesseneres Verhalten nahezubringen (z. B. „Ich könnte mir vorstellen, daß ich mich weniger verletzt gefühlt hätte, wenn Sie hier ... gesagt hätten").

(2) An anderer Stelle wurde als grundsätzliche Regel formuliert, jeden Teilnehmer jede Situation mindestens zweimal spielen zu lassen. Diese Regel gilt sicher für alle Situationen vom Typ R (Recht durchsetzen) und sehr weitgehend auch für die vom Typ B (Sozial kompetentes Verhalten in Beziehungen). Etwas anders sieht es dagegen bei Situationen vom Typ S aus (um Sympathie werben). Hier haben wir die Erfahrung gemacht, daß das zweite Rollenspiel hin und wieder weniger gut verläuft als das erste. Wir haben uns das damit erklärt, daß beim zweiten Mal tatsächlich die Spontaneität etwas fehlen kann, die gerade für diesen Typ von Situationen eine besondere Bedeutung hat. Wir verfolgen deshalb jetzt die Strategie, die Teilnehmer nur dann ein zweites Mal spielen zu lassen, wenn sie es selbst wünschen (dies gilt aber wirklich nur für Situationen vom Typ S). Im anderen Fall wird eine neue Situation gespielt (auf jeden Fall dürfte es nicht günstig sein, zu häufig von der Regel des zweimaligen Spielens abzuweichen).

(3) Ein weiteres Problem betrifft die Gruppenzusammensetzung und die Zuordnung der Trainer zu den beiden Teilgruppen. Es ist einige Male vorgekommen, daß von den Teilnehmern der Wunsch geäußert wurde, die Trainer sollten doch einmal wechseln bzw. es wurde ein gewisser Unmut darüber formuliert, daß so wenig Kontakt zwischen den beiden Teilgruppen vorhanden sei, was durch ein häufigeres Mischen der Teilnehmer verhindert werden könne. Unsere Erfahrungen mit den (allerdings nur wenigen) Fällen, in denen wir diesen Wünschen nachgekommen sind, sprechen dafür, diesen - ohne Zweifel verständlichen und in guter Absicht formulierten - Bedürfnissen nicht stattzugeben. Zum einen kann dadurch das Vertrauensverhältnis, das sich im Laufe der Zeit zum Trainer und den anderen Gruppenmitgliedern herausgebildet hat und dessen Bedeutung für das Gelingen des Trainings gar nicht hoch genug eingeschätzt werden kann, erheblich beeinträchtigt werden. Zum anderen haben wir den Eindruck, daß solche Wünsche meist von Teilnehmern vorgetragen werden, deren Motivation zur Teilnahme weniger auf einem starken Leidensdruck als vielmehr auf einem allgemeinen Interesse an psychologischen Fragen beruht, und für die daher das Vertrauen zu den anderen nicht so eine zentrale Bedeutung hat wie für die eher Schüchternen. Wir haben daher in letzter Zeit solche Wünsche stets abgelehnt und auf die Probleme hingewiesen, die nach unserer Erfahrung durch eine starke Fluktuation entstehen können. Zugleich haben wir es aber einzelnen Teilnehmern durchaus freigestellt, die Gruppe zu wechseln, wenn sie es für sinnvoll hielten. In aller Regel findet sich ohnehin keine Mehrheit für eine veränderte Gruppenzusammensetzung, es sei denn, manche Klienten sind so schüchtern, daß sie sich nicht trauen, ihre Meinung zu sagen.

(4) In gewisser Weise ähnlich verhält es sich mit dem hin und wieder vorgebrachten Wunsch, bei den Rollenspielen auch einmal den Part des Trainers übernehmen zu können. Nach unserer Erfahrung kann das „Untereinander spielen“ der Teilnehmer manchmal einen positiven Effekt haben, birgt aber andererseits die Gefahr in sich, daß der auf diese Weise durch einen Teilnehmer gespielte Part sehr überzogen und für den anderen viel zu schwierig gestaltet wird. Wahrscheinlich wird auch dieses Bedürfnis gerade wieder von den weniger mit Problemen belasteten geäußert. Der Trainer sollte sich daher sehr genau überlegen, ob er solchen Wünschen nachkommen will oder nicht. Wir sind zunehmend dazu übergegangen, grundsätzlich selbst die Rolle des Partners zu übernehmen. Man sollte sich immer vergegenwärtigen, daß ein Rollenspiel oft viel weniger „spielerisch“ ist, als dies von den Teilnehmern erwartet wird. Immerhin ist es schon in mehreren Fortbildungsveranstaltungen mit Diplompsychologen, die ihre Verhaltenstherapieausbildung machten, vorgekommen, daß derjenige, der den Trainer spielte, das Rollenspiel so überzog, daß der Partner irgendwann aufgab, eine Situation, die in einem wirklichen Training nie passieren sollte.

(5) In vielen Gruppen ist es schwierig, einen Freiwilligen für das erste Rollenspiel zu finden. Relativ typisch ist die Situation, daß auf die Frage „Wer möchte denn den Beginn machen?“ alle auf ihre Hände oder auf die Papiere schauen und sich ansonsten nichts tut. Die Versuchung ist dann groß, einen der Teilnehmer direkt aufzufordern. Wir möchten von einem solchen Vorgehen abraten. Man kann Glück haben, kann aber auch das Pech haben, damit jemand bloßzustellen. Wir möchten empfehlen, hier einfach abzuwarten. Wir haben noch nie erlebt, daß dieses Abwarten nicht zum Erfolg geführt hat.

Der projektive Videofilm

In der dritten Sitzung wird für den Trainingsabschnitt „Bewußtmachen von Selbstverbalisationen“ ein „projektiver Videofilm“ eingesetzt. Die Länge des Films beträgt ca. fünf Minuten. Dargestellt wird das Vermeidungs- und Bewältigungsverhalten einer zunächst sehr unsicher, später aber sicherer wirkenden Person, die einen Vorgesetzten aufsucht. Diese Handlung (ohne Ton) wird an mehreren Stellen gestoppt (auf Standbild schalten) und die Teilnehmer werden gebeten, aufzuschreiben, was ihnen an Stelle der dargestellten Person in diesem Moment durch den Kopf gehen würde. In dem nachfolgenden Ablaufprotokoll sind die „Stops“ jeweils gekennzeichnet.

Für die Herstellung werden benötigt:

- Ein Camcorder.
- Zwei Darsteller, ein „Kameramann“.
- Geeeignete Räumlichkeiten.

Die Wahl der Räumlichkeiten und der Darsteller wird in der Praxis davon bestimmt werden, mit welchen Teilnehmern das Training durchgeführt werden soll. Der Film sollte so gestaltet sein, daß die Teilnehmer sich gut in die dargestellte Handlung hineinversetzen können. In unserem Fall wurde die Aufnahme in der Universität durchgeführt. Mitwirkende waren eine Studentin (M = Modellperson) und ein Professor der Psychologie (A = Autoritätsperson).

Der Ablauf gestaltete sich wie folgt:

1. Die Kamera ist vor dem Büro von A postiert und auf den Gang vor dem Büro gerichtet, an dessen Ende M zu sehen ist, die langsam und zögernd näher kommt. Dicht vor dem Büro bleibt M an einem Fenster stehen (Großaufnahme) und blickt nachdenklich und offenbar ängstlich erregt hinaus *STOP*. Schließlich geht sie weiter in Richtung Büro, bleibt vor der Tür stehen und schaut auf das neben der Tür angebrachte Schild.
2. Bildfüllend wird jetzt das Schild dargestellt.
3. Die Kamera ist jetzt wieder auf M gerichtet, die immer noch auf das Schild blickt, schließlich wendet sie sich ab *STOP* und geht zurück in Richtung Fenster *STOP*. Sie erreicht das Fenster und blickt wieder hinaus. Sie erweckt den Eindruck intensiven Nachdenkens *STOP*. Schließlich wendet sie sich vom Fenster ab und geht mit entschlossenen Schritten auf die Tür zu *STOP*, klopft und tritt ein. Die Kamera folgt ihr und zeigt jetzt das Innere des Büros, in dem A mit freundlicher Geste auf M zugeht, sie begrüßt und ihr einen Platz anbietet *STOP*.

Dieser Film wurde ursprünglich für die Studentengruppen hergestellt, dann aber in unveränderter Form auch bei Nichtstudenten eingesetzt. Bei letzteren wurde allerdings dazu erläutert, daß die Teilnehmer sich irgend eine für sie zutreffende Autoritätsperson an Stelle des Professors vorstellen sollten (z. B. Vorgesetzter, Chefarzt oder etwas ähnliches). Es wurde von uns in Erwägung gezogen, für diese Gruppen einen neuen Film herzustellen. Als problematisch erwies sich aber - aufgrund der Heterogenität der Teilnehmer - die Aufgabe, einen für alle gleichermaßen zutreffenden Handlungsrahmen zu finden. Wir hatten aber schließlich nicht den Eindruck, daß es den Teilnehmern sonderliche Schwierigkeiten bereitete, sich in die dargestellte Szene einzufühlen.

Entspannungstraining

Im folgenden sind die Mitschriften der vier von uns im GSK eingesetzten Versionen des Entspannungstrainings aufgeführt. Die lange Version orientiert sich an Florin und Tunner (1975, S. 241ff), ist aber bereits erheblich verkürzt. Wie bei Florin und Tunner ist auch in den folgenden Mitschriften die Länge der Pausen vermerkt.

Anmerkung: Der folgende Text ist nur als Anregung zu verstehen. Jeder, der das Training anwendet, sollte sich bemühen, seinen eigenen Stil zu finden; wobei im übrigen beachtet werden sollte, daß es dabei nicht um möglichst „schöne" Formulierungen gehen kann. So ist es z. B. durchaus sinnvoll, immer wieder die gleichen Formulierungen zu verwenden, auch wenn es beim Lesen dadurch etwas monoton klingt.

Auch die angegebenen Pausen sind nur als Richtwerte zu betrachten. In der Praxis wird man sich eher darum bemühen, das Tempo auf die Teilnehmer abzustimmen.

Der Co-Trainer sollte am Training teilnehmen. Erstens wird dadurch den Teilnehmern die Beteiligung erleichtert und zweitens hat der Trainer, der das Entspannungstraining durchführt, auf diese Weise die Möglichkeit, ein Feedback einzuholen.

1. Lange Version (ca. 35-40 Min.)

Setzen Sie sich nun möglichst bequem zurecht (2) und versuchen Sie, Ihre Muskeln so locker wie möglich zu lassen (5).

Nun schließen Sie Ihre **rechte Hand** zur Faust (2) und achten Sie auf die Spannung in Ihrem Unterarm und in der Hand (1).

Nun lassen Sie Hand und Unterarm wieder locker, ganz locker (3). Achten Sie darauf, daß sich die Muskeln Ihrer Hand und Ihres Unterarms immer mehr entspannen (8).

Versuchen Sie auch, die Finger ganz locker werden zu lassen (3),

achten Sie darauf, daß der Daumen entspannt wird (1), der Zeigefinger (1), der Mittelfinger (1), der Ringfinger (1) und der kleine Finger (8).

Jetzt wiederholen Sie diese Übung mit der **linken Hand** (1), schließen Sie die linke Hand fest zur Faust (1),

achten Sie genau auf die Spannung, die dabei entsteht (1), und wieder locker lassen (3).

Achten Sie darauf, wie angenehm es ist, wenn die Muskeln vom verkrampften in den entspannten Zustand übergehen (4).

Achten Sie wieder auf die Entspannung in jedem einzelnen Finger (2), dem Daumen (1), dem Zeigefinger (1), dem Mittelfinger (1), dem Ringfinger (1) und dem kleinen Finger (8).

Jetzt spannen Sie **beide Hände** und Unterarme fest an (1), achten Sie wieder auf die Anspannung (1),

und wieder locker lassen (2). Achten Sie wieder auf den Übergang von der Anspannung zur angenehmen Entspannung (5).

Lassen Sie die Unterarme schwer aufruhen (1) und konzentrieren Sie sich wieder auf jeden einzelnen Finger (2), die Daumen (1), die Zeigefinger (1), die Mittelfinger (1), die Ringfinger (1) und die kleinen Finger (7).

Jetzt kommen wir zum **rechten Oberarm** (1), winkeln Sie den Ellenbogen und spannen Sie die Oberarmmuskeln fest an (1), achten Sie wieder auf die Spannung (1).

Und wieder locker lassen (3), lassen Sie den rechten Oberarm ganz locker und entspannt werden (3), achten Sie nur auf das angenehme Gefühl der Entspannung (5).

Jetzt kommen wir zum **linken Oberarm** (1), winkeln Sie den Ellenbogen und spannen Sie die Oberarmmuskeln fest an (1), achten Sie wieder auf die Spannung (1).

Und wieder locker lassen (3), lassen Sie den linken Oberarm ganz locker und entspannt werden (3), achten Sie nur auf das angenehme Gefühl der Entspannung (5).

Versuchen Sie, sich immer weiter zu entspannen (5).

Jetzt strecken Sie den **rechten Arm** so weit, daß Sie die Anspannung intensiv an der Rückseite des Armes spüren (1) und achten Sie auf die Spannung (1).

Und wieder locker lassen (2), legen Sie den Arm jetzt ganz bequem zurecht (3).

Versuchen Sie, ihn noch weiter zu entspannen (4).

Jetzt wiederholen Sie diese Übung mit dem **linken Arm** (1), strecken Sie den linken Arm (1) und achten Sie wieder auf die Spannung (1),

und wieder locker lassen (3).

Lassen Sie jetzt beide Arme ganz locker und entspannt werden (6).

Jetzt spannen Sie in **beiden Armen** Oberarme (1), Unterarme (1) und Hände fest an und achten Sie auf die Spannung (1).

Und wieder locker lassen (4).

Versuchen Sie, die Muskeln in den Armen ganz lokker werden zu lassen (4).

Lassen Sie die Unterarme immer schwerer werden (4).

Konzentrieren Sie sich wieder auf jeden einzelnen Finger (3), die Daumen (1), die Zeigefinger (1), die Mittelfinger (1), die Ringfinger (1) und die kleinen Finger (6).

Konzentrieren Sie sich jetzt auf Ihre **Stirn** (1). Ziehen Sie die Augenbrauen fest nach oben, so daß horizontal auf der Stirn Querfalten entstehen (2)

und wieder locker lassen (3).

Lassen Sie die Stirn nun glatt werden und gelöst wie eine glatte leere Fläche (4).

Versuchen Sie, mit der Entspannung der Stirn die ganze Kopfdecke locker werden zu lassen (7).

Jetzt ziehen Sie Ihre Augenbrauen zusammen, so daß auf der Stirn **senkrechte Falten** entstehen (1) und achten Sie wieder auf die Anspannung (2),

und wieder locker lassen (3), achten Sie auf den Übergang von der Anspannung zur angenehmen Entspannung (5).

Lassen Sie Ihre Stirn immer gelöster und entspannter werden (7).

Und jetzt versuchen Sie, auf der Stirn gleichzeitig **Quer- und Längsfalten** zu bilden (2), die Stirn ist jetzt ganz verspannt (2),

und wieder locker lassen (2), lassen Sie die Stirnmuskeln ganz locker werden (2), immer lockerer (3), bis die Stirn sich anfühlt wie eine glatte, leere Fläche (8).

Jetzt kommen wir zu den **Augen**. Machen Sie Ihre Augen fest zu und achten Sie auf die Spannung in der Augenpartie (1),

und wieder entspannen (3).

Halten Sie Ihre Augen jetzt ganz leicht geschlossen (3),

achten Sie nur auf das angenehme Gefühl der Entspannung (2).

Lassen Sie die Augenlider schwer werden (3) und achten Sie darauf, daß die Stirnmuskeln ganz gelöst sind und entspannt (6).

Jetzt kommen wir zur **Nase**. Ziehen Sie Ihre Nase kraus, so daß Sie die Spannung an der Nase deutlich spüren (1),

und wieder locker lassen (3), lassen Sie die Nasenflügel ganz entspannt werden (3), lassen Sie auch die Augenlider immer schwerer werden (2).

Achten Sie auf die Stirn, die jetzt ganz glatt ist und gelöst (5).

Nun beißen Sie Ihre **Backenzähne** fest aufeinander und achten Sie auf die Spannung in der ganzen Kieferpartie (2),

und wieder locker lassen (3).

Lassen Sie Ihre Lippen und alle Gesichtsmuskeln ganz locker werden (3).

Versuchen Sie, Ihre Gesichtsmuskeln immer noch weiter zu entspannen (6).

Achten Sie auf die Stirn (2), die Augenlider (2) und die Nasenflügel (4),

achten Sie auf das Gefühl der Ruhe, das sich ausbreitet, wenn Sie Ihr Gesicht immer mehr entspannen (9).

Und nun kommen wir zur **Zunge**. Drücken Sie die Zunge fest gegen den Gaumen und achten Sie auf die Spannung (1),

und wieder locker lassen (2), lassen Sie die Zunge jetzt in eine ganz entspannte Stellung zurückfallen (6).

Nun pressen Sie Ihre **Lippen** fest aufeinander, achten Sie darauf, wie angespannt Lippen und Wangen sind (1),

und wieder locker lassen (3).

Achten Sie wieder auf den Gegensatz zwischen Anspannung und der angenehmen Entspannung, die sich allmählich ausbreitet (8).

Jetzt spannen Sie bitte Ihr **ganzes Gesicht** an (2), die Stirn (1), die Kopfdecke (1), die Augenpartie (1), die Nase (1), die Lippen (1), Wangen (1), den Unterkiefer (1) und das Kinn (2),

und jetzt wieder entspannen (4).

Achten Sie darauf, daß der Unterkiefer ganz locker wird (2), daß die Wangen entspannt sind (3), daß die Stirn glatt wird und gelöst (3), daß die Augenlider schwer werden (2) und achten Sie auf das Gefühl der Ruhe, das sich ausbreitet, wenn Sie Ihre Gesichtsmuskeln immer weiter entspannen (8).

Und nun kommen wir zu den **Nackenmuskeln**. Drücken Sie jetzt Ihren Kopf nach vorn, so als wollten Sie mit dem Kinn Ihre Brust berühren und versuchen Sie gleichzeitig, das zu verhindern (1), halten Sie diese Spannung (1),

und wieder locker lassen (3).

Achten Sie wieder auf den Übergang von der Anspannung zur angenehmen Entspannung (4).

Balancieren Sie Ihren Kopf jetzt so aus, daß Ihre Nackenmuskeln ganz locker und gelöst werden (3).

Versuchen Sie, sich immer weiter zu entspannen (6).

Jetzt kommen wir zu den **Schultern**. Ziehen Sie Ihre Schultern in die Höhe (2), achten Sie auf die Spannung, die dabei entsteht (1),

und wieder locker lassen (3).

Achten Sie jetzt nur auf das angenehme Gefühl der Entspannung (5).

Lassen Sie die Muskeln immer gelöster werden (6).

Lassen Sie die Entspannung jetzt bis in die Rückenmuskeln hineinstrahlen (5).

Lassen Sie auch den Nacken, den Hals, den Unterkiefer und das Gesicht ganz locker werden (5).

Lassen Sie die Entspannung weiter ausstrahlen (1), in die Arme und Hände (2) bis in die Fingerspitzen (3),

achten Sie dabei auf jeden einzelnen Finger (2), die Daumen (1), die Zeigefinger (1), die Mittelfinger (1), die Ringfinger (1) und die kleinen Finger (2).

Versuchen Sie, sich dabei immer noch weiter zu entspannen (8).

Konzentrieren Sie sich jetzt auf Ihren **Atem** (2), achten Sie darauf, wie die Luft ein- und ausströmt (11).

Halten Sie jetzt nach dem Einatmen die Luft für kurze Zeit an (3),

achten Sie auf die Spannung in Ihrer Brust (2).

Und die Luft wieder ausströmen lassen (3), achten Sie darauf, wie sich die Brust beim Ausatmen angenehm entspannt (6).

Wiederholen Sie das Einatmen (2) und achten Sie wieder auf die Spannung (2)

und genießen Sie die Entspannung beim langsamen Ausatmen (8).

Verfolgen Sie jetzt nur das Ein- und Ausströmen Ihres Atems (4).

Sprechen Sie innerlich mit, wie Sie ein- und ausatmen (3),

und achten Sie auf das Gefühl der Ruhe, das sich dabei im ganzen Körper ausbreitet (13).

Nun kommen wir zur **Bauchpartie** (1).

Spannen Sie Ihre Bauchmuskeln an und beobachten Sie die Anspannung (2),

und wieder locker lassen (3).

Lassen Sie Ihre Bauchmuskeln ganz locker werden (7).

Konzentrieren Sie sich jetzt auf Ihren **Rücken**.

Krümmen Sie Ihren Rücken nach vorn (1) und achten Sie auf die Spannung entlang der Wirbelsäule (1),

und nun lassen Sie sich wieder ganz locker zurückfallen (4).

Entspannen Sie jetzt Ihren ganzen Rücken (3) und lassen Sie die Entspannung der Rückenmuskeln nach vorne ausstrahlen (1), zur Brust- und Bauchmuskulatur (2), in die Schultern (1), in die Arme und Hände (2) und das Gesicht (7).

Achten Sie jetzt wieder nur auf das Ein- und Ausströmen Ihres Atems (4), sprechen Sie innerlich mit, wie Sie ein- und ausatmen (5),

lassen Sie sich dabei immer tiefer in die Entspannung fallen (8).

Und nun spannen Sie Ihren **ganzen Körper** an (2), die Arme (2), die Schultern (2), das Gesicht (3), die Brust und den Bauch (3) und wieder locker lassen (4).

Versuchen Sie, sich immer noch weiter zu entspannen (6).

Achten Sie nur auf das Ein und Aus des Atems (12).

Jetzt kommen wir zu den **Beinen**. Pressen Sie Ihre Fersen fest gegen den Boden, die Zehenspitzen gegen das Gesicht gerichtet (1), spannen Sie Ihre Unterschenkel, Oberschenkel und die Gesäßmuskeln fest an (1),

und wieder locker lassen (3).

Achten Sie wieder auf den Unterschied zwischen der Anspannung und der angenehmen Entspannung, die sich allmählich ausbreitet (7).

Lassen Sie Ihre Muskeln immer noch lockerer werden (2) und versuchen Sie, sich dabei immer weiter zu entspannen (8)

Jetzt pressen Sie Ihre Fersen wieder fest gegen den Boden, richten diesmal die Zehenspitzen aber auch nach unten (1), achten Sie auf die Spannung in den Unterschenkeln, den Oberschenkeln und in den Sitzmuskeln (1),

und wieder locker lassen (2).

Lassen Sie die Muskeln in den Beinen ganz locker werden (3).

Achten Sie darauf, daß die Entspannung bis in die Füße hineinreicht (2) bis in die Zehenspitzen (2).

Lassen Sie die Beine immer entspannter und schwerer werden (10).

Lassen Sie nun die **Entspannung** von den Füßen hinaufströmen (1), durch die Beine zum Rücken (2), in die Brust (1), die Bauchgegend (1), die Schultern (1), die Arme und Hände (2) bis in die Fingerspitzen (2), in den Nacken (1) und in das Gesicht (3).

Lassen Sie Ihren ganzen Körper locker und entspannt werden (3), die Stirn eine glatte leere Fläche (2), die Augenlider sind schwer (2) und der Unterkiefer ist ganz locker (3).

Lassen Sie Ihren Körper mit dem ganzen Gewicht auf dem Stuhl aufruhen (5).

Achten Sie jetzt noch einmal auf Ihre Atmung (3), versuchen Sie, sie gar nicht zu beeinflussen (2), sondern nur innerlich mitzusprechen, wie Sie ein- (2) und ausatmen (3).

Registrieren Sie jetzt nur dieses Ein- (3) und Ausströmen Ihres Atems (9)

und entspannen Sie sich dabei immer noch weiter (5).

Denken Sie an nichts anderes, als nur an das angenehme Gefühl der Entspannung (16).

Und jetzt spannen Sie Ihren Körper langsam wieder an (2), beginnen Sie bei den Händen (2), winkeln die Arme an (2), räkeln sich und strecken sich (2) und öffnen die Augen.

2. Verkürzte Fassung (ca. 18 Min.)

Setzen Sie sich nun möglichst bequem zurecht (2) und versuchen Sie, Ihre Muskeln so locker wie möglich zu lassen (5).

Wir beginnen wieder bei den **Händen**.

Spannen Sie jetzt beide Hände und Unterarme fest an (1), achten Sie auf die Anspannung, die dabei entsteht (1),

und wieder locker lassen (2). Achten Sie auf den Übergang von der Anspannung zur angenehmen Entspannung (5).

Lassen Sie die Unterarme schwer aufruhen (1) und konzentrieren Sie sich auf jeden einzelnen Finger (2), die Daumen (1), die Zeigefinger (1), die Mittelfinger (1), die Ringfinger (1) und die kleinen Finger (7).

Nun kommen wir zu den **Oberarmmuskeln**.

Winkeln Sie beide Ellenbogen und spannen Sie die Oberarmmuskeln fest an (1), achten Sie wieder auf die Anspannung.

Und wieder locker lassen (3), lassen Sie beide Oberarme ganz locker und entspannt werden (3),

achten Sie nur auf das angenehme Gefühl der Entspannung (5).

Jetzt strecken Sie **beide Arme** so weit, daß Sie die Anspannung intensiv an der Rückseite der Arme spüren (1) und achten Sie auf die Spannung (1).

Und wieder locker lassen (2), legen Sie die Arme jetzt ganz bequem zurecht (3).

Versuchen Sie, sich noch weiter zu entspannen (4).

Und nun spannen Sie in **beiden Armen** Oberarme (1), Unterarme (1) und Hände fest an und achten Sie auf die Spannung (1),

und wieder locker lassen (4).

Versuchen Sie, die Muskeln in den Armen ganz lokker werden zu lassen (4).

Lassen Sie die Unterarme immer schwerer werden (4).

Konzentrieren Sie sich wieder auf jeden einzelnen Finger (3), die Daumen (1), die Zeigefinger (1), die Mittelfinger (1), die Ringfinger (1) und die kleinen Finger (6).

Und jetzt kommen wir zur **Stirn**.

Versuchen Sie, auf der Stirn gleichzeitig Quer- und Längsfalten zu bilden (2), die Stirn ist jetzt ganz verspannt (2),

und wieder locker lassen (2), lassen Sie die Stirnmuskeln ganz locker werden (2), immer lockerer (3), bis die Stirn sich anfühlt wie eine glatte, leere Fläche (8).

Jetzt kommen wir zu den **Augen**.

Machen Sie Ihre Augen fest zu und achten Sie auf die Spannung in

der Augenpartie (1),

und wieder entspannen (3).

Halten Sie Ihre Augen jetzt ganz leicht geschlossen (3),

achten Sie nur auf das angenehme Gefühl der Entspannung (2).

Lassen Sie die Augenlider schwer werden (3) und achten Sie darauf, daß die Stirnmuskeln ganz gelöst sind und entspannt (6).

Nun beißen Sie Ihre **Backenzähne** fest aufeinander und achten Sie auf die Spannung in der ganzen Kieferpartie (2),

und wieder locker lassen (3).

Lassen Sie Ihre Lippen und alle Gesichtsmuskeln ganz locker werden (3).

Versuchen Sie, Ihre Gesichtsmuskeln immer noch weiter zu entspannen (6).

Achten Sie auf die Stirn (2), die Augenlider (2) und die Nasenflügel (4),

achten Sie auf das Gefühl der Ruhe, das sich ausbreitet, wenn Sie Ihr Gesicht immer mehr entspannen (9).

Jetzt spannen Sie bitte Ihr ganzes Gesicht an (2), die Stirn (1), die Kopfdecke (1), die Augenpartie (1), die Nase (1), die Lippen (1), Wangen (1), den Unterkiefer (1) und das Kinn (2),

und jetzt wieder entspannen (4).

Achten Sie darauf, daß der Unterkiefer ganz locker wird (2), daß die Wangen entspannt sind (3), daß die Stirn glatt wird und gelöst (3), daß die Augenlider schwer werden (2) und achten Sie auf das Gefühl der Ruhe, das sich ausbreitet, wenn Sie Ihre Gesichtsmuskeln immer weiter entspannen (8).

Und nun kommen wir zu den **Nackenmuskeln**.

Drücken Sie jetzt Ihren Kopf nach vorn, so als wollten Sie mit dem Kinn Ihre Brust berühren und versuchen Sie gleichzeitig, das zu verhindern (1),

halten Sie diese Spannung (1),

und wieder locker lassen (3).

Achten Sie wieder auf den Übergang von der Anspannung zur angenehmen Entspannung (4).

Balancieren Sie Ihren Kopf jetzt so aus, daß Ihre Nackenmuskeln ganz locker und gelöst werden (3).

Versuchen Sie, sich immer weiter zu entspannen (6).

Jetzt kommen wir zu den **Schultern**. Ziehen Sie Ihre Schultern in die Höhe (2), achten Sie auf die Spannung, die dabei entsteht (1),

und wieder locker lassen (3),

Achten Sie jetzt nur auf das angenehme Gefühl der Entspannung (5).

Lassen Sie die Muskeln immer gelöster werden (6).

Lassen Sie die Entspannung jetzt bis in die Rückenmuskeln hineinstrahlen (5).

Lassen Sie auch den Nacken, den Hals, den Unterkiefer und das Gesicht ganz locker werden (5).

Lassen Sie die Entspannung weiter ausstrahlen (1), in die Arme und Hände (2) bis in die Fingerspitzen (3),

achten Sie dabei auf jeden einzelnen Finger (2), die Daumen (1), die Zeigefinger (1), die Mittelfinger (1), die Ringfinger (1) und die kleinen Finger (2).

Versuchen Sie, sich dabei immer noch weiter zu entspannen (8).

Konzentrieren Sie sich jetzt auf Ihren **Atem** (2),

achten Sie darauf, wie die Luft ein- und ausströmt (11).

Halten Sie jetzt nach dem Einatmen die Luft für kurze Zeit an (3),

achten Sie auf die Spannung in Ihrer Brust (2).

Und die Luft wieder ausströmen lassen (3), achten Sie darauf, wie sich die Brust beim Ausatmen angenehm entspannt (6).

Wiederholen Sie das Einatmen (2) und achten Sie wieder auf die Spannung (2),

und genießen Sie die Entspannung beim langsamen Ausatmen (8).

Verfolgen Sie jetzt nur das Ein- und Ausströmen Ihres Atems (4).

Sprechen Sie innerlich mit, wie Sie ein- und ausatmen (3),

und achten Sie auf das Gefühl der Ruhe, das sich dabei im ganzen Körper ausbreitet (13).

Nun kommen wir zur **Bauchpartie** (1).

Spannen Sie Ihre Bauchmuskeln an und beobachten Sie die Anspannung (2),

und wieder locker lassen (3).

Lassen Sie Ihre Bauchmuskeln ganz locker werden (7).

Konzentrieren Sie sich jetzt auf Ihren **Rücken**.

Krümmen Sie Ihren Rücken nach vorn (1) und achten Sie auf die Spannung entlang der Wirbelsäule (1),

und nun lassen Sie sich wieder ganz locker zurückfallen (4).

Entspannen Sie jetzt Ihren ganzen Rücken (3) und lassen Sie die Entspannung der Rückenmuskeln nach vorne ausstrahlen (1), zur Brust- und Bauchmuskulatur (2), in die Schultern (1), in die Arme und Hände (2) und das Gesicht (7).

Achten Sie jetzt wieder nur auf das Ein- und Ausströmen Ihres Atems (4), sprechen Sie innerlich mit, wie Sie ein- und ausatmen (5),

lassen Sie sich dabei immer tiefer in die Entspannung fallen (8).

Und nun spannen Sie Ihren **ganzen Körper** an (2), die Arme (2), die Schultern (2), das Gesicht (3), die Brust und den Bauch (3),

und wieder locker lassen (4).

Versuchen Sie, sich immer noch weiter zu entspannen (6).

Achten Sie nur auf das Ein und Aus des Atems (12).

Jetzt kommen wir zu den **Beinen**.

Pressen Sie Ihre Fersen fest gegen den Boden, die Zehenspitzen gegen das Gesicht gerichtet (1), spannen Sie Ihre Unterschenkel, Oberschenkel und die Gesäßmuskeln fest an (1),

und wieder locker lassen (3).

Achten Sie wieder auf den Unterschied zwischen der Anspannung und der angenehmen Entspannung, die sich allmählich ausbreitet (7).

Lassen Sie Ihre Muskeln immer noch lockerer werden (2) und versuchen Sie, sich dabei immer weiter zu entspannen (8).

Jetzt pressen Sie Ihre Fersen wieder fest gegen den Boden, richten diesmal die Zehenspitzen aber auch nach unten (1), achten Sie auf die Spannung in den Unterschenkeln, den Oberschenkeln und in den Sitzmuskeln (1),

und wieder locker lassen (2).

Lassen Sie die Muskeln in den Beinen ganz locker werden (3).

Achten Sie darauf, daß die Entspannung bis in die Füße hineinreicht (2) bis in die Zehenspitzen (2).

Lassen Sie die Beine immer entspannter und schwerer werden (10).

Lassen Sie nun die **Entspannung** von den Füßen hinaufströmen (1), durch die Beine zum Rücken (2), in die Brust (1), die Bauchgegend (1), die Schultern (1), die Arme und Hände (2) bis in die Fingerspitzen (2), in den Nacken (1) und in das Gesicht (3).

Lassen Sie Ihren ganzen Körper locker und entspannt werden (3), die Stirn eine glatte leere Fläche (2), die Augenlider sind schwer (2) und der Unterkiefer ist ganz locker (3).

Lassen Sie Ihren Körper mit dem ganzen Gewicht auf dem Stuhl aufruhen (5).

Achten Sie jetzt noch einmal auf Ihre Atmung (3), versuchen Sie, sie gar nicht zu beeinflussen (2),

sondern nur innerlich mitzusprechen, wie Sie ein- (2) und ausatmen (3).

Registrieren Sie jetzt nur dieses Ein- (3) und Ausströmen Ihres Atems (9),

und entspannen Sie sich dabei immer noch weiter (5).

Denken Sie an nichts anderes, als nur an das angenehme Gefühl der Entspannung (16).

Und jetzt spannen Sie Ihren Körper langsam wieder an (2), beginnen Sie bei den Händen (2), winkeln die Arme an (2), räkeln sich und strecken sich (2) und öffnen die Augen.

3. Verkürzte Fassung (ca. 9 Min.) mit Ruhebild

Setzen Sie sich nun möglichst bequem zurecht (2) und versuchen Sie, Ihre Muskeln so locker wie möglich zu lassen (5).

Wir beginnen wieder bei den **Händen**. Spannen Sie jetzt beide Hände und Unterarme fest an (1), achten Sie auf die Anspannung, die dabei entsteht (1),

und wieder locker lassen (2).

Achten Sie auf den Übergang von der Anspannung zur angenehmen Entspannung (5).

Lassen Sie die Unterarme schwer aufruhen (1) und konzentrieren Sie sich auf jeden einzelnen Finger (2), die Daumen (1), die Zeigefinger (1), die Mittelfinger (1), die Ringfinger (1) und die kleinen Finger (7).

Und nun spannen Sie in **beiden Armen** Oberarme (1), Unterarme (1) und Hände fest an und achten Sie auf die Spannung (1),

und wieder locker lassen (4).

Versuchen Sie, die Muskeln in den Armen ganz lokker werden zu lassen (4).

Lassen Sie die Unterarme immer schwerer werden (4).

Konzentrieren Sie sich wieder auf jeden einzelnen Finger (3), die Daumen (1), die Zeigefinger (1), die Mittelfinger (1), die Ringfinger (1) und die kleinen Finger (6).

Jetzt kommen wir zum **Gesicht**. Spannen Sie bitte Ihr ganzes Gesicht an (2), die Stirn (1), die Kopfdecke (1), die Augenpartie (1), die Nase (1), die Lippen (1), Wangen (1), den Unterkiefer (1) und das Kinn (2),

und jetzt wieder entspannen (4).

Achten Sie darauf, daß der Unterkiefer ganz locker wird (2), daß die Wangen entspannt sind (3), daß die Stirn glatt wird und gelöst (3), daß die Augenlider schwer werden (2) und achten Sie auf das Gefühl der Ruhe, das sich ausbreitet, wenn Sie Ihre Gesichtsmuskeln immer weiter entspannen (8).

Und nun kommen wir zu den **Nackenmuskeln**. Drücken Sie jetzt Ihren Kopf nach vorn, so als wollten Sie mit dem Kinn Ihre Brust berühren und versuchen Sie gleichzeitig, das zu verhindern (1), halten Sie diese Spannung (1),

und wieder locker lassen (3).

Achten Sie wieder auf den Übergang von der Anspannung zur angenehmen Entspannung (4).

Balancieren Sie Ihren Kopf jetzt so aus, daß Ihre Nackenmuskeln ganz locker und gelöst werden (3).

Versuchen Sie, sich immer weiter zu entspannen (6).

Jetzt kommen wir zu den **Schultern**. Ziehen Sie Ihre Schultern in die Höhe (2), achten Sie auf die Spannung, die dabei entsteht (1),

und wieder locker lassen (3).

Achten Sie jetzt nur auf das angenehme Gefühl der Entspannung (5).

Lassen Sie die Muskeln immer gelöster werden (6).

Konzentrieren Sie sich jetzt auf Ihren **Atem** (2), achten Sie darauf, wie die Luft ein- und ausströmt (11).

Halten Sie jetzt nach dem Einatmen die Luft für kurze Zeit an (3),

achten Sie auf die Spannung in Ihrer Brust (2).

Und die Luft wieder ausströmen lassen (3), achten Sie darauf, wie sich die Brust beim Ausatmen angenehm entspannt (6).

Wiederholen Sie das Einatmen (2) und achten Sie wieder auf die Spannung (2),

und genießen Sie die Entspannung beim langsamen Ausatmen (8).

Verfolgen Sie jetzt nur das Ein- und Ausströmen Ihres Atems (4).

Sprechen Sie innerlich mit, wie Sie ein- und ausatmen (3),

und achten Sie auf das Gefühl der Ruhe, das sich dabei im ganzen Körper ausbreitet (6).

Jetzt denken Sie bitte an Ihr **Ruhebild** (1).

Versuchen Sie, diese Situation zu sehen (2), zu spüren (2), zu hören (2), zu riechen (2) und zu berühren (6).

Denken Sie an nichts anderes als an Ihr Ruhebild (7).

Nun kommen wir zur **Bauchpartie** (1). Spannen Sie Ihre Bauchmuskeln an und beobachten Sie die Anspannung (2),

und wieder locker lassen (3).

Lassen Sie Ihre Bauchmuskeln ganz locker werden (7).

Jetzt kommen wir zu den **Beinen**. Pressen Sie Ihre Fersen fest gegen den Boden, die Zehenspitzen gegen das Gesicht gerichtet (1), spannen Sie Ihre Unterschenkel, Oberschenkel und die Gesäßmuskeln fest an (1),

und wieder locker lassen (3).

Achten Sie wieder auf den Unterschied zwischen der Anspannung und der angenehmen Entspannung, die sich allmählich ausbreitet (7).

Lassen Sie Ihre Muskeln immer noch lockerer werden (2) und versuchen Sie, sich dabei immer weiter zu entspannen (8).

Lassen Sie nun die **Entspannung** von den Füßen hinaufströmen (1), durch die Beine zum Rücken (2), in die Brust (1), die Bauchgegend (1), die Schultern (1), die Arme und Hände (2) bis in die Fingerspitzen (2), in den Nacken (1) und in das Gesicht (3).

Lassen Sie Ihren ganzen Körper locker und entspannt werden (3), die Stirn eine glatte leere Fläche (2), die Augenlider sind schwer (2) und der Unterkiefer ist ganz locker (3).

Lassen Sie Ihren Körper mit dem ganzen Gewicht auf dem Stuhl aufruhen (5).

Achten Sie jetzt noch einmal auf Ihre Atmung (3), versuchen Sie, sie gar nicht zu beeinflussen (2), sondern nur innerlich mitzusprechen, wie Sie ein (2) und ausatmen (3).

Registrieren Sie jetzt nur dieses Ein- (3) und Ausströmen Ihres Atems (9),

und entspannen Sie sich dabei immer noch weiter (5).

Denken Sie an nichts anderes, als nur an das angenehme Gefühl der Entspannung (16).

Nun denken Sie noch einmal ganz intensiv an Ihr **Ruhebild.**

Versuchen Sie wieder, die Situation zu sehen (2), zu spüren (2), zu hören (2), zu riechen (2) und zu berühren (5).

Denken Sie an nichts anderes als an Ihr Ruhebild (6).

Und jetzt spannen Sie Ihren Körper langsam wieder an (2), beginnen Sie bei den Händen (2), winkeln die Arme an (2), räkeln sich und strecken sich (2)

und öffnen die Augen.

4. Verkürzte Fassung (ca. 7 Min.) mit Ruhebild und Entspannungswort

Bei der nun folgenden Kurzentspannung werde ich nur noch die Instruktion zum Anspannen vorgeben, die Entspannung übernehmen Sie bitte selbst, indem Sie Ihr eigenes, ganz persönliches Entspannungswort benutzen (3).

Setzen Sie sich nun möglichst bequem zurecht und lassen Sie Ihre Muskeln so locker wie möglich (5).

Jetzt spannen Sie in **beiden Armen** Oberarme, Unterarme und Hände fest an und achten Sie auf die Spannung (14).

Versuchen Sie jetzt, die Muskeln in den Armen und Händen ganz locker werden zu lassen (4).

Lassen Sie die Unterarme immer schwerer werden (4),

und konzentrieren Sie sich auf die Entspannung jedes einzelnen Fingers (3) angefangen bei den Daumen (1) über die Zeigefinger (1), die Mittelfinger (1), Ringfinger (1) bis zu den kleinen Fingern (8).

Jetzt kommen wir zum **Gesicht**. Spannen Sie Ihr ganzes Gesicht an (1), die Stirn (2), die Kopfdecke (2), die Augenpartie (2), die Nase (2), die Lippen (1), Wangen (1), den Unterkiefer (1) und das Kinn (14).

Lassen Sie den Unterkiefer ganz locker werden (3),

achten Sie darauf, daß die Backen entspannt werden (3),

daß die Stirn glatt wird und gelöst (3), daß die Augenlider schwer werden (3).

Achten Sie auf das Gefühl der Ruhe, das sich ausbreitet, wenn Sie Ihre Gesichtsmuskeln immer weiter entspannen (10).

Und nun spannen Sie Ihren **ganzen Körper** an, die Arme (2), den Nacken (2), die Schultern (2), das Gesicht (2) und den Bauch (14).

Versuchen Sie sich jetzt immer weiter zu entspannen (7).

Jetzt kommen wir zu den Beinen. Pressen Sie Ihre Fersen fest gegen den Boden, die Zehenspitzen sind nach oben gerichtet.

Spannen Sie Oberschenkel, Unterschenkel und die Sitzmuskeln fest an (14).

Lassen Sie jetzt die Muskeln in den Beinen immer lockerer werden (3).

Lassen Sie die Entspannung bis in die Füße hineinreichen (2) bis in die Zehenspitzen (2).

Die Beine werden immer entspannter und schwerer (8).

Und nun lassen Sie die **Entspannung** hinaufströmen (1) durch die Beine (1), den Rücken (2), die Brust (2) in die Bauchgegend (1) und die Schultern (2),

in Arme und Hände bis in die Fingerspitzen (2), in den Nacken und in das Gesicht (3).

Lassen Sie Ihren ganzen Körper locker und entspannt werden (3), die Stirn eine glatte, leere Fläche (2),

die Augenlider sind schwer (1) und der Unterkiefer ist ganz locker (3).

Achten Sie jetzt auf Ihre Atmung (3). Versuchen Sie, sie gar nicht zu beeinflussen (2), sondern nur innerlich mitzusprechen, wie Sie ein- und ausatmen (6).

Registrieren Sie nur dieses Ein und Aus des Atems (7).

Jetzt denken Sie bitte ganz intensiv an Ihr **Ruhebild** (2).

Versuchen Sie, diese Situation zu sehen (2), zu spüren (2), zu hören (2), zu riechen (2) und zu berühren (4).

Denken Sie an nichts anderes als nur an Ihr Ruhebild (10).

Und nun langsam wieder anspannen (2), die Arme winkeln und strecken (3).

Räkeln Sie sich (2) und öffnen Sie Ihre Augen.

Maßnahmen zur Erfolgskontrolle

Jedem, der das GSK einsetzt, empfehlen wir die Durchführung einer Erfolgskontrolle. Im vorliegenden Kapitel werden Wege aufgezeigt, die auch dem Praktiker - der ja im allgemeinen über kein größeres Forschungsinstrumentarium verfügt - die Durchführung einer Erfolgskontrolle ermöglichen sollen. Zunächst werden aber in zwei kurzen Abschnitten einige Überlegungen hinsichtlich der Notwendigkeit und der Probleme solcher Untersuchungen diskutiert.

Notwendigkeit von Erfolgskontrollen

Für die Durchführung von Erfolgskontrollen im Bereich der psychosozialen Versorgung sprechen folgende Überlegungen:

- Im Zuge der knapper werdenden öffentlichen Mittel wird es zunehmend häufiger vorkommen, daß die Finanzierung psychologischer Behandlungsmaßnahmen an den Nachweis der Effektivität gebunden wird. Dieser Trend - daß nicht nur medizinische, sondern auch psychologische Therapeutika ihre Wirksamkeit nachgewiesen haben müssen - ist in den USA schon weit vorangeschritten und gewinnt auch im deutschsprachigen Raum immer mehr an Bedeutung, wobei sich der Schwerpunkt der Diskussion mittlerweile auf Begriffe wie „Qualitätssicherung“ (Baumgärtel, 1996) oder „Qualitätsmanagement“ (Bertelmann, Jansen & Fehling, 1996 - in der anglo-amerikanischen Literatur findet sich diese Diskussion unter den Begriffen „Quality control“ oder „Quality assurance“) verschoben hat. Jeder, der im psychologisch-therapeutischen Bereich tätig ist, sollte sich daher rechtzeitig darauf einstellen, seine Tätigkeit zu evaluieren.
- Im Interesse der Weiterentwicklung therapeutischer Methoden ist es wünschenswert, wenn möglichst viele Studien zur Erfolgskontrolle durchgeführt werden. Bisher wurden derartige Untersuchungen vorwiegend in Universitäten oder psychiatrischen Anstalten realisiert. Viele der vorliegenden Befunde sind daher kaum generalisierbar, weil die Probleme dieser Klienten wahrscheinlich nur eingeschränkt mit denen anderer Populationen verglichen werden können. Gerade den von Praktikern durchgeführten Evaluationsstudien dürfte daher in Zukunft eine immer größere Bedeutung zukommen. Dies wäre auch unter dem Aspekt einer stärkeren wechselseitigen Befruchtung von Theorie und Praxis sehr wünschenswert. Dabei muß allerdings einschränkend festgestellt werden, daß bisher ein geeignetes Forum für einen solchen Austausch leider kaum vorhanden ist. Aber es besteht die Hoffnung, daß die Zukunft hier eine Besserung bringen wird (z. B. in Form einer Zeitschrift o. ä.).
- Darüber hinaus sind wir auch ganz grundsätzlich der Meinung, daß im Zuge der wachsenden Professionalisierung psychologisch therapeutischer Tätigkeit eine Berufsausübung ohne Kontrolle des eigenen Wirkens (die über den subjektiven Eindruck von der Zufriedenheit des Klienten hinausgeht), immer undenkbarer werden wird.

Probleme

„Zweifellos ist Psychotherapieforschung eines der schwierigsten Forschungsgebiete in der empirischen Sozialforschung“ (Kury, 1981, S. 235). Wahrscheinlich ist es vor allem diese Meinung, die dazu führt, daß bei uns so wenig Studien zur Erfolgskontrolle durchgeführt werden. Wenn schon methodisch versierte Wissenschaftler dieses Gebiet als kompliziert betrachten, wie kann dann von einem Praktiker erwartet werden, daß er sich die Durchführung einer Evaluationsstudie zutraut?

Etwas vereinfachend können die mit der Durchführung einer Evaluationsstudie verbundenen Probleme in methodische, inhaltliche und praktische unterteilt werden:

Methodische Probleme

Im Vordergrund stehen hier Fragen des Untersuchungsdesigns (Überblick z. B. bei Kury, 1981), wobei wir allerdings den Eindruck haben, daß in der Forschung gerade die methodischen Probleme der Psychotherapieforschung übermäßig problematisiert, Probleme inhaltlicher Art - wie z. B. die Frage des Erfolgskriteriums - dagegen eher simplifiziert werden.

Gerade diese starke Betonung der methodischen Probleme, die manchmal sogar dazu führt, daß mehr Probleme gesehen werden, als in Wahrheit vorhanden sind (z. B. bei der Frage des Regressionseffekts, der bei einem einfachen Prä-Post-Design an einer unausgelesenen Stichprobe entgegen oft verbreiteter Meinung keinen Einfluß hat), führt dazu, daß Evaluationen vom Praktiker aus Resignation oder aus Angst vor Kollegenschelte gar nicht erst in Angriff genommen werden. Es gibt inzwischen eine ziemliche Fülle von Literatur über hochkomplizierte Designs mit den entsprechenden Auswertungsmethoden, aber kaum Literatur, in der auch für den Praktiker gangbare Wege aufgezeigt werden. Der (Irr-)Glaube, daß eine Untersuchung um so aussagekräftiger wird, je komplizierter das Design und je unverständlicher die verwendeten Statistiken sind, ist offenbar weitverbreitet.

Wir gehen demgegenüber von folgenden Grundsätzen aus:

- Es gibt - nicht nur im Gebiet der Psychotherapieforschung - keine Untersuchung, die nicht in irgendeiner Hinsicht anfechtbar wäre.

- Begründete methodische Kritik schränkt zwar die Aussagekraft der Ergebnisse ein, macht sie aber deswegen nicht gleich zunichte. Deshalb:
- Selbst ein methodisch anfechtbarer Evaluationsversuch hat immer noch mehr Aussagekraft als keine Evaluationsstudie.

Inhaltliche Probleme

Getreu ihrer behavioristischen Tradition betrachten Verhaltenstherapeuten bei der Durchführung der Erfolgskontrolle Maße, die über die Beobachtung des „offenen" Verhaltens gewonnen werden, meist als das Non plus ultra. Fragebogendaten gelten demgegenüber als unzuverlässig und wenig aussagekräftig. Überraschend ist dabei vor allem die Sicherheit, mit der diese Auffassungen meist vertreten werden; denn wo sind eigentlich die harten empirischen Fakten, die diese Sicherheit rechtfertigen würden?

In Wahrheit verschleiern die Spekulationen über das „besser" bzw. „schlechter" dieser oder jener Meßmethode nur das eigentliche Problem jeder Evaluationsstudie, nämlich die bisher ungelöste Frage nach dem Kriterium, an dem ich den Erfolg einer therapeutischen Intervention messen kann. Ist z. B. eine Therapie dann als erfolgreich zu betrachten, wenn

- der Klient mit der Therapie zufrieden ist,
- der Klient mit sich selbst zufriedener ist,
- das Verhalten in dieser oder jener Situation sich geändert hat,
- die Angst, gemessen über Selbstaussagen, geringer geworden ist oder
- die Angst, gemessen durch die Höhe des Hautwiderstands, geringer geworden ist?

Diese Aufzählung könnte mit Sicherheit noch um einiges verlängert werden. Auch so macht sie aber bereits deutlich, daß sehr unterschiedliche Kriterien denkbar sind, die zudem nach den Ergebnissen wissenschaftlicher Untersuchungen nur relativ gering miteinander korrelieren (vgl. Grawe, 1980; Pfingsten & Hinsch, 1982a, 1982b).

Manchmal kommt es sogar zu recht paradox anmutenden Befunden:

> In einer Untersuchung von Tunner (1976) äußerte sich eine Gruppe von Phobikern, die keine Therapie im eigentliche Sinne erhalten, sondern nur zusammen mit dem Therapeuten über eine Erklärung ihrer Probleme nachgedacht hatte und auch nach allen „objektiven" Maßen keine Angstreduktion aufwies, zufrieden über die „Therapie". Eine andere Gruppe erhielt eine systematische Desensibilisierung, wies auch nach der Therapie eine deutliche Angstreduktion auf, bezeichnete sich aber dennoch als eher unzufrieden.

Solche und ähnliche Untersuchungen machen deutlich, wie verzwickt die Frage nach dem Erfolgskriterium bei genauerer Betrachtung ist. Wir haben es hier mit einem Problem zu tun, welches weit über die Frage nach den sinnvolleren Meßinstrumenten hinausgeht und das bisher in der Literatur eher stiefmütterlich behandelt wurde. Dabei ist wahrscheinlich schon die Frage nach *dem* Erfolgskriterium falsch gestellt. Sinnvoller dürfte es sein, nach *den* Erfolgskriterien zu fragen, wobei allerdings immer noch offen bleibt, nach welchen.

Für die praktische Durchführung einer Erfolgskontrolle kann daraus nur die Konsequenz gezogen werden, nicht nach einem einzigen Maß zu suchen, an welchem der Erfolg der Intervention abzulesen ist, sondern stattdessen eine Reihe unterschiedlicher Maße einzusetzen. Einen Fortschritt für die Psychotherapieforschung bringen nicht Ergebnisse, die die vermeintliche Überlegenheit dieser oder jener Intervention über eine andere „beweisen", sondern vielmehr Befunde, die zeigen, welche Veränderungen durch welche Art von therapeutischer Intervention bewirkt werden.

Praktische Probleme

Kein Praktiker wird es sich leisten können, die Hälfte seines Arbeitstages für die Planung und Durchführung von Erfolgskontrollen aufzuwenden. Ebensowenig wird er von seinem Arbeitgeber Mittel für aufwendige Apperaturen bewilligt bekommen. Jeder, der in der Praxis eine Evaluationsuntersuchung durchführen will, wird also von vornherein gezwungen sein, Abstriche zu machen. Jede Studie wird immer einen Kompromiß zwischen folgenden, sich teilweise gegenseitig ausschließenden Forderungen darstellen:

- Der Untersuchungsplan und die Meßintrumente sollen möglichst valide sein.
- Der zeitliche und materielle Aufwand für den Untersuchungsleiter soll gering sein.
- Die Klienten sollen durch die Durchführung der Erfolgskontrolle möglichst wenig belastet werden.

Es ist unmittelbar einleuchtend, daß diese Forderungen nicht gleichzeitig erfüllt werden können.

Folgerungen

Es ist also offensichtlich, daß jede Erfolgskontrolle immer einen Kompromiß darstellen muß. Den über jeden Zweifel erhabenen Untersuchungsplan gibt es - wenn überhaupt - nur in der Theorie. In der Praxis kann es nur den unter den gegebenen Bedingungen bestmöglichen Kompromiß geben. Wie dieser Kompromiß im konkreten Fall aussehen wird, muß daher derjenige, der die Untersuchung durchführt, aufgrund seiner Einschätzung dieser Bedingungen entscheiden. Verbindliche Regeln lassen sich dafür nicht formulieren. Die einzige Forderung, die wir aufstellen möchten, ist die, sich möglichst bewußt und begründet für diesen oder jenen Kompromiß zu entscheiden.

Meßinstrumente

Da die Erhebung physiologischer Maße für den Praktiker außerhalb seiner Möglichkeiten sein wird, Verhaltensbeobachtungen aufwendig und in ihrer Aussagekraft - wie oben angedeutet - auch nicht unumstritten sind, möchten wir die Empfehlung geben, sich normalerweise auf Fragebögen zu beschränken. Fragebögen sind einfach und kostengünstig herzustellen und erfordern bei der Anwendung nur einen geringen zeitlichen Aufwand. Auch die Auswertung gestaltet sich unproblematisch.

Bleibt man bei Fragebögen, würden wir - schon aus Gründen der Vergleichbarkeit - empfehlen, zumindest teilweise diejenigen zu verwenden, die in unseren Untersuchungen eingesetzt worden sind. Im folgenden werden daher ein Überblick über diese Meßinstrumente und Hinweise für die Auswertung gegeben:

Unsicherheitsfragebogen

Der U-Fragebogen (Ullrich de Muynck & Ullrich, 1994) gehört ohne Zweifel zu den im deutschen Sprachraum am häufigsten eingesetzten Meßinstrumenten zu dieser Fragestellung und darf wohl schon aus diesem Grunde in keiner Testbatterie, die Selbstsicherheit bzw. Soziale Kompetenz erfassen will, fehlen. Die Vorteile des U-Fragebogens liegen in seiner Kürze, wobei gleichzeitig aber auch relativ viele verschiedene Aspekte unsicheren Verhaltens erfaßt werden, sowie in der vergleichsweise konkreten und verhaltensnahen Formulierung seiner Items. Ein Nachteil besteht darin, daß die Formulierungen vieler Items offen lassen, in welcher Weise die jeweils angesprochene Situation bewältigt wird. In der Skala „Fordern können" kann sowohl jemand mit hoher sozialer Kompetenz wie auch jemand mit hoher Aggressivität (also niedriger sozialer Kompetenz) einen hohen Wert erreichen. (Es sei hier nur angemerkt, daß aus diesem Grunde von uns ein neuer Fragebogen entwickelt wird, der sich zur Zeit allerdings noch im Stadium der Erprobung befindet.)

Der U-Fragebogen enthält insgesamt 65 Items und erfaßt auf sechs Skalen folgende Aspekte sicheren bzw. unsicheren Verhaltens:

1. *Fehlschlag- und Kritikangst* (15 Items). Beispielitem: „Ich habe ständig Angst, daß ich etwas Falsches sagen oder tun könnte."
2. *Kontaktangst* (15 Items). Beispiel: „Ich finde es schwierig, mit einem Fremden ein Gespräch zu beginnen".
3. *Fordern können* (15 Items). Beispiel: „Ich kann Kritik leicht und offen äußern."
4. *Nicht nein sagen können* (10 Items). Beispiel: „Ich unterlasse alles, was Widerspruch herausfordern könnte."
5. *Schuldgefühle* (5 Items). Mit dieser Skala wird erfaßt, inwieweit durch eigenes assertives Verhalten Schuldgefühle ausgelöst werden. Beispiel: „Wenn ich einem Bettler nichts gebe, habe ich Schuldgefühle."
6. *Übertriebene Anständigkeit* (5 Items). Mit dieser Skala wird die Tendenz erfaßt, sich übertrieben höflich und normenkonform zu verhalten. Beispiel: „Es ist mir äußerst peinlich, bei einer Veranstaltung zu spät zu kommen."

Die Auswertung des Fragebogens dürfte keine Schwierigkeiten bereiten. Hat man Zugang zu einem Personalcomputer oder einer größeren EDV-Anlage, können die Itemantworten direkt eingegeben werden und dann mit Hilfe eines geeigneten Programms (z. B. des SPSS, das mittlerweile auf jedem PC läuft oder auch einer einfachen Tabellenkalkulation) zu Skalen zusammengefaßt werden. Hat man diese Möglichkeit nicht zur Verfügung, kann dieser Auswertungsschritt mit Hilfe der dem Testmanual beiliegenden Schablonen erfolgen. Im Testmanual enthalten sind auch Tabellen mit Normwerten für verschiedene Populationen. Auf die statistische Auswertung, die über die Bildung der Skalenwerte (bzw. Summenscores) hinausgeht, wird in einem gesonderten Abschnitt eingegangen.

IE-SV-F

Der IE-SV-F ist ein Fragebogen, mit dem die kognitive Verarbeitung von Erfolgs- und Mißerfolgssituationen erfaßt werden kann (Dorrmann & Hinsch, 1981). Nach der Attributionstheorie von Weiner et al. gibt es vier mögliche Ursachen, auf die man Erfolge bzw. Mißerfolge zurückführen kann:

	Ort der Kontrolle internal	 external
stabil	Fähigkeit	Schwierigkeit der Situation
variabel	Anstrengung	Glück

Führt man zusätzlich zu den beiden Dimensionen „Ort der Kontrolle" und „stabil/variabel" noch als dritte „Erfolg/Mißerfolg" ein, ergeben sich insgesamt acht Attributionsmöglichkeiten, die hier als relativ überdauernde und situationsübergreifende Attribuierungsgewohnheiten aufgefaßt werden. Entsprechend diesen acht Attribuierungsgewohnheiten enthält der IE-SV-F folgende acht Skalen, wobei die Items jeweils als Selbstverbalisationen in einer hypothetischen Situation operationalisiert sind (siehe Fragebogen auf S. 137ff):

1. IS + (15 Items): Die Tendenz, Erfolge *internal stabil* zu attribuieren, also auf die eigene Fähigkeit zurückzuführen.

2. IV + (7 Items): Erfolge werden *internal variabel* attribuiert, also mit der eigenen Anstrengung erklärt.
3. ES + (11 Items): Erfolge werden external stabil attribuiert, also mit der Leichtigkeit der Situation erklärt.
4. EV + (11 Items): Erfolge werden *external variabel* attribuiert, also auf glückliche Umstände zurückgeführt.
5. IS - (10 Items): Mißerfolge werden *internal stabil* attribuiert, also mit der eigenen Unfähigkeit erklärt.
6. IV - (11 Items): Mißerfolge werden *internal variabel* attribuiert, also mit mangelnder Anstrengung erklärt.
7. ES - (10 Items): Mißerfolge werden *external stabil* attribuiert, also auf die schwierige Situation zurückgeführt.
8. EV - (9 Items): Mißerfolge werden *external variabel* attribuiert, also auf mangelndes Glück zurückgeführt.

Wie sich Attribuierungsgewohnheiten durch die Teilnahme am GSK verändern, wurde bereits an anderer Stelle dargestellt. Hier soll nur noch einmal auf ein besonders wichtiges Ergebnis hingewiesen werden: Die Attribution von Mißerfolgen verlagert sich nicht von internal auf external, wie man vielleicht erwarten könnte, sondern die Veränderung besteht darin, daß nach dem Training Mißerfolge weniger internal stabil, dafür aber mehr internal variabel attribuiert werden. Dies erscheint uns deshalb beachtlich, weil eine internal variable Attribution, also die Erklärung durch mangelnde Anstrengung, zunächst einmal eine höhere psychische Belastung mit sich bringt als die stärker entlastende externale Attribution. Andererseits dürfte eine internal variable Attribution wahrscheinlich die einzige Möglichkeit darstellen, aus Mißerfolgen etwas lernen zu können.

Da der IE-SV-F bisher nicht als Test veröffentlicht wurde, ist er in einsatzfähiger Form im Anschluß an diesen Abschnitt wiedergegeben (S. 137ff.). Uns vorliegende Norm- bzw. Vergleichswerte sind in den Tabellen auf S. 144 enthalten. Für die Auswertung gilt das im vorigen Abschnitt zum U-Fragebogen gesagte mit einem Unterschied: Wird die Auswertung von Hand vorgenommen, liegen keine Schablonen vor. Allerdings dürfte das kein allzu großes Hindernis darstellen, da beim IE-SV-F keine Items umgepolt werden. Um die Skalenwerte zu erhalten, müssen lediglich die entsprechenden Items aufsummiert werden. In Tabelle 5 findet sich daher eine Übersicht, aus der die Zuordnung der Items zu den einzelnen Skalen hervorgeht.

Ein Problem des IE-SV-F, welches nicht abzustellen ist, besteht darin, daß kein Item in die entgegengesetzte Richtung gepolt ist. Dadurch ist der Fragebogen für Antworttendenzen (Aquieszenz) anfällig.

Tabelle 5: Zuordnung der Items zu den Skalen des IE-SV-F

Skala							
IS+	IV+	ES+	EV+	IS-	IV-	ES-	EV-
2	5	1	3	8	9	7	27
4	19	6	14	25	35	26	42
10	24	11	18	34	43	33	45
15	28	12	22	46	44	41	47
16	31	13	30	50	48	49	56
21	60	17	32	51	52	53	68
23	81	20	36	59	58	57	72
29		39	40	67	66	71	74
37		61	54	73	75	76	82
38		64	63	77	78	83	
55		69	80		84		
62							
65							
70							
79							
15	7	11	11	10	11	10	9
Anzahl der Items							

Um diesen Einfluß auszuschalten, kann man die Skalenwerte nach folgender Formel transformieren:

$$X_{neu} = (X_{alt} * 84 * 10) / (I * SUM(X))$$

X_{neu} = Neuer Skalenwert
X_{alt} = Alter Skalenwert
I = Anzahl der Items der Skala
SUM(X) = Summe der Skalenwerte über alle Skalen

(84 ist die Gesamtzahl der Items, 10 ein Korrekturfaktor)

Diese Transformation bewirkt, daß die neugebildeten Skalenwerte nur die *relative Ausprägung* einer Attribuierungsgewohnheit ausdrücken. Für jedes Individuum ergibt die Summe dieser Skalenwerte immer 80. Hätte jemand alle Attribuierungsgewohnheiten mit gleicher Häufigkeit angekreuzt, hätte er in jeder Skala einen Wert von 10.

Es sei betont, daß diese Transformation nur von denen vorgenommen werden sollte, die die Auswertung am PC vornehmen, da sonst der rechnerische Aufwand wohl zu groß wird. Für diejenigen, die diese Transformation nicht vornehmen, sind auf S. 144 die uns vorliegenden Ergebnisse zum IE-SV-F noch einmal in nichttransformierter Form aufgeführt.

Problemfragebogen

Der Problemfragebogen besteht in der von uns leicht gekürzten und modifizierten Fassung des SSP (Skala zur Messung von Studentischen Problemen, Sander & Lück, 1974).

In der jetzigen Form werden durch den Problemfragebogen nicht mehr spezifisch studentische, sondern allgemeine psychische und somatische Beschwerden erfaßt (siehe Fragebogen auf S. 136f). Geändert gegenüber dem SSP wurde auch die Itembeantwortung. Die Skalenwerte sind also mit denen von Sander und Lück nicht vergleichbar.

Die Auswertung dürfte auf keinerlei Schwierigkeiten stoßen, da die Items lediglich aufsummiert werden (Allgemeine Problembelastung). Es werden keine Items umgepolt.

In Analogie zum SSP und aufgrund eigener Faktorenanalysen ist auch die Bildung von drei Subskalen möglich (siehe Tabelle 6):

Tabelle 6: Die Zuordnung der Items zu den Skalen des SSP

Skala	Items
Vegetativ/depressive Probleme	1, 2, 3, 4, 5, 7, 12, 14, 15, 16, 17, 21, 25, 33, 38, 39, 40
Motivationale Probleme	8, 9, 11, 22, 23, 27, 29, 31, 34, 35, 37
Psychosoziale Probleme	6, 10, 13, 18, 19, 20, 24, 26, 28, 30, 32, 36

Feedbackbogen

Der Einsatz eines Feedbackbogens (siehe S. 143f) hat sich als sehr hilfreich erwiesen. Durch ihn erhält man einen relativ direkten Eindruck von der subjektiven Einschätzung des Trainings durch die Klienten. Wenn auch die Bedeutung dieser Rückmeldung nicht überschätzt werden sollte, so darf andererseits auch nicht übersehen werden, daß die Zufriedenheit der Klienten zumindest für die Frage, ob eine Therapie fortgeführt oder abgebrochen wird, von ganz entscheidender Bedeutung ist. Darüber hinaus haben Untersuchungen gezeigt, daß insbesondere die Fragen 3 und 5 relativ gute Vorhersagen darüber erlauben, ob die therapeutischen Veränderungen längerfristig erhalten bleiben (Pfingsten & Hinsch, 1982b).

Weitere Fragebögen

Die in den vorangehenden Abschnitten dargestellten Fragebögen bilden den Kern unserer Testbatterie (für das Ausfüllen wird etwa eine halbe bis dreiviertel Stunde benötigt):

- Der U-Fragebogen erfaßt relativ verhaltensnah das Ausmaß an Kompetenzvertrauen,
- der IE-SV-F mißt die kognitiven Verarbeitungsmechanismen, und
- mit Hilfe des Problemfragebogens erhält man einen Eindruck von der generellen psychischen Labilität/Stabilität.

Darüber hinaus haben wir in einigen Gruppen z. B. noch mit dem EMI-B (Ullrich de Muynck & Ullrich, 1981) experimentiert, sind aber aus folgenden Gründen wieder davon abgekommen:

- Viele Klienten taten sich mit dem Ausfüllen sehr schwer. An keinem anderen Fragebogen gab es so viel Kritik.
- Gerade der EMI scheint auf momentane Stimmungsschwankungen sehr empfindlich zu reagieren (was letzten Endes nicht verwundern kann, denn dafür wurde er konstruiert). Die mit dem EMI gewonnenen Ergebnisse sind daher für eine allgemeine Evaluation nur wenig aussagekräftig.

Der von uns verwendete Stundenbogen (S. 142) wurde von uns bisher nicht systematisch ausgewertet, sondern lediglich als (sehr hilfreiches) Feedback für die Trainer benutzt.

Es gibt noch zahlreiche weitere Meßinstrumente, die für eine Evaluation des GSK Anwendung finden könnten. Eine Fülle von Anregungen für denjenigen, der speziellen Fragestellungen nachgehen möchte, bieten das Handbuch von Spitzberg und Cupach (1989), das sich allerdings nur auf englischsprachige Skalen bezieht, und das „Handbuch psychosozialer Meßinstrumente“ von Westhoff (1993).

Auswertung

Die Berechnung der Skalenwerte wurde bereits im Zusammenhang mit der Diskussion der einzelnen Meßinstrumente besprochen. Die folgenden Ausführungen beschränken sich daher auf den sich anschließenden Teil der Auswertung.

Liegen die Skalenwerte einer Trainings- und evtl. einer (z. B. Warte-)Kontrollgruppe zu verschiedenen Testzeitpunkten vor, sollte als Minimalprogramm geprüft werden, ob sich die Werte zwischen Prä- und Posttest (bzw. Follow-up) signifikant verändert haben. Als statistisches Verfahren kann der t-Test für Parallelstichproben bzw. das entsprechende nonparametrische Verfahren (Wilcoxon-Test) verwendet werden. Für welchen dieser beiden Signifikanztests man sich dabei entscheidet, dürfte weitgehend Geschmackssache sein. Nach unseren Erfahrungen sind die Ergebnisse weitgehend identisch. Muß die Auswertung von Hand vorgenommen werden, ist wahrscheinlich das letztere Verfahren vorzuziehen, da es weniger Aufwand erfordert. Über die konkreten Schritte informieren die einschlägigen Statistikbücher.

Idealerweise sollten die Ergebnisse jetzt so aussehen, daß sich in der Kontrollgruppe keine, in der oder den Trainingsgruppen aber in allen Skalen des U-Fragebogen, im Problemfragebogen und in den ersten sechs Skalen des IE-SV-F bedeutsamen Veränderungen zwischen Prä- und Posttest zeigen. In der Praxis wird man ein solches Ergebnis kaum erreichen, vor allem dann nicht, wenn man nur auf der Basis einer kleinen Stichprobe rechnet. Das problematische an Signifikanztests ist nun einmal, daß die Signifikanz nicht nur von der Stärke des Effekts sondern ebenso von der Größe der Stichprobe abhängt. Hat man z. B. nur eine einzige Trainingsgruppe mit ca. acht bis zehn Teilnehmern (oder gar weniger), muß die Wirkung des Trainings schon sehr groß sein, um auch statistisch nachweisbar zu sein. Man sollte sich daher in einem solchen Fall nicht scheuen, die Prä- und Posttestwerte auch „per Augenschein" zu prüfen. Das ist zwar kein letztlich beweiskräftiges Verfahren, kann aber doch Hinweise liefern, die bei einem bloßen Blick auf die Signifikanzen verlorengehen würden.

Wie sind die Ergebnisse nun zu interpretieren?

1. In der (Warte-)Kontrollgruppe ergeben sich entgegen der Erwartung signifikante Veränderungen: Betrifft es nur die Skala IV+ (Zunahme internal variabler Attribution von Erfolgen) des IE-SV-F, besteht kein Grund zur Beunruhigung. Wir haben dieses Ergebnis mehrfach gefunden und es damit erklärt, daß der Schritt, sich für ein psychologisches Training anzumelden, offenbar zu einer Zunahme internal variabler Attributionen führt. Zeigen sich aber auch in anderen Skalen bedeutsame Veränderungen, sollte nachgeprüft werden, ob einige Teilnehmer der Wartekontrollgruppe nicht gleichzeitig an anderen therapeutischen Veranstaltungen teilgenommen haben.
2. Bei den Trainingsteilnehmern ergeben sich nur ganz wenige oder gar keine bedeutsamen Veränderungen: Hier sollte zunächst einmal geprüft werden, ob tatsächlich überhaupt keine Veränderungen vorhanden sind oder ob diese vielleicht nur aufgrund der geringen Stichprobengröße nicht das Signifikanzniveau erreicht haben. Stellt man fest, daß in der Trainingsgruppe tatsächlich nur Veränderungswerte zu verzeichnen sind, die sich nicht oder nur unwesentlich von denen der Kontrollgruppe unterscheiden, muß man sich fragen, was für den Mißerfolg verantwortlich ist. Ehe man aber an sich oder dem Wert des GSK zweifelt, sollte man noch einen weiteren Versuch mit einer anderen Gruppe machen. Führt dieser zum gleichen Mißerfolg, sollte man sich fragen, ob man wirklich die für die Durchführung des GSK notwendige Kompetenz besitzt und versuchen, diese - z. B. durch Hinzuziehung eines erfahrenen Kollegen - zu verbessern. Es ist natürlich auch denkbar, daß das GSK für eine bestimmte Klientengruppe nicht geeignet ist. Allerdings sollte diese Erklärung nicht vorschnell in Betracht gezogen werden.

Abschließend noch einige allgemeine Anmerkungen zur Bewertung der Ergebnisse:

Nach unseren Erfahrungen können die Ergebnisse von Gruppe zu Gruppe sehr stark schwanken, ohne daß dafür bisher plausible Gründe gefunden werden konnten. Wir hatten zwar häufig den Eindruck, daß die Erklärung dieses oder jenes Einzelergebnisses doch auf der Hand liege. Keine dieser Erklärungen (Trainereinfluß, Gruppenstruktur etc.) konnte jedoch durch nachfolgende Ergebnisse bestätigt werden. Man sollte sich daher vor Überinterpretationen hüten.

Ganz grundsätzlich sollte im übrigen in Rechnung gestellt werden, daß ein Effektivitätsnachweis über Fragebögen wahrscheinlich dadurch erschwert wird, daß durch ein psychologisches Training bei vielen auch eine Sensibilisierung bewirkt wird. Das kann dazu führen, daß Fragen nach psychischen Problemen (z. B. im Problemfragebogen) nach dem Training eher mit „Ja" beantwortet werden. Durch diesen „Sensibilisierungseffekt" kann im Extremfall die tatsächlich erzielte Veränderung vollkommen kompensiert werden, wodurch man den (falschen) Eindruck erhält, nichts hätte sich verändert.

Problemfragebogen (in Anlehnung an Sander & Lück, 1974)

Kreuzen Sie bitte an, in welchem Ausmaß Sie in der letzten Zeit die folgenden Schwierigkeiten, Gedanken, Probleme, Gefühle etc. hatten! Benutzen Sie dazu bitte die folgende Skala:

1	2	3	4	5
überhaupt nicht	kaum	etwas	eher stark	sehr stark

1.	Kopfschmerzen	1	2	3	4	5
2.	Nervosität und innere Spannung	1	2	3	4	5
3.	Unfähigkeit, von schlechten Gedanken und Ideen loszukommen	1	2	3	4	5
4.	Schwindelgefühle und Schwäche	1	2	3	4	5
5.	Verlust sexuellen Interesses und Vermögens	1	2	3	4	5
6.	Überkritische Einstellungen anderen gegenüber	1	2	3	4	5
7.	Unangenehme Träume	1	2	3	4	5
8.	Sprachschwierigkeiten bei Aufregung	1	2	3	4	5
9.	Schwierigkeiten, sich an Dinge erinnern zu können	1	2	3	4	5
10.	Leicht ärgerlich und verletzt sein	1	2	3	4	5
11.	Langsam und ohne Energie sein	1	2	3	4	5
12.	Gedanken an Selbstmord	1	2	3	4	5
13.	Hemmungen, seine Gedanken und sein Wissen vor anderen zu zeigen	1	2	3	4	5
14.	Religiöse und weltanschauliche Konflikte	1	2	3	4	5
15.	Gefühle der Verwirrtheit	1	2	3	4	5
16.	Appetitlosigkeit	1	2	3	4	5
17.	Neigung zu Tränenausbruch	1	2	3	4	5
18.	Schwierigkeit oder Unsicherheit im Umgang mit dem anderen Geschlecht	1	2	3	4	5
19.	Gefühl, ertappt oder durchschaut zu werden	1	2	3	4	5
20.	Plötzliche Verärgerung ohne angemessenen Grund	1	2	3	4	5
21.	Probleme in der Familie	1	2	3	4	5
22.	Unsicherheit, wo Schwerpunkt der Begabung liegt	1	2	3	4	5
23.	Unfähigkeit, sich zu bestimmten Entscheidungen durchzuringen	1	2	3	4	5
24.	Schwierigkeit, Kontakt zu finden	1	2	3	4	5
25.	Gefühl der Schwermütigkeit	1	2	3	4	5
26.	Über ärgerliche Dinge lange nicht hinwegkommen	1	2	3	4	5
27.	Den meisten Dingen gleichgültig gegenüberstehen	1	2	3	4	5
28.	In den Gefühlen leicht verletzt sein	1	2	3	4	5
29.	Hilflos und unselbständig sein	1	2	3	4	5
30.	Das Gefühl haben, daß andere einen nicht verstehen und unsympathisch finden	1	2	3	4	5
31.	Das Gefühl haben, Dinge sehr langsam verrichten zu müssen, um wirklich sicher zu sein	1	2	3	4	5
32.	Sich anderen gegenüber minderwertig fühlen	1	2	3	4	5
33.	Ein- oder Durchschlafschwierigkeiten	1	2	3	4	5
34.	Schwierigkeiten, Entscheidungen zu treffen	1	2	3	4	5
35.	Wunsch, allein zu sein	1	2	3	4	5
36.	Vermeidung bestimmter Dinge, Plätze oder Tätigkeiten, weil diese einen ängstigen	1	2	3	4	5
37.	Der Gedanke, unausgefüllt zu sein	1	2	3	4	5
38.	Hoffnungslos in die Zukunft blicken	1	2	3	4	5
39.	Sich um die Gesundheit sorgen	1	2	3	4	5
40.	Sich abgespannt und gerädert fühlen	1	2	3	4	5

IE-SV-F (Dorrmann & Hinsch, 1981)

Auf den folgenden Seiten finden Sie kurze Beschreibungen von Situationen, wie sie jedem von uns im Laufe seines Lebens begegnen können. Zu jeder Situation ist eine kleine Auswahl von Gedanken und Gefühlen angeführt, die man damit verbinden könnte.

Sie sollen sich nun in diese Situationen möglichst gut hineindenken, auch wenn diese in ihrem persönlichen Leben gar nicht auftreten. Anschließend sollen Sie ganz *gefühlsmäßig* entscheiden, inwieweit die angeführten Gedanken *sinngemäß* auch für Sie persönlich zutreffen könnten.

Es werden also zu jeder Situation verschiedene Gedankengänge angeführt. Kreuzen Sie bitte für *jeden* dieser Gedanken an, inwieweit er für Sie zutrifft. Dabei stehen Ihnen fünf Möglichkeiten zur Auswahl, die gleiche Abstufungen von „trifft auf keinen Fall zu" bis „trifft vollkommen zu" bedeuten:

trifft auf keinen Fall zu	trifft kaum zu	trifft unter Umständen zu	trifft oft zu	trifft vollkommen zu
1	2	3	4	5

Beispiel:

Stellen Sie sich vor, Sie kommen in ein Lokal, um zu essen, aber alle Plätze sind besetzt.

a) „Da muß ich eben anderswo hingehen"	1	2	3	4	~~5~~ X
b) „Ich sollte vielleicht abwarten, bis ein Platz frei wird"	1	2	~~3~~ X	4	5
c) „Ich finde das Ganze richtig ärgerlich"	~~1~~ X	2	3	4	5
d) „Um diese Zeit ist es wahrscheinlich schwer, einen Platz zu bekommen"	1	2	3	~~4~~ X	5

Beachten Sie, daß es dabei keine „richtigen" oder „falschen" Antworten gibt! Diese Gedanken beschreiben nur ganz persönliche Meinungen und sind keine Tatsachen!

Bearbeiten Sie die Fragen zügig und spontan!

---

1. Stellen Sie sich vor, Sie wären Raucher und hätten es geschafft, mit dem Rauchen aufzuhören.

a) „Das ist gar nicht so schwer, jeder andere hätte das auch gekonnt"	1	2	3	4	5
b) „Ich habe eben doch einen recht starken Willen"	1	2	3	4	5

2. Sie haben sich um eine neue Arbeitsstelle beworben und erhalten die Mitteilung, daß Sie eingestellt werden.

a) „Da hat das Glück wahrscheinlich eine große Rolle gespielt"	1	2	3	4	5
b) „Ich bin für diese Arbeit sicher besonders geeignet"	1	2	3	4	5
c) „Ich habe mich bei der Vorstellung auch von meiner besten Seite gezeigt"	1	2	3	4	5
d) „Das ist wahrscheinlich eine Arbeit, für die jeder geeignet ist"	1	2	3	4	5

3. Sie sind auf ein großes Fest eingeladen worden und kommen dort mit niemandem ins Gespräch.

a) „Bei so vielen Leuten muß man ja untergehen"	1	2	3	4	5
b) „Ich bin eben kein geselliges Wesen"	1	2	3	4	5
c) „Wenn ich selbst einfach mehr Leute angesprochen hätte, wäre das nicht so gekommen"	1	2	3	4	5

trifft auf keinen Fall zu	trifft kaum zu	trifft unter Umständen zu	trifft oft zu	trifft vollkommen zu
1	2	3	4	5

4. Sie bemerken auf dem Spielplatz, daß Ihr Kind von den anderen gemocht wird und nie abseits steht.

a) „Wir sind eine sehr gesellige Familie“	1	2	3	4	5
b) „Viele Freunde zu haben, ist bei Kindern nichts besonderes“	1	2	3	4	5
c) „Wahrscheinlich sind heute besonders nette Kinder da“	1	2	3	4	5

5. Sie haben ein Problem und unterhalten sich darüber mit einem Freund. Er versucht auch, auf Sie einzugehen, und Sie merken, daß er genau versteht, was Sie meinen.

a) „Das war sicher auch kein sehr kompliziertes Problem“	1	2	3	4	5
b) „Oft ist es einfach Glück, daß man jemanden findet, der einen versteht“	1	2	3	4	5
c) „Ich kann mich eben doch ganz gut ausdrücken“	1	2	3	4	5

6. Sie haben Ihre Wohnung renoviert. Nachdem Sie wieder alles eingerichtet haben, sind Sie mit Ihrer Arbeit sehr zufrieden.

a) „Ich habe eben gute Ideen und guten Geschmack“	1	2	3	4	5
b) „Wenn man das richtige Werkzeug hat und die Wohnung nicht gerade häßlich ist, ist das auch einfach“	1	2	3	4	5
c) „Eigentlich ist das Zufall, daß das alles so gut zueinander paßt“	1	2	3	4	5

7. Sie bekommen eine Sonderprämie von Ihrer Kraftfahrzeugversicherung, weil Sie über 20 Jahre unfallfrei gefahren sind.

a) „Ich habe mich bestimmt selten vom Verkehr ablenken lassen“	1	2	3	4	5
b) „Sicher bekommen die Prämien auch viele andere, das ist nichts besonderes“	1	2	3	4	5
c) „Autofahren ist eine Fähigkeit für sich“	1	2	3	4	5

8. Sie haben nach langem Zögern Ihre Arbeitsstelle gewechselt und sind jetzt sehr zufrieden.

a) „Ich könnte jetzt ebensogut unzufrieden sein, das kann man vorher nie wissen“	1	2	3	4	5
b) „Ich konnte mich eigentlich immer schon sehr gut umstellen“	1	2	3	4	5
c) „Sicher habe ich mir den Wechsel besonders gut überlegt“	1	2	3	4	5

9. Sie stellen fest, daß die Ziele, die Sie sich für Ihr eigenes Leben gesetzt haben, kaum zu verwirklichen sind.

a) „Vielleicht bin ich doch nicht so ganz lebenstüchtig“	1	2	3	4	5
b) „Die äußeren Umstände machen das sehr schwer“	1	2	3	4	5
c) „Ich habe eben nur noch nicht richtiges Glück gehabt“	1	2	3	4	5

10. Sie haben ehrenamtlich in einem Verein gearbeitet. Bei einer offiziellen Feier wird Ihre Tätigkeit besonders hervorgehoben.

a) „Wahrscheinlich habe ich diese Aufgabe auch sehr ernst genommen“	1	2	3	4	5
b) „Sicher habe ich Talent für diese Tätigkeit“	1	2	3	4	5
c) „Ich glaube, man hat mich da eigentlich nur zufällig erwähnt“	1	2	3	4	5

trifft auf keinen Fall zu	trifft kaum zu	trifft unter Umständen zu	trifft oft zu	trifft vollkommen zu
1	2	3	4	5

11. Auf der Suche nach einer Wohnung finden Sie plötzlich genau das, was Sie gesucht haben.

a) „Ich habe eben Geduld gehabt und lange genug gesucht“	1	2	3	4	5
b) „Glück muß der Mensch haben“	1	2	3	4	5

12. Stellen Sie sich vor, Sie wären mit sich selbst sehr unzufrieden und möchten in vielen Punkten ganz anders sein.

a) „Es ist eben im allgemeinen sehr schwierig, sich zu ändern“	1	2	3	4	5
b) „Mir hat es schon immer an Willenskraft gefehlt“	1	2	3	4	5
c) „Ich müßte nur hart an mir arbeiten, um das zu erreichen“	1	2	3	4	5

13. Sie hatten ein Gespräch mit Ihrem Vorgesetzten, und es ist Ihnen gelungen, ihn von Ihren Ideen zu überzeugen.

a) „Vermutlich ist er eine leicht beeinflußbare Person“	1	2	3	4	5
b) „Das liegt an meiner Selbstsicherheit und Überredungskunst“	1	2	3	4	5

14. Ein Bekannter hat Ihnen gesagt, daß er Sie recht gern mag.

a) „Das liegt wahrscheinlich an meiner ganzen Art“	1	2	3	4	5
b) „Wenn das jemand sagt, heißt das meist noch nicht viel“	1	2	3	4	5
c) „Sympathie ist Glückssache“	1	2	3	4	5

15. Ihnen fällt in letzter Zeit auf, daß Sie bei Ihren beruflichen Tätigkeiten öfters kritisiert werden.

a) „Die Anforderungen sind auch unmenschlich hoch geworden“	1	2	3	4	5
b) „Sicher ist das nur Zufall und hat mit meinen Leistungen gar nichts zu tun“	1	2	3	4	5
c) „Ich war vielleicht auch ein bißchen faul in letzter Zeit“	1	2	3	4	5

16. Sie haben das Gefühl, das Leben, das Sie zur Zeit führen, ist total sinnlos.

a) „Wahrscheinlich habe ich selbst auch wenig dafür getan, daß mir das Leben wieder mehr Freude macht“	1	2	3	4	5
b) „Solche Phasen sind normal, die vergehen wieder, wie sie gekommen sind“	1	2	3	4	5
c) „Ich bin einfach jemand, der mit vielen Dingen nicht so gut fertig wird“	1	2	3	4	5

17. Sie haben bei Ihrer Arbeit öfters Kopfschmerzen und fühlen sich unwohl.

a) „Das passiert eben mal, das kommt wie von selbst“	1	2	3	4	5
b) „Vielleicht habe ich mich in letzter Zeit etwas überfordert“	1	2	3	4	5
c) „Die Anforderungen heutzutage machen den Menschen einfach kaputt“	1	2	3	4	5
d) „Anscheinend bin ich doch nicht sehr belastbar“	1	2	3	4	5

18. Sie stellen sich wieder mal auf die Waage und merken, daß Sie sehr viel zugenommen haben.

a) „Ich war noch nie in der Lage, mich zu beherrschen“	1	2	3	4	5
b) „Wenn ich mich gehen lasse, passiert das leicht“	1	2	3	4	5
c) „Bei dem heutigen Wohlstand ist es schwer, sein Gewicht unter Kontrolle zu halten“	1	2	3	4	5

trifft auf keinen Fall zu	trifft kaum zu	trifft unter Umständen zu	trifft oft zu	trifft vollkommen zu
1	2	3	4	5

19. Sie waren auf einer Feier und sind von einem(r) Mann (Frau) angesprochen worden, der (die) Sie schon lange interessiert hat.

a) „Glück spielt eben doch eine wichtige Rolle im Leben"	1	2	3	4	5
b) „Ich wirke wahrscheinlich auch interessant"	1	2	3	4	5

20. In letzter Zeit merken Sie immer mehr, wie Sie zum Außenseiter werden.

a) „Sicher bilde ich mir das nur ein, das kann sich schnell wieder ändern"	1	2	3	4	5
b) „Die Leute sind allgemein auch sehr wenig offen für neue Beziehungen"	1	2	3	4	5
c) „Ich müßte mich wahrscheinlich mehr bemühen, die Freundschaften zu erhalten"	1	2	3	4	5
d) „Ich bin einfach unfähig, Beziehungen durchzuhalten"	1	2	3	4	5

21. Sie werden von Ihrem Chef sehr oft für Ihre Arbeit gelobt.

a) „Ich strenge mich ja auch meist an"	1	2	3	4	5
b) „Es ist sehr einfach, sich mit Vorgesetzten gut zu stellen"	1	2	3	4	5
c) „Ich habe eben die Voraussetzungen für diese Tätigkeit"	1	2	3	4	5

22. Es macht Ihnen in letzter Zeit immer mehr Spaß, Zärtlichkeiten mit Ihrem Partner auszutauschen.

a) „Es ist schon ein Glück, daß wir sexuell gut zueinander passen"	1	2	3	4	5
b) „Ich glaube, solche Situationen können gar nicht unangenehm sein"	1	2	3	4	5
c) „Ich kann meine Gefühle auch sehr gut zum Ausdruck bringen"	1	2	3	4	5

23. Sie begegnen zufällig jemandem, den Sie eigentlich schon lange kennenlernen wollten. Sie sprechen ihn an, merken aber Ablehnung

a) „Vielleicht hätte ich besser zeigen sollen, daß ich mich unterhalten wollte"	1	2	3	4	5
b) „Ich bin eben doch eine recht uninteressante Persönlichkeit"	1	2	3	4	5
c) „Leute kennenlernen ist einfach Glück"	1	2	3	4	5

24. Stellen Sie sich vor, Sie hätten im Leben alles erreicht, was Sie sich gewünscht haben.

a) „Das war sicher gar nicht so schwer, eigentlich hat heute jeder die Möglichkeit dazu"	1	2	3	4	5
b) „Ich glaube, ich bin ein Mensch, dem es sehr leicht fällt, das zu erreichen, was er will"	1	2	3	4	5

25. Sie merken, daß Sie den wachsenden Anforderungen Ihrer Arbeit nicht mehr gerecht werden können.

a) „Eigentlich ist es ja unmenschlich, immer mehr an Leistung zu verlangen"	1	2	3	4	5
b) „Das kann sich auch sehr bald wieder ändern"	1	2	3	4	5
c) „Ich versage eben sehr schnell, wenn ich unter Druck stehe"	1	2	3	4	5

26. In der Nähe Ihres Wohnorts wird ein Atomkraftwerk gebaut. Stellen Sie sich vor, Sie seien dagegen gewesen.

a) „Es ist wirklich ein Pech, daß man gerade unsere Gegend ausgesucht hat"	1	2	3	4	5
b) „Ich hätte mich vielleicht rechtzeitig informieren sollen, was da im Gange ist"	1	2	3	4	5

trifft auf keinen Fall zu	trifft kaum zu	trifft unter Umständen zu	trifft oft zu	trifft vollkommen zu
1	2	3	4	5

27. Sie sind mit Bekannten abends ausgegangen und haben einen besonders langweiligen Abend verbracht.

a)	„Solche Abende verlaufen immer etwas verkrampft“	1	2	3	4	5
b)	„Mir gelingt es einfach nicht, aus solchen Situationen etwas zu machen“	1	2	3	4	5
c)	„Wenn ich nicht so bequem gewesen wäre und auch etwas erzählt hätte, wäre der Abend bestimmt interessanter geworden“	1	2	3	4	5

28. Stellen Sie sich vor, Sie haben in letzter Zeit das Gefühl, alles, was Sie in Angriff nehmen, gelingt Ihnen.

a)	„Ich bin eben doch sehr geschickt“	1	2	3	4	5
b)	„Ich kann ja nicht immer von Pech verfolgt sein“	1	2	3	4	5
c)	„Erfolg ist ein Sache harter Arbeit“	1	2	3	4	5

29. Sie haben festgestellt, daß Ihr Kind in einen Diebstahl verwickelt ist.

a)	„Das kann jedem mal passieren, darauf haben Eltern keinen Einfluß“	1	2	3	4	5
b)	„Kindererziehung ist heutzutage auch keine leichte Sache“	1	2	3	4	5
c)	„Ich hätte mich vielleicht doch mehr um mein Kind kümmern sollen“	1	2	3	4	5

Stundenbogen

1. Ich war heute mit dem Verhalten der Trainer insgesamt ...	sehr zufrieden	1	2	3	4	5	sehr unzufrieden
2. Ich fand die Erkärungen der Trainer heute ...	gut verständlich	1	2	3	4	5	schwer verständlich
3. Nach der heutigen Sitzung habe ich den Eindruck, daß mir das Training weiterhilft.	stimmt genau	1	2	3	4	5	stimmt gar nicht
4. Ich hatte heute Schwierigkeiten, richtig mitzumachen.	keine Schwierigkeiten	1	2	3	4	5	große Schwierigkeiten
5. Ich habe mich heute in der Sitzung wohl gefühlt.	stimmt genau	1	2	3	4	5	stimmt gar nicht
6. Negativ fand ich an der heutigen Sitzung (Stichpunkte):							
7. Positiv fand ich an der heutigen Sitzung (Stichpunkte):							

Feedbackbogen

1. Wie zufrieden waren Sie mit dem Training insgesamt?	sehr zufrieden	1	2	3	4	5	sehr unzufrieden
2. Hat sich Ihr Verhalten und Ihre Einstellung durch das Training verändert?	sehr stark	1	2	3	4	5	gar nicht
3. Ich bin jetzt mit mir zufriedener.	stimmt genau	1	2	3	4	5	stimmt gar nicht
4. Ich bin jetzt sicherer geworden.	stimmt genau	1	2	3	4	5	stimmt gar nicht
5. Würden Sie das Training weiterempfehlen?	1 ganz bestimmt			2 vielleicht			3 nein
6. Negativ fand ich an dem Training (Stichpunkte):							
7. Positiv fand ich an dem Training (Stichpunkte):							

IE-SV-F Vergleichswerte für verschiedene Gruppen

Tabelle 7: Mittelwerte und Streuungen im IE-SV-F einer „Normalpopulation“ von 178 Personen aus Bamberg und Umgebung

	unkorrigiert		korrigiert	
Skala	M	s	M	s
IS+	50,4	8,7	11,3	2,7
IV+	25,5	4,4	12,6	2,6
ES+	30,4	5,5	8,4	2,2
EV+	33,0	6,1	9,4	2,1
IS-	22,3	6,4	7,0	3,3
IV-	40,1	5,6	12,6	2,4
ES-	31,4	5,6	10,1	2,1
EV-	24,8	5,1	8,3	2,1

Tabelle 8: Mittelwerte und Streuungen im IE-SV-F (52 selbstunsichere Erwachsenen vor und nach Teilnahme am GSK)

	PRÄ		POST	
Skala	M	s	M	s
IS+	47,1	8,2	52,7	10,4
IV+	25,6	4,1	27,5	4,4
ES+	31,1	6,7	28,1	6,0
EV+	34,7	7,4	33,4	7,6
IS-	30,1	7,5	26,6	8,3
IV-	41,9	5,7	43,6	6,5
ES-	31,1	5,7	30,3	6,0
EV-	26,3	4,6	27,1	5,5

Tabelle 9: Mittelwerte und Streuungen im IE-SV-F (19 selbstunsichere Studenten vor und nach Teilnahme am GSK)

	PRÄ		POST	
Skala	M	s	M	s
IS+	46,4	10,5	56,6	9,6
IV+	23,3	5,1	27,7	4,2
ES+	31,3	6,5	25,5	9,3
EV+	34,1	7,3	30,9	9,1
IS-	29,6	6,5	25,5	9,4
IV-	40,3	5,7	46,9	5,5
ES-	28,9	6,8	29,5	9,1
EV-	24,6	4,5	23,7	7,7

Tabelle 11: Mittelwerte und Streuungen im IE-SV-F von 13 Jugendlichen aus Hamburg vor und nach Teilnahme am GSK (Affeldt, 1981)

	PRÄ		POST	
Skala	M	s	M	s
IS+	52,0	7,3	54,7	9,4
IV+	22,4	5,2	23,9	5,7
ES+	32,5	3,1	30,3	5,1
EV+	33,1	5,6	29,3	6,0
IS-	24,4	6,5	19,8	6,5
IV-	36,1	8,9	34,8	10,4
ES-	30,8	6,0	25,8	5,4
EV-	29,5	6,0	27,1	4,6

Tabelle 10: Mittelwerte und Streuungen im IE-SV-F von 19 Jugendlichen aus Bamberg vor und nach Teilnahme am GSK (Gagel, 1982)

	PRÄ		POST	
Skala	M	s	M	s
IS+	47,1	5,0	51,9	7,7
IV+	24,3	4,4	25,8	3,9
ES+	29,7	4,4	25,5	5,3
EV+	33,6	4,8	32,0	5,8
IS-	28,8	6,3	26,1	8,8
IV-	40,9	4,6	43,4	5,5
ES-	31,6	5,0	28,6	7,0
EV-	31,6	5,0	28,6	7,0

Teil D: Indikation und spezielle Anwendungsmöglichkeiten des GSK

Das GSK kann nicht nur als Standardverfahren, dessen Durchführung im vorangehenden Teil beschrieben wurde, bei verschiedenen Klientengruppen eingesetzt werden. Durch die Verwendung flexibler Einzelkomponenten bietet es darüber hinaus zahlreiche Anpassungsmöglichkeiten an verschiedene Klientengruppen, Aufgabenstellungen und Settings. Anregungen zu solchen Modifikationen enthalten die folgenden Kapitel:

Im *siebten Kapitel* geht es zunächst um Indikationshinweise für die Anwendung des GSK in seiner Standardversion. Außerdem wird das allgemeine Vorgehen bei seiner Anpassung an spezielle Klientengruppen beschrieben.

Das *achte Kapitel* enthält Informationen darüber, wie sich das GSK insbesondere auch auf Zielgruppen im nicht-therapeutischen Bereich übertragen läßt. Das Vorgehen wird an vier Beispielen veranschaulicht.

Indikationshinweise und Anpassung des GSK an spezielle Klientengruppen
(Ulrich Pfingsten)

Nach den bisherigen Evaluationsstudien kann man davon ausgehen, daß das GSK in der beschriebenen Standardversion zu deutlichen und dauerhaften Veränderungen führt. Das gilt für Klienten, die unter sozialen Kompetenzproblemen leiden und sich in dieser Hinsicht erheblich von der „Normal"-Bevölkerung unterscheiden. Die auf S. 72ff berichteten Evaluationsuntersuchungen bezogen sich allerdings auf subklinische, ambulante Klienten, die (a) das Trainingsangebot freiwillig von sich aus nutzten und (b) keine gravierenden Komplikationen mit anderen psychischen Störungen aufwiesen.

Aus dem Erfahrungsaustausch mit Kolleginnen und Kollegen wissen wir, daß das GSK auch bei anderen Klientengruppen und in anderen Settings mit Erfolg angewendet wird. Das gilt für vielfältige ambulante Anwendungen, aber auch für den stationären Bereich, wo das GSK - oder daraus abgeleitete bzw. sehr ähnliche Verfahren - oft schon zum turnusmäßigen Gruppentherapie-Angebot gehören (etwa in Psychosomatik- oder Kurkliniken, psychiatrischen Kliniken, Suchtkliniken). Der breite Einsatzbereich steht im Einklang mit der Forschungsliteratur, die die Effektivität derartiger Trainings bei vielen Störungsbildern und verschiedenen Klientengruppen belegt (siehe S. 49ff).

Allgemeine Effektivitätshinweise helfen allerdings nur wenig weiter, wenn es um die konkrete Frage geht, ob einer ganz bestimmten Klientengruppe oder einem ganz bestimmten Klienten mit einem Verfahren wie dem GSK zu helfen ist.

Eine solche Frage zielt im Grunde auf eine optimale, *erfolgversprechende Passung von Klienten und Intervention* ab. Um diese zu erreichen, gibt es in der Praxis zwei Alternativen:

1. Man paßt sozusagen die Klienten an die Intervention an (in diesem Falle an das GSK-Standardverafhren). Das bedeutet normalerweise die Vorauswahl geeigneter Klienten nach gewissen Indikationskriterien.
2. Man paßt die Intervention an die Klienten an. Das bedeutet eine Veränderung des GSK-Standardverfahren für die besonderen Bedürfnisse der betreffenden Klienten.

Einer der großen Vorzüge des GSK besteht darin, daß durch sein halbstandardisiertes Format, d. h. durch eine klare Grundstruktur bei flexiblen Trainingselementen, beide Alternativen möglich sind. Deshalb soll auf die beiden genannten Möglichkeiten im Falle des GSK etwas näher eingegangen werden.

Indikationshinweise

Eine durch systematische empirische Forschung begründbare differenzierte Vorhersage, welche Klienten mit welchen psychischen Problemen von Trainingsprogrammen wie dem GSK profitieren werden und welche nicht, ist zur Zeit nicht möglich. Indikationshinweise beruhen insofern - wie in vielen Bereichen der Klinischen Psychologie oder der Psychotherapie - auf klinischen Erfahrungen, Mutmaßungen und theoretischen Überlegungen. Wir hoffen, daß die bisherige Lektüre dieses Buches dem Leser bereits gewisse grundlegende Informationen vermittelt hat, die bei einer Indikationsstellung hilfreich sein können.

Tabelle 12: Voraussetzungen bezüglich der Symptomatik

Mindestens *einer* der folgenden Punkte trifft zu:
a) *Es liegen gravierende Schwierigkeiten beim Bewältigen von sozialen Alltagssituationen vor, die für den Klienten wichtig sind.* Hinweise dafür ergeben sich aus dem Erleben des Klienten (Interview) oder aus der Problemanalyse des Trainers/Therapeuten. Zusätzlich abgesichert werden kann diese Feststellung durch andere diagnostische Verfahren (z. B. Fragebogeninstrumente wie U-Fragebogen, Verhaltensbeobachtungen oder Rollenspiele).
b) *Soziale Kompetenzprobleme erweisen sich als eine zentrale (Mit-)Ursache für andere ernsthafte psychische Beeinträchtigungen oder Störungen* (Depression, Substanzmißbrauch, sexuelle Probleme, psychosomatische Störungen u. a.).
c) Es besteht die konkret zu rechtfertigende Annahme, daß eine Förderung der im GSK behandelten Kompetenzen *für eine soziale Wiedereingliederung oder eine Bewältigung bestehender psychischer oder physischer Störungen/Krankheiten förderlich oder unerläßlich ist.*
d) Es besteht die konkret zu rechtfertigende Annahme, daß eine Förderung der im GSK behandelten sozialen Kompetenzen die *Entstehung psychischer oder physischer Störungen/Krankheiten verhindern hilft oder die Bewältigungsressourcen des Klienten im Falle eines Auftretens erweitert.*

Von einigem Nutzen für die Praxis sind auch die Fragen, die Ettrich et al. (1984) im Hinblick auf das von ihnen entwickelte Selbstsicherheitstraining formuliert haben, und an die wir uns im folgenden anlehnen. Die aufgeführten Hinweise sind dabei der Einfachheit halber jeweils auf eine Einzelperson bezogen. Es

Tabelle 13: Voraussetzungen bezüglich der Rahmenbedingungen

Alle folgenden Rahmenbedingungen treffen zu:
a) Die Probleme des Klienten beziehen sich mindestens auf einen der *Situationsbereiche*, die im Training bearbeitet werden. Im Falle des GSK in der Standardversion (siehe Teil C) bestehen beim Klienten gravierende Schwierigkeiten in wenigsten einem der folgenden Bereiche: • formale Rechte und Interessen durchzusetzen, • eigene Bedürfnisse, Gefühle und Interessen in enge persönliche Beziehungen einzubringen (v. a. Lebenspartner, Freunde, Familie) und • Kontakte zu unbekannten Personen aufzunehmen („Schüchternheit", Kontaktprobleme).
b) Die sozialen Kompetenzprobleme sind nicht primär auf extreme chronische oder akute „objektive" Lebensbedingungen (*keine situationale Überforderung* im Sinne der Ausführungen auf S. 18f) zurückzuführen. Ist dies doch der Fall, sollte das GSK lediglich eine flankierende Maßnahme zu anderen therapeutischen Interventionen darstellen.
c) Der Klient ist zum Zeitpunkt des Trainingsbeginns in der Lage, die *spezifische Arbeitsbeziehung des GSK* (z. B. Gruppenarbeit, „Verteilung der Trainer- Aufmerksamkeit" auf mehrere Teilnehmer) zu akzeptieren.
d) Der Klient ist ausreichend motiviert („Leidensdruck") und *sieht die Notwendigkeit, sich mit konkreten Interaktionsproblemen auseinanderzusetzen* und daran zu arbeiten.
e) Der Klient ist zum Zeitpunkt des Trainingsbeginns nicht in einem Ausmaß mit sich und seinen Problemen beschäftigt, daß er sich nicht *auf die Gruppensituation einstellen kann* und nicht offen genug dafür ist, die Erfahrungen anderer zu teilen und davon zu profitieren.
f) Die sozialen Schwierigkeiten des Klienten stellen sich zum Trainingsbeginn *nicht als so spezifisch und idiosynkratisch* dar, daß sie im weitgehend standardisierten Gruppensetting nicht bearbeitbar sind.
g) Der Klient akzeptiert die *verhaltenstherapeutische, übende Grundkonzeption* des GSK und erwartet keine völlig andersartige therapeutische Situation (z. B. Selbsterfahrungsgruppe, Sensitivity-Training, reine Gesprächsgruppe ohne Handlungskomponente).

könnte sich aber auch um eine Klientengruppe handeln, sofern diese homogen genug ist, daß eine Indikationsstellung für die Gesamtgruppe sinnvoll erscheint.

Von einem Behandlungversuch mit dem GSK sind konstruktive Veränderungen zu erwarten, wenn beim Klienten bestimmte Voraussetzungen sowohl im Hinblick auf die *Symptomatik* (siehe Tabelle 12) als auch auf einige *Rahmenbedingungen* gegeben sind (siehe Tabelle 13.

Wir sind uns nicht nur der Vorläufigkeit dieser Indikationsregeln bewußt, sondern auch der Schwierigkeiten, diese Punkte im konkreten Fall zuverlässig abzuklären. Dennoch mag die Aufstellung als eine Art Checkliste dienen, worauf zu achten ist, bevor man das GSK für einen einzelnen Klienten oder eine Klientengruppe für indiziert hält.

Selbstauswahl

Wegen der schon angedeuteten Schwierigkeiten einer zuverlässigen Indikationsdiagnostik kann es in manchen Fällen sinnvoll sein, Klienten zu einer Art von Selbstauswahl zu veranlassen. Zu diesem Zweck geben wir ihnen vor Beginn der eigentlichen Intervention in einer Einführungsveranstaltung anschauliche Informationen über Konzeption und Vorgehensweise des GSK. Die Teilnehmer können dann selbst entscheiden, ob sie sich von einer solchen Intervention etwas versprechen. Allerdings sind manche Probleme in diesem Zusammenhang noch nicht völlig gelöst (siehe S. 86ff). Außerdem wird eine solche Veranstaltung nicht in allen Behandlungszusammenhängen möglich und sinnvoll sein.

Anpassung des GSK an spezielle Klientengruppen oder Klientenprobleme

Das GSK läßt für den Trainer oder die Trainerin genügend Spielraum für Anpassungen an spezielle Klientengruppen, wenn eine Anwendung des Standardverfahrens aus irgendwelchen Gründen nicht sinnvoll ist. Entsprechende Modifikationen sollten allerdings normalerweise schon vor Trainingsbeginn sorgfältig geplant werden. Sie sind - trotz des eventuell damit verbundenen Aufwandes - vor allem dann lohnend, wenn man es in wiederkehrenden Abständen öfter mit Klienten oder Klientengruppen zu tun hat, die ähnlich gelagerte psychosoziale Schwierigkeiten aufweisen. Zum Vorgehen in solchen Fällen geben wir deshalb an dieser Stelle einige Hinweise, die aus der Beratung von Kollegen bei der Entwicklung von GSK-Varianten erwachsen sind.

Den Ausgangspunkt für die Planung derartiger Varianten stellt eine *Problemanalyse* dar. Sie ist auf die Problematik der Klienten zu beziehen, für die die Trainingsmaßnahme gedacht ist. Dabei müssen bei diesem Personenkreis tatsächlich gewisse Gemeinsamkeiten bestehen, denn nur dann ist es möglich, eine halbwegs einheitliche Konzeption und Zielsetzung für das zu entwickelnde Training zu bestimmen (willkürliche Beispiele: Familienangehörige schizophrener Patienten, Patienten in einer psychosomatischen Klinik, drogengefährdete Jugendliche in einer Beratungsstelle usw.).

		(1) Problemrelevante Situationsanforderungen				
		R Recht	B Beziehung	S Sympathie	?	? .....
(2) (typische) Probleme im Prozeßablauf?	a) Situationsmanagement					
	b) kognitive Verarbeitung					
	c) emotionale Verarbeitung					
	d) motorisches Verhalten					
	e) Konsequenzenverarbeitung					

Abbildung 11: Zwei Ebenen der Problemanalyse in Sozialen Kompetenztrainings

Bei der durchzuführenden Analyse ist es wichtig, zwei Problemebenen zu unterscheiden (siehe Abbildung 11):

- Welche Arten von sozialen Situationen sind für die Klientengruppe Z problematisch und sollen deshalb im Training bearbeitet werden? („horizontale" Ebene in Abbildung 11).
- Gibt es Probleme im Prozeß der Verhaltenssteuerung, die für die Klientengruppe Z besonders typisch sind und eine Bearbeitung im Training erfordern? („vertikale" Ebene in Abbildung 11; nicht zu verwechseln mit der vertikalen Verhaltensanalyse von Grawe und Caspar, 1984).

Die Unterscheidung der beiden Ebenen liegt auch dem Vorgehen im GSK zugrunde: Es geht nämlich einerseits um verschiedene Arten von Situationen (siehe S. 56ff), andererseits um Probleme auf den verschiedenen Ebenen der Handlungssteuerung (siehe S. 17ff). Die Beantwortung der beiden genannten Fragen ermöglicht meistens ziemlich klare Feststellungen darüber, in welcher Hinsicht im Training andere Akzente zu setzen sind als im GSK, und wo Veränderungen oder Ergänzungen wünschenswert sind.

(1) Analyse der Situationsanforderungen

Im GSK-Standardverfahren wird davon ausgegangen, daß die meisten sozial inkompetenten Klienten Probleme mit Situationen vom Typ R, B und S haben (siehe S. 56ff). Es kann nun aber natürlich sein, daß für die spezielle Klientengruppe Z zum Beispiel nur eine oder zwei dieser Anforderungssituationen besonders typisch (und problematisch), die anderen dagegen irrelevant sind. Soll zum Beispiel in einer Beratungsstelle der Universität ein Kontakttraining für schüchterne Studentinnen oder Studenten entwickelt werden, dann werden Situationen vom Typ S besondere Aufmerksamkeit verdienen, während Typ R und Typ B vergleichsweise unwichtig sind.

Abbildung 11 deutet jedoch auch an, daß man bei der Analyse auf Situationen stoßen kann, die für eine Klientengruppe wichtig/problematisch sind, im GSK aber gar nicht thematisiert werden. Beispiel: Bei drogengefährdete Klienten sind häufig soziale Situationen vom Typ „Versuchungen widerstehen" von zentraler Bedeutung. Für sie müßte das Trainingskonzept also um einen eigenen Situationstypus erweitert werden.

Wie findet man die Situationstypen heraus, die einer bestimmten Personengruppe Schwierigkeiten bereiten? Hier kommen für den Trainer/Therapeuten eine Reihe von *Informationsquellen* in Frage:

- Bisherige eigene Erfahrungen mit dem Personenkreis, für den das Trainingsprogramm entwickelt werden soll;
- Befragung betroffener Personen im Hinblick auf kritische Alltagssituationen;
- vom Trainer in Auftrag gegebene Tagebücher von betroffenen Personen, in denen kritische Situationen aufgeschrieben werden;
- diagnostische Rollenspiele mit entsprechenden Personen;
- Studium einschlägiger Literatur, die sich mit der Problemgruppe beschäftigt;
- Befragung von Experten oder Kollegen, die über weitere Erfahrungen mit dem Personenkreis verfügen;
- Interviews mit den Bezugspersonen von Betroffenen;
- eigene Alltagsbeobachtungen.

Eine solche Analyse kann sich für den Trainer/Therapeuten unterschiedlich schwierig gestalten, je nachdem um welche Art von Klientengruppen es sich handelt. In manchen Fällen liegt die Typologie der Situationsanforderungen gleichsam „auf der Hand". In anderen fällt es schwer, aus einer Fülle konkreter Alltagssituationen die besonders typischen gemeinsamen Anforderungsmerkmale herauszuarbeiten. Eine

Reduktion der Situationstypen ist für die Planung eines überschaubaren Trainingsprogramms jedoch unabdingbare Voraussetzung (max. drei bis fünf). Sofern im Training dann neue Situationstypen bearbeitet werden sollen, mögen die Ausführungen auf S. 56ff und die Arbeitspapiere C, E und H (S. 100, 109, 114) im vorliegenden Trainingsmanual verdeutlichen, worauf es bei der Festlegung von Situationstypen und ihren Anforderungsmerkmalen ankommt.

(2) Analyse der problematischen Prozeßabläufe

Wenn Situationstypen herausgefunden wurden, die für eine Personengruppe Z wichtig sind, läßt sich meistens auch eine Vorentscheidung darüber treffen, welche davon im Trainingsablauf besonders bearbeitet werden müssen. Ebenso läßt sich sagen, ob andere Situationstypen weniger (oder gar keine) Beachtung finden sollten. Aus diesen Überlegungen lassen sich dann auch die Inhalte der Rollenspiele ableiten, die für das GSK ja von zentraler Bedeutung sind.

Allerdings: Soll sich das Training nicht auf eine konzeptionslose Aneinanderreihung von Rollenspielen beschränken, dann sollten auch die Prozeßabläufe bei der betreffenden Art von Klienten einer näheren Betrachtung unterzogen werden (siehe Abbildung 11, vertikale Ebene).

So ist zu überlegen, ob es bei der sozialen Verhaltenssteuerung Probleme gibt, die für die betreffende Klientengruppe Z besonders typisch sind. Es ist empfehlenswert, eine solche Analyse jeweils getrennt für die betreffenden Typen von Situationen durchzuführen (Spalten der Abbildung 11). Es ist nämlich gut möglich, daß für die Verhaltensprobleme der Klienten in verschiedenen Situationen unterschiedliche Gründe verantwortlich zu machen sind.

Anhaltspunkte für die Suche nach problematischen Prozeßabläufen bietet das erste Kapitel dieses Buches, das ganz auf eine derartige Prozeßanalyse abgestellt ist. Außerdem kann mit entsprechend veränderter Fragestellung erneut auf die Informationsquellen zurückgegriffen werden, die bereits im vorigen Abschnitt genannt wurden. Schließlich können zur Ermittlung typischer Probleme im Prozeßablauf auch Schemata wie das Arbeitspapier 1 (siehe Manual, S. 92) nützlich sein. Sie werden von entsprechenden Personen ausgefüllt und mit ihnen besprochen.

Gelingt es, bei dieser Analyse charakteristische Prozeßmängel herauszufinden, dann ergeben sich daraus weitere Folgerungen für den Aufbau des Trainings. Auf dieser Basis sind nämlich Entscheidungen darüber möglich, welche Prozeßabläufe bei den einzelnen Situationstypen im Trainingskonzept besondere Beachtung finden sollten. So wird deutlich, worauf zum Beispiel bei der Durchführung und Besprechung der Rollenspiele zu achten ist. Außerdem kann entschieden werden, welche der im GSK verwendeten Interventionsmethoden auf der kognitiven, emotionalen oder motorischen Ebene übernommen, weiter ausgebaut, modifiziert oder ergänzt werden müssen.

Unter Umständen wird es notwendig werden, weitere Interventionsmaßnahmen oder Übungen einzubeziehen, die in der Standardversion des GSK nicht enthalten sind. Eine Hilfe dabei können die Bücher von Khalsa (1996), McManus und Jennigs (1996), Schwäbisch und Siems (1990), Shelton und Ackerman (1978), Stevens (1975) und Wallenwein (1995) sein (um nur einige Beispiele zu nennen). Mancher Trainer wird aber auch feststellen, daß es nicht schwer ist, eigene Interventionen und Übungen zu erfinden, *wenn vorher deutlich die Ziele herausgearbeitet wurden, für die sie eingesetzt werden sollen.*

Zusammenfassend ergibt sich aus diesen Vorschlägen zur Anpassung des GSK an spezielle Klientengruppen folgendes Vorgehen:

Zum einen sind die spezifischen *Situationstypen* zu identifizieren, die für die betreffende Personengruppe alltagsrelevant (und problematisch) sind, und die deshalb mit dem geplanten Trainingsprogramm bearbeitet werden sollen. Es kann sich dabei um einen oder mehrere der drei Situationstypen des GSK handeln, um völlig neue Situationstypen oder um eine Mischung von beidem.

Zum anderen ist bei den einzelnen Situationstypen zu überlegen, welche *typischen Probleme im Prozeßablauf* bei der betreffenden Klientengruppe bestehen. In Frage kommen dabei: Probleme im Situationsmanagement, bei der kognitiven Verarbeitung von Situationen, bei der emotionalen Verarbeitung, bei der Realisierung motorischer Verhaltensweisen oder bei den Konsequenzen bzw. der Konsequenzverarbeitung.

Aus beiden Punkten zusammen ergibt sich für die Gestaltung des Trainings:

- auf welche Arten von Situationen das Trainingsprogramm bezogen sein sollte (und mit welcher Gewichtung);
- welche problematischen Prozeßabläufe bei der Bearbeitung der einzelnen Situationstypen besondere Beachtung erfordern.

Diese Vorschläge sollten nicht in dem Sinne mißverstanden werden, daß eine Modifikation des GSK nur nach aufwendigen Voranalysen möglich ist. Meistens ist der Praktiker ja mit den Problemen der betreffenden Klientel gut vertraut. Dadurch kann er viele der oben aufgeworfenen Fragen durch einige eigene Überlegungen hinreichend beantworten. Wichtig ist bei dem vorgeschlagenen Vorgehen eigentlich nur, die eigenen klinischen Erfahrungen auf das GSK-Konzept zu beziehen, und der Trainingsplanung möglichst klare und begründbare Annahmen zugrundezulegen. Das ist deshalb wichtig, *weil die Strukturierung und Transparenz des Trainingskonzeptes eine wesentliche Voraussetzung für den Erfolg darstellt.*

Viele der hier behandelten Voraussetzungen und Möglichkeiten von GSK-Modifikationen werden noch deutlicher werden, wenn im folgenden Kapitel konkrete Beispiele für Varianten bei unterschiedlichen - in diesem Falle nicht-therapeutischen - Zielgruppen vorgestellt werden.

Abwandlungen des GSK für Zielgruppen im nicht-therapeutischen Bereich

(Barbara Jürgens)

Der Aufbau und der theoretische Hintergrund des GSK ermöglichen einen Einsatz dieses Trainings, der über die ursprünglichen Zielgruppen - sozial unsichere oder ängstliche Personen - weit hinausgeht. Im folgenden werden zunächst Gründe und Prinzipien der Abwandlung des GSK für zusätzliche Zielgruppen im pädagogisch-psychologischen Bereich diskutiert. Anschließend illustrieren verschiedene Anwendungsbeispiele, wie solche veränderten Konzepte aussehen und wie sie durchgeführt werden können.

Abwandlung des GSK - Begründung und prinzipielles Vorgehen

Begründung

In den letzten Jahren haben die Lebenssituationen und Problembereiche stark zugenommen, in denen Menschen von „Professionellen" (Psychologen, Pädagogen usw.) und sonstigen Fachleuten, den Medien, aber auch von „Laien" als therapie- oder besser: stützungsbedürftig angesehen werden oder selbst Unterstützung suchen. Dabei geht es vor allem um (oft durch den gesellschaftlichen Kontext mitbedingte) Lebenslagen, in denen sich zeigt, daß die Unterstützung durch das umgebende soziale Netzwerk unzureichend ist oder in denen die Betroffenen über besonders ausgeprägte Fähigkeiten verfügen müssen (z. B. Arbeitslosigkeit, chronische Krankheiten, Erziehungsprobleme, Situation von Frauen/Mädchen usw.; vgl. Keupp & Röhrle, 1987; Wenzel, 1988; Röhrle, 1994).

Mit dieser Entwicklung ist eine Tendenz zu zunehmender Therapeutisierung und Pädagogisierung alltäglicher Lebensvollzüge verbunden. Dies beinhaltet einerseits die Möglichkeit, Personen in schwierigen Lebenssituationen rechtzeitig und in vielfältiger Weise professionelle Hilfe zukommen zu lassen. Auf der anderen Seite ist damit die Gefahr verbunden, daß Professionelle regelrecht nach Hilfsbedürftigen suchen, Probleme und sinnvolle Lösungen über die Köpfe der Betroffenen hinweg definieren usw., weil Hilfe und Unterstützung ihrer professionellen Selbstdefinition entsprechen (vgl. Nestmann, 1988a,b). Die in diesen - im Vergleich zur klassischen Therapiesituation erweiterten - psychosozialen Interventionsfeldern (vgl. Hörmann & Nestmann, 1988) Tätigen sind daher zu einem schwierigen Balanceakt gezwungen. Sie müssen es einerseits vermeiden, ihre Klientel zu Objekten ihrer professionellen Interventionen - und damit von ihren Problemdefinitionen, Zielsetzungen, ihrer Weltsicht und ihren Kompetenzen abhängig - zu machen (vgl. v. Kardorff, 1988). Andererseits sollen sie Hilfen anbieten oder zumindest bereithalten, die besser greifen als alltägliche Versuchs-Irrtums-Strategien (vgl. Meinhold, 1988a).

Die Arbeit mit abgewandelten Formen des GSK wurde als ein möglicher Weg gewählt, um dieses Dilemma soweit wie möglich zu vermeiden. Das veränderte GSK wird Zielgruppen angeboten, die sich nicht im herkömmlichen Sinne als therapiebedürftig ansehen, die aber an einer Steigerung ihrer Fähigkeiten und Fertigkeiten in bestimmten Lebensbereichen interessiert sind. Ziel eines solchen Angebotes ist es daher nicht, vermeintliche Defizite abzubauen. Die Trainingsteilnehmer(innen) sollen vielmehr in Anlehnung an das Konzept des Empowerment von Rappaport (1985) in den jeweiligen Lebensbereichen die Gelegenheit bekommen, ihre Möglichkeiten zur Kontrolle über ihr Leben zu erweitern.

Aufbau und theoretischer Hintergrund des GSK kommen einem solchen Vorhaben sehr entgegen. Dabei sind vor allem drei Punkte von Bedeutung:

(1) Das GSK arbeitet mit einer *formalen* Kompetenzdefinition (siehe S. 13). Diese legt fest, welche Ebenen psychischen Geschehens beim Zustandekommen kompetenten Verhaltens zusammenwirken (kognitiv, emotional, motorisch) und gibt auch eine formale Beschreibung der Folgen kompetenten Verhaltens (langfristig günstiges Verhältnis von positiven und negativen Konsequenzen). Eine inhaltliche Festschreibung dessen, was unter kompetentem Verhalten zu verstehen ist, wird vermieden. Die Konkretisierung kompetenten Verhaltens macht sich nicht an inhaltlichen Kriterien fest, sondern an den persönlichen Zielen, die eine Person in einer bestimmten Situation verfolgt. Kompetentes Verhalten wird als Möglichkeit zu optimaler Zielannäherung angesehen (siehe S. 55f).

Ein solches Konzept ermöglicht es dem oder der Professionellen, einerseits den Zielpersonen systematische und gezielte Maßnahmen zur Erweiterung ihrer Fähigkeiten und Fertigkeiten anzubieten, andererseits die inhaltliche Festlegung dessen, was sie erreichen wollen, den Betroffenen selbst zu überlassen. Das Kompetenzkonzept des GSK schließt außerdem oppositionelles, nicht-konformistisches Verhalten ausdrücklich mit ein. Auch dies erleichtert die Orientierung an den Zielen und Bedürfnissen der Betroffenen.

(2) Das Kompetenzkonstrukt des GSK wird differenziert anhand von *Situationstypen*, die durch ihre besondere Eignung für bestimmte Zielsetzungen (Recht durchsetzen, in Beziehungen Wünsche und Bedürfnisse äußern, um Sympathie werben) charakterisiert werden können (siehe S. 56ff). Dieses - wieder sehr formale - Differenzierungsprinzip kann beibehalten und trotzdem eine Anpassung an die Bedürfnisse spezifischer Zielgruppen erreicht werden:

- Es können den vom GSK vorgegebenen Situationstypen neue Situationen zugeordnet werden, welche typische Aspekte der spezifischen Lebenssituationen einer bestimmten Zielgruppe (z. B. Kinder, Frauen, Eltern Behinderter, Gewerkschaftsmitglieder) möglichst genau widerspiegeln.
- Es können andere Situationstypen und damit neue Zielsetzungen (z. B. Regeln aushandeln, Diskussionen durchhalten, Verhandeln) eingeführt werden, die für eine bestimmte Personengruppe besonders wichtig sind.
- Die Teilnehmer(innen) haben die Möglichkeit, selbsterlebte Situationen daraufhin zu überprüfen, welche persönlichen Ziele sie darin verfolgen (sie also bestimmten Situationstypen zuzuordnen). Sie können dann die Verhaltensstrategien üben, die ein Erreichen dieser Ziele begünstigen (und so die Kontrolle über ihr Leben erweitern).

(3) Das GSK arbeitet mit einem *Erklärungsmodell* (siehe S. 58f), welches sich einerseits an neuere klinisch-psychologische Theoriekonzepte anlehnt (vgl. Pfingsten, 1985), andererseits in seiner Komplexität so weit reduziert ist, daß Laien es gut verstehen und in ihre Alltagstheorien (vgl. Dann & Humpert, 1987) integrieren können. Dieses Erklärungsmodell kann - da es Verhalten generell beschreibt - auch dann beibehalten werden, wenn die unter (2) erwähnten Veränderungen vorgenommen werden. Die Zielpersonen verfügen mit dem Erklärungsmodell über ein Schema zur Einordnung und Erklärung ihres Verhaltens, welches sie selbständig, ohne Hilfe von Experten anwenden können. Da außerdem die Stukturierung des Trainings in Hinblick auf Aufbau, Inhalte und Ziele in engem Zusammenhang mit dem Erklärungsmodell steht (die Übungen im GSK und seinen veränderten Formen beziehen sich auf die verschiedenen Ebenen des Erklärungsmodells, kompetentes (Ziel-)Verhalten wird in Begriffen des Erklärungsmodells beschrieben), werden Konzeption und Vorgehensweisen des Trainings für die Teilnehmer möglichst durchschaubar und nachvollziehbar gemacht. Die Handhabbarkeit des Erklärungsmodells und die Transparenz des Vorgehens gewährleisten das Mindestmaß an Selbstverfügung und Eigenverantwortlichkeit der Teilnehmer, welches sie gegen Therapeutisierungstendenzen, professionelle Problemdefinitionen usw. schützen kann (vgl. v. Kardorff, 1988, S. 318ff).

Basierend auf diesen grundsätzlichen Überlegungen ist es möglich, mit dem GSK auch im nichttherapeutischen Bereich zu arbeiten. Die Veränderungen am GSK müssen auf die jeweilige Zielgruppe abgestimmt werden. Das prinzipielle Vorgehen dabei (welches sich auf weitere Zielgruppen übertragen läßt) zeigt in Konkretisierung des vorhergehenden Kapitels der folgende Überblick.

Prinzipielles Vorgehen bei der Abwandlung des GSK für Zielgruppen im nicht-therapeutischen Bereich

a) Trainingsaufbau

Die am Erklärungsmodell orientierte Struktur des Trainings insgesamt (wichtigste Elemente: Erarbeitung des Erklärungsmodells, Bewußtmachen von Selbstverbalisationen, Wahrnehmungsdiskriminierung, Gefühle wahrnehmen und äußern, Video-gestütztes Rollenspiel in verschiedenen Situationstypen, Hausaufgaben, Stundenbögen - siehe Trainingsmanual) bleibt weitgehend unverändert. Es wird jedoch - in bewußter Abgrenzung zum „therapeutischen" Vorgehen bei sozial ängstlichen und unsicheren Personen - auf das Entspannungstraining verzichtet. Um die Papierflut etwas einzudämmen, tritt an die Stelle der Stundenbögen eine mündliche Feedback-Runde am Ende jeder Sitzung. Die einzelnen Trainingssitzungen verlaufen in der gleichen strikten Form wie die des GSK (Tagesordnung, Hausaufgabenbesprechung, anstehendes Übungselement wie z. B. Wahrnehmungsdiskriminierung oder Rollenspiel, Vergabe der Hausaufgaben, Rückmeldung; vgl. Trainingsmanual). Die Dauer der Sitzungen variiert - in Abweichung vom GSK - zwischen zwei und dreieinhalb Zeitstunden, ist jedoch innerhalb eines Trainings immer gleich; die Anzahl der Sitzungen schwankt zwischen sechs und neun. Die vom GSK abweichenden Zielgruppen und Rahmenbedingungen machen zusätzliche Variationen im zeitlichen Arrangement notwendig (Verteilung auf drei bis vier Termine, Blockveranstaltungen), wobei die Gesamtzahl der Stunden zwischen sechzehn und zwanzig beträgt.

b) Trainingselemente auf der kognitiven Ebene

Die Trainingselemente, die im GSK zur Analyse und Veränderung kognitiver Prozesse eingesetzt werden (Erklärungsmodell, Unterscheidung nach Situationstypen, Diskrimination verschiedener Verhaltensweisen in Abhängigkeit von angestrebten Zielen, Unterscheidung von Gefühlen und Kognitionen, Veränderung von Selbstverbalisationen durch „Selbstloben" und Videofeedback), bleiben im Prinzip erhalten, werden aber modifiziert und ergänzt. Die wichtigsten Veränderungen:

Situationstypen

- Die GSK-Situationen werden durch neue Situationen ersetzt, die dem für das Training relevanten Lebensbereich der Zielgruppe entnommen sind (z. B. Umgang mit Schülern, Kollegen und Vorgesetzten bei Lehrern; Verhalten in Sitzungen, in

Diskussionen und gegenüber Vorgesetzten bei Gewerkschaftsmitgliedern - siehe unten).
- Die GSK-Situationstypen werden durch andere Situationstypen ersetzt, die veränderte Ziele widerspiegeln (z. B. „Regeln aushandeln"; Ziel: bei länger andauernden Konflikten feste Regeln für den zukünftigen Umgang miteinander aushandeln - siehe unten).
- Selbst erlebte Situationen werden von Teilnehmer(innen) in vorgegebene Situationstypen eingeordnet und damit eigene Ziele geklärt (z. B. Lehrer Z muß entscheiden, ob er den Konflikt mit Schüler X dem Situationstyp B zuordnen und daher seine Gefühle, Wünsche usw. äußern will, oder ob er ihn als Dauerkonflikt betrachtet und daher eine Vereinbarung mit Schüler X aushandeln will).

Diskrimination von Verhaltensweisen

- Auch die bei der Diskrimination verwendeten Situationen (Arbeitspapier , S. 98f) werden an den relevanten Lebensbereich der Zielgruppe angepaßt.

Veränderung von Selbstverbalisationen

- Ein eigenes Rollenspiel zur Veränderung von Selbstverbalisationen wird eingeführt.

c) Trainingselemente auf der motorischen Ebene

Das Vorgehen des GSK (Rollenspiel mit Videofeedback) wird im Prinzip beibehalten. Die Situationstypen werden wie im GSK in aufsteigender Komplexität der zu übenden Verhaltensstrategien angeordnet. Die Veränderungen betreffen neben der Art der zu übenden Verhaltensstrategien (veränderte Situationstypen erfordern teilweise veränderte Strategien) auch das Arrangement im Rollenspiel: Die Teilnehmer übernehmen auch die Rolle des Partners, um so die Wirkungen bestimmter Verhaltensstrategien an sich selbst erfahren und ihre Verhaltensflexibilität erhöhen zu können. Um eine größtmögliche Nähe zur Alltagssituation zu gewährleisten, werden selbsterlebte Situationen (entsprechend dem jeweiligen Situationstyp) beim Rollenspiel zugelassen.

d) Trainingselemente auf der emotionalen Ebene

Durch den Wegfall des Entspannungstrainings wird die emotionale Ebene - was sich ja durchaus mit dem Erklärungsmodell vereinbaren läßt - nur noch indirekt berührt (z. B. Selbstlobeübung, Hervorhebung positiver Aspekte des eigenen Verhaltens, deutliches Aussprechen von Gefühlen usw.).

Einige Beispiele für die Arbeit mit spezifischen Zielgruppen sollen diesen allgemeinen Überblick ergänzen und konkretisieren. Abwandlungen des GSK im nicht-therapeutischen Bereich stellen ein angemessenes Angebot für alle Zielgruppen dar, die bei grundsätzlich kompetenter Lebensbewältigung Verbesserungen ihrer Fähigkeiten im Bereich sozialer Interaktion wünschen. Dies kann aus privaten Gründen der Fall sein (z. B. Frauen und Männer, die die Kommunikation in ihrer Partnerschaft verbessern wollen; Eltern, die sich Anregungen für den Umgang mit ihren Kindern erhoffen). Noch größere Bedeutung hat inzwischen der Einsatz in der Aus- und Weiterbildung zur Verbesserung beruflicher Kompetenzen (z. B. Lehrer, Erzieherinnen, Krankenschwestern, Zivildienstleistende - siehe Jürgens, 1997a).

Im folgenden wird zunächst exemplarisch an drei Beispielen die Arbeit mit Zielgruppen illustriert, die sehr spezifische Abwandlungen des GSK erfordern. Anschließend geht es um den Einsatz des GSK in der Aus- und Weiterbildung.

Spezifische Zielgruppen

Kinder

Das Gruppentraining zur Verbesserung der sozialen Kompetenzen für Kinder im Alter von 9 - 14 Jahren (zu Aufbau, Vorgehensweise und Überprüfung des Trainings vgl. Herlitz & Merz, 1986) zielt weniger darauf ab, manifeste psychische Störungen zu beheben, sondern soll durch die Vermittlung sozialer Kompetenzen präventiv wirken. Einiges weist darauf hin, daß ein hinreichendes Ausmaß an Selbstsicherheit eine „Puffer"-Funktion in schwierigen Lebenssituationen haben kann: Selbstsichere Personen lösen komplexe Probleme besser (Dörner et al., 1983); Kinder, die extreme Lebensbedingungen relativ gut überstanden, wurden als kontaktfreudiger, „sozialer" usw. eingeschätzt (Ulich, 1988; Petzold et al., 1993); schulische Leistungen und allgemeines Selbstwertgefühl von Kindern weisen deutliche Zusammenhänge auf (Hofer et al., 1986). Entsprechend dem Grundsatz, daß die Intervention weniger auf die Beseitigung schwerwiegender Defizite als vielmehr auf die Erweiterung bestehender Möglichkeiten gerichtet sein sollte (siehe auch Elliott & Gresham, 1993; Fox & McEvoy, 1993; Smith et al., 1993), wurde das Konzept eines alltagsnahen Kindertrainings entwickelt (ähnlich auch Lübben & Pfingsten, 1995).

Das Training wendet sich an Kinder, die eine entsprechende Bereitschaft zeigen bzw. an deren Eltern oder an Erzieher, die eine Teilnahme empfehlen. In einem möglichst vertrauten Arrangement (z. B. in der Schule, Kindertagesstätte, Hausaufgabenhilfe) bei einem vertretbaren zeitlichen und personellen Aufwand und anhand bekannter Situationen sollen die Fähigkeiten zum Umgang mit Gleichaltrigen und Erwachsenen verbessert werden. Aus diesem Grunde wird auch bewußt auf eine zusätzliche Mitarbeit von Eltern, Lehrer o. ä. verzichtet.

Im Vergleich zu bereits existierenden Selbstsicherheitstrainings für Kinder (z. B. Döpfner et al., 1981; Petersen et al., 1982; Klages, 1983; Petermann & Petermann, 1996) ist die Abwandlung des GSK besonders alltagsnah, explizit für Kinder konzipiert und in sich stimmig und systematisch. Struktur und Aufbau des Trainings (erste Erprobung: Funk, 1983; Weiterentwicklung und Evaluation: Herlitz & Merz, 1986; siehe auch Jürgens, 1997) folgen weitgehend dem Muster des GSK. Veränderungen betreffen die Einführung neuer, an die Lebenslage der Kinder angepaßter Situationen, die Verwendung kindgerechter Bildsymbole (in Anlehnung an Petermann & Petermann, 1996) und Bezeichnungen, sowie die Einführung einer gesonderten Übung zur Unterscheidung positiver und negativer Selbstverbalisationen. Außerdem werden die Situationstypen modifiziert: Typ S (Sympathie gewinnen) fällt weg, stattdessen wird mit den in zwei Untergruppen differenzierten Situationstypen R und B gearbeitet (siehe).

Tabelle 14: Beispiele für Rollenspielsituationen im Gruppentraining für Kinder

Typ R:

a) Ein Recht durchsetzen

> Im Turnunterricht sollt Ihr Euch in Zweierreihen aufstellen. Du wirst von einem Mitschüler nach hinten gedrängt.
> Sorge dafür, daß Du zu Deinem alten Platz zurückkommst. Bleibe höflich, aber bestimmt. Laß Dich nicht zum Angreifen verleiten, aber gib auch nicht nach.

b) Nein sagen können

> Du gehst in ein Geschäft, um Dir ein neues Schulheft zu kaufen. Die Verkäuferin gibt Dir ein Heft, auf dem ein Schmutzfleck ist.
> Sage der Verkäuferin höflich, daß Du gerne ein anderes Heft haben möchtest, weil dieses einen Fleck hat.

Typ B:

a) Positive Gefühle mitteilen

> Als Du von der Schule nach Hause kommst, siehst Du, daß Deine Mutter Dein Lieblingsessen gekocht hat.
> Bedanke Dich bei Deiner Mutter. Sage, daß Du Dich freust und das Essen gut schmeckt.

b) Kritik äußern ohne zu beschimpfen

> Obwohl Du Dich im Unterricht häufig gemeldet hast, bist Du nur einmal drangekommen.
> Geh nach der Stunde zum Lehrer und erkläre es ihm. Bleibe höflich, sprich über Dein Gefühl.

Mögliche Wirkungen des Trainings wurden an zwei Gruppen (sechs bzw. neun Kinder) überprüft. Gruppe 1 erhielt den Attribuierungsfragebogen für Erfolg und Mißerfolg in der Schule (AEM von Ingenkamp) und den Angstfragebogen für Schüler (AFS von Wieczerkowski et al.) zwei Wochen vor, drei Wochen nach und fünf Monate nach dem Training und wurde mit einer Kontrollgruppe verglichen. Gruppe 2 erhielt aus organisatorischen Gründen nur den AFS im Eigenkontrollgruppendesign (drei Wochen vor, am Anfang der ersten Trainingsstunde, eine Woche nach Abschluß und zwei Monate nach Trainingsende). Beide Gruppen weisen im AFS (die Werte im AEM änderten sich nicht) gleichgerichtete, tendenziell positive, allerdings nichtsignifikante Veränderungen auf.

Eltern geistig und mehrfach Behinderter

Eltern von geistig und mehrfach Behinderten sind eine Zielgruppe, die in besonderem Maße mit „situationaler Überforderung“ (siehe S. 18f) zu kämpfen hat. Sie müssen mit Anforderungen fertig werden, die weit über das Ausmaß der in einer „Normalfamilie“ auftretenden Schwierigkeiten hinausgehen. Um nur einige Beispiele zu nennen: Schon die Geburt eines behinderten Kindes kann unter den in unserer Gesellschaft herrschenden Norm- und Wertvorstellungen einen Schock hervorrufen, der nur in einem langen und schmerzhaften Prozeß bewältigt werden kann (Vliegenhardt & Dunk, 1968; Balzer & Rolli, 1975). Die Erziehung eines behinderten Kindes bedeutet in der Regel ein Mehr an psychischem und zum Teil auch physischem Aufwand. Die erzieherische Kompetenz der Eltern ist ebenfalls stärker gefordert als dies beim Umgang mit einem „gesunden“ Kind der Fall ist. Darüber hinaus erstreckt sich die in unserer Gesellschaft nicht selten anzutreffende Diskriminierung von Behinderten nicht nur auf die Betroffenen selbst, sondern auch auf deren Angehörige (vgl. z. B. v. Bracken, 1976). Es hat den Anschein, als schlage sich dies im Verhalten der Eltern nieder: Eltern von Behinderten beschränken ihre Kontakte stärker als vergleichbare Eltern Nichtbehinderter auf den engeren Familienkreis (Schatz, 1984).

Auf der Stigma-Theorie von Goffmann (1967) basierende Ansätze (vgl. z. B. Thimm, 1979) legen die Annahme nahe, daß die Diskriminierung der Behindertenfamilie zwar in starkem Maße auf bestimmten Erwartungen und Zuschreibungen der Umwelt basiert, daß aber die Betroffenen selbst - zumindest nach langjährigen Erfahrungen mit diesen Stigmatisierungsprozessen - diese mittragen und unterstützen, indem sie die Erwartungen und Zuschreibungen der Umwelt in ihr eigenes Selbst- und Weltbild übernehmen. So kommt es etwa dazu, daß ein nicht ganz eindeutiges Verhalten von Personen der Umwelt (ein Bekannter, den man auf der Straße trifft, grüßt nur ganz kurz) sehr schnell im Sinne von Ablehnung interpretiert wird („Den stört es, daß ich mein behindertes Kind dabei

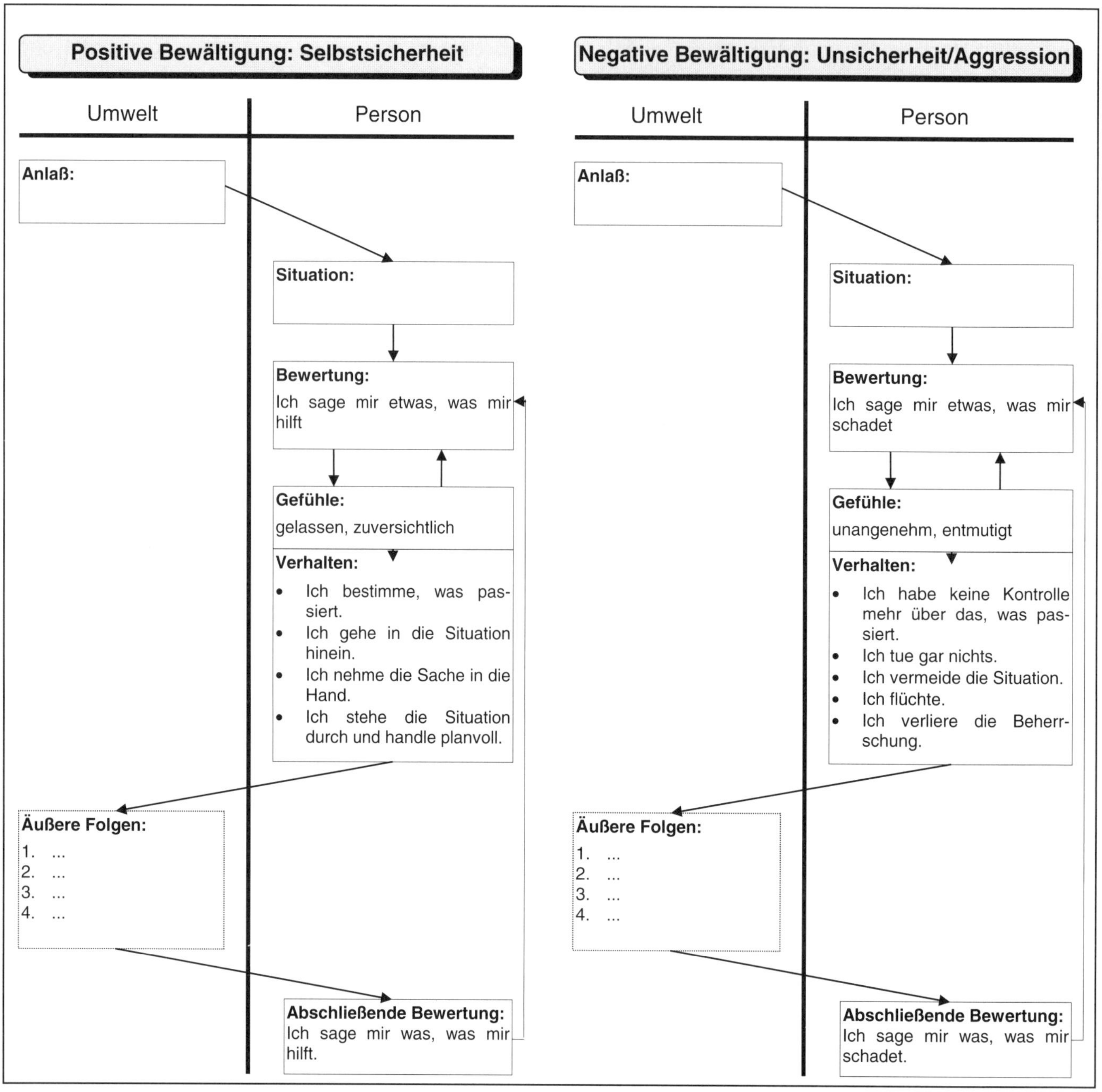

Abbildung 12: Modifikation des Erklärungsmodells im Training für Eltern geistig und mehrfach Behinderter

habe."). Auch werden oft bestimmte Aktivitäten aus Angst vor Schwierigkeiten vermieden.

Eltern Behinderter müssen also überdurchschnittlich sozial kompetent sein, um ein möglichst „normales" Leben führen zu können. Sie müssen aber auch über besonders günstige Verarbeitungsprozesse im Umgang mit anderen Personen verfügen, um dem oben geschilderten Teufelskreis von Stigmatisierung durch die Umwelt und Selbststigmatisierung zu entgehen.

Da das GSK nicht nur sozial kompetentes Verhalten einübt, sondern die Teilnehmer auch lernen, die Angemessenheit ihrer Bewertungen und Erwartungen zu überprüfen und gegebenenfalls zu ändern, eignet es sich gut als Grundlage eines Kurses für Eltern von Behinderten. Sie sollen lernen, Diskriminierungen von seiten der Umwelt besser zurückweisen bzw. angemessen verarbeiten zu können und die Bewertungen der Umwelt nicht automatisch zu übernehmen. Der klar eingrenzbare und besonders sensible Teilbereich des Auftretens mit dem behinderten Kind in der Öffentlichkeit (Parks, Läden, Bus, Behörden usw.) ist in dieser Hinsicht besonders relevant. Ziel des Trainings soll es sein, Eltern Behinderter Möglichkeiten zu einem kompetenten und selbstsicheren Verhalten in der Öffentlichkeit zu eröffnen, um so ihre Unabhängigkeit von beeinträchtigenden äußeren Umständen (Diskriminierung) zu vergrößern und damit die Kontrolle über ihr eigenes Leben zu erweitern.

An der Entwicklung des nachfolgend dargestellten Trainings waren beteiligt: Regina Hahner, Karin Källmann, Brigitte Merz, Werner Olschewski, Gisela Ruschig und Sabine Wurzbacher. Eine genauere Begründung und Dokumentation des Trainingsverlaufes findet sich bei Hahner (1982).

Folgende Veränderungen am Konzept des GSK sorgen für eine Abstimmung des Trainings auf Situation und Bedürfnisse dieser speziellen Zielgruppe:

a) Modifikation des Erklärungsmodells

Die besondere Situation der Zielgruppe erfordert es, deutlich zwischen den Ereignissen in der Umwelt und den in der Person ablaufenden Prozessen zu unterscheiden. Damit wird der Einfluß innerer Verarbeitungsprozesse auf das Verhalten von Personen betont und der Anteil der eigenen Handlungsmöglichkeiten besonders hervorgehoben (siehe Abbildung 12).

b) Situationen und Situationstypen

Die Situationen für das Rollenspiel und für das Diskriminationstraining werden an die Lebenssituation der Zielgruppe und den Problembereich des Trainings angepaßt.

Entspannungstraining und eine Differenzierung nach den GSK-Situationstypen fallen weg. Statt dessen wird ein neuer Situationstyp eingeführt, dessen spezielles Ziel es ist, den freiwilligen Verzicht auf Aktivitäten abzubauen, die „normalen" Eltern ohne weiteres zugestanden werden. Die Teilnehmer(innen) sollen lernen, die in ihren Befürchtungen enthaltenen negativen Selbstverbalisationen zu entkräften, mehr Situationen aufzusuchen und von daher ihren Handlungsspielraum zu erweitern. Zu diesem Zweck wird das anfangs vorgegebene Erklärungsmodell modifiziert. Die Umwelt wird nur als Anlaß betrachtet, die auslösende Situation wird in die Person selbst verlagert (Person denkt an etwas, das sie tun möchte - siehe Abbildung 12). Auch hier wird in Form eines Rollenspiels geübt („Sich selbst überzeugen"): Den Teilnehmern werden Situationen vorgegeben, in denen eine Person vorhat, etwas zu tun (z. B. Ausflug mit dem behinderten Kind machen), jedoch im Begriff ist, sich mittels negativer Selbstverbalisationen („Das gibt ja doch wieder Ärger.") von der Durchführung abzuhalten. Im Rollenspiel spielt der Trainer oder ein(e) andere(r) Teilnehmer(in) die Person mit den negativen Selbstverbalisationen. Der trainierende Teilnehmer muß diese Person dann („in Wirklichkeit": sich selbst) mithilfe positiver Selbstverbalisationen dazu bringen, das Vorhaben doch in Angriff zu nehmen.

Entsprechende Hausaufgaben regen die Teilnehmer(innen) an, eigene Problemsituationen in das Rollenspiel einzubringen.

Erste Sitzung

1. Vorstellungsrunde (Zweiergruppen, Thema: Situation als Eltern eines behinderten Kindes und Reaktionen der Öffentlichkeit),
2. Vorstellen des Erklärungsmodells (Papptafel, Modellfilm, Ausfüllen eines Arbeitspapieres anhand einer eigenen Situation),
3. Feedback-Runde,
4. Hausaufgabe: zwei Situationen, in denen Gedanken das Verhalten beeinflußt haben.

Zweite Sitzung

1. Besprechung der Hausaufgabe - Rückblick auf die vergangene Woche,
2. Wahrnehmungsdifferenzierung (Arbeitsblatt analog zum Jakubowski-Test - bezogen auf Situationen mit behindertem Kind in der Öffentlichkeit),
3. Modellrollenspiel, anschließend Rollenspiel der Teilnehmer,
4. Feedback-Runde,
5. Hausaufgabe: Eine Situation für Rollenspiel überlegen bzw. aus den vorgegebenen Situationen auswählen.

Dritte Sitzung

1. Hausaufgabe - Rückblick,
2. Rollenspiel,
3. Feedback-Runde,
4. Hausaufgabe: Gedanken und Gefühle in schwieriger Situation aufschreiben.

Vierte Sitzung

1. Hausaufgabe - Rückblick,
2. Rollenspiel,
3. Feedback-Runde,
4. Hausaufgabe: Auswirkungen von Gedanken auf Verhalten aufschreiben.

Fünfte Sitzung

1. Hausaufgabe - Rückblick,
2. Modifikation des Modells: „Wir machen uns schwierige Situationen selbst":
   Besprechen des Modells,
   Sammeln entmutigender Gedanken,
   Sammeln ermutigender Gedanken,
   Modellrollenspiel, anschließend Rollenspiel der Teilnehmer: „Sich selbst überzeugen",
3. Feedback-Runde,
4. Hausaufgabe: Eine dem veränderten Modell entsprechende eigene Situation aufschreiben.

Sechste Sitzung

1. Hausaufgabe - Rückblick,
2. Rollenspiel „Sich selbst überzeugen",
3. Fragebögen ausfüllen,
4. Feedback-Runde - Abschlußgespräch.

c) Ablauf des Trainings

Das Training erstreckt sich über eine Einführungssitzung (ca. 30 Minuten - in der Übersicht auf der vorherigen Seite nicht aufgeführt), in der über Ziel und Vorgehensweise des Trainings informiert wird und sechs Trainingssitzungen (jeweils drei Zeitstunden).

Eine Evaluation fand an zwei Gruppen mit insgesamt 14 Teilnehmern statt. In beiden Durchgängen erhielten die Teilnehmer vor und nach dem Training den U-Fragebogen, den IE-SV-F (siehe S. 137ff) und - nach Beendigung des Trainings - einen Feedback-Bogen nach Zimmer (1976). Die Teilnehmer der ersten Trainingsgruppe wurden zudem nach drei Monaten einem Follow-up mit den gleichen Fragebögen unterzogen. Trotz der Schwierigkeiten, die sich bei einer schriftlichen Befragung dieser Zielgruppe ergaben (insbesondere extreme Leseschwierigkeiten mit der Folge erheblichen Zeitaufwands sowie fehlerhafte Beantwortung von Fragebögen) können die vorliegenden Daten als Hinweis auf die Wirksamkeit des Trainings gewertet werden. Die Veränderungen bei den Teilnehmern sind deutlich und auch zum Follow-up hin konstant.

Frauen

Daß Frauen sich in ihrem Interaktions- und Kommunikationsverhalten von Männern unterscheiden, wurde hinlänglich diskutiert (vgl. z. B. Trömel-Plötz, 1982; Hall, 1984). Es hat den Anschein, als zögen Frauen in gemischtgeschlechtlichen Gruppen häufig „den Kürzeren": Sie reden weniger, übernehmen seltener die Leitung, bestimmen seltener das Thema usw. (vgl. z. B. Buss, 1986). Auf der subjektiven Seite äußert sich dies in dem Eindruck nicht zu Worte kommen, übergangen oder unterbrochen zu werden. Sogenannte. „Selbstsicherheitstrainings" bzw. „Rhetorikseminare" für Frauen gehören inzwischen zum Angebot vieler Institutionen der Erwachsenenbildung (z. B. Rupp, 1984; Diehl-Becker, 1990).

Ein „Redeseminar" für Frauen im Rahmen der gewerkschaftlichen Bildungsarbeit soll die Möglichkeiten illustrieren,

- angepaßt an veränderte Zielsetzungen mit „neuen" Situationstypen zu arbeiten und
- das GSK als Blockveranstaltung durchzuführen.

a) Veränderungen im Aufbau

Der organisatorische Rahmen gewerkschaftlicher Bildungsarbeit beeinflußt das zeitliche Arrangement des Trainings. Es muß an einem Wochenende (verfügbare Zeit: ca. 14 Zeitstunden) stattfinden. Die Möglichkeiten zum Durchführen von „Hausaufgaben" sind damit stark eingeschränkt. Davon abgesehen wird die Struktur des GSK - insbesondere das Erklärungsmodell und die Orientierung des Trainingsaufbaus an diesem - beibehalten.

Situation:
Ihr habt BR-Sitzung. Du hast an einem Seminar zur Vorbereitung der BR-Wahlen teilgenommen und sollst berichten. Kollege X fällt Dir ins Wort: „Das kennen wir doch schon alles von der letzten Wahl!"

Instruktion:
Übergehe zunächst den Einwand und rede einfach weiter (X nicht ausreden lassen!). Wenn X hartnäckig ist, bestehe freundlich aber entschieden darauf, daß Du um den Bericht gebeten worden seist und ihn nun auch halten möchtest. Weise X darauf hin, daß er ja hätte beantragen können, daß der Punkt von der Tagesordnung genommen wird. Wenn Du Dich über die Unterbrechung ärgerst, sage auch dies.

In der Situation:
- Sage laut und deutlich, was Du willst.
- Probier es mehrmals, wenn es beim ersten Anlauf nicht klappt.
- Rede kurz.
- Schau Deinen Gegenüber an.
- Bleibe freundlich.
- Vermeide Diskussionen über den Inhalt dessen, was Du sagst.
- Keine Vorwürfe.
- Sage auch, wie Du die Situation empfindest.

Abbildung 14: Beispielsituation und erforderliche Redestrategien des Typs 1 (sich Gehör verschaffen) im Redetraining für Frauen.

Situation:
Du diskutierst mit einem Gewerkschaftskollegen über Arbeitszeitverkürzung. Du bist für tägliche (wöchentliche . . .) Verkürzung, Dein Kollege ist völlig anderer Meinung.

Instruktion:
Bemühe Dich, in aller Ruhe mit dem Kollegen über das Thema zu sprechen. Sage, welches Deine Argumente sind, und begründe sie. Höre dem Kollegen zu und frage nach, wenn Dir etwas unklar ist. Laß Dich nicht „überfahren", bremse den Kollegen zur Not mit Worten wie: „Hör' noch einen Moment zu, ich bin noch nicht ganz fertig . . ."

In der Situation:
- Sage klar und deutlich, worum es Dir geht.
- Sage Deine Argumente und begründe sie kurz.
- Hör dem Anderen zu und frag nach, wenn Dir etwas unklar ist.
- Vermeide Äußerungen wie: „Meinst Du nicht, daß . . ., Man muß aber doch . . ., Das ist doch einfach so, daß . . ., Wenn Du das nicht siehst..".
- Sage auch, wie Du Dich fühlst.
- Bremse den Anderen, wenn er im Begriff ist, Dich zu überfahren.
- Sprich laut und schau den Anderen an.

Denk daran:
Du kannst *niemand* überzeugen, wenn er nicht will, aber Du kannst in aller Ruhe *Deine Gründe* für *Deine Ansichten* darlegen!

Abbildung 13: Beispielsituation und erforderliche Verhaltensstrategien für Situationen vom Typ 2 (Diskussion) im Redetraining für Frauen.

b) Veränderung der Situationstypen

Abgestimmt auf die spezifischen Bedürfnisse der Zielgruppe müssen neue Situationstypen konzipiert werden, wobei der hierarchische Aufbau der erforderlichen Fähigkeiten (zunehmende Komplexität) erhalten bleiben soll.

In Situationen vom *Typ 1 (sich Gehör verschaffen)* geht es darum, das Recht zu reden durchzusetzen (vgl. Abbildung 14). Die hierzu erforderlichen Verhaltensstrategien ähneln den in den Situationen „Recht durchsetzen" des GSK erforderlichen.

In Situationen vom *Typ 2 (Diskussion)* ist es das Ziel, bei Meinungsverschiedenheiten den eigenen Standpunkt vertreten und durchhalten zu können, ohne aggressiv zu werden oder die anderen zu missionieren (vgl. Abbildung 13).

Situationen vom *Typ 3 (Konflikte)* beziehen die politische Ebene der Auseinandersetzung bei Interessengegensätzen am Arbeitsplatz mit ein. Ziel ist es in solchen Situationen, eine bewußte Abgrenzung zwischen den eigenen Interessen als Arbeitnehmerinnen und denen des Arbeitgebers vorzunehmen, sich beim Verhandeln bewußt auf die eigenen Interessen zu konzentrieren und den Versuch zu machen, den eigenen Handlungsspielraum so weit wie möglich zu halten (vgl. Abbildung 15). Hier müssen die Teilnehmerinnen in der Lage sein, zusammen mit anderen Probleme systematisch zu analysieren, langfristig zu planen und koordiniert zu handeln.

Situation:
Die Öffnungszeiten für den Publikumsverkehr sollen (einmal wöchentlich in den Abend hinein) verlängert werden. Der Vorgesetzte sagt, damit es keinen Ärger gibt, überläßt er die Regelung, wer wann länger arbeitet, den Mitarbeitern. Er könne sich aber vorstellen, daß es eine gute Lösung wäre, v.a. „die ohne Familie" zu bitten.

Instruktion:
Klärt zunächst (ohne Chef) welche gemeinsamen Interessen Ihr als Arbeitnehmerinnen habt. Überlegt, was Ihr konkret wollt. Macht dann ein Gespräch mit dem Vorgesetzten aus und verhandelt!

In der Situation:
- Nimm Dir auf jeden Fall genügend Zeit.
- Laß Dich auf keine Spontanentscheidungen ein.
- Klärt zunächst Eure Interessen untereinander.
- Kein „vorbeugender Gehorsam"!!
- Äußere Verständnis für die Gegenseite, ohne einzuschwenken!

Interessengegensätze lassen sich nicht beseitigen. Man kann nur versuchen, den eigenen Handlungsspielraum so weit wie möglich auszudehnen und im übrigen damit zu leben!

Abbildung 15: Beispielsituationen und erforderliche Verhaltensstrategien für Typ 3 (Konflikte) im Redetraining für Frauen.

c) Trainingsablauf

1. Kennenlernen
2. Erklärungsmodell: Was tun Menschen, wenn sie etwas tun?
3. Unterscheidungsübung: Selbstbewußt reden
4. Rollenspiel: Situationen 1 - Sich Gehör verschaffen
5. Rollenspiel: Situationen 2 - Diskussionen
6. Rollenspiel: Situationen 3 - Konflikte
7. Abschluß (Rückmeldebogen)

Abwandlungen des GSK in Aus- und Weiterbildung

Training sozialer und beruflicher Kompetenzen in der universitären Ausbildung zukünftiger Pädagogen(innen)

Immer wieder taucht in der pädagogischen Diskussion die Frage auf, welches die besonderen Charakteristika spezifisch pädagogischen Handelns seien. Vor allem die letzten beiden Jahrzehnte brachten eine beträchtliche Erweiterung und Verlagerung pädagogischer Handlungsfelder und Klientel von traditionellen erziehenden/unterrichtenden Tätigkeiten mit Kindern/Jugendlichen hin zu vielfältigen Aufgaben in Aus- und Fortbildung, Beratung, Unterstützung in alltäglicher Lebensbewältigung usw. mit sich, wobei die Klientel inzwischen alle Altersstufen umfaßt.

Damit ergibt sich auf der einen Seite die Notwendigkeit der Abgrenzung pädagogischen Handelns gegen alltägliches, nicht-professionelles „Laien"-Handeln. Auf der anderen Seite wird die Unterscheidung zwischen pädagogischem Handeln und dem beruflichen Handeln anderer Professionen notwendig, insbesondere dem therapeutischen Handeln von Psychologen (Meinhold, 1988 a, b; Hurrelmann & Holler, 1988; vgl. Hörmann, 1988; siehe auch Jürgens, 1996a).

Ausführungen über Merkmale, Formen und Verläufe pädagogischer Interventionen lassen insbesondere folgende Charakteristika erkennen:

- Sie finden überwiegend in der alltäglichen Lebenswelt der Klientel statt;
- sie erfordern auf der Seite des Pädagogen häufig bzw. zu einem großen Teil „alltägliche", eher unspezifische Verhaltensweisen und Tätigkeiten;
- der Anteil sozialer, d. h. auf andere Personen bezogener Verhaltensstrategien ist hoch;
- es geht sehr oft um Hilfe bei der Bewältigung alltäglicher Probleme bzw. Unterstützung bei der alltäglichen Lebensgestaltung;
- pädagogische Intervention soll an die spezifische Situation der Klientel anknüpfen und Hilfe zur Selbsthilfe sein, gleichzeitig aber auch wünschenswerte Fähigkeiten, Denkprozesse, Verhaltensweisen hervorrufen und fördern.

Zugespitzt läßt sich pädagogisches Handeln mit Frommann et al. (bei diesen bezogen auf sozialpädagogische Beratung) charakterisieren als Intervention, bei der es darum geht, „Alltagsprobleme zugleich unverkürzt und professionell" (1976, S. 717) anzugehen. Ein solches, hier nur sehr knapp skizziertes Verständnis pädagogischen Handelns, welches auf der einen Seite dessen Professionalität, auf der anderen Seite dessen Nähe zur alltäglichen Lebenssituation der Klientel betont, wirkt sich auch auf die Konzeption praxisbezogener Aus- und Fortbildung von Pädagogen aus. Die Betonung von Professionalität verbietet es, praxisbezogene Ausbildung allein über Praktika zu vollziehen, die zudem häufig in Form einer „Meisterlehre" vonstatten gehen (vgl. Jürgens, 1983). Die Betonung von Alltagsnähe läßt aber auch eine - bislang sehr häufig praktizierte - Orientierung an etablierten Therapiekonzepten als ungeeignet erscheinen (vgl. Jürgens, 1986). Dies und die starke Zunahme und Ausdifferenzierung der Tätigkeitsfelder von Pädagogen machen es dringend notwendig, praxisbezogene Konzepte zur Aus- und Fortbildung von Pädagogen zu entwickeln, die sich an den besonderen Belangen pädagogischen Handelns orientieren (Jürgens, 1997b).

Das GSK wurde aus verschiedenen Gründen zur Grundlage eines Trainings sozialer und beruflicher Kompetenzen für Pädagogen gewählt:

(1) Der Rahmen des GSK kann je nach Tätigkeitsfeld der Teilnehmer mit verschiedenen Inhalten gefüllt werden. Auch ist es möglich, im Training einzelne Kompetenzaspekte besonders stark zu betonen (z. B. Training motorischen Verhaltens, Erkennen und Verändern von Selbstverbalisationen, Klärung eigener Zielsetzungen durch intensive Auseinandersetzung mit der Differenzierung nach Situationstypen) bzw. das Training für individuelle Schwerpunktsetzungen der Teilnehmer offenzuhalten. Trotz dieser möglichen Änderungen bleiben sowohl die dem Training zugrundeliegende Theorie als auch das den Teilnehmern vermittelte Erklärungsmodell gleich. So wird es möglich, studien- und praxisbegleitend eine Serie von Verfahren zu entwickeln, die untereinander in engem Zusammenhang stehen, da sie auf dem gleichen Grundmodell basieren.

(2) Das GSK beschränkt sich nicht auf eine reine Einübung motorischen Verhaltens. Die deutliche kognitive Orientierung impliziert immer auch Angebote zur Ergänzung, Systematisierung und Modifikation der subjektiven Theorien der Teilnehmer. Im Unterschied zu den von anderen Autoren entwickelten Verfahren zur Modifikation subjektiver Theorien (vgl. z. B. Schlottke & Wahl, 1983) erfordert ein auf der Basis des GSK entwickeltes Training einen relativ geringen zeitlichen und organisatorischen Aufwand. Die am Erklärungsmodell orientierte Struktur des Trainings gibt den Teilnehmern präzise Anhaltspunkte für die Entscheidung, in welchen Bereichen sie Veränderungen anstreben. Auch vermeidet das Training die bei kognitiven Verfahren drohende Gefahr der „Kopflastigkeit"-es integriert sowohl im Erklärungsmodell als auch in den Übungen kognitive, emotionale und motorische Verhaltensaspekte. Die Untersuchungen zum GSK zeigen, daß trotz vergleichsweise kurzer Trainingsdauer längerdauernde Effekte und ein gewisses Ausmaß an Generalisierung zu erwarten sind (vgl. Pfingsten, 1987).

(3) Mithilfe des GSK können - gerade für pädagogisches Handeln wichtige - Metafähigkeiten vermittelt werden:

Die Teilnehmer lernen, Prozesse und Verhaltensweisen bewußt zu registrieren und auszuführen, die normalerweise automatisiert verlaufen. Sie müssen sich ihre Selbstverbalisationen ins Gedächtnis rufen, auf ihre Gefühle und deren Zusammenhang mit Selbstverbalisationen achten, ihr eigenes Verhalten beobachten und gezielt ändern sowie sich selbst in systematischer Weise Rückmeldung geben. Man kann annehmen, daß auf diese Art die Fähigkeit, sich selbst zu kontrollieren, beträchtlich verbessert wird. Gegen Ende des Trainings werden die Teilnehmer dazu angehalten, selbst zu entscheiden, welchen Situationstyp sie vorgegebenen Rollenspielsituationen zuordnen wollen. Dies impliziert eine *bewußte* Zielsetzung auch über die augenblickliche Situation hinaus sowie eine Erhöhung der Fähigkeit, sich an längerfristigen Zielen zu orientieren. Nicht zuletzt wird durch die Aufforderung zu positiver Selbstrückmeldung und zu Selbstkritik in Form internal variabler Selbstattributionen („Das ... hätte ich besser so ... machen sollen") das Kompetenzvertrauen der Teilnehmer gestärkt (siehe S. 24f).

Als Teil der praxisbezogenen Ausbildung von Studierenden des Lehramts und der Diplompädagogik wurde eine auf dem GSK basierende dreiphasige Trainingssequenz entwickelt zur Erweiterung sozialer und beruflicher Kompetenzen (siehe Abbildung 16; siehe auch Heckt, 1996)

Während in der ersten Phase das GSK in der ursprünglichen Form durchgeführt wird, finden in Phase II. und III. Anpassungen an die spezifischen Anforderungen der beruflichen Tätigkeiten von Pädagogen statt.

a) Trainingsaufbau

Das Trainingsarrangement ändert sich insofern, als die Rolle des Partners immer von Teilnehmern übernommen wird. Pädagogen befinden sich in ihrer beruflichen Tätigkeit fortlaufend in Interaktionen, die durch Statusunterschiede gekennzeichnet sind (Umgang mit Vorgesetzten, Umgang mit Kindern, Umgang mit als hilfsbedürftig gekennzeichneten Personen usw.). Es erhöht ihr Verständnis pädagogischer Prozesse und der Wirkungen ihres eigenen Verhaltens, wenn sie gezwungen sind, sich mit der anderen Seite zu identifizieren.

	I. soz. Kompetenzen	II. berufl. Kompetenzen	III. Kotrainer(in)
Semester	ab 2. Sem.	ab 3. Sem.	ab 4. Sem.
kognitive Ebene	Erklärungsmodell; Differenzierungsübung n. GSK; Unterscheidung v. GSK-Situationstypen; Unterscheidung von Selbstverbalisationen und Gefühlen; Veränderung von Selbstverbalisationen durch Videofeedback und Selbstlobeübung	Differenzierungsübung berufl. Situationen; neue Situationen; neuer Situationstyp: „Regeln aushandeln"; Rollenspiel zur Veränderung von Selbstverbalisationen; Differenzierung von Situationstypen; differenzierte Wahrnehmung von Verhaltenswirkungen als Mitspieler(in)	Differenzierung angemessenen/unangemessenen Verhaltens der Trainingsteilnehmer(innen) durch Beobachtung und Anleitung von Rollenspielen
emotionale Ebene	indirekte Beeinflussung von Emotionen durch Kognitionen	indirekte Beeinflussung von Emotionen durch Kognitionen	indirekte Beeinflussung von Emotionen durch Kognitionen
motorische Ebene	Verhaltensstrategien für private Situationen vom Typ „Recht haben", „Beziehungen", „Sympathie gewinnen" durch Rollenspiel mit Videofeedback; Transfer durch Hausaufgaben	Verhaltensstrategien für berufliche Situationen vom Typ „Gefahr/Vereinbarung", „Beziehung", „Regeln aushandeln" durch Rollenspiel mit Videofeedback; Transfer durch Hausaufgaben	Verhaltensstrategien als Gruppenmoderator(in) durch Moderation von Rollenspiel und Supervision

Abbildung 16: Abwandlungen des GSK in der Ausbildung von Studierenden der Pädagogik

b) Situationstypen

Neben den Inhalten der Situationen werden auch die verwendeten Situationstypen geändert. In der Interaktion zwischen Pädagogen und Klientel ist das Ziel „Erfüllung der eigenen Forderungen" nicht nur in Situationen bedeutsam, in denen es um verbrieftes Recht geht. Mindestens ebenso relevant ist diese Zielsetzung in Situationen, in denen der Partner - in der Regel ein Kind - sich in eine große Gefahr begibt (auf brüchigem Eis herumhüpfen, auf einen morschen Baum klettern usw.) und der Pädagoge ihn/sie auf der Stelle stoppen muß. Ein wichtiges Feld für diese Zielsetzung sind ebenfalls Situationen, in denen feste Vereinbarungen oder sogar institutionelle Regeln und Vorschriften (die zur Zeit des Handelns nicht geändert werden können - z. B. Schulordnung) zum Tragen kommen, deren Einhaltung der Pädagoge „einklagt". Die hierfür erforderlichen Verhaltensweisen - festes, energisches Auftreten, unbedingtes Bestehen auf der Forderung, keine Rechtfertigung, kurzes Reden, eventuell sogar Ankündigung von Sanktionen - stimmen weitgehend mit denen der Situationen vom Typ R überein. Wir ersetzen also die Situationen vom Typ R durch Situationen vom Typ G/R/V (Gefahr, Recht, feste Vereinbarung - siehe Beispiele, Abbildung 17).

Der *zweite Situationstyp (Beziehung)* wird beibehalten. Er hat gerade im Kontext eines Pädagogentrainings große Bedeutung. Pädagogen können anhand dieses Situationstyps die Erfahrung machen, daß viele pädagogische Ziele auf der Ebene der konkreten Interaktion (mögen sie auch moralisch noch so hochstehend und theoretisch noch so gut durchdacht sein) keinesfalls zum „Recht durchsetzen" taugen, sondern

Situation: Sie erwischen einen Sechsjährigen in Ihrer Gruppe dabei, wie er mit dem Schraubenzieher an einer Steckdose herumfummelt.
Instruktion: Fordern Sie ihn laut und deutlich auf, sofort aufzuhören, lassen Sie sich den Schraubenzieher geben. Erklärungen sachlich und freundlich und erst, wenn das Kind den Schraubenzieher hergegeben hat.

Situation: Es ist verboten, den Pausenhof während der Schulzeit zu verlassen. Sie kommen gerade dazu, wie Peter sich aus dem Schultor raus zum gegenüberliegenden Bäcker schleichen will.
Instruktion: Sagen Sie Peter deutlich und bestimmt, daß er im Schulhof bleiben muß. Lassen Sie sich auf keine Diskussionen ein. Appellieren Sie nicht an seine Einsicht. Bleiben Sie freundlich und höflich.

Situation: Sie haben mit einem Kollegen fest ausgemacht, daß Sie gemeinsam ein Arbeitspapier für die Teamsitzung erstellen wollen. Der Kollege vertröstet Sie jeden Tag aufs neue, wenn Sie fragen, ob er seinen Teil schon fertig hat (Ihrer ist schon seit einer Woche fertig, und die Sitzung findet in zwei Tagen statt).
Instruktion: Bestehen Sie darauf, daß der Kollege bis zu einem bestimmten Termin am heutigen Tag (Uhrzeit!) mit seinem Papier zu Ihnen kommt. Bleiben Sie höflich und freundlich, lassen Sie sich aber auf keine Kompromisse ein. Versucht der Kollege auszuweichen, so kündigen Sie ihm die Zusammenarbeit und unterrichten Sie ihn davon, daß Sie auch auf der Teamsitzung deutlich machen werden, daß es sich nicht mehr um ein gemeinsames Papier handelt.

Abbildung 17: Beispielsituationen G/R/V im Training für Pädagogen

nur als persönliche Wünsche und Bedürfnisse geäußert werden können (siehe Beispiele, Abbildung 18). Außerdem können sie lernen, zwischen der Möglichkeit der Verwirklichung von Zielen auf individueller und politischer Ebene zu unterscheiden: Pädagogen arbeiten innerhalb eines organisatorischen und „ideologischen" Rahmens, der zumindest teilweise durch feste institutionelle Vorgaben und Regeln vorstrukturiert ist. Ziele, die mit diesen Vorgaben und Regeln kollidie-

Situation: Peter ist zwei Köpfe größer als Klaus und schlägt diesen in der Pause.
Instruktion: Fordern Sie den Jungen auf, sofort mit der Prügelei aufzuhören. Äußern Sie Ihre Gefühle. Keine Vorwürfe! Keine Grundsatzdiskussion über den moralischen Wert solchen Verhaltens!

Situation: Sie erfahren, daß ein Jugendlicher Sie bei den anderen Betreuern angeschwärzt hat und ziemlich schlimme Sachen über Sie erzählt hat. Mit Ihnen hat er vorher nicht darüber geredet.
Instruktion: Fragen Sie ihn nach seiner Sicht der Situation. Sagen Sie ihm deutlich, daß Sie sein Verhalten ärgert (o. ä.). Bitten Sie ihn, in Zukunft Kritik Ihnen selbst mitzuteilen.

Situation: Ihr Chef hat im Dienst einen Brief geöffnet und gelesen, der eigentlich an Sie gerichtet war. Sie haben mit ihm einen Termin vereinbart, um ihm zu sagen, daß Sie Ihre Post selbst aufmachen und lesen möchten.
Instruktion: Bringen Sie Ihr Anliegen sachlich und freundlich vor. Machen Sie keine Vorwürfe und spitzen Bemerkungen.

Abbildung 18: Beispielsituationen vom Typ B im Training für Pädagogen

ren (z. B. Abschaffung der Hausaufgaben in der Schule) können nur in Ausnahmefällen (durch Unterlaufen von Regeln) auf der Ebene individueller Wünsche und Bedürfnisse (Situationen vom Typ B) angestrebt oder realisiert werden, normalerweise ist hier politisches Handeln notwendig.

Situationen vom Typ S kommen im beruflichen Alltag von Pädagogen vor in der Form von Bewerbungsgesprächen, informellen Erkundungsgesprächen an neuen Arbeitsplätzen und bei Unterredungen mit Vorgesetzten. Sie werden nur bei Bedarf in das Training aufgenommen.

Ein fester Bestandteil des Pädagogentrainings ist jedoch ein weiterer neuentwickelter Situationstyp: Aushandeln von Regeln/Vereinbarungen (Typ REG). Im GSK geht es vorwiegend darum, den Teilnehmern Strategien zur kurzfristigen Bewältigung aktueller Schwierigkeiten an die Hand zu geben. Wesentliches Merkmal beruflichen Handelns von Pädagogen ist es aber (bzw. sollte es sein), langfristige Ziele und Perspektiven zum Maßstab ihres Handelns zu machen. Pädagogen werden in diesem Zusammenhang mit Dauerkonflikten konfrontiert, die sich immer wieder an immer gleichen Anlässen entzünden. Strategien zur Bewältigung solcher Konflikte scheinen häufig zu fehlen (Dann & Humpert, 1987).

Offensichtlich liegen hier grundsätzliche Diskrepanzen in den Erwartungen, Bedürfnissen und Interessen der Beteiligten vor, die aber nicht explizit gemacht werden. In solchen Fällen reicht es nicht aus, wenn die Betroffenen sich in den entsprechenden Situationen angemessen verhalten; es müssen vielmehr die unterschiedlichen Interessen und Bedürfnisse offengelegt werden und grundsätzliche, ins einzelne gehende Regelungen und Absprachen getroffen werden, um ein Wiederauftreten des Konfliktes zu verhindern.

Gerade für den Tätigkeitsbereich von Pädagogen (Pädagogen greifen - oft mit langfristiger Perspektive -

Situation: In dem Jugendzentrum, in dem Sie arbeiten, gibt es große Probleme mit dem Alkohol. Es waren schon oft eine Reihe von Jugendlichen sehr betrunken, sie wurden dann aggressiv und fingen Prügeleien an. Sie haben Angst, daß es Ärger und Druck von der Stadt gibt.
Instruktion: Stellen Sie das Problem aus Ihrer Sicht dar und fragen Sie nach der Wahrnehmung der Jugendlichen. Achten Sie darauf, daß Sie wirklich zuhören. Vermeiden Sie Selbstverbalisationen wie: „Die wollen ja nur . . .", „Eigentlich ist deren Anliegen . . ." usw. Formulieren Sie konkret (an Beispielen), wie Sie sich eine Lösung vorstellen könnten und erfragen Sie die Meinung der Jugendlichen. Äußern Sie auch Ihre Befürchtungen hinsichtlich der Reaktion der Stadt. Treffen Sie konkrete Vereinbarungen (mit „Laufzeit") und einigen Sie sich gegebenenfalls auch auf Sanktionen.

In der Situation:

- Eigene Gefühle und Wünsche äußern;
- Gefühle, Sicht der Situation und Wünsche der Addressaten erfragen;
- Institutionelle Grenzen aufzeigen;
- Über gemeinsame Regeln verhandeln;
- Konkrete Vereinbarungen treffen;
- Zahl der Regeln beschränken (ca. drei);
- Überprüfung der Einhaltung der Regeln vereinbaren;
- Konsequenzen festlegen.

Abbildung 19: Beispielsituationen vom Typ REG und erforderliche Verhaltensweisen im Training für Pädagogen.

in das Alltagsleben ihrer Klientel ein und sollen gleichzeitig „Selbstbestimmung", „Mündigkeit", „Selbständigkeit" usw. ihrer Adressaten wahren oder fördern siehe Jürgens, 1996a) ist dieses Aushandeln von Regeln von besonderer Bedeutung: Es hilft, nicht nur die aktuelle Situation zu berücksichtigen, sondern sich an längerfristigen Zielen zu orientieren. Außerdem kann das Dilemma, durch professionelle Beeinflussung Selbstbestimmung „herstellen" zu sollen, zumindest gemildert werden.

Das Aushandeln von Regeln erfordert die Offenlegung und das Verhandeln über Wünsche und Bedürfnisse beider Seiten. Darüberhinaus müssen institutionelle Vorgaben und Einschränkungen sichtbar gemacht werden. Auf diese Weise kann eine Übermacht professioneller Interpretationsschemata und Zielvorgaben verhindert werden. Das Vorgehen und die Interessen des Pädagogen werden transparent und sein Handeln kalkulierbar (beides ermöglicht mehr Selbstbestimmung auf der Seite der Klientel). Die für die Bewältigung dieses Situationstyps erforderlichen Verhaltensweisen nehmen - verglichen mit denen in Situationstyp B - an Komplexität noch weiter zu (siehe Beispiele, Abbildung 19).

Abwandlungen des GSK in der Weiterbildung Angehöriger sozialer Berufe

Weitere Abwandlungen des GSK für Angehörige sozialer Berufe (Erzieherinnen, Krankenschwestern, Zivildienstleistende) wurden erprobt (siehe Horn, 1996; Bauer, 1996; siehe auch Jürgens, 1997a). Veränderungen betreffen hier die Anpassung der Situationen an die jeweilige Zielgruppe sowie das zeitliche Arrangement in drei bis vier Blöcken. Obwohl die Teilnehmer(innen) schon zu Beginn „normale" Werte in IE-SV-F und U-Fragebogen aufwiesen, zeigten sich (im Wartekontrollgruppendesign) deutliche, teilweise signifikante Effekte in die erwartete Richtung:

Bei den Erzieherinnen ergaben sich Wirkungen insbesondere in der beruflichen Selbstachtung (Skala BSA des KSE; siehe Dann et al., 1978). Die Zivildienstleistenden veränderten sich zum Follow-up hin in allen Skalen des U-Fragebogens signifikant bzw. tendenziell in die erwartete Richtung, wobei auch bei dieser Gruppe ein weiterer Anstieg der Effekte zwischen post- und follow-up-Messung zu beobachten war. Die Veränderungen im IE-SV-Fragebogen gehen durchgängig in die erwartete Richtung und werden in den Skalen IS+, IV+ und IS- signifikant.

„Was tun gegen Gewalt" - Ein Trainingsprogramm für Lehrer und Lehramtsstudenten

Im Rahmen eines von Bund und Land geförderten Forschungsprojekts wurde im Institut für angewandte Familien-, Kindheits- und Jugendforschung an der Universität Potsdam (IFK) ein Trainingsprogramm für Lehrer und Lehramtsstudenten entwickelt, welches in seinen Grundzügen und in seinem modularen Aufbau Ähnlichkeiten mit dem Gruppentraining sozialer Kompetenzen (GSK) aufweist.

Ziel des Trainings ist die Verbesserung der pädagogischen Handlungskompetenz allgemein und speziell gegenüber Gewalt und Aggression in der Schule. Wie beim GSK sind wesentliche Trainingselemente das Rollenspiel mit Videofeedback und ein Prozeßmodell. Allerdings wird hier nicht von Situationstypen ausgegangen, sondern von vier Verhaltensklassen:

- Durchsetzungsverhalten,
- Beziehungsverhalten,
- Regeln aushandeln und
- um Sympathie werben.

Wir hoffen, daß wir in diesem Kapitel zeigen konnten, daß die Arbeit mit dem GSK sich nicht in einer Übernahme des Trainingskonzepts in einem (gruppen-) therapeutischen Arrangement erschöpfen muß. Es sind vielfältige Abwandlungen für die Arbeit mit unterschiedlichen Zielgruppen vorstellbar, für die dieser Abschnitt Anregungen und Illustrationen bieten sollte. Wir halten es allerdings für erforderlich, bei der Abwandlung des GSK an bestimmten Grundstrukturen festzuhalten. Dies sind v. a. das Erklärungsmodell und der an diesem orientierte Trainingsaufbau; die Diskrimination unterschiedlich kompetenter Verhaltensstrategien; das Videorollenspiel strikt in der im Trainingsmanual beschriebenen Form (im anschließenden Videofeedback besonders wichtig: Rückmeldung äußerungsweise zunächst durch die TeilnehmerInnen selbst, Beginn immer mit den gelungenen Aspekten) - möglichst anhand verschiedener Situationstypen, die zunehmend komplexere Verhaltensstrategien erfordern; der strikte Aufbau der einzelnen Trainingssitzungen und nach Möglichkeit die Verteilung auf mehrere Blöcke verbunden mit der Erteilung von „Hausaufgaben", die bei einer Umsetzung der erlernten Strategien in den eigenen Alltag eine wichtige Rolle spielen können; und nicht zuletzt: Training durch erfahrene und gründlich in das Training eingewiesene Trainer.

Verzeichnis der Arbeitspapiere

Inhalt der beiliegenden Diskette

Auf der beiliegenden Diskette befinden sich folgende Dateien:

- **GSK-ARB.DOC:** In dieser Datei sind alle im GSK verwendeten Arbeitspapiere sowie die Kurzübersicht (→ S. 85) enthalten.
- **GSK-ENTS.DOC**: Die vier Versionen des Entspannungstrainings (→ S. 122).
- **GSK-FB.DOC**: Diese Datei enthält die in diesem Buch dargestellten Meßinstrumente:
  - Problemfragebogen (S. 136)
  - IE-SV-F (→ S. 137)
  - Stundenbogen (→ S. 142)
  - Feedbackbogen (→ S. 143)
- **DISK-KZ.DOC**: Kurzform des Diskriminationstrainings (→ S. 95)
- **ROLL-ETI.DOC**: Mit dieser Datei können Etiketten der Größe 6,77 x 9,7 cm (Zweckform 3660 und 4782) mit den Rollenspielsituationen und Instruktionen bedruckt werden, um damit Karteikarten der Größe 7,4 x 10,5 cm herstellen zu können.

  Diese Datei hat nur für die Trainer eine Bedeutung, die ihren Klienten die Rollenspielsituationen auf Karteikarten statt auf den hier vorgestellten Arbeitspapieren geben möchten.

Alle Dateien sind im Format WinWord 6.0, können aber auch mit den neueren Versionen 7.0 und WinWord 97 bearbeitet werden. Auch mit anderen Windows Textverarbeitungen sollte es keine Schwierigkeiten geben, zumindest dann nicht, wenn die Versionen neueren Datums sind. Leichte Verschiebungen können allerdings auftreten und müssen nachbearbeitet werden. Dies kann schon dann der Fall sein, wenn man einen anderen Drucker verwendet, als den hier benutzten HP LaserJet 5l.

Literatur

Affeldt, M. (1981). *Ein Gruppentraining mit Jugendlichen zur Einübung von Selbstvertrauen und sozialer Kompetenz.* Hamburg: unveröffentl. Diplomarbeit.

Affeldt, M. & Redlich, A. (1984). Gruppentraining mit Jugendlichen zur Verbesserung von Selbstvertrauen. *Psychologie in Erziehung und Unterricht, 31*, 197-204.

Alban-Metcalfe, B. M. & Wright, P. (1986). Social skills training for managers. In P. R. Hollin & P. Trower (Eds.), *Handbook of social skills training. Vol. 1* (S. 125-154). New York: Pergamon Press.

Albano, A. M., DiBartolo, P. M., Heimberg, R. G. & Barlow, D. H. (1995). Children and adolescents: Assessment and treatment. In R. G. Heimberg, M. R. Liebowitz, D. A. Hope & F. R. Schneier (Eds.), *Social phobia* (S. 387-425). New York: Guilford.

Alberti, R. E. & Emmons, M. L. (1974). *Your perfect right.* San Luis Obispo: Impact.

Alden, L. & Cappe, R. (1981). Nonassertiveness: Skill deficit or selective self-evaluation? *Behavior Therapy, 12*, 107-114.

Alden, L. & Cappe, R. (1986). Interpersonal process training for shy clients. In W. H. Jones, J. M. Cheek & S. M. Briggs (Eds.), *Shyness. Perspectives on Research and Treatment* (S. 343-356). New York: Plenum.

Alden, L. & Safran, J. (1978). Irrational beliefs and nonassertive behavior. *Cognitive Therapy and Research, 2*, 357-364.

Alden, L. (1986). Self-efficacy and causal attributions for social feedback. *Journal of Research in Personality, 20*, 460-473.

Alden, L. (1987). Attributional responses of anxious individuals to different patterns of social feedback: Nothing succeeds like improvement. *Journal of Personality and Social Psychology, 52*, 100-106.

Alden, L. E., Bieling, P. J. & Wallace, S. T. (1994). Perfectionism in an interpersonal context: A self-regulation analysis of dysphoria and social anxiety. *Cognitive Therapy and Research, 18*, 297-316.

Alloy, L. B. & Abramson, L. Y. (1988). Depressive realism: four theoretical perspectives. In L. B. Alloy (Ed.), *Cognitive processes in depression.* (S. 223-265). New York: Guilford Press.

Andrews, G. (1996). Comorbidity in neurotic disorders: The similarities are more important than the differences. In R. M. Rapee (Ed.), *Current controversies in the anxiety disorders* (S. 3-20). New York: Guilford.

Anneken, G., Echelmeyer, L. & Kessler, E. (1977). *SUK. Selbstsicherheits- und Kontakttraining in Gruppen.* Materialien Nr. 7 der DGVT. Tübingen.

Apter, A., Aviv, A., Kaminer, Y., Weizman, A., Lerman, P. & Tyano, P. (1991). Behavioral profile and social competence in temporal lobe epilepsy of adolescence. *Journal of American Academic Children and Adolescents Psychiatry, 30*, 887-92

Argyle, M. & Kendon, A. (1967). The experimental analysis of social performance. In: L. Berkowitz (Ed.), *Advances in experimental social psychology, Vol. 3* (S. 55-98). New York: Academic Press.

Arntz, A., Rauner, M. & van den Hout, M. (1995). „If I feel anxious, there must be danger": Ex consequentia reasoning in inferring danger in anxiety disorders. *Behaviour Research and Therapy, 33*, 917-925.

Asendorpf, J. (1989). *Soziale Gehemmtheit und ihre Entwicklung.* Berlin: Springer.

Asmundson, G. J. & Stein, M. B. (1994). Selective attention for social threat in patients with generalized social phobia. *Journal of Anxiety Disorders, 8*, 107-117.

Balzer, B. & Rolli, S. (1975). *Sozialtherapie mit Eltern Behinderter. Orientierungen für eine Konzeption im Rahmen eines psychohygienischen Gemeindeprogramms.* Weinheim: Beltz.

Bandura, A. (1979). *Sozial-kognitive Lerntheorie.* Stuttgart: Klett-Cotta.

Bandura, A. (1986). *Social Foundations of thought and action. A social cognitive theory.* Englewood Cliffs, N. J.: Prentice-Hall.

Bandura, A. (1989). Die sozial-kognitive Theorie der Massenkommunikation. In J. Groebel & P. Winterhoff-Spurk (Hrsg.), *Empirische Medienpsychologie* (S. 7-32). Weinheim: PVU.

Barclay, D. R. & Houts, A. C. (1995). Parenting skills: A review and developmental analysis of training content. In W. O'Donohue & L. Krasner (Eds.), *Handbook of psychological skills training* (S. 195-228). Boston: Allyn and Bacon.

Barker, R. G. & Wright, H. F. (1954). *Midwest and its children: The psychological ecology of an american town.* Evanston, Ill.: Row & Peterson.

Barlow, D.H. (1988). *Anxiety and its disorders.* New York: Guilford.

Barrett, P. M., Rapee, R. M., Dadds, M. M. & Ryan, S. M. (1996). Family enhancement of cognitive style in anxious and aggressive children. *Journal of Abnormal Child Psychology, 24*, 187-203.

Bauer, M. (1979). *Verhaltensmodifikation durch Modellernen.* Stuttgart: Kohlhammer.

Bauer, S. (1996). *Gruppentraining sozialer und beruflicher Kompetenzen, eine Fortbildungsmaßnahme im pädagogischen Bereich.* Braunschweig: unveröff. Diplomarbeit

Beck, A. T. & Clark, D. A. (1997). An information processing model of anxiety: Automatic and strategic processes. *Behaviour Research and Therapy, 35*, 49-58.

Beck, A. T. & Emery, G. (1985). *Anxiety disorders and phobias: A cognitive perspective*. New York: Basic.

Beck, A. T., Rush, A. J., Shaw, B. F. & Emery, G. (1996). *Kognitive Therapie der Depression* (5. Aufl.). Weinheim: PVU.

Becker, P. (1984). Differentialätiologie. In L. R. Schmidt (Hrsg.), *Lehrbuch der Klinische Psychologie* (S. 100-127). Stuttgart: Enke.

Beelmann, A., Pfingsten, U. & Lösel, F. (1994). Effects of training social competence in children: A meta-analysis of recent evaluation studies. *Journal of Clinical Child Psychology, 23*, 260-271.

Bellack, A. S. (1996). Defizitäres Sozialverhalten und Training sozialer Fertigkeiten: Neue Entwicklungen und Trends. In W. Boeker, H. D. Brenner & R. M. Genner (Hrsg.), *Integrative Therapie der Schizophrenie*. Bern: Huber.

Bellack, A. S., Hersen, M. & Himmelhoch, J. M. (1996). Social skills training for depression: A treatment manual. In V. B. Van Hasselt & M. Hersen (Eds.), *Sourcebook of psychological treatment manuals for adult disorders* (S. 179-200). New York: Plenum.

Bellack, A. S., Hersen, M. & Turner, S. M. (1978). Role-play tests for assessing social skills: are they valid? *Behavior Therapy, 9*, 448-461.

Bem, D. J. (1972). Self-perception theory. In L. Berkowitz (Ed.), *Advances in Experimental Social Psychology. Vol. 6* (S.1-62).

Benton, M. K., & Schroeder, H. E. (1990). Social skills training with schizophrenics: A meta-analytic evaluation. *Journal of Consulting and Clinical Psychology, 58,* 741-747.

Berg, W.v. & Zimmer, D. (1981). Selbstvertrauen in sozialen Konfliktsituationen. *Mitteilungen der DGVT, 13*, 87-99.

Bernard, K. P. (1984). *Ein empirischer Vergleich von Selbstsicherheitstrainings, durchgeführt in der Landesnervenklinik Salzburg*. Unveröffentl. Dissertation, Universität Salzburg.

Betz, G. (1981). Modellversuch: Entwicklung von Trainingseinheiten zur Verbesserung der Kommunikationsfähigkeiten am Arbeitsplatz mit dem Ziel, bessere soziale und berufliche Integration von körperbehinderten Erwachsenen zu erreichen. *International Journal of Rehabilitation Research, 4*, 213-214.

Bierman, K. L: & Montminy, H. P. (1993). Developmental issues in social skills assessment and intervention with children and adolescents. *Behavior Modification, 17*, 229-254.

Blechman, E. A. (1981). Competence, depression, and behavior modification with women. In: M. Hersen, R. M. Eisler, & P. M. Miller (Eds.), *Progress in Behavior Modification, Vol. 12* (S. 227-263).

Borgart, E. J. (1985). Kognitive Prozesse und Selbstunsicherheit. *Zeitschrift für Klinische Psychologie, 14*, 185-199.

Bracken, H.v. (1976). *Vorurteile gegen behinderte Kinder, ihre Familien und Schulen*. Berlin: Marhold.

Brattig, V. (1997). Gruppentraining zum Erwerb kompetenten Sozialverhaltens im Rahmen beruflicher Rehabilitation - Ein Erfahrungsbericht. *Verhaltenstherapie und psychosoziale Praxis, 29:* (3). 407-417.

Brennan J. L. (1993) Family relationships and development of social competence in adolescence. *Journal of Paediatric Children Health, 29 (Supplement 1),* 37-41.

Bruch, M. R. (1989). Familial and developmental antecedents of social phobia: Issues and findings. *Clinical Psychology Review, 9*, 37-47.

Bruch, M. A. & Cheek, J. M. (1995). Developmental factors in childhood and adolescent shyness. In R. G. Heimberg, M. R. Liebowitz, D. A. Hope & F. R. Schneier (Eds.), *Social phobia* (S. 163-182). New York: Guilford.

Bruch, M. A. & Heimberg, R. G. (1994). Differences in perceptions of parental and personal characteristics between generalized and nongeneralized social phobics. *Journal of Anxiety Disorders, 8*, 155-168.

Bruch, M. A., Heimberg, R. G. & Hope, D. A. (1991). States of mind model and cognitive change in treated social phobics. *Cognitive Therapy and Research, 15*, 429-441.

Burns, G. L. & Farina, A. (1987). Physical attractiveness and self-perception of mental disorder. *Journal of Abnormal Psychology, 96*, 161-163.

Burow, O. A. (1987). Möglichkeiten und Grenzen des Trainings sozialer Kompetenzen. *Gruppendynamik, 18*, 297-314.

Buss, A. H. (1986). *Social behavior and personality.* New Jersey, London: Erlbaum.

Calvert, J. D. (1988). Physical attractiveness: A review and reevaluation of ist role in social skill research. *Behavioral Assessment, 10*, 29-42.

Carver, C. S. & Scheier, M. F. (1984). A control-theory approach to behaviour, and some implications for social skills training. In P. Trower (Ed.), *Radical approaches to social skills training* (S. 144-179). London: Croom Helm.

Cattell, R. B. (1965). *The scientific analysis of personality.* Baltimore: Penguin Books.

Cautela, J. R. & Kearney, A. J. (1986). *The covert conditioning handbook*. New York: Springer.

Chapman, T. F., Mannuzza, S. & Fyer, A. J. (1995). Epidemiology and family studies of social phobia. In R. G. Heimberg, M. R. Liebowitz, D. A. Hope &

F. R. Schneier (Eds.), *Social phobia* (S. 21-40). New York: Guilford.

Chiauzzi, E. & Heimberg, R. G. (1986). Legitimacy of request and social problem solving: A study of assertive and nonassertive subjects. *Behavior Modification, 10*, 3-18.

Christoff, K. A. & Kelly, J. A. (1985). A behavioral approach to social skills training with psychiatric patients. In L. L. L'Abate & M. A. Milan (Eds.), *Handbook of social skills training and research.* (S. 361-387). New York: Wiley.

Clark, D. M. & Wells, A. (1995). A cognitive model of social phobia. In R. G. Heimberg, M. R. Liebowitz, D. A. Hope & F. R. Schneier (Eds.), *Social phobia* (S. 69-93). New York: Guilford.

Cloitre, M., Cancienne, J., Heimberg, R. G., Holt, C. S. et al. (1995). Memory bias does not generalize across anxiety disorders. *Behavior Research and Therapy, 33*, 305-307.

Cloitre, M., Heimberg, R. G., Liebowitz, M. R. & Gitow, A. (1992). Perceptions of control in panic disorder and social phobia. *Cognitive Therapy and Research, 16*, 569-577.

Colvin, C. R., Block, J. & Funder, D. C. (1995). Overly positive self-evaluations and personality: Negative implications for mental health. *Journal of Personality and Social Psychology, 68*, 1152-1162.

Corrigan, P. W. (1991). Social skills training in adult psychiatric populations: A meta-analysis. *Journal of Behavior Therapy and Experimental Psychiatry, 22*, 203-210.

Corrigan, P. W., Schade, M. L. & Liberman, R. P. (1992). Social skills training. In R. P. Liberman (Ed.), *Handbook of psychiatric rehabilitation* (S. 95-126). New York: Macmillan.

Coyne, J. C. (1990). Interpersonal processes in depression. In G. I. Keitner (Ed.), *Depression and families.* Washington: APA.

Cunliffe, T. (1992). Arresting youth crime: A review of social skills training with young offenders. *Adolescence, 27*, 891-900.

Cunningham, M. R. (1977). Personality and the structure of the nonverbal communication of emotion. *Journal of Personality, 45*, 564-584.

Curran, J. P., Wallander, J. L. & Farrell, A. D. (1985). Heterosocial skills training. In L. L. L'Abate & M. A.. Milan (Eds.), *Handbook of social skills training and research.* (S. 136-169). New York: Wiley.

Curtis, R. C. & Miller, K. (1986). Believing another likes or dislikes you: Behaviors making the beliefs come true. *Journal of Personality and Social Psychology, 51*, 284-290.

Dadds, M. R., Barrett, P. M., Rapee, R. M. & Ryan, S. (1996). Family process and child anxiety and aggression: An observational analysis. *Journal of Abnormal Child Psychology, 24*, 715-734.

Dann, H. D. & Humpert, W. (1987). Eine empirische Analyse der Handlungswirksamkeit subjektiver Theorien von Lehrern in aggressionshaltigen Unterrichtssituationen. *Zeitschrift für Sozialpsychologie, 18*, 40-49.

Dann, H., Cloetta, B.; Müller-Fohrbrodt, G. & Helmreich, R. (1978). *Umweltbedingungen innovativer Kompetenz.* Stuttgart: Klett

Davey, G. C. L., de Jong, P. J. & Tallis, F. (1993). UCS inflation in the etiology of a variety of anxiety disorders: Some case histories. *Behaviour Research and Therapy, 31*, 495-498.

Diehl-Becker, U. (1990). *Personal-Effectiveness-Training für Frauen.* Göttingen: Hogrefe

Dilling, H., Mombour, W. & Schmidt, M. H. (Hrsg.) (1993). *Internationale Klassifikation psychischer Störungen ICD-10.* Bern: Huber.

Dodge, K. A. & Frame, C. L. (1982). Social cognitive biases and deficits in aggressive boys. *Child Development, 53*, 620-635.

Dodge, K. A., Murphy, R. R. & Buchsbaum, K. (1984). The assessment of intention-cue detection skills in children: Implications for developmental psychopathology. *Child Development, 55*, 163-173.

Donohue, B. C., Van Hasselt, V. B. & Hersen, M. (1994). Behavioral assessment and treatment of social phobia. *Behavior Modification, 18*, 262-288.

Döpfner, M. (1987). Soziale Kompetenztrainings bei selbstunsicheren Kindern. In: O. Speck, F. Peterander & P. Innerhofer, (Hrsg.), *Kindertherapie.* München: Reinhardt.

Döpfner, M. (1989). Soziale Informationsverarbeitung - ein Beitrag zur Differenzierung sozialer Inkompetenzen. *Zeitschrift für Pädagogische Psychologie, 3*, 1-8.

Döpfner, M., Schlüter, S. & Rey, E.-R. (1981). Evaluation eines sozialen Kompetenztrainings für selbstunsichere Kinder im Alter von neun bis zwölf Jahren - Ein Therapievergleich. *Zeitschrift für Kinder- und Jugendpsychiatrie, 9*, 233-252.

Döpfner, M., Schürmann, S. & Frölich, J. (1997). *Training für Kinder mit hyperkinetischem und oppositionellem Problemverhalten THOP.* Weinheim: PVU.

Dörner, D., Kreuzig, H. W., Reither, F. & Stäudel, T. (1983). *Lohhausen. Vom Umgang mit Unbestimmtheit und Komplexität.* Bern: Huber.

Dorrmann, W. & Hinsch, R. (1981). Der IE-SV-F. Ein differentieller Fragebogen zur Erfassung von Attribuierungsgewohnheiten in Erfolgs- und Mißerfolgssituationen. *Diagnostica, 27*, 360-378.

Dowrick, P. W. (1991). *Practical guide to using video in the behavioral sciences.* New York: John Wiley.

Dworkin, R. H., Bernstein, G, Kaplansky, L. M., Lipsitz, J. D., Rinaldi, A., Slater, S. L. Cornblatt, B. A. & Erlenmayer-Kimling, L. (1991). Social competence and positive and negative symptoms: A longitudinal study of children and adolescents at risk for schizophrenia and affective disorder. *American Journal of Psychiatry, 148*, 1182-8

Dworkin, R. H., Lewis, J. A., Cornblatt, B. A. & Erlenmayer-Kimling, L. (1994) Social competence deficits in adolescents at risk for schizophrenia. *Journal of Nervous and Mental Disease, 182,* 103-8

Dziewas, H. & Grawe, K. (1978). Das interaktionelle Problemlösevorgehen (IPV) in Gruppen. In DGVT (Hrsg.), *Fortschritte in der Verhaltenstherapie. Kongreßbericht Berlin 1977.* Tübingen.

D'Zurilla, T. J. & Nezu, A. (1982). Social problem solving in adults. In P. C. Kendall (Ed.), *Advances in Cognitive-behavioral Research and Therapy. Vol. 1* (S. 201-274). New York: Academic Press.

Echelmeyer, L. (1983). Selbstsicherheit und soziale Ängste. Die therapeutische Beziehung im Selbstsicherheitstraining. In D. Zimmer (Hrsg.), *Die therapeutische Beziehung* (S. 161-172). Weinheim: Edition Psychologie.

Echelmeyer, L. & Zimmer, D. (1977). *Intensiventspannungstraining (auf Jacobson-Basis). 30-Min-Form und 15-Min-Form.* Materialien Nr. 6 der DGVT. Tübingen.

Eck, M. & Lohaus, A. (1993). Entwicklung und Evaluation eines Präventionsprogramms zum sexuellen Mißbrauch im Vorschulalter. *Praxis der Kinderpsychologie und Kinderpsychiatrie, 42*, 285-292.

Ehlers, A. & Margraf, J. (1993). „Angst vor der Angst". Ein neues Konzept in der Diagnostik von Angststörungen. *Verhaltenstherapie, 3*, 14-24.

Eisert, H. G. (1984). Neuere Ansätze der Behandlung aggressiver Kinder. In H. Remschmidt (Hrsg.), *Psychotherapie mit Kindern, Jugendlichen und Familien. Band 1* (S. 233-241). Stuttgart: Enke.

Eisler, R. M (1984). Promoting health through interpersonal skills development. In: J. D. Matarazzo, S. M. Weiss, J. A. Herd, N. E. Miller, & S. Weiss (Eds.), *Behavioral health* (S. 351-362). New York: Wiley.

Eisler, R. M., Blanchard, E. B., Fitts, H. & Williams, H. G. (1978). Social skill training with and without modeling for schizophrenic and non-psychotic hospitalized psychiatric patients. *Behavior Modification, 2*, 147-171.

Eisler, R. M., Hersen, M., Miller, P. M. (1973). Effects of modeling on components of assertive behavior. *Journal of Behavior Therapy and Experimental Psychiatry, 4*, 1-6.

Eisler, M. E., Hersen, M., Miller, P. M. & Blanchard, E. B. (1975). Situational determinants of assertive behaviors. *Journal of Consulting and Clinical Psychology, 43*, 330-340.Eisler, R. M., Miller, P. M., Hersen, M. & Alford, H. (1974). Effects of assertive training on marital interaction. *Archives of General Psychiatry, 30*, 643-649.

Elliott, S. N. & Gresham, F. M. (1993). Social skills interventions for Children. *Behavior Modification, 17,* 287-313

Ellis, A. (1977). Übungen zum Erwachsenwerden. *Psychologie Heute, 4*, 65-69.

Ellis, A. (1987). A sadly neglected cognitive element in depression. *Cognitive Therapy and Research, 11*, 121-146.

Ellis, A. (1993). *Die rational-emotive Therapie* (5. Aufl.). München: Pfeiffer.

Engel-Foudrakis, S. (1992). Psychologische Gruppentherapie als Bestandteil einer integrativen Behandlung der essentiellen Hypertonie. In H. Weber-Falkensammer (Hrsg.), *Psychologische Therapieansätze in der Rehabilitation* (S. 238-254). Stuttgart: Fischer.

Eskin, M. (1995) Suicidal behavior as related to social support and assertiveness among Swedish and Turkish high school students: a cross-cultural investigation. *Journal of Clinical Psychology, 51,* 158-72.

Ettrich, K. U., Gudermuth, S., Mehl, J., Reschke, K. & Schier, R. C. (1984). *Selbstsicherheitstraining. Teil 1.* Leipzig: Karl-Marx-Universität.

Feldhege, F. J. & Krauthan, G. (1979). *Verhaltenstrainingsprogramm zum Aufbau sozialer Kompetenz.* Berlin: Springer.

Fiedler, D. & Beach, L. R. (1978). On the decision to be assertive. *Journal of Consulting and Clinical Psychology, 46*, 537-546.

Fiedler, P. A. (1979). Diagnostische und therapeutische Verwertbarkeit kognitiver Verhaltensanteile. In N. Hoffmann (Hrsg.), *Grundlagen kognitiver Therapie* (S. 205-251). Bern: Huber.

Fiegenbaum, W. (1981). Ein Sozialtrainingsprogramm für Klienten mit Gesichtsentstellungen - ein Beitrag zur Rehabilitation bei Karzinom-Erkrankungen. *International Journal of Rehabilitation, 4*, 501-509.

Firth, E. A., Cohen-Conger, J., Kuhlenschmidt, S. & Dorcey, T. (1986). Social competence and social perceptivity. *Journal of Social and Clinical Psychology, 4*, 85-100.

Fischetti, M., Curran, J. P. & Wessberg, H. W. (1977). Sense of timing. A skill deficit in heterosexual socially anxious males. *Behavior Modification, 1*, 179-194.

Florin, I. & Tunner, W. (Hrsg.) (1975). *Therapie der Angst. Systematische Desensibilisierung.* München: Urban & Schwarzenberg.

Foa, E. B., Franklin, M. E., Perry, K. J. & Herbert, J. D. (1996). Cognitive biases in social phobia. *Journal of Abnormal Psychology, 105*, 433-439.

Fodor, I. G. (1985). The treatment of communication problems with assertiveness training. In A. Goldstein & E. Foa (Eds.), *Handbook of behavioral interventions.* New York: Wiley.

Fodor, I. G. (Ed.) (1992). *Adolescent assertiveness and social skills training: A clinical handbook*. New York: Springer.

Fontana, D. (1990). *Social skills at work*. Leicester, England: British Psychological Society.

Forgas, J. P. (1983). Social skills and the perception of interaction episodes. *British Journal of Clinical Psychology, 22*, 195-207.

Forman, S. G. (1993). *Coping skills interventions for children and adolescents*. San Francisco: Jossey-Bass.

Forness, S. R. & Kavale, K. A. (1996). Treating social skill deficits in children with learning disabilities: A meta-analysis of the research. *Learning Disability Quarterly, 19*, 2-13.

Fox, J. J., Mc.Evoy, M. A. (1993): Assessing and enhancing generalization and social validity of social-skills interventions with children and adolscents. *Behavior Modification* 17, 3, 339-366.

Frank, R. (1986). *Kognitionen und selbstsicheres Verhalten.* Universität Gießen: Dissertation.

Franke, A. (1991). *Gruppentraining gegen psychosomatische Störungen*. Weinheim: PVU.

Fricke, R. (1983). Lernziel: "Konfliktbewältigung" - Training mit aggressiven Kindern*. Psychologie in Erziehung und Unterricht, 30*, 222-228.

Frommann, A., Schramm, D. & Thiersch, H. (1976). Sozialpädagogische Beratung. *Zeitschrift für Pädagogik, 22*, 715-741.

Funk, B. (1983). *Gruppentraining zur Verbesserung der Leistungsmotivation und der sozialen Kompetenz bei Kindern*. Bamberg: unveröffentl. Diplomarbeit.

Fydrich, T., Bürgener, F., Petry, K. J. & Chambless, D. L. (1996). *Diagnostik sozialer Kompetenz bei sozialer Phobie: Evaluation eines Verhaltenstests*. Vortrag auf dem 40. Kongreß der DGPs in München.

Gagel, D. E. (1982). *Evaluation eines Gruppentrainings zur Sozialen Kompetenz bei Jugendlichen (GSK-JU) im Alter zwischen 16 und 20 Jahren*. Bamberg: unveröffentl. Diplomarbeit.

Galassi, J. P., Kostka, M. C. & Galassi, M. D. (1974). Assertive training: A one year video feedback. *Journal of Counseling Psychology, 21*, 390-394.

Galvin, M. (1985). Skills training for professional helpers. In L. L. L'Abate & M. A. Milan (Eds.), *Handbook of social skills training and research*. (S. 527-538). New York: Wiley.

Gambrill, E. (1986). Social skills training with the elderly. In P. R. Hollin & P. Trower (Eds.), *Handbook of social skills training. Vol. 2* (S. 211-237). New York: Pergamon Press.

Gambrill, E. (1995a). Assertion skills training. In W. O'Donohue & L. Krasner (Eds.), *Handbook of social skills training* (S. 81-118). Boston: Allyn and Bacon.

Gambrill, E. (1995b). Helping shy, social anxious, and lonely adults: A skill-based contextual approach. In W. O'Donohue & L. Krasner (Eds.), *Handbook of social skills training* (S. 247-286). Boston: Allyn and Bacon.

Geissner, E., Gonzales-Martin, E., Rief, W. & Fichter, M. M. (1995). Selbstsicherheitstraining in der stationären verhaltenstherapeutischen Psychosomatik. In J. Margraf & K. Rudolf (Hrsg.*), Training sozialer Kompetenz* (S. 170-191). Baltmannsweiler: Schneider.

Gesten, E. L. & Jason, L. A. (1987). Social and community interventions. *Annual Review of Psychology, 38*, 427-460.

Glass, C. R., Gottman, J. M. & Shmurak, S. H. (1976). Response aquisition and cognitive self-statement modification approaches in dating skill training. *Journal of Counseling Psychology, 23*, 520-526.

Goffmann, E. (1967). *Stigma. Über Techniken der Bewältigung beschädigter Identität*. Frankfurt/M.: Suhrkamp.

Goldfried, M. R. & D'Zurilla, T. J. (1969). A behavior-analytic model for assessing competence. In: C. D. Spielberger (Hrsg.), *Current topics in clinical and community psychology, Vol. 1* (S. 151-196). New York: Academic Press.

Goldman, W. & Lewis, P. (1977). Beautiful is good. Evidence that the physically attractive are more socially skilled. *Journal of Experimental Social Psychology, 6*, 352-356.

Goldsmith, J. B. & McFall, R. M. (1975). Development and evaluation of an interpersonal skill-training program for psychiatric inpatients. *Journal of abnormal Psychology, 84*, 51-58.

Goldstein, A. P. (1978). *Strukturierte Lerntherapie*. München: Urban & Schwarzenberg.

Goldstein, A.P. (1988). *The Prepare-Curriculum*. Champaign, Ill.: Research Press.

Goldstein, A. P. (1995). Coordinated multitargeted skills training: The promotion of generalization-enhancement. In W. O'Donohue & L. Krasner (Ed.), *Handbook of psychological skills training* (S. 383-399). Boston: Allyn and Bacon.

Goldstein, A. P., Glick, B., Irwin, M. J., McCartney, C. & Rubama, I. (1989). *Reducing delinquency: Intervention in the community*. Champaign, Ill.: Research Press.

Goldstein, A. P. & Kanfer, F. H. (1979). *Maximizing treatment gains: Transfer enhancement in psychotherapy*. New York: Academic Press.

Goldstein, A. P., Reagles, K. W: & Amann, L. L. (1990). *Refusal skills: Preventing drug use in adolescents*. Champaign, Il.: Research Press.

Goldstein, A. P., Sprafkin, R. P., Gershaw, N. J. & Klein, P. (1983). Structured learning: A psychoeducational approach for teaching social competencies. *Behavior Disorders, 8*, 161-170.

Goleman, D. (1997). *Emotionale Intelligenz.* München: DTV.

Goodman, M. S. & Fallon, B. C. (1995). *Pattern changing for abused women: An educational program.* Thousand Oaks: Sage.

Gordon, R. E. & Gordon, K. K. (1985). A program of modular psychoeducational skills training for chronic mental patients. In L. L. L'Abate & M. A. Milan (Eds.), *Handbook of social skills training and research.* (S. 388-417). New York: Wiley.

Gordon, T. (1980). *Familienkonferenz. Die Lösung von Konflikten zwischen Eltern und Kind.* Reinbek: Rowohlt.

Gottman, J. & Rushe, R. (1995). Communication and social skills approaches to treating ailing marriages: A recommendation for a new marital therapy called „minimal marital therapy". In W. O'Donohue & L. Krasner (Eds.), *Handbook of psychological skills training* (S. 287-305). Boston: Allyn and Bacon.

Grawe, K. (1980). Die Prognose des Therapieerfolgs in Assertiveness-Training-Gruppen. In R. Ullrich, R., Ullrich de Muynck, K. Grawe & D. Zimmer (Hrsg.), *Soziale Kompetenz. Klinische Effektivität und Wirkungsfaktoren. Band 2* (S. 180-205). München: Pfeiffer.

Grawe, K. & Caspar, F. M. (1984). Die Plananalyse als Konzept und Instrument für die Psychotherapieforschung. In U. Baumann (Hrsg.), *Psychotherapie: Makro/Mikroperspektive* (S. 177-197). Göttingen: Hogrefe.

Grawe, K., Donati, R. & Bernauer, F. (1994). *Psychotherapie im Wandel. Von der Konfession zur Profession.* Göttingen: Hogrefe.

Guerney, L. & Guerney, B. Jr. (1985). The relationship enhancement family of family therapies. In L. L. L'Abate & M. A. Milan (Eds.), *Handbook of social skills training and research.* (S. 506-526). New York: Wiley.

Gutride, M. E., Goldstein, A. P. & Hunter, G. F. (1974). The use of structured learning therapy and transfer training in the training of chronic psychiatric impatients. *Journal of Clinical Psychology, 30,* 277-280.

Haemmerlie, F. M. & Montgomery, R. L. (1986). Self-perception theory and the treatment of shyness. In W. H. Jones, J. M. Cheek & S. M. Briggs (Eds.), *Shyness. Perspectives on Research and Treatment* (S. 329-342). New York: Plenum.

Hahlweg, K., Revenstorf, D. & Schindler, L. (1983). Bericht über die Münchener Ehe-Therapiestudie. Folgerungen für die therapeutische Praxis. *Partnerberatung, 20,* 13-25.

Hahner, R. (1982). *Die Probleme von Eltern geistig und mehrfach Behinderter in der Öffentlichkeit.* Bamberg: unveröffentl. Diplomarbeit.

Haley, W. E. (1985). Social skills deficits and self-evaluation among depressed and nondepressed psychiatric patients. *Journal of Clinical Psychology, 41,* 162-168.

Halford, K. & Foddy, M. (1982). Cognitive and social skills correlates of social anxiety. *British Journal of Clinical Psychology, 21,* 17-28.

Hall, J. (1984). *Nonverbal sex differences.* London. John Hopkins University Press.

Hautzinger, M. (1997). *Kognitive Verhaltenstherapie bei Depressionen.* Weinheim: PVU.

Hautzinger, M. & Ingebrand, C. (1995). Training sozialer Kompetenz bei Depressionen. In J. Margraf & K. Rudolf (Hrsg.), *Training sozialer Kompetenz* (S. 154-169). Hohengeren: Schneider.

Havighurst, R. J. (1951). *Developmental tasks and education.* New York: Longmans.

Heckelmann, L. R. & Schneier, F. R. (1995). Diagnostic issues. In R. G. Heimberg, M. R. Liebowitz, D. A. Hope & F. R. Schneier (Eds.), *Social phobia* (S. 3-20). New York: Guilford.

Heckt, D. H. (1996). Soziale und kommunikative Kompetenz - (k)ein Thema der Erziehungswissenschaften? In D. H. Heckt & E. Jürgens. *Besser miteinander kommunizieren lernen* (S. 6-17). Braunschweig: Westermann.

Heilveil, I. (1984). *Video in der Psychotherapie.* München: Urban & Schwarzenberg.

Heimberg, R. G. (1994). Cognitive assessment strategies and the measurement of outcome of treatment for social phobia. *Behaviour Research and Therapy, 32,* 269-280.

Heimberg, R. G. & Juster, H. R. (1995). Cognitive-behavioral treatments: Literature review. In R. G. Heimberg, M. R. Liebowitz, D. A. Hope & F. R. Schneier (Eds.), *Social phobia* (S. 261-309). New York: Guilford.

Heimberg, R. G., Liebowitz, M. R., Hope, D. A. & Schneier, F. R. (Eds.) (1995). *Social phobia.* Diagnosis, assessment, and treatment. New York: Guilford.

Henderson, M. & Hollin, C. R. (1986). Social skills training and delinquency. In P. R. Hollin & P. Trower (Eds.), *Handbook of social skills training* (S. 79-102). New York: Pergamon Press.

Herlitz, V. & Merz, H. (1986). *Gruppentraining für Kinder zur Verbesserung der sozialen Kompetenzen.* Bamberg: unveröffentl. Diplomarbeit.

Hersen, M. & Bellack, A. S. (1977). Assessment of social skills. In A. R. Ciminero, M. S. Calhoun & H. E. Adams (Eds.), *Handbook of behavioral assessment* (S. 509-554). New York: Wiley.

Hersen, M. (1979). Modification of skill deficits in psychiatric patients. In A. S. Bellack & M. Hersen (Eds.), *Research and practice in social skills training* (S. 189-236). New York: Plenum.

Hinsch, R. & Christ, B. (1982). Ein kognitiv orientiertes Gruppentraining für prüfungsängstliche Studenten. *Gruppendynamik, 13,* 161-172.

Hinsch, R. & Pfingsten, U. (1982a). The efficacy of a cognitive-behavioral social skill training in modifying what subjects say to themselves. In W.-R. Minsel & W. Herff (Eds.), *Proceedings of the 1st European Conference on Psychotherapy Research. Vol. 2* (S. 210-214). Frankfurt/M.: Lang.

Hinsch, R. & Pfingsten, U. (1982b). Die Veränderung von Attribuierungsgewohnheiten als Erfolgskriterium therapeutischer Interventionen. In E. Biehl et al. (Hrsg.), *Neue Konzepte der Klinischen Psychologie und Psychotherapie* (S. 51-59). Tübingen: DGVT.

Hinsch, R. & Wittmann, S. (1997). *Auf andere zugehen, Kommunikationstraining.*. Berlin: Urania

Hinsch, R., Bauer, M., Pfingsten, U. & Weigelt, M. (1983). Das Gruppentraining zur Förderung sozialer Kompetenz (GSK). Konzeption und erste Ergebnisse zur Evaluation. *Zeitschrift für Klinische Psychologie, 12*, 229-244.

Hinshaw, S. P. (1996). Enhancing social competence: Integrating self-management strategies with behavioral procedures for children with ADHD. In E. D. Hibbs & P. S. Jensen (Eds.), *Psychosocial treatments for child and adolescent disorders* (S. 285-309). Washington: APA.

Hofer, M., Pekrun, R. & Zielinski, W. (1986). Die Psychologie des Lernens. In B. Weidenmann, A. Krapp, M. Hofer, G. L. Huber & H. Mandl (Hrsg.), *Pädagogische Psychologie* (S. 219-275). München/Weinheim: PVU.

Hoffmann, S. G., Ehlers, A. & Roth, W. T. (1995). Conditioning theory: A model for the etiology of public speaking anxiety. *Behaviour Research and Therapy, 33*, 567-571.

Hollandsworth, J. G. & Wall, K. E. (1977). Sex differences in assertive behavior: An empirical investigation. *Journal of Counseling Psychology, 24*, 217-222.

Hollin, C. R. (1986). Innovative clinical applications of social skills training. In P. R. Hollin & P. Trower (Eds.), *Handbook of social skills training. Vol. 2* (S. 167-183). New York: Pergamon Press.

Hollin, P. R. & Trower, P. (Eds.) (1986). *Handbook of social skills training. Vol.1 and 2.* New York: Pergamon Press.

Holling, H. (1983). Selbsteinbringung (Self disclosure). In D. Frey & S. Greif (Hrsg.), *Sozialpsychologie* (S. 267-273). München: Urban & Schwarzenberg.

Hörmann, G. (1988). Intervention im frühen Lebensalter. Gedanken zur Therapeutisierung von Kindheit. *Neue Praxis, 5*, 440-446.

Hörmann, G. & Nestmann, F. (Hrsg.) (1988). *Handbuch der psychosozialen Intervention.* Opladen: Westdeutscher Verlag.

Horn, R. (1996). *Gruppentraining sozialer Kompetenzen mit Zivildienstleistenden: theoretische Grundlagen und praktische Durchführung.* Braunschweig: unveröff. Diplomarbeit

Hull, D. B. & Schroeder, H. E. (1979). Some interpersonal effects of assertion, nonassertion, and aggression. *Behavior Therapy, 10*, 20-28.

Hurrelmann, K. & Holler, B. (1988). Pädagogische Intervention. In G. Hörmann & F. Nestmann (Hrsg.), *Handbuch der psychosozialen Intervention* (S. 81-92). Opladen: Westdeutscher Verlag.

Ingram, R. E. & Scott, W. D. (1990). Cognitive behavior therapy. In A. S. Bellack, M. Hersen & A. E. Kazdin (Eds.), *International handbook of behavior modification and therapy.* 2. Auflage (S. 53-65). New York: Plenum.

Joanning, H. (1985). Social skills training for divorced individuals. In L. L. L'Abate & M. A. Milan (Eds.), *Handbook of social skills training and research.* (S. 192-215). New York: Wiley.

Jürgens, B. (1983). *Veränderungsprozesse in Lehrertrainings.* Frankfurt/Main: Lang.

Jürgens, B. (1986). Erhöhung der sozialen und beruflichen Kompetenzen von Lehrern als präventive Maßnahme? In M. Beck & G. Mannhaupt (Hrsg.), *Prävention und Intervention bei Schulschwierigkeiten* (S. 47-57). Tübingen: DGVT.

Jürgens, B. (1996a). *Erziehungsziele, Erzieherverhalten und Autopoiese.* Frankfurt/Main: Lang.

Jürgens, B. (1996b). Verhaltensgestörte Kinder oder sozial inkompetente Pädagoginnen? In D. H. Heckt & E. Jürgens (Hrsg.), *Besser miteinander kommunizieren lernen* (S. 18-36). Braunschweig: Westermann.

Jürgens, B. (1997a). *Gruppentraining sozialer und beruflicher Kompetenzen. Abwandlungen des Gruppentraining sozialer Kompetenzen (GSK) für pädagogische Handlungsfelder.* Braunschweig: Braunschweiger Arbeiten zur Psychologie.

Jürgens, B. (1997b). Umgang mit verhaltensauffälligen Kindern. Probleme und Lösungen. *Grundschule,* 06/97.

Juster, H. R., Brown, E. J. & Heimberg, R. G. (1996). Sozialphobie. In J. Margraf (Hrsg.), *Lehrbuch der Verhaltenstherapie. Band 2* (S. 43-59). Berlin: Springer.

Kaiser, A. & Hahlweg, K. (1996). Kommunikations- und Problemlösetraining. In J. Margraf (Hrsg.), *Lehrbuch der Verhaltenstherapie. Band 1* (S. 371-385). Berlin: Springer.

Kanfer, F. H. (1977). Selbstregulierung und Selbstkontrolle. In H. Zeier (Hrsg.), *Die Psychologie des 20. Jahrhunderts. Band 4.* Zürich: Kindler.

Kanfer, F. H. (1988). Beiträge eines Selbstregulationsmodells zur psychotherapeutischen Praxis. *Praxis der Klinischen Verhaltensmedizin und Rehabilitation, 1*, 289-300.

Kanfer, F. H., Reinecker, H. & Schmelzer, D. (1996). *Selbstmanagement-Therapie* (2. Aufl.). Berlin: Springer.

Kardorff, E. v. (1988). Intervention: Kritik und Perspektiven. In G. Hörmann & F. Nestmann (Hrsg.), *Handbuch der psychosozialen Intervention* (S. 306-326). Opladen: Westdeutscher Verlag.

Kastner, M. (1996). *Sozialkompetenz: Keine Zeit mehr für hierarchische Spielereien.* Vortrag anlässlich des Personalforums 1996 der Süddeutschen Zeitung in Berlin, Hamburg, Hanover, Köln, Düsseldorf, München, Frankfurt und Stuttgart.

Kazdin, A. E. (1984). Covert modeling. In P. C. Kendall (Ed.), *Advances in cognitive-behavioral research and therapy. Vol. 3* (S. 103-129). New York: Academic Press.

Kazdin, A. E., Esveldt-Dawson, K., French, N. H. & Unis, A. S. (1987). Problem-solving skills training and relationship therapy in the treatment of antisocial child behavior. *Journal of Consulting and Clinical Psychology, 55*, 76-85.

Keil, E. C. & Barbee, J. R. (1973). Behavior modification and training the disadvantaged job interviewee. *Vocational Guidance Quarterly, 22*, 50-56.

Kessler, E. (1982). *Zur Effektivität von Verhaltenstraining und rational-emotiver Therapie im Selbstsicherheitstraining.* Diss. Univ. Münster,.

Keupp, H. & Röhrle, B. (Hrsg.) (1987). *Soziale Netzwerke.* Frankfurt/Main: Campus.

Khalsa, S. N. (1996). *Group exercises for enhancing social skills and self-esteem.* Sarasota: Professional Research Press.

King, L. W., Liberman, R. P., Roberts, J. & Bryan, E. (1977). Personal effectiveness: a structured therapy for improving social and emotional skills. *European Journal of Behavioral Analysis, 2*, 82-91.

Klages, U. (1983). Ein Trainingsprogramm für Schüler mit Schwierigkeiten in den Bereichen Aggressivität und soziale Angst. *Psychologie in Erziehung und Unterricht, 30*, 47-53.

Knappe, A. & Selg, H. (1993). *Prävention von sexuellem Mißbrauch an Mädchen und Jungen. Forschungsbericht.* Lehrstuhl Psychologie I der Universität Bamberg (Zu beziehen beim Bayerischen Staatsministerium für Arbeit und Sozialordnung, Familie, Frauen und Gesundheit, 80792 München.

Knoblach, D. (1989). Aggressionshemmung als Verhaltensauffälligkeit bei Kindern und Möglichkeiten der Therapie dargestellt an einem integrativen Therapiemodell. *Zeitschrift für Klinische Psychologie, Psychopathologie und Psychotherapie, 44*, 458-465.

Kolko, D. J. & Milan, M. A. (1985). Conceptual and methodological issues in the behavioral assessment of heterosocial skills. In L. L. L'Abate & M. A. Milan (Eds.), *Handbook of social skills training and research.* (S. 50-75). New York: Wiley.

Köllner, V., Grothgar, B. & Vauth, R. (1994). Erfahrungsbericht über eine verhaltenstherapeutische Gruppe für Patientinnen mit sexuellem Mißbrauch in der Vorgeschichte. In F. Lamprecht & R. Johnen (Hrsg.), *Salutogenese. Ein neues Konzept in der Psychosomatik?* (S. 629-636). Frankfurt a.M.: VAS Verlag.

Kury, H. (1981). Effizienzkontrolle von Behandlungsmaßnahmen. *Psychologische Rundschau, 32*, 236-249.

Kury, H. (1983). Verhaltenstherapie bei Delinquenten - unter besonderer Berücksichtigung des Trainings sozialer Fähigkeiten. In F. Lösel (Hrsg.), *Kriminalpsychologie* (S. 259-272). Weinheim: Beltz.

L'Abate, L. L. & Milan, M. A. (1985). *Handbook of social skills training and research.* New York: Wiley.

Lange, A. J. & Jakubowski, P. (1976). *Responsible assertive behavior.* Champaign, Ill.: Research Press.

Lazarus, A. A. (1966). Behavior rehearsal versus non-directive therapy versus advice in effecting behavior change. *Behavior Research and Therapy, 4*, 209-212.

Lazarus, A. A. (1973). On assertive behavior: A brief note. *Behavior Therapy, 4*, 697-699.

Lazarus, A. A. (1978). *Multimodale Verhaltenstherapie.* Heidelberg: Asanger.

Lazarus, A. A. (1993). *Innenbilder. Imaginationen in der Therapie und als Selbsthilfe* (2. Aufl.). München: Pfeiffer.

Lazarus, R. S. & Folkman, S. (1984). *Stress, Appraisal, and Coping.* New York: Springer.

Leary, M. R. & Kowalski, R. M. (1995). The self-presentation model of social phobia. In R. G. Heimberg, M. R. Liebowitz, D. A. Hope & F. R. Schneier (Eds.), *Social phobia* (S. 94-112). New York: Guilford.

Leary, M. R., Kowalski, R. M. & Campbell, C. D. (1988). Self-presentational concerns and social anxiety. *Journal of Research in Personality, 22*, 308-321.

Lewinsohn, P. M., Mischel, W., Chaplin, W. & Barton, R. (1980). Social competence and depression: The role of illusionary self-perceptions? *Journal of Abnormal Psychology, 89*, 203-212.

Liberman, R. P., DeRisi, W. J. & Mueser, K. T. (1989). *Social skills training for psychiatric patients.* New York: Pergamon.

Linehan, M. (1993). *Skills training manual for treating borderline personality disorder.* New York: Guilford.

Linehan, M. M., Goldfried, M. R. & Goldfried, A. P. (1979). Assertion therapy: skill training or cognitive restructuring. *Behavior Therapy, 10*, 372-388.

Lübben, K. & Pfingsten, U. (1995). Soziales Kompetenztraining als Intervention für sozial unsichere Kinder. In J. Margraf & K. Rudolf (Hrsg.), *Training sozialer Kompetenz* (S. 127-153). Hohengeren: Schneider.

Lundh, L. G. & Öst, L. G. (1996). Recognition bias for critical faces in social phobics. *Behaviour Research and Therapy, 34*, 787-794.

Maag, J. W. & Rutherford, R. B. (1986). Perceived social competence of behaviorally disordered, learning disabled, and nonlabeled students. *Journal of Instructional Psychology, 13*, 10-18.

Maddux, J. E. (Ed.) (1995). *Self-efficacy, adaptation, and adjustment: Theory, research, and application*. New York: Plenum.

Magee, W. J., Eaton, W. W., Wittchen, H. U., McGonagle, K. A. et al. (1996). Agoraphobia, simple phobia, and social phobia in the national comorbidity survey. *Archives of General Psychiatry, 53*, 159-168.

Makris, G. S. & Heimberg, R. G. (1995). The scale of maladaptive self-consciousness: A valid and useful measure in the study of social phobia. *Personality and Individual Differences, 19*, 731-740.

Margraf, J. & Rudolf, K. (1995). Angst in sozialen Situationen: Das Konzept der Sozialphobie. In J. Margraf & K. Rudolf (Hrsg.), *Training sozialer Kompetenz* (S. 11-34). Hohengeren: Schneider.

Marlatt, G. A. (1985). Relapse prevention: Theoretical rationale and overview of the model. In G. A. Marlatt & J. R. Gordon (Eds.), *Relapse Prevention* (S. 3-70). New York: Guilford.

Matson, J. L. & Fee, V. E. (1991). Social skills difficulties among persons with mental retardation. In J. L. Matson & J. A. Mulick (Eds.), *Handbook of mental retardation* (S. 468-478). New York: Pergamon.

Matson, J. L. & Ollendick, T. H. (1988). *Enhancing children's social skills*. New York: Pergamon.

Matson, J. L., Sevin, J. A. & Box, M. L. (1995). Social skills in children. In W. O'Donohue & L. Krasner (Eds.), *Handbook of psychological skills training* (S. 36-53). Boston: Allyn and Bacon.

Mattick, R. P., Page, A. & Lampe, L. (1995). Cognitive and behavioral aspects. In M. B. Stein (Ed.), *Social phobia*. Washington: APA.

Mattick, R. P. & Peters, L. (1988). Treatment of severe social phobia: Effects of guided exposure with and without cognitive restructuring. *Journal of Counseling and Clinical Psychology, 56*, 251-260.

McDonel, E. C. (1995). An information-processing theory of the measurement of social competence. In W. O'Donohue & L. Krasner (Eds.), *Theories of behavior therapy* (S. 415-443). Washington: APA.

McFall, R. M. (1982). A review and reformulation of the concept of social skills. *Behavioral Assessment, 4*, 1-33.

McFall, R. M. & Dodge, K. A. (1982). Self-management and interpersonal learning. In P. Karoly & F. H. Kanfer, *Self-management and behavior change* (S. 353-392). New York: Pergamon.

McFall, R. M. & Lillesand, D. B. (1971). Behavioral rehearsal with modeling and coaching in assertive training. *Journal of Abnormal Psychology, 77*, 313-323.

McFall, R. M. & Twentyman, C. T. (1973). Four experiments on the relative contribution of rehearsal, modeling, and coaching to assertion training. *Journal of Abnormal Psychology, 81*, 199-218.

McGuire, J. & Priestley, P. (1992). Some things do work: Psychological interventions with offenders and the effectiveness debate. In F. Lösel, D. Bender & T. Bliesener (Eds.), *Psychology and law: International perspectives* (S. 163-174). Berlin: de-Gruyter.

McManus, R. & Jennings, G. (Eds.) (1996). *Structured exercises for promoting family and group strengths*. New York: Haworth Press.

McNeil, D. W., Ries, B. J. & Turk, C. L. (1995). Behavioral assessment: Self-report, physiology, and overt behavior. In R. G. Heimberg, M. R. Liebowitz, D. A. Hope & F. R. Schneier (Eds.), *Social phobia* (S. 202-231). New York: Guilford.

Meichenbaum, D. (1985). *Stress inoculation training*. New York: Pergamon Press.

Meichenbaum, D. (1986). Cognitive behavior modification. In F. H. Kanfer & A. P. Goldstein (Eds.), *Helping people change* (S. 346-380). New York: Pergamon.

Meichenbaum, D. (1995). *Kognitive Verhaltenstherapie* (2. Aufl.). Weinheim: PVU.

Meichenbaum, D., Butler, L. & Gruson, L. (1981). Toward a conceptual model of social competence. In J. D. Wine & M. D. Smye (Eds.), *Social Competence* (S. 36-60). New York: Guilford.

Meinhold, M. (1988a). Sozio-ökologische Konzepte - alternative Grundlage für die Familienarbeit. In G. Hörmann, W. Körner & F. Buer (Hrsg.), *Familie und Familientherapie* (S. 252-287). Opladen: Westdeutscher Verlag.

Meinhold, M. (1988b). Intervention in der Sozialarbeit. In G. Hörmann & F. Nestmann (Hrsg.), *Handbuch der psychosozialen Intervention* (S. 70-80). Opladen: Westdeutscher Verlag.

Merckelbach, H., de Jong, P. J., Muris, P. & van den Hout, M. A. (1996). The etiology of specific phobias: A review. *Clinical Psychology Review, 16*, 337-361.

Merluzzi, T. V. & Glass, C. R. (1996). Kognitive Diagnosemethoden. In J. Margraf (Hrsg.), *Lehrbuch der Verhaltenstherapie. Band 1* (S. 201-215). Berlin: Springer.

Merrel, K. W. (1993) Using behavioral rating scales to assess social skills and antisocial behavior in school settings: Development of the School Social Behavior Scales. *School Psychology Review, 22*, 115-33.

Mesibov, G. B. (1984). Social skills training with verbal autistic adolescents and adults: A program model. *Journal of Autism and Developmental Disorders, 14*, 395-404.

Mielke, R. (1984). *Lernen und Erwartung. Zur Selbst-Wirksamkeits-Theorie von Albert Bandura.* Bern: Huber.

Millbrook, J. M. & Farrell, A. D. (1986). Behavioral components of social skills: A look at subject and confederate behaviors. *Behavioral Assessment, 8*, 203-220.

Mineka, S. & Zinbarg, R. (1995). Conditioning and ethological models of social phobia. In R. G. Heimberg, M. R. Liebowitz, D. A. Hope & F. R. Schneier (Eds.), *Social phobia* (S. 134-162). New York: Guilford.

Minkin, N., Braukman, C. J., Minkin, B. L., Timbers, G. J., Fixsen, D. L., Phillips, E. L. & Wolf, M. M. (1976). The social validation of conversational skills. *Journal of Applied Behavioral Analysis, 9*, 127-139.

Mischel, W. (1973). Toward a cognitive learning reconceptualization of personality. *Psychological Review, 80*, 252-283.

Monti, P. M., Abrams, D. B., Binkoff, J. A. & Zwick, W. R. (1986). Social skills training and substance abuse. In P. R. Hollin & P. Trower (Eds.), *Handbook of social skills training. Vol. 2* (S. 111-141). New York: Pergamon Press.

Morrison, G. M. & Sandowicz, M. (1994). Importance of social skills in the prevention and intervention of anger and aggression. In M. J. Furlong & D. C. Smith (Eds.), *Anger, hostility, ander aggression* (S. 345-392). Brandon: Clinical Psychology Publ. Inc.

Morrison, R. L. & Bellack, A. S. (1981). The role of social perception in social skills. *Behavior Therapy, 12*, 69-79.

Neidhardt, E. & Florin, I. (1997). Gedächtnisprozesse bei Menschen mit Angstanfällen: Empirische Übersicht und theoretische Modelle. *Zeitschrift für Klinische Psychologie, 26*, 87-98.

Nestmann, F. (1988a). Beratung. In G. Hörmann & F. Nestmann (Hrsg.), *Handbuch der psychosozialen Intervention* (S. 101-113). Opladen: Westdeutscher Verlag.

Nestmann, F. (1988b). Alltägliche psychosoziale Intervention. In G. Hörmann & F. Nestmann (Hrsg.), *Handbuch der psychosozialen Intervention* (S. 160-179). Opladen: Westdeutscher Verlag.

Newman, C. F. (1991). Cognitive therapy and the facilitation of affect. Two case illustrations. *Journal of Cognitive Psychotherapy, 5*, 305-316.

O`Donohue, W. & Krasner, L. (Eds.) (1995a). *Handbook of psychological skills training.* Boston: Allyn and Bacon.

O`Donohue, W. & Krasner, L. (1995b). Psychological skills training. In W. O'Donohue & L. Krasner (Eds.), *Handbook of psychological skills training* (S. 1-19). Boston: Allyn and Bacon.

Öhmann, A. (1993). Fear and anxiety as emotional phenomena. In M. Lewis & J. M. Haviland (Eds.), *Handbook of emotions* (S. 511-536). New York: Guilford.

Öst, L. G. & Hugdahl, K. (1981). Acquisition of phobias and anxiety response patterns in clinical patients. *Behaviour Research and Therapy, 19*, 439-447.

Patterson, G. R. (1982). *Coercive family processes.* Eugene, Oregon: Castalia Publ. Co..

Perrez, M. (1994). Optimierung und Prävention im erzieherischen Bereich. In K. A. Schneewind (Hrsg.), *Psychologie der Erziehung und Sozialisation.* Enzyklopädie der Psychologie. Band D.I.1 (S. 585-617). Göttingen: Hogrefe.

Petermann, F. & Petermann, U. (1996). *Training mit Jugendlichen* (5. Aufl.). Weinheim: PVU.

Petermann, F. & Petermann, U. (1997). *Training mit aggressiven Kindern* (8. Aufl.). Weinheim: PVU.

Petermann, U. (1989). *Training mit sozial unsicheren Kindern* (3. Aufl.). Weinheim: PVU.

Petermann, U. & Petermann, F. (1996). *Training mit sozial unsicheren Kindern.* Weinheim: PVU (6. überarb. Aufl.). Weinheim: PVU.

Petersen, S., Schmidt, R. & Schwenkglenks, M. (1983). *Selbstsicherheitstraining für Kinder (8-12 Jahre), SSTK.* Tübingen: DGVT.

Peterson, J., Fischetti, M., Curran, J. P. & Arland, S. (1981). Sense of timing: A skill deficit in heterosocially anxious women. *Behavior Therapy, 12*, 195-201.

Petzold, H.; Goffin, J. J. M. & Oudhoff, J. (1993). Protektive Faktoren und Prozesse - die "positive" Perspektive in der longitudinalen "klinischen Entwicklungspsychologie" und ihre Umsetzung in die Praxis der Psychotherapie. In H. Petzold (Hg.), *Frühe Schädigungen - späte Folgen?* (S. 345-498) Frankfurt/M.: Junfermann.

Pfingsten, U. & Hinsch, R. (1982a). Prediction of therapeutic effects of a social skills training in groups. In W.-R. Minsel & W. Herff (Eds.), *Proceedings of the 1st European Conference on Psychotherapy Research. Vol. 2* (S. 204-209). Frankfurt/M.: Lang.

Pfingsten, U. & Hinsch, R. (1982b). Korrelate subjektiven Therapieerfolgs bei einem kognitiv-verhaltenstherapeutischen Trainingsverfahren. In H. Bommert & F. Petermann (Hrsg.), *Diagnostik und Praxiskontrolle in der Klinischen Psychologie* (S. 93-100). Tübingen: DGVT.

Pfingsten, U. (1984a). *Soziale Durchsetzung.* München: Profil.

Pfingsten, U. (1984b). *Selbstsicherheit und Soziale Kompetenz: die "wunden Punkte".* Referat auf dem "Kongreß für Klinische Psychologie und Psychotherapie vom 19-24.2.1984 in Berlin.

Pfingsten, U. (1985). *Klinische Psychologie.* Stuttgart: Kohlhammer.

Pfingsten, U. (1987). Langzeiteffekte des Gruppentrainings Sozialer Kompetenzen (GSK). *Zeitschrift*

für Klinische Psychologie, Psychopathologie und Psychotherapie, 35, 211-218.
Pfingsten, U. (1996a). Training sozialer Kompetenz. In J. Margraf (Hrsg.), *Lehrbuch der Verhaltenstherapie. Band 1* (S. 361-369). Berlin: Springer.
Pfingsten, U. (1996b). Soziale Ängste. In M. Linden & M. Hautzinger (Hrsg.), *Verhaltenstherapie* (S. 353-359). Berlin: Springer.
Pfingsten, U. (1998). Kognitive Verhaltenstherapie bei sozialen Ängsten, Unsicherheiten und Defiziten. In M. Hautzinger (Hrsg.), *Kognitive Verhaltenstherapie bei psychischen Störungen*. Weinheim: PVU.
Platt, J. J. & Hermalin, J. A. (1989). Social skills deficit interventions for substance abusers. *Psychology of Addictive Behaviors, 3*, 114-133.
Rachman, S. (1991). Neo-conditioning and the classical theory of fear acquisition. *Clinical Psychology Review, 11*, 155-173.
Rad, M. v. (1983). *Alexithymie*. Berlin: Springer.
Rapee, R. M. & Heimberg, R. M. (1997). A cognitive-behavioral model of anxiety in social phobia. *Behaviour Research and Therapy, 35*, 741-756.
Rapee, R. M. (1995). Descriptive psychopathology of social phobia. In R. G. Heimberg, M. R. Liebowitz, D. A. Hope & F. R. Schneier (Eds.), *Social phobia* (S. 41-66). New York: Guilford.
Rapee, R. M. (1997). Potential role of childrearing practices in the development of anxiety and depression. *Clinical Psychology Review, 17*, 47-67.
Rapee, R. M., McCallum, S. L., Melville, L. F., Ravenscroft, H. & Rodney, J. M. (1994). Memory bias in social phobia. *Behaviour Research and Therapy, 32*, 89-99.
Rappaport, J. (1985). Ein Plädoyer für die Widersprüchlichkeit: Ein sozialpolitisches Konzept des "empowerment" anstelle präventiver Ansätze. *Verhaltenstherapie und psychosoziale Praxis, 2*, 257-279.
Rehm, L. S. & Marston, A. R. (1968). Reduction of social anxiety through modification of self-reinforcement: An instigation therapy technique. *Journal of Consulting and Clinical Psychology, 32*, 565-574.
Renner, K. (1994). Video in der Psychologie. In L. Laux & H. Reinecker (Hrsg.), *Forschungsforum Bamberg / FFB, Heft 6* (S. 122-128). Bamberg: Urlaub.
Reschke, K. (1995). Soziale Kompetenz entwickeln - Ressourcen entdecken helfen. In J. Margraf & K. Rudolf (Hrsg.), *Training sozialer Kompetenz* (S. 205-228). Hohengeren: Schneider.
Rescorla, R. A. (1974). Effect of inflation of the unconditioned stimulus value following conditioning. *Journal of Comparative and Physiological Psychology, 86*, 101-106.
Resick, P. A., Jordan, C. G., Girelle, S. A., Kotsis-Hutter, C. & Marhöfer-Dvorak, S. (1988). A comparative outcome study of behavioral group therapy for sexual assault victims. *Behavior Therapy, 19*, 385-401.
Reuben, C., Wiech, M. & Zimmer, D. (1981). Wohngemeinschaften als Zielgruppe für partnertherapeutische Bemühungen. *Partnerberatung, 18*, 11-20.
Rich, A. R. & Schroeder, H. E. (1976). Research issues in assertiveness training. *Psychological Bulletin, 83*, 1081-1096.
Robins, C. J. (1987). Social perception and heterosocial self-efficacy: A multidimensional scaling analysis. *Cognitive Therapy and Research, 11*, 197-214.
Röder, B. & Margraf, J. (1995). Kognitive Verzerrungen bei sozial ängstlichen Personen. In J. Margraf & K. Rudolf (Hrsg.), *Training sozialer Kompetenz* (S. 51-72). Hohengeren: Schneider.
Roder, V., Brenner, H. D., Kienzle, N. & Hodel, B. (1997*). IPT - Integriertes Psychologisches Therapieprogramm für schizophrene Patienten* (4. Aufl.). Weinheim: PVU.
Röhrle, B. (1994). *Soziale Netzwerke und soziale Unterstützung*. Weinheim: PVU
Rose, Y. J. & Tryon, W. W. (1979). Judgements of assertive behavior as a function of speech loudness, latency, content, gestures, inflection, and sex. *Behavior Modification, 3*, 112-123.
Rupp, H. (1984). *Soziale Kompetenz im Alter. Eine Untersuchung zur Anwendung des Selbstsicherheitstrainings bei alleinstehenden Frauen über 60 Jahren*. Münster: Lit-Verlag.
Safran, J. B., Alden, L. E. & Davidson, P. O. (1980). Client anxiety level as a moderator variable in assessment training. *Cognitive Therapy and Research, 4*, 189.
Salter, A. (1949). *Conditioned reflex therapy*. New York: Capricorn.
Sander, K. & Lück, H. E. (1974). Entwicklung einer Skala zur Messung von studentischen Problemen (SSP). *Zeitschrift für experimentelle und angewandte Psychologie, 21*, 250-262.
Sarason, I. G. (1975). Test anxiety and the self-disclosing coping model. *Journal of Consulting and Clinical Psychology, 43*, 148-153.
Sarason, I. G. & Ganzer, V. J. (1973). Modeling and group discussion in the rehabilitation of juvenile delinquents. *Journal of Counseling Psychology, 20*, 442-449.
Sass, H., Wittchen, H. U. & Zaudig, M. (Hrsg.) (1996). *Diagnostisches und Statistisches Manual psychischer Störungen DSM-IV*. Göttingen: Hogrefe.
Schaefer, C. E. & Briesmeister, J. M. (Eds.) (1989). *Handbook of parents training*. New York: Wiley.
Schatz, G. (1984). *Familien mit behinderten Kindern. Veränderungen intra- und extrafamiliärer Interaktion und Kommunikation und deren Bedingungen*. Universität Bamberg: Dissertation.

Schefft, B. K. & Kanfer, F. H. (1987). The utility of a process model in therapy: A comparative study of treatment effects. *Behavior Therapy, 18*, 113-134.

Schinke, S. P., Forgey, M. A. & Orlandi, M. (1996). Teenage sexuality. In M. A. Mattaini & B. A. Thyer (Eds.), *Finding solutions to social problems* (S. 267-288). Washington: APA.

Schlenker, B. R. & Leary, M. R. (1982). Social anxiety and self-presentation: A conceptualization and model. *Psychological Bulletin, 92*, 641-669.

Schlottke, P. F. & Wahl, D. (1983). *Streß und Entspannung im Unterricht. Trainingshilfen für Lehrer.* München: Max Hueber.

Schneider, R. (1994). Selbstsicherheitstraining. In M. Zielke & J. Sturm (Hrsg.), *Handbuch Stationäre Verhaltenstherapie* (S. 395-424). Weinheim: PVU.

Schneider, W. & Shiffrin, R. M. (1977). Controlled and automatic human information processing: Detection, search, and attention. *Psychological Review, 84*, 1-66.

Schöler, L., Lindenmeyer, J. & Schöler, H. (1981). *Das alles soll ich nicht mehr können? Sozialtraining für Rollstuhlabhängige.* Weinheim: Beltz.

Scholing, A., Emmelkamp, P. M. G. & Van Oppen, P. (1996). Cognitive-behavioral treatment of social phobia. In V. B. Van Hasselt & M. Hersen (Eds.), *Sourcebook of psychological treatment manuals for adult disorders* (S. 123-177). New York: Plenum.

Schwäbisch, L. & Siems, M. (1990). *Anleitung zum sozialen Lernen für Paare, Gruppen und Erzieher.* Reinbek: Rowohlt.

Schwartz, R. M. (1986). The internal dialogue: On the asymmetry between positive and negative coping thoughts. *Cognitive Therapy and Research, 10*, 591-605.

Schwartz, R.M. & Gottman, J. (1976). Toward a task analysis of assertive behavior. *Journal of Consulting and Clinical Psychology, 44*, 910-920.

Selg, H., Mees, U. & Berg, D. (1997). *Psychologie der Aggressivität* (2. Aufl.). Göttingen: Hogrefe.

Shelton, J. L. & Ackerman, J. M. (1978). *Verhaltens-Anweisungen. Hausaufgaben in Beratung und Psychotherapie.* München: Pfeiffer.

Sherman, H. & Farina, A. (1974). Social adequacy of parents and children. *Journal of Abnormal Psychology, 83*, 327-329.

Shure, M. B. & Spivack, G. (1979). Interpersonal cognitive problem solving and primary prevention. *Journal of Clinical Child Psychology, 8*, 89-94.

Skatsche, R., Brandau, J. & Ruch, W. (1982). Die Entwicklung einer multidimensionalen Testbatterie zur diagnostischen Erfassung des Konstruktes "Selbstsicherheit" (Assertivität). *Zeitschrift für Klinische Psychologie, 11*, 292-314.

Smith Christopher, J.; Nangle, D. W. & Hansen, D. J. (1993). Social-skills interventions with adolescents. Current issues and procedures. *Behavior Modification 17*, 3, 314-338

Smith, T. E., Bellack, A. S. & Liberman, R. P. (1996). Social skills training for schizophrenia: Review and future directions. *Clinical Psychology Review, 7*, 599-617.

Snodgrass, M. A. (1987). The relationship of differential loneliness, intimacy, and characterological attributional style to duration of loneliness. *Journal of Social Behavior and Personality, 2*, 173-186.

Snyder, C. R. & Smith, T. W. (1986). On being "Shy like a fox": A self-handicapping analysis. In W. H. Jones, J. M. Cheek & S. M. Briggs (Eds.), *Shyness. Perspectives on Research and Treatment* (S. 161-172) New York: Plenum.

Snyder, J. J. (1995). Coercion: A two-level theory of antisocial behavior. In W. O'Donohue & L. Krasner (Eds.), *Theories of behavior therapy* (S. 313-348). Washington: APA.

Solomon, L. & Rothblum, E. D. (1985). Social skills problems experienced by women. In L. L. L'Abate & M. A. Milan (Eds.), *Handbook of social skills training and research.* (S. 303-325). New York: Wiley.

Sommer, G. (1977). Kompetenzerwerb in der Schule als primäre Prävention. In G. Sommer & H. Ernst (Hrsg.), *Gemeindepsychologie* (S. 70-98). München: Urban & Schwarzenberg.

Spence, S. H. (1988). The role of social-cognitive skills in the determination of children's social competence. *Behaviour Change, 5*, 9-18.

Spitzberg, B. H. & Cupach, W. R. (1989). *Handbook of interpersonal competence research.* New York: Springer.

Spivack, G. & Shure, M. B. (1982). The cognition of social adjustment: Interpersonal cognitive problem-solving thinking. In B. B. Lahey & A. E. Kazdin (Eds.), *Advances in Clinical Child Psychology, Vol.5* (S. 323-372). New York: Plenum Press.

Sprafkin, R. P., Gershaw, N. J. & Goldstein, A. P. (1993). *Social skills for mental health: A structured learning approach.* Boston: Allyn and Bacon.

Stangier, U. & Heidenreich, T. (1997). Diagnostik der Sozialen Phobie. *Verhaltenstherapie, 7*, 107-118.

Stangier, U., Kirn, U. & Ehlers, A. (1993). Ein ambulantes psychologisches Gruppenprogramm bei Neurodermitis. *Praxis der Klinischen Verhaltensmedizin und Rehabilitation, 6*, 103-113.

Stein, M. B. (Ed.) (1995). *Social phobia. Clinical and research perspectives.* Washington: APA.

Stein, M. B., Walker, J. R. & Forde, D. R. (1994). Setting diagnostic thresholds for social phobia: Considerations from a community survey of social anxiety. *American Journal of Psychiatry, 151*, 408-412.

Stevens, J. O. (1975). *Die Kunst der Wahrnehmung.* München: Kaiser.

Stoller, F. H. (1978). Group psychotherapy on television. In M. M. Berger (Ed.), *Videotape techniques in psychiatric training and treatment* (S. 161-172). New York: Brunner/Mazel.

Stopa, L. & Clark, D. M. (1993). Cognitive processes in social phobia. *Behaviour Research and Therapy, 31*, 255-267.

Suls, J. & Mullen, B. (1982). From the cradle to the grave: Comparison and self-evaluation across the life-span. In J. Suls (Ed.), *Psychological perspectives on the self. Vol 1* (S. 97-125). Hillsdale, N.J.: Erlbaum.

Tafrate, R. C. (1995). Evaluation of treatment strategies for adult anger disorders. In H. Kassinove (Ed.), *Anger disorders* (S. 109-129). Washington: Taylor and Francis.

Tancer, M. E., Lewis, M. H. & Stein, M. B. (1995). Biological aspects. In M. B. Stein (Ed.), *Social phobia* (S. 229-257. Washington: APA.

Taschler-Pollacek, H. & Lukesch, H. (1990). Viktimisierungsangst als Folge des Fernsehkonsums? *Publizistik, 35*, 443-453.

Taylor, S. (1996). Meta-analysis of cognitive-behavioral treatments for social phobia. *Journal of Behaviour Therapy and Experimental Psychiatry, 27*, 1-9.

Thimm, W. (1979). Die pädagogische Förderung Behinderter im Aufgabenfeld praxisorientierter Wissenschaften. *Zeitschrift für Heilpädagogik, 30*, 704-711.

Tisdelle, D. A. & St. Lawrence, J. S. (1988). Adolescent interpersonal problem-solving skill training: Social validation and generalization. *Behavior Therapy, 19*, 171-182.

Trömel-Plötz, S. (1982). *Frauensprache: Sprache der Veränderung*. Frankfurt/Main: Campus.

Trower, P. (1986). Social skills training and social anxiety. In P. R. Hollin & P. Trower (Eds.), *Handbook of social skills training. Vol.1* (S. 39-65). New York: Pergamon Press.

Trower, P. & Dryden, W. (1991). Interpersonal problems. In W. Dryden & R. Rentoul (Eds.), *Adult clinical problems: A cognitive-behavioural approach*. London: Routledge.

Trower, P., Yardley, K., Bryant, B. M. & Shaw, P. (1978). The treatment of social failure. A comparison of anxiety-reduction and skills-aquisition procedures on two social problems. *Behavior Modification, 2*, 41-60.

Tunner, W. (1976). *The effects of causal attribution and combined treatment on neurotic anxiety*. Paper presented at the 6th annual Conference of the European Association for Behavior Therapy and Modification in Spetsae, Greece.

Turner, S. M., Beidel, D., Cooley, M. R., Woody, S. R. & Messer, S. C. (1994). A multicomponent behavioral treatment for social phobia: Social effectiveness therapy. *Behaviour Research and Therapy, 32*, 381-390.

Turner, S. M., Beidel, D. & Townsley, R. M. (1990). Social phobia: Relationship to shyness. *Behaviour Research and Therapy, 28*, 487-505.

Twentyman, C. T. & McFall, R. M. (1975). Behavioral training of social skills in shy males. *Journal of Consulting and Clinical Psychology, 43*, 384-395.

Twentyman, C. T. & Zimering, R. T. (1979). Behavioral training of social skills: a critical review. In M. Hersen, R. M. Eisler & P. M. Miller (Eds.), *Progress in behavior modification. Vol. 7* (S. 321-400). New York: Academic Press.

Twentyman, C. T., Pharr, D. R. & Connor, J. M. (1980). A comparison of three covert assertion training procedures. *Journal of Clinical Psychology, 36*, 520-525.

Twentyman, C., Boland, T. & McFall, R. M. (1981). Heterosocial avoidance in college males. *Behavior Modification, 5*, 523-552.

Ulich, D. (1988). Risiko- und Schutzfaktoren in der Entwicklung von Kindern und Jugendlichen. *Zeitschrift für Entwicklungspsychologie und Pädagogische Psychologie, 20*, 146-166.

Ullrich, R., Ullrich de Muynck, R., Keeser, W. & Sygulla, H. (1978). Faktorenanalysen des U-Fragebogens. In R. Ullrich & R. Ullrich de Muynck (Hrsg.), *Soziale Kompetenz. Experimentelle Ergebnisse zum Assertiveness-Training-Programm ATP. Band 1* (S. 87-104). München: Pfeiffer.

Ullrich de Muynck, R. & Ullrich, R. (1981). *Das Emotionalitätsinventar EMI-B. Anleitung für den Therapeuten, Teil IV* (2. Aufl.). München: Pfeiffer. (1. Aufl. 1977b).

Ullrich de Muynck, R. & Ullrich, R. (1990, 1993, 1994). *Das Assertiveness-Training-Programm (ATP: Einübung in Selbstvertrauen und soziale Kompetenz.* 3 Bände. München: Pfeiffer. (1. Aufl. 1976).

Ullrich de Muynck, R. & Ullrich, R. (1994). *Der Unsicherheitsfragebogen. Testmanual und Anleitung für den Therapeuten, Teil II* (4. Aufl.). München: Pfeiffer. (1. Aufl. 1977a).

Ullrich de Muynck, R., Ullrich, R. & Forster, T. (1978). U-Items und Kriterienvalidität: Die Beziehung von Antworten im U-Fragebogen und der Verhaltensbeobachtung bei sozial-ängstlichen Patienten in Testsituationen für "Kontakt-Fehlschlagsangst" sowie für "Nein sagen und Fordern". In R. Ullrich & R. Ullrich de Muynck (Hrsg.), *Soziale Kompetenz. Experimentelle Ergebnisse zum Assertiveness-Training-Programm ATP. Band 1* (S. 113-32). München: Pfeiffer.

Vliegenhardt, W. E. & Dunk, M. (1968). Die Problematik von Eltern geistig behinderter Kinder. *Heilpädagogische Forschung*, 353-380.

Vogelsang, M. (1995). Frauenspezifisches Gruppeninterventionsprogramm für suchtmittelabhängige Patientinnen. *Sucht, 41*, 25-33.

Vogelsang, M., Martin, J., Staufer, H. & Wagner, A. (1995). Gruppeninterventionsprogramm für Patienten mit aggressiven Störungen. *Verhaltensmodifikation und Verhaltensmedizin, 16*, 149-169.

Vormbrock, F. & Neuser, J. (1983). Konstruktion zweier spezifischer Trait-Fragebogen zur Erfassung von Angst in sozialen Situationen (SANB und SVSS). *Diagnostica, 29*, 165-182.

Wagner, A. C. (Hrsg.) (1976). *Schülerorientierter Unterricht. Analyse von Unterrichtsprozessen*. München: Urban & Schwarzenberg.

Wagner, A. C (1987). Gelassenheit und Handlungsfähigkeit. Über das Auflösen der Imperative als Essenz feministischer Therapie. In B. Rommelspacher (Hrsg.), Weibliche Beziehungsmuster (S. 157-184). Frankfurt: Campus.

Wagner, A. C. (1992). Wirkungsgeschichte und Dokumentation eines Selbstbehauptungstrainings für Frauen. *Gruppendynamik, 23*, 7-28.

Wallace, S. T. & Alden, L. E. (1995). Social anxiety and standard setting following social success or failure. *Cognitive Therapy and Research, 19*, 613-631.

Wallenwein, G. F. (1995). *Spiele: der Punkt auf dem I: kreative Übungen zum Lernen mit Spaß*. Weinheim: Beltz.

Watzlawick, P., Weakland, J. H. & Fisch, R. (1974). *Lösungen. Zur Theorie und Praxis menschlichen Wandels*. Bern: Huber.

Wedel, S. & Grawe, K. (1980). Die differentiellen Effekte eines standardisierten Assertiveness-Trainings in Gruppen bei neurotisch gehemmten psychiatrischen Patienten. In R. Ullrich, R. Ullrich de Muynck, K. Grawe & D. Zimmer (Hrsg.), *Soziale Kompetenz. Klinische Effektivität und Wirkungsfaktoren. Band 2* (S. 33-63). München: Pfeiffer.

Wells, A. & Matthews, G. (1994). *Attention and emotion*. Hillsdale: Erlbaum.

Wells, A., Clark, D. M., Salkovskis, P., Lodgate, J., Hackman, A. & Gelder, M. (1995). Social phobia: The role of in-situation safety behaviors in maintaining anxiety and negative beliefs. *Behavior Therapy, 26*, 153-161.

Wenzel, E. (1988). Die Gesundheit, die psychosozialen (HelferInnen-) Berufe, die Menschen und die Politik. *Verhaltenstherapie und psychosoziale Praxis, 20*, 455-464.

Westhoff, G. (1993). Handbuch psychosozialer Messinstrumente. Göttingen: Hogrefe.

Wiedemann, G., Rechsteiner-Fiesel, D. & Buchkremer, G. (1995). Verhaltenstherapeutische Ansätze bei schizophrenen Störungen. *Verhaltensmodifikation und Verhaltensmedizin, 16*, 187-222.

Wilhelm-Reiss, M. (1979). *Psychische Veränderungen bei Jugendlichen ohne Arbeit*. Weinheim: Beltz.

Williams, J. M. G. (1980). Generalization in the effects of a mood induction procedure. *Behavior Research and Therapy, 18*, 565-572.

Williams, J. M. G. (1986). Social skills training and depression. In P. R. Hollin & P. Trower (Eds.), *Handbook of social skills training. Vol.1 and 2* (S. 91-110). New York: Pergamon Press.

Wilson, K. & Gallois, C. (Eds.) (1993). *Assertion and its social context*. Oxford: Pergamon.

Wittchen, H. U. & Vossen, A. (1995). Implikationen von Komorbidität bei Angststörungen. Ein kritischer Überblick. *Verhaltenstherapie, 5*, 120-133.

Wittchen, H. U. (1996). Epidemiologie der Sozialen Phobie. *Nervenheilkunde, 15*, 116-121.

Wlazlo, Z. (1995). *Soziale Phobie*. Basel: Karger.

Wlazlo, Z., Schoeder-Hartwig, K., Münchau, N., Kaiser, G. & Hand, I. (1992). Exposition in-vivo bei sozialen Ängsten und Defiziten. *Verhaltenstherapie, 2*, 23-39.

Wolpe, J. (1958). *Psychotherapy by reciprocal inhibition*. Stanford: Stanford University Press.

Wolpe, J. (1973). *The practice of behavior therapy*. New York: Pergamon.

Wolpe, J. (1981). The dichotomy between classical conditioned and cognitively learned anxiety. *Journal of Behaviour Therapy and Experimental Psychiatry, 12*, 35-42.

Wolpe, J. (1995). Reciprocal inhibition: Major agent of behavior change. In W. O'Donohue & L. Krasner (Eds.), *Theories of behavior therapy* (S. 23-57). Washington, D.C.: APA.

Wong, S. E. & Liberman, R. P. (1996). Biobehavioral treatment and rehabilitation for persons with schizophrenia. In V. B. Van Hasselt & M. Hersen (Eds.), *Sourcebook of psychological treatment manuals for adult disorders* (S. 233-256). New York: Plenum.

Woody, S. R., Chambless, D. L. & Glass, C. R. (1997). Self-focused attention in the treatment of social phobia. *Behaviour Research and Therapy, 35*, 117-129.

Zaragoza, N., Vaughn, S. & McIntosh, R. (1991). Social skills interventions and children with behavior problems: A review. *Behavioral Disorders, 16*, 260-275.

Zielke, M. & Sturm, J. (Hrsg.) (1994). *Handbuch Stationäre Verhaltenstherapie*. Weinheim: PVU.

Zigler, E. & Phillips, L. (1962). Social competence and the process-reactive distinction in psychopathologie. *Journal of Abnormal and Social psychology, 65*, 215-222.

Zimmer, D. (1976). *Ausbildung sozialer Kompetenz durch Training in Verhaltensgeschicklichkeit und Selbstregulation*. Münster: unveröffentl. Dissertation.

Zumkley, H. (1981). Der Einfluß unterschiedlicher Absichtsattributionen auf das Aggressionsverhalten und die Aktivierung. *Psychologische Beiträge, 23*, 115-128.

Sachverzeichnis

Materialien für die klinische Praxis

F. Petermann/U. Petermann
Training mit aggressiven Kindern
Einzeltraining, Kindergruppen, Elternberatung
8. Aufl. 1997. 228 Seiten. Gebunden.
ISBN 3-621-27370-0

F. Petermann/U. Petermann
Training mit Jugendlichen
Förderung von Arbeits- und Sozialverhalten
5., überarb. Aufl. 1996. 184 Seiten. Gebunden.
ISBN 3-621-27199-6

F. Petermann/U. Petermann
Training mit sozial unsicheren Kindern
Einzeltraining, Kindergruppen, Elternberatung
6., überarb. Aufl. 1996. 208 Seiten. Gebunden.
ISBN 3-621-27341-7

Jörg Petry
Alkoholismustherapie
Gruppentherapeutische Motivierungsstrategien
3., überarb. u. erw. Aufl. 1996. 154 Seiten. Gebunden.
ISBN 3-621-27317-4

D. Riemann/J. Backhaus
Behandlung von Schlafstörungen
Ein psychologisches Gruppenprogramm
1996. 120 Seiten. Gebunden.
ISBN 3-621-27320-4

V. Roder/H.D. Brenner/N. Kienzle/B. Hodel
IPT · Integriertes psychologisches Therapieprogramm für schizophrene Patienten
4., überarb. Aufl. 1997. 216 Seiten. Gebunden.
ISBN 3-621-27393-X

U. Strehl/N. Birbaumer
Verhaltensmedizinische Intervention bei Morbus Parkinson
1996. 145 Seiten. Gebunden.
ISBN 3-621-27322-0